Thomas Balistier
Straßenprotest

Thomas Balistier, geb. 1953, studierte nach mehrjähriger Berufstätigkeit als Krankenpfleger Empirische Kulturwissenschaft und Soziologie in Tübingen und Wien; Publikationen: *Gewalt und Ordnung, Kalkül und Faszination der SA*, 1989, zahlreiche Beiträge zur Kulturgeschichte des Straßenprotests und über Öffentlichkeitsformen der Arbeiterbewegung, der neuen sozialen Bewegung sowie der Nationalsozialisten.

Thomas Balistier

Straßenprotest

Formen oppositioneller Politik in der
Bundesrepublik Deutschland
zwischen 1979 und 1989

WESTFÄLISCHES DAMPFBOOT

Die Deutsche Bibliothek - CIP-Einheitsaufnahme

Balistier, Thomas:
Strassenprotest : Formen oppositioneller Politik in der Bundesrepublik Deutschland zwischen 1979 und 1989 / Thomas Balisitier. - 1. Aufl. - Münster : Westfälisches Dampfboot, 1996
   Zugl.: Tübingen, Univ., Diss., 1996
   ISBN 3-929586-84-3

1. Auflage Münster 1996
© Verlag Westfälisches Dampfboot, Münster
http://www.login1.com./dampfboot
Alle Rechte vorbehalten
Umschlag: Lütke · Fahle · Seifert, Münster
Druck: Druckwerkstatt Hafen GmbH, Münster
ISBN 3-929586-84-3

Inhalt

Danksagung	7
Einleitung	9
Interesse und Gegenstand	9
Mobilisierungsphasen und Zeitrahmen	13
Methode und Quellen	18
Arbeitsstrukturen und Leseübersicht	21
1 Aktionsformen	24
Systematisierungsversuche und geschichtlicher Wandel	24
Demonstrative Aktionsformen	33
Direkte Aktionsformen	61
2 Massen	114
Mobilisierung und Aktion	114
Soziale Bewegung und Mobilisierungshöhepunkt	116
Aktionsform und Masse	127
Bedeutung der Großen Zahl	136
Grenzen und Kritik	142
3 Präsenz	174
Raum	174
Zeit	203
4 Symbolische Expressivität	216
Symbolwelten	216
Symbolische Handlung und expressive Artikulation	224
5 Identität	263
Protestakteur und soziales Milieu	264
Proteststil und partikulare Identität	277
Protestkollektiv und generelle Identität	288
Resümee	300

Nachrede 307

Anhang 312
Anmerkungen 312
Abbildungen 337
Fotonachweis 347
Literaturnachweis 349

Danksagung

Zunächst gilt mein Dank der Hans-Böckler-Stiftung für die ideelle und materielle Unterstützung meiner Arbeit durch ein Stipendium und die Teilübernahme der Druckkosten. Ebenso ein Dankeschön an das „taz"-Archiv in Berlin, especially for Randy Kaufmann, für die freundliche Hilfe bei der Recherche und so manchen Kaffee während eines mehrwöchigen Aufenthalts in der Kochstraße 18. Ein weiterer Dank nach Berlin geht an Franziska Becker, Ulrike Langbein, Hans Luther und Heike Riesling-Schärfe für stabilisierende Debatten über den Sinn und Nutzen des Promovierens (zum Teil zu nachtschlafender Zeit), für die Rekonstruktion eigener Protesterfahrungen und den Appell zum Ende zu kommen. Bedanken möchte ich mich auch bei Benno Ennker und Carola Lipp für die kritische Unterstützung einzelner Aufsätze und Vorträge, die im Zusammenhang mit dem vorliegenden Thema gestanden haben. Dies trifft ebenso für Bernd Jürgen Warneken zu, der mir als 'Straßenforscher' und wissenschaftlicher Fachmann des Aufrechten Gangs bei der Strukturierung des Untersuchungs- und Schreibprozesses wichtige Hilfestellungen gegeben sowie die Betreuung der Arbeit übernommen hat. Ein besonderer Dank für das Redigieren des Manuskripts, für das Angebot etlicher begrifflicher Verbesserungen sowie die Korrektur vieler Kommata und eines „durchgängigen" Plurals gilt Ulla Fuchs. Für Satz und Druck möchte ich Susan Fuchs ebenso danken wie für einige klärende Gespräche in schwieriger Zeit. Eine produktive Zeit verdanke ich Uwe Degreif, der mir nicht nur in gemeinsamen Bürostunden im wahrsten Sinne des Wortes 'im Nacken' saß und auf konkrete Fragen ebenso konkrete Antworten wußte („Schreibt man Fokusierung mit k?" – „Ja."), sondern sich auch von der Länge der schriftlichen Erstfassung nicht abschrecken ließ und mir selbst bei unfertigen Suchbewegungen und eher verwirrenden inhaltlichen Ausführungen auf längeren Sonntagsspaziergängen zuhören und anregende Hinweise geben konnte. Darüberhinaus bin ich vielen nicht namentlich erwähnten Frauen und Männern zu Dank verpflichtet, die mir im ganz normalen Alltag den Rücken frei gemacht bzw. gestärkt haben, wie z.B. die wechselnden BewohnerInnen unserer Wohngemeinschaft. Besonders genannt sei hierbei Jelena, der ich diese Arbeit widmen möchte, da sie mir nachdrücklich vor Augen geführt hat, daß die Frage nach dem „Warum?" zu allererst mit der Lust auf Leben verbunden sein sollte.

Tübingen, im September 1996   Thomas Balistier

Einleitung

Interesse und Gegenstand

Protestierend auf die Straße zu gehen, erscheint heute auch von der bürgerlichen Mitte der Gesellschaft aus betrachtet nicht mehr unbedingt als unseriös. Sowohl der Protest als auch der Ort seiner Präsentation haben den Geruch des Provokativen, des Radikalen, des Umstürzlerischen und Antibürgerlichen weitgehend verloren. Gleichwohl bleibt „die Straße" Metapher für eine Gegenöffentlichkeit und politische Opposition, die nicht Ruhe und Ordnung als ihre erste BürgerInnenpflicht betrachtet, sondern die darum bemüht ist, sich als gegenteiliges Prinzip zu inszenieren: als öffentliche Unruhe.
Daß der Straßenprotest als eine Form oppositioneller Politik an Akzeptanz und Legitimität gewonnen hat, ist dem Aufkommen neuer sozialer Bewegungen seit 1968 zu verdanken, die ihrerseits sowohl Produkt als auch Produzent einer sich verändernden bundesrepublikanischen Gesellschaft waren und sind. Die Konflikte der Frauen-, Friedens- und Ökologiebewegung haben nicht nur den gesellschaftlichen Einfluß feministischer, pazifistischer und ökologischer Themen und Programme sowie deren Wert- und Zielvorstellungen befördert, sondern gleichzeitig auch die Habitualisierung und Normalisierung ihrer Austragungsformen. Das seit 1968 gewachsene Bedürfnis nach Partizipation an den kleinen und großen Entscheidungen und Weichenstellungen der gesellschaftlichen Entwicklung hat zwar die Straße als Raum sozialer Bewegungen und als Forum politischer Auseinandersetzungen nicht „erfinden" müssen – die historische Konstituierung von politischer Straßenöffentlichkeit verweist auf die Entstehung der politischen Moderne im ausgehenden 18. Jahrhundert –, aber es hat die Formensprache einer politischen Kultur der Straße doch erheblich erweitert und verändert.
Die nach-industriellen Bewegungen in Deutschland konnten sich dabei insbesondere auf die Ereignisse und Erfahrungen der letzten 150 Jahre beziehen. Herausragende Bezugs- und Abgrenzungspunkte einer Straßenpolitikgeschichte im engeren Sinne stellen einerseits die Protestmanifestationen der Arbeiterbewegung vor dem 1. Weltkrieg („Wahlrechtskampf") bzw. ihrer Fraktionen in der Weimarer Republik und andererseits die ästhetischen und gewaltsamen Öffentlichkeitsokkupationen der nationalsozialistischen Massenbewegung („Kampf um die Straße") dar. Die neuen sozialen Bewegungen setzen zwar manche Traditionslinien der großen politischen Bewegungen der industriellen Phase kapitalistischer Gesellschaftsentwicklung fort bzw. knüp-

fen daran an, hauptsächlich setzen sie sich aber von ihnen ab und verändern alte Präsentationsformen und Ausdrucksmittel ebenso, wie sie neue entwickeln. Nach wie vor stellt z.b. die Demonstration eine Hauptform politischer Straßenöffentlichkeit dar; dennoch unterscheidet sich eine „Demo" der Friedens- oder Ökologiebewegung deutlich von proletarischen Umzügen und grundsätzlich von nationalsozialistischen Aufmärschen. Andere Aktionsformen, wie z.b. die Menschenkette, werden erst von den neuen Bewegungen „entdeckt" und in eine kontinuierliche Protestpraxis aufgenommen.

Die vorliegende Arbeit versteht sich nicht in erster Linie als eine Erforschung der Frauen-, Friedens- und Ökologiebewegung, sondern als eine Erkundung und Vermessung eines bedeutsamen Teils ihrer öffentlich wahrnehmbaren Handlungsmuster. Wer über Straßenprotest redet, kann allerdings über soziale Bewegungen nicht schweigen.

Soziale Bewegungen sind weder identisch mit kollektiven Protestaktionen noch können sie allein mit ihnen analysiert und erklärt werden. Soziale Bewegungen sind immer mehr als die Summe ihrer öffentlichen Manifestationen, aber diese öffentlichen Manifestationen sind deshalb von besonderem Interesse, weil sie phänomenologisch und strukturell einen herausragenden Stellenwert im Bezugsrahmen und in der Entwicklung sozialer Bewegungen haben. Lothar Rolke bezeichnet die einzelne Aktion als die „kleinste Einheit der Bewegung"; von einer Bewegung lasse sich erst dann sprechen, wenn „die Aktionen zeitlich, räumlich und sozial aneinander anschließen"; sie gehören zu ihrem „gut sichtbaren Teil".[1] Tatsächlich wird die Existenz einer sozialen Bewegung oftmals erst dann gesellschaftlich wahrgenommen, wenn ihre Akteure zur Tat schreiten und ihren Protest als öffentliche Aktion organisieren. Umgekehrt wird ihr Ende oft allein schon deshalb konstatiert, weil das Aktionspotential schrumpft und Aktionen ausbleiben. Und zum Teil werden spezifische Identitäten und Ausprägungen von Einzelbewegungen mehr über ihre Protestformen als über ihre Protestziele erfaßt. Strukturell ist das damit zu erklären, daß Aktionen „auf der Schnittstelle zwischen Bewegungen und Außenwelt liegen", sich in ihnen alle internen und externen Faktoren des Bewegungsprozesses in einer bestimmten Art und Weise verdichten: Sie sind „Versuche der Zielrealisation durch mobilisierte Macht in bestimmten Situationen mittels spezifischer Form"[2], die sich an bzw. gegen die Konfliktgegner, die Machtsicherungsinstanzen und Vermittlungsinstitutionen richten.

Deutlich wird daran, daß die Durchführung kollektiver Aktionen eine an zahlreiche Voraussetzungen gebundene Angelegenheit darstellt. Grundlegende Bedingung jeglichen Protesthandelns ist das Vorhandensein einer Krise, von deren Auswirkungen Menschen betroffen sind. Existenzbedrohung oder Identitätsgefährdung müssen dabei nicht nur als objektive Tatsache eines Betroffen-Seins vorhanden sein, sondern auch im Sinne eines Sich-Betroffen-Fühlens wahrgenommen werden. Daß es unter bestimmten Umständen zu einem subjektiven Betroffenheitsgefühl ohne objektive Betroffenheit kommen kann, wird hier nicht unter der Rubrik Irrationalität verbucht, sondern stellt, wenn es eine relevante Anzahl von Menschen betrifft, eine neue Form der sozialen Realität dar, die allerdings erklärungsbedürftig ist. Mit der Bewußtwerdung einer Krise, der schrittweisen (Selbst-)Aufklärung und der Propagierung ihrer Ursachen und Folgen gegenüber dem System und der Gesellschaft, formieren sich die Protestakteure und versetzen sich in die Lage, ihre Widersprüche öffentlich zu artikulieren.

Diese Fähigkeit zur Artikulation von Kritik erweitern soziale Bewegungen idealtypischerweise in jeder ihrer Entwicklungsphasen auf höherer Stufenleiter.[3] Entwickelt sich z.B. ein punktueller Protest im Rahmen eines noch anerkannten sozialen Systems zu einer Gesamtkritik des Status quo und einer Alternative zum bestehenden System voran, kann dies als Motivations- und damit auch als Mobilisierungsschub für weitere Massen und weitergehende Aktionen wirken. Sowohl die quantitative Vergrößerung des Protestkollektivs als auch seine qualitative Ausdehnung durch die Einbeziehung neuer sozialer Schichten und Milieus kann die Möglichkeiten der in Frage kommenden Protestformen steigern. Ebenso kann der Auf- und Ausbau von Bewegungsorganisationen und ihrer Mobilisierungsstrukturen sowie die Vernetzung von Peripherie und Zentrum einen Beitrag zur Intensivierung des Protests leisten. Diese kollektiven Lernprozesse beinhalten potentiell auch einen besseren Umgang mit den Vermittlungsorganen: Die Bedeutung der Medien und ihrer Wirkungsmechanismen werden von vornherein mitgedacht und beeinflussen die Organisierung der Aktionen. Und schließlich lernen die protestierenden BürgerInnen sowohl den vorgegebenen rechtlichen Rahmen effektiver auszuschöpfen, zum Teil zu überschreiten und dadurch auszuweiten als auch sich mit ihrem direkten Gegenüber – die Polizei – variantenreicher und geschickter auseinanderzusetzen. Ob diese Entwicklungsmöglichkeiten in der Entfaltung sozialer Bewegungen wirklich genutzt werden, hängt neben den gesellschaftlichen Rahmenbedingungen, den machtpolitischen Konstellationen und den angestrebten Zielprojektionen wesentlich von dem Bewußtseinsgrad der beteiligten Akteure über die Umweltfaktoren und der Fähigkeit zur Selbstreflexion der eigenen Erfahrungen ab.

Die Fragestellung, ob der Straßenprotest Wirkung zeitigt und zu welchen Erfolgen bzw. Mißerfolgen er führt, inwieweit er an der Entwicklung der ihn tragenden sozialen Bewegungen Anteil hat, und mit welcher politischen Reichweite letztere durch ihren Protest auf der Straße zur Veränderung gesellschaftlicher Strukturen beitragen können, ist jedoch nicht Mittelpunkt des Interesses. Die theoretische Debatte, welchen Stellenwert die neuen sozialen Bewegungen innerhalb der gesellschaftlichen Machtverhältnisse haben, und welche Bedeutung ihnen für die weitere Entwicklung kapitalistischer Industriegesellschaften zukommt, wird hier deshalb nicht aufgenommen und fortgeführt. Die beispielsweise unterschiedlichen Einschätzungen der Möglichkeiten des sozialen Wandels im Spannungsfeld von Systemstruktur und Handlungspotential in der Postindustrialismus-These von Alain Touraine, in der Theorie der Moderne von Jürgen Habermas oder im (Post-)Fordismus-Konzept von Joachim Hirsch und Roland Roth[4] betreffen andere Wissenschaftsfelder und befinden sich auf der Höhe umfassender politikwissenschaftlicher und sozialgeschichtlicher Gesellschaftstheorie. Damit liegen sie zwar im Einzugsbereich kulturwissenschaftlicher Neugierde, jedoch außerhalb des notwendigerweise engeren Rahmens dieser Arbeit. Diese Feststellung soll weniger der Abgrenzung von als vielmehr dem Hinweis auf weitergehende Perspektiven dienen und gleichzeitig falschen Erwartungen vorbeugen.

Straßenprotest ist im wesentlichen ein symbolisch vermittelter Prozeß, in dem die Akteure sich und ihre Anliegen artikulieren und der Öffentlichkeit präsentieren. Sie transportieren ihre Botschaften dabei über vielfältige Medien, z.B. über „die Zahl der Demonstranten, die Route, die diese nehmen, Gehformation und Gehweise, Kleidung, mitgeführte Transparente, Abzeichen oder Fahnen, akustische und gestische Ausdrucksmittel, die Formen der Interaktion mit Publikum und Polizei sowie des Umgangs mit den Räumen und Objekten, die von der Demonstration aufgesucht werden".[5] Die strukturierten und strukturierenden Botschaften, auf die sich sowohl die Teilnehmenden als auch die Beobachtenden beziehen, sind Produkte einer symbolischen Formensprache, deren Bedeutungen nicht „an sich" existieren, sondern erst in Konfliktaustragungen und sozialen Interaktionen erlernt und vermittelt werden müssen. Einige Elemente dieser symbolischen Formensprache haben die neuen sozialen Bewegungen neu „erfunden" und situativ hergestellt, andere konnten aus vorhandenen Symbolsystemen übernommen oder modifiziert und aktualisiert werden. Nicht nur einzelne Zeichen und Symbole, sondern auch die symbolische Handlung als Ganzes sind kulturell und sozial geprägte Codes zur Artikulation und Mobilisierung von Auffassungen und Haltungen, Zugehörigkeiten und Abgrenzungen.

Die zentrale Forschungsabsicht besteht nun darin, die symbolische Formensprache des Straßenprotests, ihre Grammatik sowie ihre Konjugationen und

Deklinationen zu untersuchen. Wie stellen sich die symbolischen Formen in den unterschiedlichen Medien dar, wie werden sie von den Akteuren der verschiedenen sozialen Bewegungen benutzt und variiert, wie sehen ihre Zielprojektionen aus, und zu welchen Aktionsformen führen sie schließlich? Oder andersherum gefragt: Auf welche Art und Weise differenziert sich das Aktionsrepertoire der neuen sozialen Bewegungen aus, nach welcher Logik funktionieren die spezifischen Handlungsmuster, wie sind ihre praktischen Regeln und ideellen Normen beschaffen, und durch welche Faktoren der Alltagskultur und der politischen Kultur der 80er Jahre sind sie geprägt? Die beabsichtigte Analyse der formalen Ausbildung des Straßenprotests zielt daher nicht auf die quantitative oder repräsentative Erfassung einzelner Aktionen und Verhaltensweisen, sondern auf die maximale Ausdehnung eines qualitativen Aspekts: die Ausdifferenzierung der symbolischen Formen und deren unterschiedliche bzw. gemeinsame Funktionsweise.

Mobilisierungsphasen und Zeitrahmen

Straßenprotest zwischen 1979 und 1989, dieser Zeitrahmen erscheint zunächst etwas willkürlich, wurde in der alten Bundesrepublik doch schon seit Beginn der 50er und dann insbesondere seit der zweiten Hälfte der 60er Jahre öffentlich und zum Teil spektakulär protestiert. Und auch 1989 und danach artikulierte sich der Protest gegen gesellschaftliche Verhältnisse und politische Ereignisse medien- und publikumswirksam auf der Straße. Dies gilt insbesondere für die friedliche Revolution in der ehemaligen DDR, wo die Bürger und Bürgerinnen massenhaft mit den Füßen gegen den „real existierenden Sozialismus" stimmten. Aber auch die inhaltlich und formal ganz unterschiedlichen Aktionen anläßlich des zweiten Golfkrieges zu Beginn des Jahres 1991 sowie die vielfältigen Aktivitäten gegen Rassismus, Neonazismus und Gewalt, insbesondere die Lichterketten im Winter 1992/93, zeigten, daß Straßenprotest als eine Form oppositioneller Politik nicht mit Ende der 80er Jahre aufhört bzw. zur Marginalie „großer Politik" verkommt, sondern – für viele KritikerInnen überraschend – auch in den 90er Jahren als gesellschaftlich relevante Artikulationsmöglichkeit und als Modus der Interessenvertretung genutzt wird. Dennoch stehen die Chiffren „1968" und „1989" für je eine Zäsur (auch) in der Geschichte des außerparlamentarischen Protests in Deutschland.

Auf der einen Seite führte die weitere Entfaltung oppositioneller Politik mit Beginn der 70er Jahre zur Entstehung und Konsolidierung neuer sozialer Bewegungen. Vergleicht man die quantitative Entwicklung der vom Bundesministerium des Inneren (BMI) statistisch erfaßten „Demonstrationstätigkeit in den Jahren 1968 bis 1988"[6] mit den politischen Eckdaten und Konjunkturen dieser neuen Bewegungen sowie mit Auffälligkeiten ihres außerparlamentarischen Partizipationsverhalten, so lassen sich für diesen Abschnitt der bundesrepublikanischen Geschichte des Straßenprotests fünf Phasen erkennen. (Schaubild 1)

Die erste umfaßt die Jahre 1968/69, die Studentenrevolte. Die neue Qualität des Demonstrierens sowohl gegenüber der Weimarer Republik als auch gegenüber den ersten zwei Nachkriegsjahrzehnten liegt auf der Hand. Den Protest artikulieren andere soziale Gruppen mit anderen Zielen und Organisationen sowie neuen Strategien und Formen. Ein Aufbruch in doppeltem Sinne, denn auch der Staatsapparat versucht sich – nach anfänglichen Fehlschlägen –, auf das neuartige oppositionelle Verhalten einzustellen. Wohl nicht zufällig wird die staatliche Demonstrationsstatistik des Bundesinnenministeriums mit einer Angabe aus dem Jahre 1968 eröffnet.

Die zweite Phase erstreckt sich von 1970 bis 1974. Der SDS zerfällt, und der Protest differenziert sich aus – eine Zeit des Aufschwungs und der Popularisierung der Bürgerinitiativen, die sowohl durch ihre Akteure als auch mit ihren Aktions- und Organisationsformen in einer gewissen Kontinuität zur studentischen APO stehen und als thematisch vielfältige „Ein-Punkt-Bewegung" den außerparlamentarischen Protest weiterentwickeln. Durchaus eine Zeit der relativen Schwäche, aber dann auch eine des steten Stärkerwerdens. Die „Frankfurter Allgemeine Zeitung" spricht schon 1973 von einer „Landplage"[7]. Die Demonstrationshäufigkeit entwickelt sich ähnlich: zunächst Reduktion, schließlich langsames Wachstum.

Zwischen 1975 und 1978 expandiert die Bürgerinitiativbewegung erheblich, das Thema Umwelt erringt eine zentrale Bedeutung, und insbesondere die Anti-Atomkraftbewegung bekommt eine Vorreiterfunktion innerhalb der neuen Bewegungen. Die Konfrontationsbereitschaft auf seiten der Akteure wächst, die Konflikte spitzen sich zu, und in Wyhl wird 1975 erstmals in der Bundesrepublik zum Mittel der Bauplatzbesetzung gegriffen. Die Militanz eskaliert in den darauffolgenden Jahren – Brokdorf, Grohnde und Kalkar sind die spektakulären Stationen –, und die Staatsmacht inszeniert ihren Willen zur Kontrolle und Unterdrückung des Protests auf martialische Art und Weise; der „Deutsche Herbst" begegnet auch vielen Akteuren. Die Anzahl der jährlichen Demonstrationen steigt in dieser dritten Phase erstmals über das Niveau der Revolte, stagniert dann aber.

Für die Zeit von 1979 bis 1983 zeigt schon allein die Demonstrationsstatistik eine heftige Entwicklung. Wurde zwischen 1975 und 1978 im Jahresdurchschnitt noch rund 2.800mal auf der Straße protestiert, verdoppelt sich dieser Wert für die Folgejahre auf rund 5.600. Und innerhalb dieser fünf Jahre steigt die Zahl der Aktionen um fast 300 Prozent und erreicht 1983 die bis heute gültige Höchstmarke von 9.237. Bestimmt wird das Protestgeschehen zunächst noch von der Ökologiebewegung und den Auseinandersetzungen um eine Wiederaufbereitungsanlage in Gorleben und das Atomkraftwerk Brokdorf, spätestens aber ab 1981 schiebt sich die neue Friedensbewegung immer mehr in den Vordergrund und wird 1983 in ihrem Zenit zur größten Bewegung in der Republik. Aber auch in anderen gesellschaftlichen Bereichen entwickeln sich oppositionelle außerparlamentarische Aktivitäten. So erreicht z.b. der sogenannte „Häuserkampf" zeitlich und regional begrenzt (Westberlin, Freiburg, Göttingen) herausragende Bedeutung. Sowohl in Westberlin (1981) als auch im Bund (1982) kommen konservative Regierungen ins Amt, was sich in den folgenden Jahren auf die Protestkultur auswirken sollte.

Die fünfte Phase umfaßt die Jahre 1984 bis 1988. Nachdem die Friedensbewegung in ihrer unmittelbaren Zielsetzung eine Niederlage einstecken mußte, zogen sich viele Akteure enttäuscht ins Privatleben zurück. Die Häufigkeit der Protestaktionen nimmt kurzfristig ab. In den Auseinandersetzungen um die Wiederaufarbeitungsanlage in Wackersdorf, insbesondere aber mit dem GAU in Tschernobyl wird die Ökologie wieder zum Thema Nummer eins und zum Anlaß für ein verstärktes Engagement auf Straßen und Plätzen. Kennzeichnend für diese Jahre ist in der Demonstrationsstatistik nicht der anfängliche und zwei Jahre dauernde Rückgang nach der Klimax 1983, sondern eine dauerhafte Stabilisierung der Protestaktivitäten auf einem in der Geschichte der Bundesrepublik bis dahin nicht gekannten sehr hohen Niveau. Vergleicht man die 70er mit den 80er Jahren, so ergibt sich folgender Befund: Von 1979 bis 1988 (62.830) gingen die Bürger und Bürgerinnen über zweieinhalbmal so oft auf die Straße wie im Zeitraum 1968 bis 1978 (23.891). Das Protestgeschehen dieser letzten zwei Phasen der 80er Jahre erscheint aber nicht nur wegen seiner vehementen quantitativen Steigerung und dauerhaften Stabilisierung von besonderem Interesse; immerhin verweist allein schon diese Tatsache, zumindest bis 1983, auf eine „heiße" Phase in der bundesrepublikanischen Geschichte des kollektiven Widerspruchs. Die große Attraktivität dieses Jahrzehnts liegt in einer bis dahin nicht gekannten Expansion der Akteure und deren erweiterten Fähigkeiten, eine oppositionelle Haltung zu artikulieren und zu inszenieren.[8] Es liegt daher nahe, Fragen nach qualitativen Entwicklungen, nach Veränderungen und Neuheiten im Protestverhaltens in diesem Zeitraum zu stellen.

Auf der anderen Seite wurde der deutschen Protestgeschichte im Herbst und Winter 1989/90 mit den von Leipzig und Dresden ausgehenden Massenaktionen gegen das DDR-Regime ein „neues und neuartiges Kapitel hinzugefügt".[9] Neuartig an diesen demokratischen Straßenmanifestationen war vor allem die Tatsache, daß es sich um einen „zugleich friedlichen und systemsprengenden Protest handelte".[10] Ebenso stellten die zum Teil außerordentlich hohe Zahl der TeilnehmerInnen – die Ostberliner Demonstration vom 4. November 1989 war mit einer geschätzten Anzahl von bis zu einer Million Akteuren höchstwahrscheinlich die größte Protestaktion der deutschen Geschichte – und die mediale Vermittlung, insbesondere des Fernsehens, die zunächst im Westen, dann aber auch im Osten die Ziele der gesellschaftlichen Bewegung und die Wirkung der Ereignisse multiplizierte, in diesem Ausmaß ein Novum dar. Obwohl die Akteure auch an Traditionen oppositioneller Bewegungen und Politik anknüpften, indem sie z.B. mit der Kerze ein sakrales Zeichen benutzten, um ihren zumeist illegalen Handlungen eine Aura der Würde und Schutzwürdigkeit zu verleihen, oder alte Aktionsformen reaktivierten (Sit-in) und zum Teil weiterentwickelten (Lichterdemonstrationen) sowie bekannte Motive der Inszenierung kollektiven Widerspruchs wiederaufnahmen, wie z.B. die Höherwertigkeit der eigenen Ordnungsvorstellungen gegenüber denjenigen des Konfliktgegners (Freiwilligkeit statt Zwang, Selbstdisziplin statt Kadavergehorsam, Friedlichkeit statt Gewalt), begann mit den Ereignissen 1989 ein neuer Abschnitt in der Geschichte des Straßenprotests in Deutschland.

Mit dem Ende des Kalten Krieges und im Vereinigungsprozeß der neuen Bundesrepublik gerieten auch einige für unerschütterlich gehaltene Auffassungen und Haltungen der verschiedenen Protestbewegungen ins Wanken, lösten sich politische Koalitionen und Lager auf und gruppierten sich neu, und auch manche liebgewonnenen Handlungsmuster und Praxisformen veränderten ihre Erscheinungsweise oder fanden sich in einem völlig anderen Kontext wieder.

Schlagartig deutlich wurde dies während des Golfkriegs Anfang 1991. In den ihn begleitenden und zum Teil hitzig geführten Auseinandersetzungen um eine Beurteilung dieses Konflikts und seiner theoretischen wie praktischen Konsequenzen löste sich die traditionelle Gegenüberstellung von KriegsbefürworterInnen und KriegsgegnerInnen auf. Einige bestimmten ihre Haltung während dieses Krieges neu und waren diesmal für seine erfolgreiche Führung; andere lehnten dies, wenn auch nachdenklichen Gesichts und mit verflogenem Friedensenthusiasmus, nach wie vor ab; und wieder andere knüpften nahtlos an verschiedenen Traditionsbeständen der Friedensbewe-

gung der beginnenden 80er Jahre an. So versammelten sich dann die einen zu Mahnwachen, Kundgebungen und Demonstrationen für das bedrohte und angegriffene Israel und für die alliierten Truppen, während andere mit dem gewohnten Impetus eines antiamerikanischen Antiimperialismus' den Kampf gegen den Krieg auf bundesdeutschen Straßen ausfochten. Jene, für die Solidarität mit Israel und Engagement gegen den Krieg vereinbar gewesen wäre, hielten sich entweder frustriert von den so unterschiedlichen Aktionen fern oder schlossen sich, wenn sie nicht hintereinander besucht werden konnten, situativ bedingt einer der beiden Richtungen wohl oder übel an.
Zwei Jahre später artikulierte sich der kollektive Widerspruch von Millionen von BürgerInnen erneut in der Öffentlichkeit. Die in der Bundesrepublik und im Ausland viel beachteten und zum Teil auch heftig umstrittenen Lichterketten des Winters 1992/93 waren nicht nur ein spektakulärer Höhepunkt, sondern auch ein Novum des Protesthandelns. Diese neuartige Aktionsform, die in einem zeitlichen und inhaltlichen Zusammenhang mit den Ereignissen in Rostock und Mölln stand[11], verband verschiedene symbolisch-expressive Traditionen und Ausdrucksmittel der Protestgeschichte (u.a. Kette, Kerzen, Stille) auf eine neue Art und Weise und verdichtete damit in ihrer ästhetischen Form spezifische Botschaften und Intentionen der Akteure, die den veränderten Verhältnissen im neuen Deutschland entsprachen.
Mit der ersten Lichterkette am 6. Dezember 1992 in München und den darauffolgenden Veranstaltungen u.a. in Hamburg, Frankfurt und Hannover, im Ruhrgebiet und in Berlin sowie in zahlreichen Kleinstädten, wie z.B. Lindau und Tübingen, verschoben sich auch die Inhalte des demokratischen Protests. Standen in den Monaten zuvor die Asylpolitik und die beabsichtigte Änderung des Artikels 16 GG im Zentrum des kollektiven Widerspruchs, der sich u.a. auch noch in der unter der Schirmherrschaft des damaligen Bundespräsidenten Richard von Weizsäcker veranstalteten Großdemonstration und Kundgebung in Berlin am 8. November Gehör verschafft hatte, so stellten die Lichterketten jetzt insbesondere den Versuch dar, eine Form zu finden, Gefühle vor aller politischen Artikulation zum Ausdruck zu bringen, z.B. Trauer und Wut sowie das Empfinden und Wissen darüber, was auf gar keinen Fall mehr hingenommen werden kann.[12] Rostock und Mölln waren damit nicht nur Signale für fremdenfeindliche, gewalttätige und rechte Anschlußtäter, sondern auch für das bürgerlich-demokratische Potential der Republik, sich in der Öffentlichkeit zurückzumelden. Zwar noch eher sprach- und hilflos vor Entsetzen als mit klaren Handlungsperspektiven, aber der Protest auf der Straße gegen Rechts war damit nicht mehr – wie noch 1990/91 und zuvor – fast ausschließlich eine Angelegenheit antifaschistischer und autonomer

Gruppierungen. Die Lichterketten wurden zur typischen Aktionsform und zum Symbol dieses in Bewegung gekommenen Protests der Bürger und Bürgerinnen. Erst später, im Laufe des Jahres 1993, differenzierten sich die Handlungsoptionen in der gesellschaftlichen Auseinandersetzung mit den rechten Brandstiftern und ihrem Umfeld aus, und die unterschiedlichen Akteure bedienten sich dabei einer breiten Palette vielfältiger, aber zumeist weniger spektakulärer kultureller und politischer Aktions- und Veranstaltungsformen.[13]

Die Konzentration der Aufmerksamkeit auf die Jahre zwischen 1979 und 1989 ergibt sich somit aus der Entwicklung der gesellschaftlichen Verhältnisse und der Entfaltung der sozialen Bewegungen, die aus ihnen hervorgegangen sind und sie wiederum verändert haben. Obwohl dieses Jahrzehnt in der Bewegungsforschung insbesondere durch das Stichwort „Reparlamentarisierung des Protests"[14], so stellvertretend Lothar Rolke, gekennzeichnet ist, und damit die Institutionalisierung eines relativ eigenständigen Bewegungssektors als die „bislang nachhaltigste Leistung der neuen sozialen Bewegungen"[15] gewürdigt wurde, stellen die 80er Jahre in der Geschichte des Straßenprotests, für die Ausbildung der Aktionsfähigkeiten und die Ausdifferenzierung des Aktionsrepertoires seiner Akteure, einen herausragenden Zeitraum dar, innerhalb dessen sich nochmals ein erneuter Schub an oppositionellem Engagement und zivilgesellschaftlicher Entwicklung in der Bundesrepublik ausdrücken und organisieren konnte.

Methode und Quellen

Die vorliegende Arbeit beruht ausschließlich auf schriftlichen Quellen. So wurde einerseits wissenschaftliche Literatur der Protest- und Bewegungsforschung benutzt und andererseits eine Vielzahl von Zeitungsberichten über Aktionen und Auseinandersetzungen der Frauen-, Friedens- und Ökologiebewegung ausgewertet. Der Verzicht auf die Möglichkeiten der „oral history", wie z.B. Interviews, erschien aus mehreren Gründen vertretbar.

Die wissenschaftliche Methode orientiert sich am Forschungsziel. So kann es in Untersuchungen, die sich z.B. einem einzelnen Konflikt und/oder einer einzelnen Bewegung widmen, nützlich oder sogar unverzichtbar sein, die Bewegungsakteure und die involvierten Konfliktgegner – beispielsweise Vertreter von Energieversorgungsunternehmen auf der einen und Mitglieder von Bürgerinitiativen oder Umweltschutzorganisationen auf der anderen Seite – zu befragen, um so Informationen über Einschätzungen, Diskussionen und Entscheidungen zu erhalten, die nirgendwo schriftlich dokumentiert, für das Verständnis der Bewegungsdynamik und des Konfliktverlaufs aber überaus erhellend sind. Hier ist es sinnvoll, durch Interviews oder teilnehmende Beobachtung Daten- und Textmaterial über interne Faktoren – wie z.B. den Aufbau von Bewegungsorganisationen, die Effizienz ihrer Entscheidungsstrukturen, fraktionelle Grabenkämpfe oder persönliche Freund- und Feindschaften unter den Akteuren u.v.m. – zu erhalten.

Da das Forschungsziel jedoch darin bestand, das Aktionsrepertoire verschiedener Bewegungen in der Bundesrepublik über einen längeren Zeitraum darzustellen, die Ausbildung ihrer symbolischen Formen zu verfolgen und deren Strukturen, Muster und Bedeutungen zu sondieren, erschien der methodische Weg einer *oral history* unzureichend. Der Straßenprotest kann schon allein wegen seiner ungeheuren Ausdifferenzierung und Vielfalt schwerlich mit Hilfe von Interviews in seiner ganzen Bandbreite erfaßt werden. Die Befürchtung mangelnder Repräsentativität, die manch quantitativ ausgerichtete Forschung umtreibt und zum Teil als Kritik an einer qualitativen Methodik formuliert wird, drohte hier durchaus real zu werden, da die subjektiven Protesterfahrungen potentieller InterviewpartnerInnen nicht mit der Vielzahl und dem Variantenreichtum der Protesthandlungen Schritt halten konnten. Dieses Defizit durch mehr Befragungen oder durch die Befragung von Bewegungsfunktionären bzw. -aktivistInnen auszugleichen, konnte nicht allein aus arbeitstechnischen Gründen keine besondere Attraktivität entwickeln.

Dazu kam ein grundsätzliches Problem der *oral history*: die persönliche Verarbeitung von Geschichten und Geschichte in der Entwicklung der Befragten. Interviews über Demonstrationen, Menschenketten oder Blockaden u.s.w., an denen die GesprächspartnerInnen oftmals vor mehreren Jahren teilgenommen haben, dokumentieren nicht mehr „einfach" das unmittelbar erlebte Ereignis, sondern darüber hinaus und es überlagernd, den persönlichen Umgang mit dem Geschehen und dessen biographische Integration in die eigene Lebensgeschichte. Hier drohen also Verdrängung und Frustration ebenso wie Nostalgie und Glorifizierung, depressive Verbitterung ebenso wie euphorischer Romantizismus. Die Erinnerung verändert das Erinnerte, und dieses Erinnerte gibt manchmal mehr Auskunft über den Erinnernden als über das Erlebte. Das mag z.B. im Rahmen der Biographieforschung oder in Arbeiten über Formen und Modi der (Nicht-)Verarbeitung des Nationalsozialismus' und neuerdings des „real existierenden Sozialismus'" geradezu erwünscht und das eigentlich Interessante sein; hier geht es jedoch nicht um Verarbeitungsformen von Protesterfahrungen, sondern um die symbolischen Formen des Protests selbst.

Daher wurde statt dessen der Zugang zu schriftlichen Quellen gesucht, d.h. in erster Linie zu Forschungsarbeiten und Publikationen der Printmedien. Auch diese Texte stellen Erfahrungen aus zweiter Hand dar; auch die wissenschaftliche und journalistische Verarbeitung dokumentiert, wie die biographische, nicht mehr unmittelbare, sondern mittelbare Erfahrung; und auch hier ist der Standort des Autors/der Autorin mit zu berücksichtigen: Nähe oder Distanz zu, Empathie oder Ignoranz gegenüber und Sympathie oder Antipathie mit den Protestbewegungen und ihren Aktionen haben unzweifelhaft Einfluß auf die Darstellung und Beurteilung.

Bei der Suche nach deskriptiven und/oder analysierenden Texten in der inzwischen umfangreichen wissenschaftlichen Literatur über die neuen sozialen Bewegungen konnte auf fast klassisch zu nennende Standardwerke[16], theoretisch orientierte Gesamtdarstellungen des Protestgeschehens nach dem 2. Weltkrieg[17], systematische Untersuchungen einzelner Bewegungen und Konflikte[18] sowie zahlreiche Aufsatzsammlungen[19] und wissenschaftliche Periodika[20] zu verschiedenen Themen und Schwerpunkten der Bewegungspraxis zurückgegriffen werden. Ein hierbei festzustellender Mangel an anschaulichen, ausführlichen und zusammenhängenden Schilderungen und Abhandlungen über die symbolische Formensprache des Straßenprotests konnte durch eine Fülle von aktuellen und beschreibenden Zeitungsberichten über die Aktionen der 80er Jahre aufgewogen werden.

Das zentrale Kriterium jedoch, nach dem Ereignisse und Geschehensabläufe für eine Berichterstattung in den Medien ausgewählt und interpretiert werden, ist der Nachrichtenwert. Er bemißt sich nach der Aktualität und Spektakularität des Protesthandelns (Zeitraffung), und führt dazu, daß komplexe gesellschaftliche Probleme, die Ursachen politischer Konflikte und die Ziele sozialer Bewegungen nicht mehr ausreichend, wenn überhaupt analysiert und auf nur wenige Punkte verkürzt werden, „die das Zugrundeliegende personalisiert oder symbolisch verdichtet repräsentieren"[21] (Ballung). So ziehen z.B. „die Prominenten" der Friedensbewegung, sei es bei Blockaden, bei Großkundgebungen oder bei Menschenketten, magnetisch Presse, Funk und Fernsehen auf sich, weil sie diesem Bedürfnis nach Personalisierung der Politik entgegenkommen. Das hat oft zur Folge, daß all jene Interessen, Absichten und Maßnahmen der Protestakteure, deren Schilderung schwer mit diesen Prinzipien der Zeitraffung und Ballung vereinbar sind, „strukturell aus den Medien herausfallen".[22] Großdemonstrationen finden immer ihre Berichterstatter, Mahnwachen und Schweigekreise fast nie; minoritäre Gewaltausübung findet eher den Zugang zu Presse und Fernsehen als die Friedlichkeit

der Mehrheit; und oftmals werden Aktionen nur erwähnt, anstatt daß beschrieben wird, was nun wirklich im einzelnen passiert.
Etwas anders verhält es sich bei den Publikationen, die aus den neuen sozialen Bewegungen hervorgegangen oder deren Werten und Zielen grundlegend verpflichtet sind und ihre Entwicklung kritisch sympathisierend verfolgen. Neben zielgruppen- und themenorientierten Veröffentlichungen[23], nimmt dabei die 1979 gegründete „tageszeitung" eine zentrale und bewegungsübergreifende Stellung ein. Hier wird aktuell und kontinuierlich, regional und überregional sowie ereignisnah und reflektiert über die wichtigen Konflikte der Frauen-, Friedens- und Ökologiebewegung berichtet.
Nun hat sowohl ein anfänglich oftmals kritisierter Betroffenheitsjournalismus als auch der spätere professionelle „taz"-Journalismus seine Vor- und Nachteile. Bewegungsnähe ermöglicht einen anderen Blick als die bürgerlichen Medien, Bewegungsdistanz einen anderen als den der Akteure. Auf jeden Fall konnte die „taz" als eine reichhaltige Quelle kontinuierlicher Berichterstattung und Kommentierung über die Aktionen der neuen Bewegungen und der Meinungs- und Urteilsbildung ihrer Akteure genutzt werden. Rund 2.000 Artikel aus den Jahren 1979 bis 1989 stellen das Hauptkontingent des empirischen Untersuchungsmaterials dar, das nach den strukturierenden Gesichtspunkten ausgewertet wurde, die dem weiteren Text seine Kapitelüberschriften geben. Das große Puzzle sollte – so die Hoffnung – mit Hilfe einer *dichten Beschreibung*[24] zu einer sinnvollen Anordnung der einzelnen Teile führen, um so zu einem erkennbaren Gesamtbild zu gelangen, dessen Panorama die Breite des Handlungsfeldes erfaßt und dessen Fokussierung wichtige Strukturen und Verdichtungen hervorhebt.

Arbeitsstrukturen und Leseübersicht

Das erste und weitaus umfangreichste Kapitel *Aktionsformen* soll das Handlungsfeld Straßenprotest insgesamt erfassen und strukturierend ordnen. Die Darstellung zielt dabei gleichzeitig auf eine maximale Ausdehnung und Ausdifferenzierung des Aktionsspektrums. Um Unterschiede zu erkennen, müssen Unterscheidungsmerkmale festgelegt werden. Daher erschien es sinnvoll, Versuche der Systematisierung von Aktionsformen in der Protestforschung zu diskutieren und danach den historischen Wandel der Aktionsrepertoires im 19. und 20. Jahrhundert mit Hilfe eines für geeignet gehaltenen Klassifikationsansatzes zu beschreiben. Anschließend folgt die Ausbreitung des Materials. Die zunächst grobe Unterscheidung in demonstrative und direkte Aktionen, die zwei grundlegend unterschiedlichen Funktionsweisen von Protesthandlungen und den strategischen Intentionen ihrer Akteure folgt, wird an Hand empirisch-historischer Beispiele zunehmend ausdifferenziert.

Die Anzahl der Menschen, die protestierend auf die Straße gehen, ist nicht nur Ausdruck akkumulierter Macht und gesellschaftlicher Legitimation, sondern zugleich auch ein realer und symbolischer Faktor, der die Formen des Straßenprotests entscheidend mitprägt. Ob hundert oder hunderttausend demonstrieren, ob zehn oder tausend Menschen sich an einer Blockade beteiligen, macht einen erheblichen Unterschied in der Organisation und Durchführung, der Interaktion mit Publikum und Polizei sowie der Resonanz in den Medien. Im Kapitel *Masse* werden neben den Mobilisierungshöhepunkten in den einzelnen Bewegungen, den Dimensionen der Beteiligung an den unterschiedlichen Aktionsformen auch die symbolischen Bedeutungen dieses Mediums sowie die Grenzen einer Strategie der Steigerung der 'Großen Zahl' diskutiert.

Im dritten Kapitel geht es um eine grundsätzliche Zielorientierung des symbolisch vermittelten Handlungskomplexes Straßenprotest, nämlich um das Ringen um *Präsenz*. Die Akteure müssen sich ihren Raum und ihre Zeit erobern. Raum und Zeit erhalten und entfalten aber symbolische Bedeutungen, die umstritten sind: nicht nur zwischen den Konfliktgegnern, sondern auch innerhalb der Bewegungen. Das Ringen um Präsenz stellt sich zudem je nach Aktionsform, je nach politischer Haltung und Temperament anders dar. Und schließlich ist die besondere physische Anwesenheit eine elementare Voraussetzung für eine Präsenz in den Medien, die den Akteuren über ihre unmittelbare Umgebung hinaus Resonanz und Wirkung einbringen soll.

Straßenprotest ist eine besondere Form der Inszenierung unterschiedlicher Weltinterpretationen, Lebensstile und Botschaften. Das herausragende Medium, mit dem die Akteure in der Öffentlichkeit um Verständnis, Zustimmung und Unterstützung werben, ist ihre *Symbolische Expressivität*. In diesem Kapitel werden die Symbolwelten der verschiedenen Bewegungen exemplarisch durchwandert und der These vom Ende der politischen Symbolik sozialer Bewegungen widersprochen. Insbesondere sollen aber die symbolische Handlung als Ganzes und die Artikulations- und Inszenierungsfähigkeit der Akteure gemustert, die szenischen Formen des Überzeugens und Bedrohens dargestellt sowie ihre Funktionsweisen erläutert werden. Da die Gewaltsamkeit mancher Aktionen in erster Linie hinsichtlich ihrer symbolischen Bedeutung interpretiert sowie der Diskurs über Protestgewalt nur ansatzweise untersucht wurde, konnte darauf verzichtet werden, den Themen Gewalt und Eskalation ein eigenes Kapitel zu widmen.

Im letzten Kapitel geht es schließlich um die kollektive *Identität* der Protestierenden, die nicht aus einer homogenen Masse, sondern aus einer heterogenen Koalition ganz unterschiedlicher Gruppierungen bestehen. Mit Hilfe der neueren Milieuforschung soll der Versuch unternommen werden, sich den sozialen Trägergruppen des Protests anzunähern und sie in der pluralistischen Klassengesellschaft zu verorten. Die Akteure konstruieren generelle und partikulare Identitäten mit Hilfe symbolischer Integrationsmechanismen, die auf der Basis einer Unterscheidung von wir und sie beruhen. Auf der Ebene des Protestverhaltens bilden sich unterschiedliche Proteststile heraus, die sowohl Produkt als auch Produzent verschiedener Teilidentitäten sind. Der Umgang mit diesen Differenzen und dem daraus resultierenden Dissenspotential entscheidet darüber, ob sich die Protestierenden als kompaktes Ganzes gegenüber dem Konfliktgegner und in der Öffentlichkeit darstellen können, ob die so häufig beschworene „Einheit in der Vielfalt" erweiterte Handlungsmöglichkeiten bietet und damit als gewichtiges Faustpfand für den Erfolg des kollektiven Widerspruchs erscheint.

Zum Schluß sollen die einzelnen Kapitel zusammengefaßt und aufeinander bezogen werden, um so einen Überblick zu ermöglichen.

Es wurde davon Abstand genommen, weiblichen Protest in einem eigenen Kapitel gesondert zu untersuchen. Statt dessen sollen einige Besonderheiten feministischer Protestkultur(en) dort diskutiert werden, wo ihre Differenz zum gemischt-geschlechtlichen und d.h. oftmals männlich dominierten Protest besonders wichtig erschien, wie z.B. bei der Eroberung von Raum oder dem Umgang mit dem Symbolischen.

Da jedes Kapitel hinsichtlich seiner Thematik in sich abgeschlossen ist, braucht die gewählte Reihenfolge nicht zwingend eingehalten zu werden – wenn es auch von Vorteil ist, z.B. das Aktionsrepertoire der neuen Bewegungen schon zu kennen, bevor man sich einzelnen Aspekten der Identität der Protestakteure annähert.

1 Aktionsformen

Systematisierungsversuche und geschichtlicher Wandel

Die inzwischen in die Jahre gekommene Protestforschung hat sich immer wieder bemüht, Kriterien zur Differenzierung, Klassifizierung und Systematisierung von Aktionen oppositioneller Politik und sozialer Bewegungen zu entwickeln. Bereits in den 70er Jahre wurden dazu bedeutsame Vorschläge unterbreitet.

Klassifikationen

Die Tillys, insbesondere Charles Tilly, sahen in der Gewalt das entscheidende Charakteristikum; Protest wurde in erster Linie als gewalttätiges Verhalten verstanden. Kollektive Aktionen unterschieden sich danach in gewaltsame und gewaltfreie, wobei erstere als besonders wichtige Protestformen und bevorzugtes Forschungsobjekt betrachtet wurden.[1] Das Problematische dieses Zugangs liegt darin, Protest tendenziell nur noch dort zu erkennen, wo er sich gewaltsam äußert; das Phänomen wird mit einer seiner Erscheinungsformen gleichgesetzt bzw. verwechselt. Gleichzeitig bietet das Gewaltkriterium keine Möglichkeit, den friedlichen Protest differenziert zu analysieren, da er nur noch als antipodisches Ganzes der gewalttätigen Aktion erscheint. Dies wird nicht erst dann zum gravierenden Nachteil, wenn der Anteil und die Bedeutung friedlicher Protestformen in der Entwicklung des Aktionsrepertoires sozialer Bewegungen überwiegen und bestimmend werden.

Als ein zweites Unterscheidungskriterium schlug u.a. Heinrich Volkmann die „Illegalität des Protestverhaltens nach Maßgabe der geltenden Gesetze" vor. Generell würde der „Verzicht auf die formalisierten, legalisierten und institutionalisierten Austragsweisen des sozialen Konflikts" zu einer „Schärfung des Protestbegriffs" führen; speziell fielen „die wenigen legalen Protestformen (des Vormärzes, d. Verf.) ohnehin kaum ins Gewicht, so daß mit ihrer Ausklammerung kein großer Verlust" entstehe.[2] Der kritische Einwand lautet auch hier: Die Ausblendung legaler Protestformen führt ebenso wie die der friedlichen eher zur Reduktion als zur Schärfung des Protestbegriffs, um so mehr in Zeiten, wo legale Aktionen die überwiegende Mehrheit des kollektiven Widerspruchs darstellen. Darüber hinaus ist das Legalitätskriterium unmittelbar an die jeweils geltende historisch und nationalstaatlich unterschiedliche Gesetzgebung geknüpft und damit relativ beliebig.

Eine Kritik, die sich an der Variabilität des Unterscheidungskriteriums entzündet, führt ebenso dazu, Legitimität und Konventionalität[3] als Möglichkeit der Ausdifferenzierung von Protestaktionen zu verwerfen, weil das, was als legitim/illegitim bzw. konventionell/unkonventionell gilt, von Ort zu Ort und von Zeit zu Zeit ganz Verschiedenes bedeuten kann.

Auch in der Literatur der 80er Jahre sind etliche AutorInnen bemüht, die Protestformen der neuen sozialen Bewegungen zu klassifizieren. Dieter Rucht unterscheidet in seiner Studie über den Protest gegen die Flughafenprojekte in Stuttgart, München und Frankfurt vier Aktionsebenen: erstens Beschwerden, Bittschriften und Resolutionen, zweitens juristische Auseinandersetzungen, drittens direkte Aktionen und viertens (partei-)politische und parlamentarische Auseinandersetzungen.[4] Allein drei dieser Ebenen können unter die Ruchtsche Klassifikation „konventionelle und verfahrensgeregelte Protestformen"[5] subsumiert werden; nur die direkten Aktionen lassen Raum für „unkonventionellen" Protest und verweisen auf die Straße als Medium seiner Ausprägungsformen. „Unter direkten Aktionen sollen hier Demonstrationen sowie Versuche der unmittelbaren (also nicht über Verhandlungen und formelle Schlichtungsverfahren gesteuerten) Be- oder Verhinderung einer politischen Maßnahme durch Boykotte, Blockaden und/oder physischer Gewalt verstanden werden."[6] Damit wirkt der Begriff aber überstrapaziert, kann doch von der legalen Demonstration über die Verweigerung von Landverkauf durch Gemeinden und Hungerstreik, den Bau eines Hüttendorfes und die Errichtung einer Flughafenblockade bis hin zum „Knacken" von Mauerstreben und zum Barrikadenbau sowie zur Verletzung von Polizisten alles als direkte Aktion verstanden werden.[7] Auch die Einführung dieser vier Aktionsebenen erweist sich als zu unpräzise, um einer weiteren Ausdifferenzierung des Straßenprotests dienlich zu sein und die enorme Breite und Heterogenität der Aktionsformen neuer sozialer Bewegungen zu ordnen.

Ähnliches gilt auch für den inzwischen etablierten Begriff des zivilen Ungehorsams, mit dem zwar versucht wird, einen spezifischen Typus von direkten Aktionen zu kennzeichnen, hinter dem sich aber tatsächlich ganz unterschiedliche Protesthandlungen verbergen. Beispielhaft dafür Bernd Guggenberger: „Typische, unter diesem Begriff subsumierbare Aktionen aus der jüngsten Vergangenheit waren einige der Militärblockaden, die Platzbesetzungen bei umstrittenen Großprojekten, der Stromzahlungsboykott, die demonstrativen Selbstbezichtigungen in Verbindung mit der Reform des Abtreibungsparagraphen, eine Reihe von Hausbesetzungen, illegalen Demonstrationen und Sitzstreiks sowie einige der spektakulären Greenpeace-Aktionen."[8]

Ulrike C. Wasmuht bestimmt in einem Aufsatz über die Friedensbewegung auf der Aktionsebene drei unterschiedliche Formen: „(...) erstens status-quo-orientierte Aktionen, die im Grundgesetz verankert sind, wie zum Beispiel angemeldete Demonstrationen, Appelle, Unterschriftensammlungen für Petitionen; zweitens status-quo-teilkritische Aktionen, die weder explizit erlaubt oder verboten sind, wie Fastenaktionen, Mahnwachen, Kettenbriefe etc. (...) drittens status-quo-gesamtkritische Aktionen, die gesetzlich verboten sind, wie zum Beispiel Akte des Zivilen Ungehorsams."[9] Zwar erhalten die Aktionsformen hier neue und schwierige Namen, nur kommt dabei kein wirklich neuer Differenzierungsgewinn heraus, weil sich die inhaltlichen Abgrenzungen erneut am Kriterium der Legalität ausrichten. Neben den grundsätzlichen Bedenken erscheinen dabei die Aktionsformen, die „im Grundgesetz verankert" und die, die „gesetzlich verboten" sind, zu breit angelegt und jene, die „weder explizit erlaubt oder verboten" sind, zu schwammig: „Hier", so die Autorin selbst, „ist allerdings die Grenze zu 'illegalem' Handeln oft schwierig zu ziehen (...)."

Als nützlicher erweist sich die Einteilung von legalen, disruptiven und militanten Aktionen, die Winfried Kretschmer und Dieter Rucht in ihren Artikeln über die Konflikte um die Wiederaufbereitungsanlage in Wackersdorf verwenden. Dort werden Protesthandlungen, „die an die Schwelle der Legalität rühren oder sie kalkuliert überschreiten", als disruptive, und solche, die versuchen, „den Gegner unmittelbar zu treffen und ihm Schaden zuzufügen", als militante Aktionen bezeichnet.[10] Auch hier spielt die Frage der Legalität eine wichtige Rolle, aber die unterschiedenen Aktionsformen werden nicht mehr allein durch sie bestimmt; hinzu kommt das Kriterium des Schadenzufügens, und insbesondere tauchen die subjektiven Intentionen der Akteure auf. In einer Fußnote verweist Kretschmer auf eine Arbeit von Harry Specht aus dem Jahre 1973, in der das unterschiedliche Kalkül disruptiver und militanter Aktionsformen genauer gefaßt wird. Ziel der ersteren sei es, so Specht, „das Zielsystem an seiner üblichen kontinuierlichen Arbeit zu hindern, d.h. diese Taktiken unterbrechen das Zielsystem, aber sie verletzen, verwunden oder zerstören es nicht. Letztere sind die Ziele gewaltsamer Taktiken."[11]

An der von Barnes und Kaase eingeführten Differenzierung von konventionellen und unkonventionellen Aktionen orientieren sich auch in den 80er Jahren verschiedene AutorInnen, insbesondere dann, wenn es gilt, den Protest der Studentenbewegung zu charakterisieren. So z.B. Karl-Heinz Stamm: „Neben die konventionellen Mittel (Demonstration, Versammlung etc.) treten aus Amerika importierte Techniken des gewaltlosen Widerstandes, go-in und teach-in, love-in und happenings, die darauf zielen, das legitimations-

bedürftige Herrschaftssystem an seiner einzigen schwachen Stelle zu treffen: der entpolitisiert gehaltenen Öffentlichkeit."[12] Oder Karl-Werner Brand: „Es ist die Studentenbewegung, die mit ihren go-ins und sit-ins, mit der Ästhetisierung des Protests in Straßentheater, öffentlichen Happenings und expressiven, phantasievollen Demonstrationsformen, mit symbolischen Provokationen und begrenzten Regelverletzungen (z.B. Blockaden) ein neues Aktionsrepertoire „unkonventioneller Partizipationsformen" in die politische Kultur der Bundesrepublik einführt; die neuen sozialen Bewegungen können daran bruchlos anknüpfen."[13] Hier zeigt sich das Dilemma dieser Klassifikation: Wenn die neuen Bewegungen „bruchlos" an den Partizipationsformen von 1967 bis 1969 anknüpfen konnten, die Öffentlichkeit ab Ende der 70er aber wohl kaum mehr als „entpolitisiert gehaltene" bezeichnet werden kann, wie sind ihre Protesthandlungen dann in den 80er Jahren zu beurteilen? Sind sie inzwischen konventionell oder noch nicht ganz konventionell, also eher doch ein bißchen unkonventionell oder schon wieder erneut unkonventionell?
Joachim Raschke hat Mitte der 80er Jahre eine Einteilung von Aktionsformen vorgeschlagen, deren entscheidendes Differenzierungsmerkmal darin besteht, inwieweit eine Aktion „auf institutionalisierte Vermittlung angewiesen ist oder sich direkt gegen die Kontrollinstanzen richtet".[14] Unterschieden werden drei Formen: zum einem die *intermediäre Aktion* die über fremde oder unter eigener Kontrolle befindliche Vermittlungsträger bzw. -organisationen (Parteien, Gewerkschaften, Medien) in die politische Auseinandersetzung eingreift. Wichtige Beispiele dafür sind der Wahlkampf und institutionalisierte Streiks als Bestandteil des gewerkschaftlichen Tarifkampfes, auf der anderen Seite die *direkte Aktion*, die sich unter Umgehung der institutionalisierten Vermittlung unmittelbar an die Kontrollinstanzen (Staat, Unternehmen usw.) richtet und ihnen mehr oder weniger großen Schaden androht. Die möglichen Kosten sollen den Konfliktgegner zum Einlenken bringen. Der Zwang kann dabei in gewaltsamer oder gewaltloser Form ausgeübt werden. Die breite Palette direkter Aktionen reicht von politischem Streik, Boykott und Sabotage über Besetzung und Blockade bis hin zu Aufstand und Terror. Dazwischen steht die *demonstrative Aktion*, die sich an Vermittlungs- und Kontrollinstanzen wendet, dabei aber keinen Zwang ausübt, sondern den Konfliktgegner und die Öffentlichkeit von ihrem Anliegen zu überzeugen versucht. Demonstrationen und Protestkundgebungen sind dafür die bekanntesten Beispiele.[15]
Ausgangspunkt dieser Klassifikation ist also nicht das taktische Kalkül der Akteure, sondern angesetzt wird an deren strategischen Absichten, das heißt, in welcher Art und Weise sie Einfluß auf die im jeweiligen Herrschaftssystem

vorgesehenen Institutionen der politischen Willens- und Mitbestimmung nehmen wollen. Der Vorteil besteht darin, daß das Unterscheidungskriterium nicht selbst von variablen Faktoren, wie z.b. sich verändernde Konventionen oder Rechtsnormen, abhängig und damit relativ beliebig ist. Die verschiedenen strategischen Intentionen und die daraus resultierenden Modi der Konfliktaustragung – Vermittlung, Schadensandrohung und Überzeugung – führen auf der Aktionsebene zu grundsätzlich anderen Handlungsstrukturen und -formen, die in ihrer inneren Logik relativ unabhängig von Veränderungen der äußeren Faktoren des Protestgeschehens bleiben. Damit bietet die Systematisierung von Raschke, die im weiteren übernommen werden soll, sowohl einen geeigneten Ansatzpunkt, die ungeheure Vielfalt der Aktionen sinnvoll zu strukturieren und sie als Aktionsrepertoires den verschiedenen Bewegungen und Bewegungsspektren zuzuordnen, wie sie auch in der Lage ist, die unterschiedlichen intentionalen Möglichkeiten einzelner Aktionsformen zu erfassen.

Soziale Bewegungen können nun diese drei Aktionsformen je nach ihrer strategischen Ausrichtung zu unterschiedlichen Aktionsrepertoires kombinieren. Eine institutionelle Strategie wird intermediäre Aktionen bevorzugen und eventuell um demonstrative ergänzen, eine anti-institutionelle wird sich in erster Linie direkter Aktionen bedienen und sie durch demonstrative vorbereiten und begleiten, und eine mehrdimensionale Strategie wird je nach Lage und Stand der Auseinandersetzung alle drei Aktionsformen anwenden.[16]

Historische Aktionsrepertoires

In der Geschichte der modernen Sozialbewegungen haben sich die Strategien und damit auch die Form, die Gewichtung und die Bedeutung der Aktionen immer wieder verändert und verschoben. Bei dem Versuch, diese Entwicklung seit dem beginnenden 19. Jahrhundert kurz zu resümieren, geht es nicht um eine wertende modernisierungstheoretische Bilanzierung im Sinne einer Zunahme an „kollektivem Bewußtsein, an sozialer Organisationsfähigkeit und an politischer Effizienz"[17], sondern um eine Darstellung des historischen Wandels des Aktionsrepertoires, die in einem Befund über die Gegenwart mündet.

Vorindustriell-modernisierende Phase

Zwischen 1800 und 1850/60 überschneiden sich vorindustrielle Aktionsformen, d.h. vereinzelte spontane, formell noch nicht organisierte, direkte und oft auch gewaltsame, lokal gebundene und reaktive Aktionen (Auflauf,

Tumult, Aufruhr) mit in Ansätzen modernen Formen des sozialen Protests, die bereits auf die Vermittlungsinstanzen und -prozesse hin orientiert sind. Der vorindustrielle Protest entfaltet sich zwar nicht zu einer eigenen sozialen Bewegung, verbindet sich aber als Sozialprotest mit den politischen Kämpfen der bürgerlichen Bewegungen. Die gewaltsame direkte Aktion taucht als Straßenkampf, Barrikadenbau und bewaffneter Aufstand in den überregionalen Auseinandersetzungen der 48er-Revolution wieder auf. Die bürgerlichen Bewegungen erweitern das Aktionsrepertoire um intermediäre und demonstrative Aktionsformen. Die politischen Vereine organisieren Resolutionen, Massenpetitionen sowie Unterschriftensammlungen und verstärken ihre Bemühungen, Druckerzeugnisse aller Art (z.B. Zeitungen und Flugblätter) zu verbreiten. Unter dem Begriff öffentliche Versammlung subsumierbar, erscheinen an demonstrativen Aktionen zum einen Vorformen der Straßendemonstration, die zu diesem Zeitpunkt aber noch eher durch spontanes Zustandekommen als durch organisierte Veranstaltungstätigkeit charakterisiert sind, gleichwohl dabei bereits zum Teil die formelle Organisation bestimmter sozialer Gruppen (Zünfte, Bürgerwehren) für den Protest genutzt wird. Dann gibt es geschlossene Kundgebungen, die als programmatische Feste von einem Veranstalter ausgerichtet werden (Wartburgfest 1817, Hambacher Fest 1832). Und schließlich kommt es zu offenen Volksversammlungen, die ihren Akteuren einen größeren Spielraum für die Beteiligung und Mitgestaltung bieten.

Industrielle Phase

In diesem Zeitraum, der von 1860 bis in die 60er Jahre des 20. Jahrhunderts reicht, entwickeln sich keine prinzipiell neuen Aktionsformen, aber es „verändern sich doch beträchtlich die internen Strukturen verschiedener Aktionsformen und die Kombinationen bzw. Gewichtungen zwischen ihnen".[18] Für diese gesamte und sehr lange, rund 100 Jahre dauernde Entwicklungsphase sind vier Merkmale zu erkennen: Erstens werden die Aktionen nun überwiegend von Organisationen und deren Mitgliedern getragen, d.h. Spontaneität wird durch eine spezifische Arbeitsteilung, Hierarchie, Konkurrenz usw. mehr und mehr in der Hintergrund gerückt, während die kollektiven Akteure gleichzeitig immer stärker berücksichtigen müssen, daß Organisationen in zunehmendem Maße intermediäre Positionen besetzen (organisationsvermittelte Aktionsformen). Zweitens müssen die Protestierenden auf Grund der erhöhten Komplexität des gesellschaftlichen Umfeldes und der internen Faktoren sozialer Bewegungen ihre Aktionen auf einem höheren Niveau der Legitimität und Handlungskoordination als Teil einer langfristigen Strategie begründen (strategievermittelte Aktionsformen). Drittens geht mit der wachsenden Ausdifferenzierung des Systems auch eine Spezialisierung des Protesthandelns in die Teilsysteme einher, und das bedeutet für die industrielle Phase insbesondere ein Hervortreten ökonomischer (z.B. Streik) und politischer (z.B. Wahlkampf) Aktionsformen (bereichsvermittelter Aktionsformen). Und schließlich verbreitet sich viertens das Aktionsrepertoire, indem einzelne Bewegungen – wie beispielsweise die Nationalsozialisten mit der SA auf der Straße und der NSDAP-Fraktion im Reichstag – erfolgreich intermediäre und direkt-gewaltsame Aktionsformen in einer mehrdimensionalen Strategie neu kombinieren.

In den Jahren 1860 bis 1918 gewinnen die intermediären Aktionsformen gegenüber der vorindustriell-modernisierenden Phase auf Grund neu entstehender Möglichkeiten politischer Einflußnahme, wie Wahlen, Parlament und Massenpresse, nochmals an Bedeutung und dominieren das Aktionsrepertoire bei gleichzeitig begrenzten demonstrativen und schwach ausgeprägten direkten Aktionen. Die Struktur der demonstrativen Formen selbst verändert sich in Richtung zu einem Mehr an Organisation und Planung. Von Einzelpersonen oder Komitees offen strukturierte Volksversammlungen verschwinden zunehmend. Öffentliche Versammlungen werden mehr und mehr von Organisationen kontrolliert und verwandeln sich dabei in eine eher interne und kontinuierliche Versammlungstätigkeit (Bildungsvereine). Auch Wahlkampf- oder Protestkundgebungen werden nun immer häufiger von Parteien und anderen politischen Gruppen durchgeführt, stark ritualisiert und erscheinen dann oft als intermediäre Aktionsform. Die Demonstration als friedlicher Straßenumzug entsteht erst in der industriellen Phase. Wichtige Lernschritte (Maiumzüge, Lassalle-Feiern oder die sonntäglichen Landpartien der sozialdemokratischen Arbeiterbewegung) fallen in die Zeit vor dem 1. Weltkrieg. Eine wesentliche Rolle bei der Habitualisierung des Kulturmusters „friedliche Straßendemonstration" spielen die Auseinandersetzungen um das preußische Dreiklassenwahlrecht bis 1910, mit denen der Durchbruch im Kampf für „das Recht auf die Straße" erreicht wird.[19] Die Demonstrationen sind nun nicht mehr spontan, sondern werden von der SPD veranstaltet; gleichwohl handelt es sich dabei noch nicht um Partei-, sondern um echte Massendemonstrationen. Allerdings ist die Sozialdemokratie bemüht, diese „neue" Aktionsform inhaltlich unter Kontrolle und zeitlich in Grenzen zu halten. In den Auseinandersetzungen um eine Verschärfung des Protests zu direkten Aktionsformen (Massenstreikdebatte) müssen sich ihre BefürworterInnen in der Partei, z.B. Rosa Luxemburg, einer Mehrheit beugen, für die die politischen

Hauptziele im Organisationsausbau, in allgemeiner Agitation und im Wahlkampf, also im intermediären Bereich bestehen.
In der Weimarer Republik ändert sich das Aktionsrepertoire erheblich. Die intermediären Formen verlieren relativ an Bedeutung, es kommt zu umfangreichen demonstrativen und in den letzten Jahren, ab 1928/29, zu einem erheblichen Anstieg der gewaltsamen direkten Aktionen. Raschke bezeichnet Weimar als eine „Republik der Demonstrationen". „Initiiert durch die spontanen Elemente im Rahmen der Arbeiterbewegung, aufgegriffen und unterstützt durch die theoretisch darauf vorbereitete Linke (Syndikalisten, Spartakisten etc.), von denen viele schon in der Kaiserzeit-SPD auf demostrative und direkte Aktionen gedrängt hatten, waren die Jahre von 1918 bis 1923 mit Demonstrationen angefüllt. Die SPD wurde dadurch nicht Demonstrations-, sie blieb Wahlpartei. Für die Linken waren die Demonstrationen aber ein Element der Dauermobilisierung, die zu härteren Aktionsformen übergehen mußte. Die Überführung der Demonstration in den gewaltsam-direkten Bereich haben dann aber in ganz anderen und neuen Formen die Kommunisten und Nationalsozialisten am Ende der Weimarer Republik seit etwa 1929 vorgenommen."[20] Trotz vorhandener Ähnlichkeiten und einiger Gemeinsamkeiten unterscheiden sich die Demonstrationsmodi von SPD, KPD und NSDAP zum Teil ganz erheblich. Insbesondere die Aufmärsche der „braunen Kämpfer" waren nunmehr ausschließlich Demonstrationen der Organisationsmitglieder, und die erfolgreiche Machteroberungsstrategie der Nationalsozialisten verdankt sich nicht zuletzt der doppelten Überwältigung der Weimarer Massen durch die Ästhetik und Gewalt ihrer SA-Truppen auf den Straßen der Republik.[21]
Die Zeit der NS-Diktatur in Deutschland hat die Bedingungen für öffentlichen Protest bekanntlich schlagartig verändert. Mit der Unterdrückung aller anderen sozialen Bewegungen, außer der nationalsozialistischen, und der Verfolgung ihrer politischen Gruppierungen und Zirkel konnten die Machthaber zwar nicht alle oppositionellen Äußerungen und Aktionen ersticken – man denke dabei z.B. nur an nächtliche Parolenmalereien oder das konspirative Verteilen von Flugblättern u.v.m. – dennoch sind die Jahre von 1933 bis 1945 durch die Verhinderung intermediärer und demonstrativer Aktionsformen gekennzeichnet. Widerständigkeit und Widerstand konnten sich unter den diktatorischen Verhältnissen öffentlich nur als konspirativ geplante illegale und direkte Aktion darstellen.
Die Nachkriegsjahre bis 1960 können als eine Übergangsphase begriffen werden, die durch „das Vorherrschen intermediärer, verbunden mit eher punktueller Anwendung demonstrativer Aktionsformen, bei – verglichen mit

der Zeit nach 1918 – starkem Rückgang koerziver Aktion"[22] gekennzeichnet ist. Zwar kam es auch im Rahmen der Bewegungen gegen die Remilitarisierung und eine westdeutsche Atombewaffnung zu außerparlamentarischen Aktionen, z.B. während der Kampagne „Kampf dem Atomtod" 1957/58, ihr protesthistorischer Beitrag lag aber nicht in der Erweiterung oder Erneuerung des Aktionsrepertoires und einzelner Aktionsformen, sondern darin, oppositionelles Verhalten, das im postfaschistischen Deutschland erst langsam wieder gelernt und durchgesetzt werden mußte, „mit dem notwendigen Mindestmaß an politisch-kulturell akzeptierter Legitimität auszustatten."[23] Diese (Vor-)Leistung der Bewegungen der 50er Jahre ist für die weitere Entwicklung des bundesrepublikanischen Protests also keineswegs geringzuschätzen. Mit einem forschenden Blick auf das öffentliche Aktionsgeschehen sozialer Bewegungen erscheinen sie jedoch weniger interessant.

Nachindustrielle Phase

Mit den 60er Jahren entwickelt sich auch ein neues Aktionsrepertoire, in dem demonstrative und direkt-gewaltfreie Formen dominieren. Zwar werden auch noch intermediäre Aktionen durchgeführt, aber sie charakterisieren ebensowenig wie die stark zurückgehenden gewaltsamen die nun in die Geschichte neu eintretenden sozialen Bewegungen. Der Bedeutungsverlust dieser beiden Aktionsformen hängt einerseits mit einer Kritik der korporatistischen Gewerkschaftspolitik und andererseits mit der Erfahrung des Faschismus' und der Ablehnung systematischer Gewaltprogramme zusammen. „An Boden gewonnen haben demonstrative Aktionsformen. Sie haben quantitativ zugenommen und sich qualitativ vor allem in Richtung größerer Vielfalt und Expressivität gewandelt. Demonstrationen stellen eine wesentliche Aktionsform hochmobiler, aber nicht beständiger Trägergruppen dar. Aber ihre Grenzen sind bewußt: sie sind eben nur demonstrativ, d.h. in ihrer Wirkung ausschließlich vom guten Willen anderer abhängig. Ziviler Ungehorsam als bewußt regelverletzende, aber gewaltlose Aktionsform wurde von den neuen sozialen Bewegungen zwar nicht erfunden (so gehörte z.B. schon der nichtlegale Sitzstreik dazu), aber in die kontinuierliche Bewegungspraxis aufgenommen. Dies ist – vergleichend betrachtet – die wesentliche Innovation der neuen Bewegungen im Aktionsbereich. Bewegungen, die sich von systematischer Gewaltpolitik abgrenzen und skeptisch gegenüber intermediären Aktionsformen sind, die darüber hinaus die Begrenztheit nur demonstrativer Aktion im System repressiver Toleranz erfahren, brauchen – wollen sie nicht zahnlos bleiben – ein Mittel, mit dem sie dem Gegner Kosten verursachen

können. Ziviler Ungehorsam, als eine intensivierte demonstrative Aktionsform, entspricht diesen Bedürfnissen der neuen Sozialbewegungen: nicht bürokratisch-repräsentativ überformt wie die intermediären Aktionsformen, nicht gewaltsam-koerziv und nicht nur demonstrativ. Ziviler Ungehorsam ist eine Mut und Risikobereitschaft erfordernde Aktionsform, angewendet von einer Trägerschaft, die jedenfalls nicht aus Sorge um die Erhaltung der Organisation am Gebrauch riskanter Aktionsformen gehindert ist. Insgesamt wird ein Aktionsrepertoire erkennbar, das nicht auf Machteroberung zielt, sondern auf punktuelle Intervention und bewegliche Verteidigung."[24]
Raschkes zentrale These für die Entwicklung im Aktionsbereich der nachindustriellen Phase – Zunahme und Ausdifferenzierung der demonstrativen und Habitualisierung der direkt gewaltlosen Aktionsformen – trifft in ihrer entfalteten Wirklichkeit erst für den Straßenprotest der 80er Jahre zu. Auf den folgenden Seiten geht es nun nicht um eine Analyse dieses historischen Prozesses, sondern um eine Darstellung seiner vorläufigen Zwischenergebnisse, bis 1989. Der Schwerpunkt soll also darauf liegen, das erweiterte und veränderte Aktionsspektrum der neuen sozialen Bewegungen aufzufächern, ordnend zu erfassen und im einzelnen zu beschreiben. Dabei folgt die Darstellung der klassifikatorischen Unterscheidung von demonstrativen und direkten Aktionen, um dann der Ausdifferenzierung in diesen beiden unterschiedlichen Praxisformen des kollektiven Widerspruchs nachzuspüren und sie mit empirisch-historischen Beispielen zu belegen. Die Aufmerksamkeit gilt somit in erster Linie den Abgrenzungen und Unterscheidungen innerhalb des Aktionsrepertoires der neuen Bewegungen, schließlich aber auch der Kontrastierung gegenüber der historischen Arbeiterbewegung und den Gewerkschaften der Bundesrepublik.

Demonstrative Aktionsformen

Demonstrative Aktionen sind die wichtigste Form des kollektiven Widerspruchs. Sie sind bereits selbst Ausdruck und Ergebnis der Dynamik und Eskalation des zugrundeliegenden Konflikts. Stellen die Akteure fest, daß Beschwerden, Bittschriften oder Resolutionen nichts bewirken, Einsprüche z.B. in Planfeststellungsverfahren und Klagen vor Gericht abgewiesen werden, bleibt ihnen meist nichts anderes übrig, als der Gang auf die Straße. Mit dieser ersten Intensivierung des Protests geht sowohl die Absicht einher, über die Herstellung von Öffentlichkeit die eigene Basis zu verbreitern und die eigene Legitimation zu erhöhen als auch die Hoffnung, dadurch den politischen Gegner zu überzeugen, das eine zu tun und das andere zu lassen. Demonstrative Aktionsformen erfordern eine höhere Aktivitätsbereitschaft als intermediäre und kommen damit dem seit den 60er Jahren gewachsenen Partizipationswillen entgegen. Gleichzeitig sind sie aber nicht so kostenintensiv wie die direkten Aktionen und ermöglichen dadurch vielen überhaupt erst den Schritt auf die Straße. Unterschieden werden sollen Kundgebung, Demonstration und die symbolisch-expressive Aktion.

Kundgebung

Protestversammlungen der Arbeiterbewegung unter freiem Himmel waren durch die relative Einheitlichkeit der sozialen Herkunft ihrer TeilnehmerInnen und die Dominanz einer proletarischen Großorganisation, Partei oder Gewerkschaft geprägt. Selbst wenn die Beteiligung über den unmittelbaren Rahmen der Organisationsmitglieder hinausging, es sich also nicht um reine Partei- bzw. Gewerkschafts-, sondern um Massenkundgebungen handelte, konnten die Grenzen des proletarischen Lagers doch selten in relevanten Umfang überwunden werden. Die relative Einheitlichkeit der Lebenslage und die kollektive Verarbeitung der „Proletarität" erforderte und gebar zunächst eine besondere Form der Solidarität: die Klassensolidarität. Und innerhalb der Arbeiterbewegung reproduzierte sich die Lagerbildung, insbesondere in der Weimarer Republik und der frühen Nachkriegszeit, noch dazu über die politischen Fraktionen. Auch wenn diese innere Ausdifferenzierung zu unterschiedlichen Proteststilen und Ausformungen von Kundgebungen führte, bestand die übergreifende Gemeinsamkeit doch darin, daß die jeweilige Großorganisation den Ablauf der Veranstaltung dominierte, z.B. die Transparente verteilte, die RednerInnen bestimmte und die OrdnerInnen stellte. Die Protestkundgebungen der historischen Arbeiterbewegung waren straff durchorganisiert und stark ritualisiert; Ausnahmen bestätigen auch hier nur die Regel.
Mit dem Aufkommen der neuen sozialen Bewegungen kommt es zu einer sozialen und politischen Öffnung. Kundgebungen der Friedens- und Ökologiebewegung, insbesondere die großen Massenkundgebungen der 80er Jahre, werden von einer Vielzahl sozialer Trägergruppen getragen, offen für jede und jeden. Wenn dabei von einer „Renaissance von Volksversammlungen"[25] die Rede ist, stimmt das in vielen Fällen in doppelter Hinsicht. Zum einen versammeln sich oft so viele, daß es scheint, als ob die ganze Stadt, der ganze Landkreis, die ganze Region auf den Beinen sei, und das bedeutet zum anderen, daß tatsächlich ganz unterschiedliche Bevölkerungsgruppen zusammenkommen, die die „Breite" des Protests verdeutlichen, obwohl es natürlich

auch besondere Gewichtungen und manchmal auch Ausschließlichkeiten (Bauern, Frauen, SeniorInnen, SchülerInnen usw.) gibt. Dieser Heterogenität der TeilnehmerInnen entspricht auf der Organisationsebene eine Vielzahl von politischen Gruppierungen, Initiativen, Verbänden und Parteien, die zu den Kundgebungen mobilisieren und auch den Anspruch erheben, ihren Verlauf mitzugestalten. Beispielsweise rufen im Oktober 1981 fast 1.000 Organisationen zur ersten Bonner Friedensdemonstration und -kundgebung auf. Diese zweifache, sich gegenseitig bedingende Ausdifferenzierung spiegelt sich im Ablauf der Kundgebungen wider und verändert ihren Charakter. Dazu kommt, daß die zentralen Massenveranstaltungen, nicht selten aber auch regionale und lokale Kundgebungen beides sind: politische Versammlung und politisches Fest. Beide Seiten zeigen sowohl im offiziellen Verlauf als auch in der Selbsttätigkeit der Menschen eine deutliche Tendenz zur Pluralisierung.
Der Versammlungscharakter kommt u.a. dadurch zustande, daß politische Reden gehalten werden. Da aber nicht mehr nur eine einzige Großorganisation als Veranstalter auftritt und bestimmt, wer reden darf und was gesagt werden kann, müssen sich die beteiligten politischen Gruppierungen auf eine gemeinsame Rednerliste einigen. Das bedeutet Konkurrenz und Wettstreit, oft auch Machtkampf und Ausschluß.
In der Vorbereitung der Großkundgebungen der Friedensbewegung versuchten die wesentlichen Strömungen im „Koordinationsausschuß (KA)"[26] ihre VertreterInnen durchzusetzen. Beispielsweise kam es im Vorfeld der großen „Mittelamerika-Demonstration" in Bonn im Oktober 1984 zur Kampfabstimmung zwischen den Sozialdemokraten und KOFAZ-Vertretern im KA und den Mittelamerikakomitees darüber, ob Willy Brandt, damals noch SPD-Vorsitzender, als Hauptredner eingeladen werden sollte. Als er schließlich am 3. November vor 25.000 Menschen das Podium betrat, das, entgegen dem Willen der VeranstalterInnen, weiträumig von der Polizei abgesperrt und von Dutzenden Polizisten mit gezogenem Schlagstock bewacht war, geriet dieser Auftritt für viele zur Provokation der Friedens- und Mittelamerikasolidaritätsbewegung. Eine größere Gruppe von TeilnehmerInnen bewarf daraufhin das Podium während Brandts Rede mit Farbbeuteln, faulen Eiern und Feuerwerkskörpern.[27]
Gerade im Streit um die RednerInnen zeigt sich in weiten Teilen der Bewegungen das Mißtrauen gegenüber ParteienvertreterInnen und die Angst vor Vereinnahmung durch politische Großorganisationen. Als im Juni 1987 bei einer Großkundgebung in Bonn mit Hans-Jochen Vogel und Petra Kelly „entgegen früheren Gepflogenheiten erstmals Parteiredner sprechen" durften,

protestierte der Trägerkreis der „Bundeskonferenz unabhängiger Friedensgruppen (BUF)" aufs heftigste. In einer Erklärung hieß es, die Einladung Vogels sei „ein Schlag ins Gesicht all derer, die auf der Eigenständigkeit der Friedensbewegung beharren", und die KundgebungsteilnehmerInnen wurden aufgefordert, ihre Mißbilligung gegenüber der „Parteien-Einladung unüberhörbar und unübersehbar" zum Ausdruck zu bringen.[28]
Tatsächlich sind die KundgebungsteilnehmerInnen weit mehr als nur passive ZuhörerInnen. Die anwesende Masse ist keineswegs, wie Karl-Heinz Stamm schreibt, „einzig auf ihre Akklamationsfunktion reduziert" und lediglich dazu da, „den Rednern den nötigen Nachdruck zu verleihen".[29] Ihr Aktivitätspotential vermag mehr, als die Reden mit Beifall oder Buh-Rufen und Pfiffen zu quittieren. So wird z.B. der Ausschluß von bestimmten RednerInnen und damit politischen Auffassungen teilweise direkt während des Geschehens korrigiert. Als die Berliner Friedenskoordination, um den „Minimalkonsens" nicht zu gefährden, bewußt VertreterInnen der DDR-Friedensbewegung aus Jena nicht zur Abschlußkundgebung der Friedenswoche 1983 vor dem Schöneberger Rathaus eingeladen hatte, wurde die Solidarität mit der Friedensbewegung der DDR statt von der Rednertribüne vom „Publikum" bekundet: Zahlreiche Transparente mit dem Emblem „Schwerter zu Pflugscharen" und Plakate, wie „Wo ist die DDR-Friedensbewegung?" und „Warum spricht hier keena aus Jena?", zeigten deutlich, daß viele diesen Ausschluß nicht hinnehmen wollten.[30] Kurz vor der Abschlußversammlung im Bonner Hofgarten im Juni 1982 gelang es 500 Frauen, der Demonstrationsleitung fünf Minuten für eine feministische Rede abzuringen.[31]
Mit der Zeit bildet sich insbesondere in der Friedensbewegung eine bundesweite RednerInnenprominenz heraus. Stellvertretend seien Heinrich Albertz, Franz Alt, Thomas Ebermann, Erhard Eppler, Robert Jungk, Petra Kelly und Alfred Mechtersheimer genannt. Auch in der Ökologiebewegung gibt es prominente Persönlichkeiten, aber selbst auf den zentralen Großkundgebungen kommen die RednerInnen vielfach aus den lokalen bzw. regionalen Zusammenhängen, so z.B. während des „Gorleben Trecks" in Hannover 1979: „Auf der Kundgebung sprechen dann Bauern und Bürgerinitiavler aus Lüchow-Dannenberg, Brokdorf, Kalkar, Wyhl usw."[32] Erst recht trifft dies für dezentrale Veranstaltungen zu. Von einer Demonstration in Regensburg gegen die geplante Wiederaufbereitungsanlage in Wackersdorf wird berichtet: „Die Schlußkundgebung war geprägt vom regionalen Charakter. Keine Ökoprominenz, sondern Personen des regionalen Widerstands ergriffen das Wort: ein Richter aus Amberg, ein Oberpfälzer Mundartdichter, ein Regensburger Gewerkschaftssekretär, der Hauptredner von der BI Schwandorf."[33]

Teilweise sind diese Kundgebungen aber nicht nur Orte der öffentlichen Rede, sondern auch Gelegenheit für „Beratungen des lokalen bzw. regionalen 'Volkes'".[34] „Das aus den Städten gewohnte Bild will hier", so heißt es in einem Bericht über eine Anti-Atomkraftkundgebung in Bad Hersfeld 1980, „nicht so ganz aufgehen, dies ist mehr so etwas zwischen einem Familienausflug und einer Dorfversammlung".[35] Und auf einer Großkundgebung in Wyhl 1982 stellten die 40 Bürgerinitiativen und Anti-AKW-Gruppen den 50.000 TeilnehmerInnen ihr „Widerstandsmanifest" in einer „Erklärung an die Bevölkerung" zur Diskussion vor.[36]

„Einem Open-air-Festival glich die Stimmung bei der Volksversammlung für den Frieden"[37], so ein Bericht von der Neu-Ulmer Abschlußkundgebung der Friedenswoche 1983. Gerade auf den großen Massenveranstaltungen werden die Reden von einem politischen Kulturprogramm begleitet, in dessen Mittelpunkt zumeist Musikvorführungen stehen, aber auch Theaterszenen und Sketche gespielt sowie Gedichte oder andere Texte vorgetragen werden. Die neuen sozialen Bewegungen konnten sich auf einen großen Kreis von KünstlerInnen stützen, die entweder selbst an den regionalen Auseinandersetzungen beteiligt waren (z.B. Walter Mossmann) oder sich, als zum Teil internationale Stars, mit einer Bewegung solidarisierten (z.B. Harry Belafonte). Dies zeigte sich in einer Vielzahl politischer Rockkonzerte, beeindruckend insbesondere die „Anti-WAAhnsinns-Festivals" in der Oberpfalz. Wurden die Reden manchmal durchaus als einseitige Kommunikation empfunden, bestand gerade bei bekannten Liedern die Möglichkeit, aktiv mitzumachen. Beispielsweise sangen in Bonn 1981 Hunderttausende den „Aufstehen"-Song der holländischen Rockgruppe Bots mit: „Alle die ein besseres Leben wollen, sollen aufstehen – alle Menschen, die Atomraketen hassen, sollen aufstehen." Beendet wurde diese Kundgebung mit einem gemeinsamen „We shall overcome".[38]

Fördert das offizielle Kulturprogramm oftmals die lockere Stimmung und gute Laune, obwohl sich z.B. mancher Punker angesichts eines Hannes Wader mit Grauen die Ohren zugehalten haben dürfte, kommt der Volksfestcharakter in erster Linie durch die versammelten Menschen selbst zustande. Die Veranstaltung erlaubt ihren TeilnehmerInnen individuelle Ausdrucks- und Gestaltungsmöglichkeiten. Es gibt keine Uniformierung in der Kleidung, keine Gleichschaltung der Körperhaltung, keine Vereinheitlichung der Parolen, Transparente und Symbole. Statt dessen verschaffen sich die unterschiedlichen sozialen Milieus und die kulturelle Heterogenität der Bewegungen in einem „bunten Bild" ihren Ausdruck. Insbesondere bei zentralen, aber auch bei vielen regionalen Großkundgebungen wird eine ganze Stadt „in den Rhythmus und den Wirbel einer von Subkulturen getragenen, expressiv be-

schwingten Massenveranstaltung hereingezogen".[39] Die Beteiligten erfahren an sich etwas, das im 18. Jahrhundert als „public happiness, das Glück des Öffentlichen"[40], bezeichnet wurde.
Ergänzt wird die Volksfeststimmung durch alternative Konsumangebote und einen „Jahrmarkt der politischen Meinungen". Rund „250 bis 300 Buden, Büchertische, Freßbuden und Parteistände"[41] waren z.b. rund um den Kundgebungsplatz der Anti-Nato-Gipfel-Demonstration in Bonn 1982 etabliert. Das kommerzielle Randgeschehen der Bonner Friedenskundgebung 1987 reichte von kulinarischen Solidaritätsbeiträgen – Köfte für den türkischen Antifaschismus, Empanades für Chile – über handbemalte Seide, Postkarten mit besinnlichen Sprüchen und vielfältigen Aufklebern und Ansteckern bis hin zum Vertrieb von Plakaten (Ghandi, Gorbatschow), Broschüren und Büchern.[42]
Die demonstrative Aktionsform Kundgebung verändert aber im Rahmen der neuen sozialen Bewegungen nicht nur ihre innere Struktur und ihren äußeren Charakter, sondern oft steht sie auch in einem anderen Aktionszusammenhang. Kundgebungen der Gewerkschaften und der historischen Arbeiterbewegung sind in den allermeisten Fällen entweder gesonderte Einzelveranstaltungen oder mit einer, meist vorausgegangenen, Demonstration verknüpft. Dies findet sich natürlich auch in der Frauen-, Friedens- und Ökologiebewegung, aber mehr denn je sind Kundgebungen Bestandteil eines erweiterten Aktionsdesigns. Dabei wird die Kundgebung sowohl mit anderen demonstrativen, aber auch mit direkten Aktionsformen verbunden.
So ereignete sich z.B. in Heidelberg im Oktober 1983 folgendes: 5.000 Menschen versammelten sich zunächst auf zwei Kundgebungen; danach bildeten sie eine zwei Kilometer lange Menschenkette, mit der die fünf ansässigen US-amerikanischen Headquarters umkreist wurden; es folgten 10 Schweigeminuten und schließlich ein symbolisches Massensterben; das ganze dauerte fünf Stunden. Oder in Köln: In mehreren Stadtteilen wurden Mahnwachen, Die-Ins, Sit-Ins, Kundgebungen, kleinere Demonstrationen und um „Fünf vor Zwölf" einige fünfminütigen Straßenkreuzungsblockaden organisiert.[43]
Auch in der Ökologiebewegung hat die Kundgebung teilweise einen anderen Stellenwert im Protestgeschehen. Im September 1982 verteilten sich im Anschluß an eine bundesweite Kundgebung gegen die geplante Wiederaufbereitungsanlage in Gorleben die 10.000 TeilnehmerInnen „entlang der Festung. Draht, Uniformen, Wall, 1. Mauer, 2. Mauer, dahinter die Kräne des Zwischenlagers, das nicht mit Atommüll, sondern mit Polizisten und BGS vollgestopft ist. (...) Der Schlagabtausch bleibt nicht immer verbal. Wo am Zaun gerüttelt wird, reagieren die Behelmten mit „chemical mace". Wurfanker zer-

ren am NATO-Draht."[44] Es folgten mehrere Barrikaden und gewaltfreie Blockaden, darunter eine Sitzblockade vor dem Haupttor, die von der Polizei z.t. mit Wasserwerfern aufgelöst wurden. Ebenso konzipieren Teile der Frauenbewegung Kundgebungen in einer etwas anderen Art und Weise. Während der Aktionswoche gegen die Tagung des „Internationalen Währungsfonds (IWF)" in Berlin 1988 fiel das „Besuchsprogramm" einer als „wandernde Großkundgebung" geplanten Aktion vor verschiedenen Sex-Shops in der City nur auf Grund des massiven Polizeiaufgebots aus, eine Kreuzungsblockade vor der Gedächtniskirche fand dennoch statt, und vereinzelt flogen auch Steine und Knallkörper in Richtung der Beamten.[45]

Die Kundgebung ist hier nicht mehr nur selbstgenügsame Protestveranstaltung, sondern auch Auftakt, erneute Sammlung oder Schlußakt eines erweiterten Aktionsprogramms, wobei sie oft spontan organisiert wird und nicht selten die Grenze zur direkten Aktion überschreitet. So eine Kundgebung wird dann sogar von BefürworterInnen direkter Aktionen – obwohl wegen ihres zunächst appellartigen Charakters als zu lasch und uneffektiv kritisiert – unterstützt und, findet sie wegen des gestiegenen Risikos nicht statt, eingeklagt. Als im Oktober 1988 in Wackersdorf nach zwei Jahren wieder die erste Demonstration direkt zum Bauzaun genehmigt, aber mit der Auflage versehen wurde, sich dort nicht aufzuhalten, sondern sofort wieder zum Ausgangspunkt zurückzukehren, und alle 50.000 WAA-GegnerInnen den Megaphonanordnungen der Demonstrationsleitung „Bitte nicht stehenbleiben" Folge leisteten, löste dies noch vor Ort heftige Diskussionen aus. Vielfach wurde kritisiert, „daß der Erfolg, diesmal bis zum Bauzaun vorgedrungen zu sein, nicht in Form einer spontanen Kundgebung manifestiert worden sei".[46] Die Kundgebungen der neuen sozialen Bewegungen unterscheiden sich von jenen der industriellen Phase. Als qualitativer Abgrund erweist sich dieser Unterschied im Vergleich mit den Großveranstaltungen der NSDAP, bei denen die Menschenmassen entpluralisiert und zur nationalsozialistischen „Volksgemeinschaft" in komplexen raumzeitlichen Anordnungen formiert wurden. Die Protestversammlungen der Frauen-, Friedens- und Ökologiebewegung sind in der Tat „ein Gegenstück zu den uniformiert aufmarschierenden, in die Schablone der Weltanschauung gepreßten faschistischen Massen".[47] Differenzen zeigen sich aber auch zu den Kundgebungen der historischen Arbeiterbewegung, sei es in ihrer sozialdemokratischen oder kommunistischen Variante, und der Gewerkschaften heutzutage. An die Stelle der relativen Homogenität des proletarischen Lagers, der Dominanz einer Großorganisation, der starken Ritualisierung, der Betonung von Disziplin, Ordnung und Zweckbezogenheit sowie einer relativen Selbstgenügsamkeit der

Kundgebungen treten eine fortschreitende Heterogenität der Protestgruppen, eine Pluralisierung der Kundgebungsträger, eine größere Autonomie und Selbstbetätigung der TeilnehmerInnen, eine Hervorhebung von Spontaneität und Expressivität, Kreativität und Spaß und schließlich eine Einbettung der Kundgebungen in erweiterte Aktionsprogramme. Die größte Ähnlichkeit mit den „bunten Volksversammlungen" erreicht noch manche 1. Mai-Kundgebung des DGB, insbesondere da, wo die neuen Bewegungen stark und zum Teil gut in den Einzelgewerkschaften vertreten sind, wie z.B. in Westberlin, Bremen oder Hamburg, sowie Kundgebungen im Rahmen gewerkschaftlich dominierter regionaler Massenbewegungen, wie z.B.in Hattingen und Rheinhausen.

Demonstration

Der offensichtliche Unterschied zwischen einer Kundgebung und einer Demonstration besteht darin, daß sich die Akteure bei ersterer an einem Ort versammeln und bei letzterer zwischen einem Ausgangs- und einem Endpunkt bewegen. Darüber hinaus unterscheiden sich beide Protestformen insbesondere durch den Grad der Verbalisierung und die Möglichkeiten der Selbstbetätigung der TeilnehmerInnen. Ein Charakteristikum der Kundgebung ist, wie bereits dargelegt, die politische Rede, bei der sich der Protest in Worte kleidet, seine Auffassungen und Argumente, seine Kritik und Ziele der Öffentlichkeit kund gibt. Herausragende Aktivposten der Versammlungen sind also ihre RednerInnen. Demgegenüber treten bei einer Demonstration das gesprochene Wort und Verbalisierungen zurück, obwohl es auch sie verkürzt immer noch gibt, z.B. als Parolen, Sprechchöre oder Forderungen auf Transparenten und Spruchbändern. Mittelpunkt der Aufmerksamkeit sind nunmehr die DemonstrantInnen selbst, die sich öffentlich zeigen und zum Protest bekennen, deren Handlung und Haltung auf das Publikum wirken. Die Demonstration ermöglicht damit einen größeren Spielraum für die Eigenaktivität der Beteiligten, deren Leistung darin besteht, den kollektiven Widerspruch expressiv zum Ausdruck zu bringen.

Alle Unterschiede, die sich zwischen den Kundgebungen der industriellen und nachindustriellen Phase und speziell der Arbeiterbewegung und der neuen sozialen Bewegungen zeigten, finden sich nicht nur bei den Demonstrationen wieder, sondern sie kommen aufgrund des anderen Charakters dieser Aktionsform auch verstärkt zur Geltung. Die Ausdifferenzierung von Demonstrationsformen ist erheblich, die Phantasie der Protestakteure führt zu ihrer vielfältigen Ausgestaltung.

Um nicht nur in der unmittelbaren Öffentlichkeit Aufmerksamkeit zu erreichen, sondern darüber hinaus auch immer wieder den Sprung in die Medien zu schaffen, stehen dem kollektiven Widerspruch drei Modi der Zuspitzung zur Verfügung: Die Akteure können erstens möglichst zahlreich erscheinen; Massendemonstrationen auf lokaler, regionaler oder zentraler Ebene finden in der Regel das öffentliche Interesse.[48] Zweitens können sich die DemonstrantInnen einer besonderen Art und Weise ihrer Präsenz und ihrer Expression bedienen. Und schließlich können sie drittens eine appellative Demonstration spontan in eine direkte umfunktionieren oder die Eskalation von Anfang an planen.

Diese Möglichkeiten, eine erhöhte Aufmerksamkeit zu erreichen, sind historisch nicht neu, sie standen schon der Arbeiter- und anderen Sozialbewegungen der industriellen Phase zur Verfügung. Massenveranstaltungen gab es schon früher, ebenso direkte Demonstrationen, und auch bestimmte Modi der Raumpräsenz – beispielsweise der Sternmarsch, – sind keine Erfindung der neuen Bewegungen. Neue Demonstrationsweisen erscheinen am ehesten noch im Bereich der Expression, wenn z.B. nicht mehr im Sonntagsstaat oder mit einer Uniform, sondern nackt protestiert wird. Verändert hat sich aber das Ausmaß der Variationsbreite, die Leichtigkeit des Wechsels von einer Form zur anderen und die potentielle Gleichzeitigkeit und die Mischungen, über die die Bewegungen verfügen. Im folgenden sollen die Modi der Zuspitzung als Leitfaden beim Ordnen der enormen Erscheinungsvielfalt des Demonstrierens und bei der Kennzeichnung besonderer Demonstrationsformen dienen.

Wege-Zeiten

Die Demonstrationsroute markiert den Weg im Raum, den sich die Protestakteure symbolisch aneignen. Normalerweise tun sie das *en bloc*, d.h. sie demonstrieren gemeinsam auf einer Strecke zwischen zwei oder mehreren bedeutsamen Orten, und manchmal kehren sie auch zum Ausgangspunkt zurück; die Route ähnelt einem Kreis. Der gemeinsam durchschrittene Raum ist relativ begrenzt und bemißt sich nach wenigen Kilometern, fast nie mehr als ein Dutzend.

Besonderheiten in ihrer Raumpräsenz können die DemonstrantInnen nun dadurch organisieren, indem sie beides verändern. Das führt zum einen dazu, daß die Akteure nunmehr in mehreren Gruppen getrennt von verschiedenen Ausgangspunkten zu einem gemeinsamen Zielort laufen, wo sie in der Regel zu einer Kundgebung zusammenkommen. Erst hier wird das Protestkollektiv sich selbst und der Öffentlichkeit als Ganzes gewahr. Diese Demonstrations-

form, der Sternmarsch, dokumentiert eine gestiegene Bereitschaft und Fähigkeit zur symbolischen Raumbesetzung, weil die DemonstrantInnen nicht mehr nur entlang einer Strecke protestieren, sondern über die verschiedenen, aber gleichzeitigen Routen eine Fläche aufspannen, die von den Ausgangspunkten begrenzt wird und ihr Zentrum im gemeinsamen Zielpunkt besitzt.
Als im März 1982 die Gegend zwischen Hambuch und Illerich bei Kaisersesch als Standort einer Wiederaufbereitungsanlage in Rheinland-Pfalz benannt wurde, organisierte die regionale „Vereinigte Bürgerinitiative" im Mai einen Sternmarsch nach Cochem, zu dem die lokalen Bürgerinitiativen vor Ort mobilisierten und insgesamt 5.000 Frauen, Männer und Kinder aus den Dörfern in die Stadt demonstrierten.[49] Auch die Gewerkschaften veranstalten solche Demonstrationen, die in der Arbeiterbewegung eine lange Tradition besitzen. Als 1987 bekannt wurde, daß im Oberpfälzer Stahlwerk „Maxhütte" über 3.000 Arbeitsplätze abgebaut werden sollen, führten die Belegschaft, der Betriebsrat und das überparteiliche Bürgerkomitee Sternmärsche zu den betroffenen Standorten durch.[50] Diese Form des Demonstrierens ist besonders dazu geeignet, den regionalen Charakter des Protests zu verdeutlichen.
Eine erweiterte Variante des Sternmarschs fand in der Friedensbewegung zum Auftakt der Herbstaktivitäten 1983 statt. Von fünf Städten aus (Mainz, Saarbrücken, Andernach, Aachen, Luxemburg) führten die verschiedenen Demonstrationsrouten über mehrere Tage – vorbei an den markantesten Militäranlagen der Region – nach Bitburg zu den abschließenden Aktions- und Kulturtagen, in deren Mittelpunkt eine 24stündige Blockade der US-Air Base stand. Hier werden bereits mehrere Zuspitzungsformen miteinander vermischt: Sternmarsch, weiter Demonstrationsweg, sogar länderübergreifend, lange Aktionsdauer über mehrere Tage und schließlich die Verknüpfung mit einem ganzen Bündel unterschiedlicher Aktionen, die in einer direkten Aktion münden.[51] Die meisten zentralen Großdemonstrationen in Bonn wurden als Sternmarsch im Stadtgebiet organisiert. Auf der Friedensdemonstration im Oktober 1982 führten fünf Routen auf die Hofgarten-Wiese.[52] 1979, bei der Anti-AKW-Demonstration waren es nur drei: Ein Südzug (Bayern, Baden-Württemberg, Südhessen, Rheinland-Pfalz, Saarland), ein Nordzug (Schleswig-Holstein, Hamburg, Bremen, Niedersachsen, Berlin, Nordhessen) und ein Westzug (Nordrhein-Westfalen, Holland, Belgien) demonstrierten zum Platz der Abschlußkundgebung. Die einzelnen Demonstrationsrouten standen für die drei Großregionen der Bundesrepublik, aus denen sich der Protest auf den Weg gemacht hatte.[53]
Eine zweite Möglichkeit der besonderen Raumpräsenz besteht für die DemonstrantInnen darin, ihre Demonstrationsroute weit über das Normalmaß

hinaus zu verlängern. Ein extremes Beispiel dafür sind die internationalen Friedensmärsche der Frauenfriedensbewegung. Der erste „lange Marsch" ging 1981 von Kopenhagen nach Paris, 1983 bewältigten die Frauen und einige Männer rund 1.300 Kilometer zwischen Westberlin und Wien. Vom 24. Mai bis zum 6. August, dem 37. Jahrestag der Atombombenexplosion über Hiroshima, führte der Weg vorbei an Kasernen, Abschußrampen, Munitionslagern, Truppenübungsplätzen usw.; in vielen Dörfern und Städten wurden dazu andere Aktionen veranstaltet.[54] Etwas bescheidener gab sich der Friedensmarsch Eifel-Hunsrück, bei dem sich ca. 50 DemonstrantInnen aus mehreren Ländern nach einem einwöchigen Vorbereitungscamp bei Bitburg am 4. August 1984 unter dem Motto „Wandern, sehen, widerstehen" nach Hasselbach auf den Weg machten. Dort kamen sie nach 15 Tagen am 25. August an. Auf den 10 Etappen bewegten sich die protestierenden Wanderer „durch sterbende Wälder und blühende Täler, entlang verdreckter Bäche und sonniger Weinberge, vorbei an wachsenden Flugplätzen und Atomwaffenlagern, auf den Spuren der NATO-Rennbahn A 60". Komplettiert durch Diskussionsveranstaltungen mit Gewerkschaftern, Winzern, Bauern und Umweltschützern, sollte der Friedensweg und seine Kennzeichnung, so die InitiatorInnen, die Bedrohung der Region „nicht nur auf dem Papier, sondern auch in der Landschaft deutlich machen".[55] Ein weiteres Beispiel aus der Ökologiebewegung ist der 130 Kilometer lange Marsch der Bundschuh-Bürgerinitiative, deren Mitglieder im Konflikt um die Daimler-Benz-Teststrecke in Boxberg im August 1985 in 13 Etappen nach Karlsruhe demonstrierten, um dort dem Bundesverfassungsgericht ihre Beschwerde gegen eine Enteignungsentscheidung des Berliner Bundesverwaltungsgerichts zu überreichen.[56] Selten und eher als Ausnahme wird diese Demonstrationsform von den Gewerkschaften genutzt. Im September 1982 beteiligten sich ca. 50 arbeitslose GewerkschafterInnen an einem „Arbeitslosenmarsch durch Hessen", von Marburg über Gießen, Wetzlar, Rüsselsheim, Darmstadt und Wiesbaden nach Frankfurt. Dort nahmen sie dann abschließend an einer Großkundgebung von DGB und IG Metall teil.[57]

Diese Beispiele zeigen gleichzeitig auch Veränderungen des Demonstrierens in der zeitlichen Dimension. Zwar gibt es in der historischen Arbeiterbewegung und in gewerkschaftlichen Auseinandersetzungen der Nachkriegszeit ebenfalls langandauernde Aktionen, die über mehrere Tage, ja Wochen gehen, und in deren Verlauf auch ab und zu demonstriert wird. Dabei handelt es sich aber in der Regel um intermediäre, z.B. ein Tarifstreik, oder in Ausnahmefällen um direkte Aktionsformen, z.B. eine Betriebsbesetzung. Erst die neuen Bewegungen veranstalten oft, regelmäßig und im Massenumfang

Aktionswochenenden und -wochen, bei denen natürlich nicht nur bzw. ständig demonstriert wird, Demonstrationen aber immer wieder, manchmal Tag für Tag, eine entscheidende Rolle spielen. Zeitaufwendige Protestmärsche – der internationale Frauenfriedensmarsch 1983 ging sechs Wochen – und die damit verbundene Ausdauer und Zähigkeit der TeilnehmerInnen sollen die Tatsache zum Ausdruck bringen, daß viele Forderungen nicht von heute auf morgen durchsetzbar sind; sie symbolisieren die Fähigkeit zur Geduld, die viele allerdings erst lernen müssen, um der Öffentlichkeit vermitteln zu können, daß der Protest über einen langen Atem verfügen muß.

Bewegungsarten

Auf der Ebene der Präsenz können Demonstrationen weiter nach ihrer Bewegungsform ausdifferenziert werden. Normalerweise kommt der Protest zu Fuß; es wird gegangen, gelaufen, geschritten oder gewandert, einzeln, in Gruppen und Blöcken; nur in Kolonnen wird nicht mehr marschiert. Auch dort, wo die Demonstration z.B. als (Schweige- oder Friedens-) Marsch bezeichnet wird, hat die Gangart nichts mit dem Marschtritt zu tun. Wenn er in den neuen Bewegungen zu hören ist, ist die Parodie nicht weit, wie beispielsweise während der „alternativen Truppenparaden" in Westberlin, die ab 1984 aus Protest gegen die alljährlichen Militärparaden der westlichen alliierten Streitkräfte veranstaltet wurden.
Ein weitere wichtige Bewegungsart beim Demonstrieren ist das Fahrradfahren. Alle genannten Demonstrationsformen, die bisher über Raum- und Zeitkategorien unterschieden wurden, gibt es nicht nur per pedes, sondern auch per Fahrrad. Im Juni 1979 fanden anläßlich eines internationalen Anti-Atom-Aktionstages in über 20 Städten der Bundesrepublik Fahrraddemonstrationen statt. In Heidelberg radelten 1.000 Menschen auf einer sechs Kilometer langen Strecke durch die Stadt; in Bremen brachten es 300 auf das Zehnfache; in Berlin kamen 6.000 RadlerInnen zur großen Fahrradsternfahrt zum Tiergarten mit abschließendem großen Picknick auf dem Reichstagsgelände zusammen.[58] Sechs Jahre später nahmen 4.000 Menschen an der „Junianfangssonntagsnachmittagsquerdurchdiestadtunddiestraßegehörtunsfußundnichtdengaspedalen-Sternfahrt" zum Großen Kreisel um den Ernst-Reuter-Platz und die Siegessäule teil.[59] Ende Mai 1989 beteiligten sich rund 2.000 ProtestradlerInnen an einer Sternfahrt zum Schacht Konrad, das vorgesehene Atommüllendlager, nach Salzgitter-Bleckenstedt, die mit Rockmusik „umsonst und draußen" und einer Kundgebung abgeschlossen wurde.[60] Auch in der Friedensbewegung wird das Fahrrad zu Demonstrationszwecken benutzt.

Vier Tage radelten im August 1981 ca. 35 Münchner Frauen unter dem Namen „Aktion Gegenwind" durch Südbayern und „besuchten" Militärflughäfen, Raketenstellungen, Munitionsdepots, Atomkraftwerke usw. und hielten dort Reden, verteilten Flugblätter, sammelten Unterschriften für den „Krefelder Appell", pflanzten Zwiebeln und Erdbeeren vor den Absperrungen und veranstalteten Die-Ins.[61] Im Mai 1983 wurde die Dreyeckland-Pfingstfahrt der badischen Friedensbewegung als Fahrrad-Sternfahrt entlang militärisch wichtiger Punkte in der Region durchgeführt.[62] Mit einem Friedensfest am 11. Mai 1985 in Mainz endete eine Fahrrad-Friedensstafette der DGB-Jugend, die am 1. Mai in zwei Zügen von Bremerhaven und Rosenheim gestartet war. Der Troß bewegte sich im Abstand von 150 Kilometern die DDR-Grenze entlang, „um die westliche Grenze des von der Palme-Kommission bereits 1982 vorgeschlagenen 300 Kilometer breiten atomwaffenfreien Korridors zu markieren". Stationen der Fahrradstafette waren ehemalige Konzentrationslager, Einrichtungen der Bundeswehr und ein zur Liquidation anstehendes Stahlwerk.[63]

Das Fahrrad ist in den neuen Bewegungen aber nicht nur Mittel der Fortbewegung, es ist auch Symbol einer anderen, nämlich umweltfreundlicheren Haltung. Das veränderte ökologische Bewußtsein schlägt sich auch in den Protestformen nieder. War in der frühen Bürgerinitiativenbewegung anfangs der 70er Jahre oft ein Autokorso „das Nonplusultra öffentlicher Demonstration"[64], tritt nun an seine Stelle immer öfter die Fahrraddemonstration.

Dennoch werden auch in den folgenden Jahren motorisierte Fahrzeuge zum Demonstrieren benutzt. Beispielsweise beteiligten sich im Rahmen des Widerstands gegen den Baubeginn in Gorleben am 17. März 1979 rund 2.500 Mitglieder von etwa 20 Bürgerinitiativen der Region an einem Autokonvoi nach Lüchow-Dannenberg.[65] Manchmal wird auch schon der Anfahrtsweg zu regionalen oder zentralen Aktionen dazu genutzt, in kollektiver Form als Autokorso auf das Protestanliegen aufmerksam zu machen. Dazu kommt, daß sich die Akteure von der gemeinsamen Fahrt ein besseres Durchsetzungsvermögen gegenüber polizeilichen Sperren und Kontrollen versprechen. Besonders auffallend sind die Autodemonstrationen der „Taxistas" in Berlin. Im Juni 1986, kurz nach Tschernobyl, beteiligten sich über 150 elfenbeinfarbene Taxis unter dem Motto „Taxifahrer strahlen zurück" während des Berufsverkehrs an einem „Kutscher-Korso" durch die City, zum Atomkraftwerkshersteller KWU in Moabit.[66] Ebenfalls rund 150 „Taxistas" fuhren im September 1988 aus Protest gegen die Tagung des „Internationalen Währungsfonds (IWF)" in Westberlin mit lautem Gehupe, Musik und Redebeiträgen über Autolautsprecher durch die Stadt.[67] Insbesondere in der Ökologiebewegung veranstalten die Bauern in ihrer Region immer wieder Traktor-Demonstrationen und Trecker-Sternfahrten. Die wohl berühmteste Aktion dieser Art dürfte der legendäre „Gorleben-Treck" nach Hannover im März 1979 gewesen sein, an dem sich zeitweilig bis zu 5.000 Menschen mit 350 Traktoren beteiligten.[68]

Auch auf dem Wasser wird protestiert. Beispielsweise organisierten Elbfischer im Sommer 1981 eine Bootsdemonstration gegen die Einleitung von Abwasser und gegen weitere Industrieansiedlungen, dabei kam es sogar zu einer Blockade der Fahrrinne.[69]

Expressive Zuspitzungen

Besondere Aufmerksamkeit können DemonstrantInnen immer dann erzielen, wenn sie eine oder mehrere Seiten ihrer Expressivität betonen. Im akustischen Bereich besteht einerseits die Möglichkeit, eine beeindruckende Stille herzustellen, den Protest stumm zum Ausdruck zu bringen. Schweigemärsche und -demonstrationen sollen besondere Betroffenheit, Sprachlosigkeit und Trauer anzeigen. Beispielsweise demonstrierten am Abend des Todes von Klaus Jürgen Rattay in Westberlin im September 1981 15.000 Menschen zunächst schweigend auf dem Kurfürstendamm.[70] Andererseits können sich die DemonstrantInnen darum bemühen, den Dezibelpegel auf den Straßen möglichst in die Höhe zu treiben. Anknüpfend an die Charivari-Tradition des frühen 19. Jahrhunderts werden Lärmdemonstrationen veranstaltet. Insbesondere Frauen inszenieren gerne spektakuläre Geräuschkulissen, z.B. in der Walpurgisnacht, wenn sie mit Pfeifen, Rasseln, Topfdeckeln und Spülbürsten durch die Stadt ziehen und versuchen sich die Nacht zurückzuerobern: „Ein Haufen bunter, tosender, johlender, fröhlicher Frauen" meldet die „taz" von der Nacht vom 30. April auf den 1. Mai 1979 in Frankfurt.[71] Nach der Bonner Bundestagsdebatte zum Nachrüstungsbeschluß zogen in Göttingen 1.000 Menschen Töpfe schlagend und mit Topfdeckel scheppernd durch die Innenstadt.[72] Im April 1987 versammelten sich 1.500 DemonstrantInnen vor dem Atomkraftwerk Stade zu einem sogenannten „Jericho-Getöse",[73] um für die sofortige Stillegung zu demonstrieren. Über 50 Musikgruppen, Schalmeienzüge und MusikantInnen zogen mit Pauken, Trompeten und Sambatrommeln durch die kleine Elbestadt zum Kraftwerksgelände, wo mit einer „musikalischen Umzingelung" eine Aktionswoche gegen den umstrittenen Reaktor beendet wurde.[74]

Auch optisch kann sich der Protest in besonderer Art und Weise in Szene setzen, z.B. durch das Mittel der Entkleidung. Im August 1981 formierten sich ca. 400 Frauen und Männer in Westberlin zu einer „Spontandemonstration gegen das erlassene Vermummungsverbot". Befreit von allen Textilien („Totalendmummung") zogen sie über den Kurfürstendamm und beeindruckten das Publikum mit ihrer „nackten Gewalt".[75] Andere Variationen nutzen eher die Möglichkeiten der Verkleidung. Bei dem ersten „anachronistischen Karnevalsumzug" gegen die Startbahn-West im Februar 1982 traten verschiedene DemonstrantInnen als „Landesregierung, FAG-Kapitalisten, Richter in schwarzen Roben, Prügelpolizisten, Zivi-Spitzel und last not least Big Brother Ronald Reagan" auf.[76] Bei anderen „Vermummungsdemonstrationen" trugen die TeilnehmerInnen massenhaft Masken mit den Zügen des damaligen Innenministers Zimmermann (CSU).

Die besondere Hervorhebung des Lichts in dunkler Nacht kennzeichnet den Fackelmarsch. Andere optische Ausdrucksmittel, wie z.B. Transparente oder Plakate sind so allgemein, daß sie zu keiner besonderen Demonstrationsvariante führen. Die Bedeutung von Fahnen ist in den neuen Bewegungen rückläufig. Weder existieren Veranstaltungen wie der nationalsozialistische Fahneneinmarsch noch gibt es eine exzessive Nutzung von Partei- oder Weltanschauungsfahnen, wie z.B. die rote Fahne in der historischen Arbeiterbewegung. Dafür kommt es zu einer umfangreichen, für bestimmte Bewegungen spezifischen und dort jeweils ausdifferenzierten Verwendung symbolischer Gegenstände, die in das Demonstrationsgeschehen integriert werden. Beispielsweise tauchen in der Ökologiebewegung immer wieder als radioaktiv gekennzeichnete Fässer auf, die von einzelnen TeilnehmerInnen durch die Straßen gerollt werden. Oder in der Friedensbewegung werden Raketen und manchmal zerbrochene Raketen, aus denen Blumen wachsen, gebastelt und auf Fahrrädern oder Leiterwagen in der Demonstration mitgeführt. Manche Veranstaltungen, z.B. die „alternativen Truppenparaden" in Berlin oder die Demonstrationen der Schwulen- und Lesbenbewegung am Christopher-Street-Day, erreichen dabei ein so hochgradig symbolisch-expressives Niveau, daß sie zunächst eher an karnevalistisch-parodistische Umzüge erinnern als an „normale" politische Demonstrationen.

Eskalierende Demonstrationen

Als dritte Form der Zuspitzung, und damit als Möglichkeit der Differenzierung wurde die Umwandlung einer appellativen in eine direkte Demonstration benannt. Dies wäre z.B. der Fall, wenn die Akteure von einer genehmigten Route abweichen, um zu einem Ort zu kommen, der ihnen per polizeilicher Auflage oder Gesetz verboten ist (Bannmeile, Gebäude eines Parteita-

ges usw.). Mit diesem Schritt hätte sich jedoch der Charakter der Demonstration verändert; sie wäre damit eine direkte Aktion und hier nicht zu besprechen. Nun gibt es aber bestimmte Varianten sogenannter „Spaziergangsdemonstrationen", die zwar noch als demonstrative Aktionsform einzustufen sind, aber eine besondere Affinität zu den direkten aufweisen.
Im Juli 1981 riefen in Westberlin der „Besetzerrat", die Alternative Liste (AL), das „Netzwerk", die Berliner Mietergemeinschaft und die Bürgerinitiative „SO 36" zu einem „Sonntagsspaziergang" in den Grunewald auf. In dem Aufruf hieß es: „Allein 25 der geldgierigsten Wohnungsbauspekulanten unserer Stadt wohnen in Grunewald. Sehen wir uns mal an, wie sie wohnen! Hören wir uns mal an, was sie zu sagen haben." Und etwas weiter: „Eine Handvoll Spekulanten und westdeutscher Steuerhinterzieher wollen ohne Rücksicht ihre gewinnträchtigen Pläne durchziehen. Der Steuerzahler muß dafür aufkommen. (...) Mit unserem friedlichen Sonntagsspaziergang wollen wir zeigen, wer dafür die Verantwortung trägt."[77] Die Demonstrationsroute sollte entlang der Häuser und Gärten von 21 öffentlich bekanntgegebenen Privatadressen führen; sie war ordnungsgemäß angemeldet und auch genehmigt.
Am Sonntag, den 12. Juli 1981, demonstrierten schließlich rund 5.000 Menschen durch das Westberliner Nobelviertel. An den jeweiligen Adressen wurden „die Taten eines jeden einzelnen in einer kurzen Ansprache den Spaziergängern vorgestellt", danach Buh-Rufe. Zum Dialog kam es nicht: Die Rolläden der meisten Häuser waren heruntergelassen worden, und die Grundstücke wurden von behelmten, schlagstockbewehrten Polizisten und Hundeführern bewacht. Ein paar DemonstrantInnen begannen schließlich damit, zunächst wassergefüllte Ballons, später auch Steine gegen einzelne Häuser zu werfen. Obwohl die meisten TeilnehmerInnen in „Aufhören, aufhören"-Rufe einstimmten, gingen 23 Fensterscheiben zu Bruch. Nach der Enttarnung zweier Zivilpolizisten durch SpaziergängerInnen kam es zu kurzen Auseinandersetzungen, in deren Verlauf die Polizei auch CN-Gas einsetzte, um einen ihrer Kollegen aus der Menge zu „befreien"; dabei wurden einige Polizisten und DemonstrantInnen verletzt – „für Berliner Verhältnisse", so die „taz", „eigentlich noch recht friedlich".[78]
Diese Spaziergangsdemonstration fand in der Öffentlichkeit großen Widerhall und wurde sehr erregt diskutiert und unterschiedlich bewertet. Was die einen als Psycho- und Individualterror bezeichneten und sogar mit den Judenpogromen der SA verglichen („Tagesspiegel"), war für die anderen „nichts weiter als eine phantasievolle Aktion an die richtige Adresse".[79] Nun kann einerseits nicht bestritten werden, daß einzelnen HausbesitzerInnen ein ma-

terieller Schaden zugefügt wurde, andererseits war das nicht die Intention der VeranstalterInnen. Sie wollten mit ihrer Aktion nur öffentlich aufzeigen, wer für eine ihrer Meinung nach verfehlte Wohnungspolitik und die durch perfide Geschäftspraktiken mitverschuldete Wohnungsnot verantwortlich ist. Hätten die Akteure die 21 Personen und ihre bevorzugt noble Wohnlage im Rahmen einer Kundgebungsrede oder eines Flugblattes „enthüllt", wäre dies wohl kaum in der Westberliner Öffentlichkeit zur Kenntnis genommen, als Schadensandrohung empfunden und als Terror bezeichnet worden. Erst die Anwesenheit vor Ort sorgte für diese Aufmerksamkeit und Aufgeregtheit. Die besondere, aber legale Nähe des „Sonntagsspaziergangs" – vorbei an den Villen und eben nicht in sie hinein – kann für sich genommen nicht als Androhung eines relevanten Nachteils oder Zwangselements eingestuft werden. Bei Demonstrationsrouten, die Rathäuser, Kasernen oder Firmensitze zum Ziel haben, würde niemand auf diese Idee kommen. In diesem Fall allerdings schon, weil hier nicht das Terrain von mehr oder weniger öffentlichen Institutionen, sondern von Privatpersonen tangiert wurde. Zwar hatte die Mehrheit der DemonstrantInnen weder die Privatsphäre der Betroffenen verletzt noch angedroht dies zu tun, aber sie war ihr unmittelbar nahe gekommen; der Protest war in diesem Sinne sehr direkt.
Im Juli 1984 fand im Westberliner Stadtteil Wannsee ein ähnlicher „Spaziergang" statt. 14 mit weißen Kitteln bekleidete und mit Tambourinen, Trillerpfeifen und Triangeln ausgestattete Frauen zogen dort zu den Häusern von zwei Gynäkologen der Universitätsfrauenklinik, die zu diesem Zeitpunkt unter der Anklage der Vergewaltigung einer Kollegin vor dem Westberliner Landgericht standen. Auf den Transparenten und Sandwiches stand zu lesen: „Frauen wehrt Euch gegen Männergewalt!" und „Auf Vergewaltigung steht lebenslänglich – für uns!" Auch anläßlich dieser Aktion wurde in der Bewegung die Frage Psychoterror oder legitime Demonstration diskutiert. Es sei klar, so eine Kommentatorin der „taz", daß „eine Demonstration, die Menschen (...) so dicht auf die Pelle rückt, Angst und Verunsicherung schürt". So würden zwar die Männer vielleicht ein bißchen von der Angst spüren, die die vergewaltigte Frau durchlitten haben mag, dennoch sei die Aktion, anders als der „Spekulanten-Spaziergang", als „individueller Terror" zu begreifen, der aus „verständlicher Wut und Bedürfnis nach Rache" geboren sei. Während nämlich in dem einen Fall „die Täter ungeschoren" davonkämen, und es für „ihre Taten keine Öffentlichkeit" gäbe, hätte der Vergewaltigungsprozeß eine große Medienöffentlichkeit auf sich gezogen, und es sei auch noch nicht klar, ob die Männer ohne Strafe davonkommen würden.[80] „Spaziergangsdemonstrationen", die die sachliche Anonymität von politische Themen, wie z.B.

Wohnungsnot oder Männergewalt, aufbrechen, einzelne Personen benennen und individuelle Verantwortung einklagen sowie deren Privatsphäre tangieren, sind also sowohl grundsätzlich als auch von ihren besonderen Umständen her sehr umstritten. Die Aufmerksamkeit der Medien ist ihnen allerdings gewiß. Auch in der Ökologiebewegung wurden immer wieder „Spaziergangsdemonstrationen" organisiert, z.b. zu den Bauzäunen um die Startbahn-West oder zur geplanten Wiederaufbereitungsanlage in Wackersdorf. Unter die Rubrik direkte Aktion sind sie nur dann zu verorten, wenn sie trotz Verbots stattfinden, mit Behinderung der Bauarbeiten oder Angriffen auf den Zaun einhergehen. Andernfalls handelt es sich dabei noch um eine demonstrative Aktion, deren Affinität zu direkten oft deshalb entsteht, weil sie (wieder) in die unmittelbare Nähe oder sogar an den gleichen Ort früherer oder befürchteter Blockaden, Platzbesetzungen und Zaunkämpfe, also direkter Aktionen, führen. Auch wenn die Akteure wirklich nur am Bauzaun oder im Wald demonstrieren wollen und keineswegs die Intention haben, den Protest zu radikalisieren, schwingen in der Vorstellung aller, insbesondere aber der Ordnungsmacht Assoziationen mit eskalierten Aktionen mit. Als sich im August 1985 800 AtomkraftgegnerInnen zwei Tage nach der Räumung einer nur wenige Stunden dauernden WAA-Platzbesetzung im Taxöldener Forst im Landkreis Schwandorf zu einem „Waldspaziergang" trafen, und die Polizei mit einer unübersehbaren Präsenz, u.a. ständig kreisende Hubschrauber, vor Ort verweilte, begründete ihr Einsatzleiter dieses Vorgehen mit einem „Abschreckungseffekt hinsichtlich unüberlegter neuer Besetzungsaktionen".[81]

Die mit der Entwicklung der neuen sozialen Bewegungen einhergehende Ausdifferenzierung der Protestform Demonstration ist also erheblich und die Bandbreite ihrer Variationen ganz enorm. Besonders bemerkenswert sind dabei die vielfältigen symbolischen Inszenierungselemente realer Präsenz und die gestiegene symbolisch-expressive Ausdrucksfähigkeit. Als Ergebnis eines kollektiven Lernprozesses führt beides in seiner vollen Entfaltung zu einer von der Kundgebung und der Demonstration unterschiedenen und hier als symbolisch-expressive Aktion bezeichneten Form des demonstrativen Protests.

Symbolisch-expressive Aktion

In seiner Analyse demonstrativer Aktivitäten der neuen sozialen Bewegungen unterscheidet Raschke von Demonstrationen und Kundgebungen/Versammlungen lediglich „sonstige demonstrative Aktionsformen". In dieser beliebigen, weil unbestimmt klassifizierten Rubrik erscheint folgerichtig als offensichtlichstes Merkmal auch nur ihr „markanter Variantenreichtum". Raschke listet auf, was übrig bleibt: „Mahnwache, Menschenkette, Straßentheater, Rollenspiel, Happening, Fahrrad- oder Bootsdemonstration, symbolische Umbenennung von Straßen und Plätzen, 'Fastendemonstrationen' etc."[82] Dabei bietet gerade die gewachsene Fähigkeit der Akteure, symbolische Handlungen zu inszenieren, ein entscheidendes Kriterium für die Kennzeichnung einer neuen Qualität ihrer Aktionen. Vergeben wird damit nicht nur die Chance einer feineren Differenzierung des demonstrativen Protests, sondern insbesondere auch die Möglichkeit, genauer zu bestimmen, was denn nun im Aktionsrepertoire der neuen Bewegungen innovativ ist und neu habitualisiert wird.

Während bei konventionellen Kundgebungen und Demonstrationen die symbolisch-expressiven Elemente immer noch dem spezifischen Handlungsablauf dieser Aktionsformen untergeordnet sind, befreien sie sich quasi bei symbolisch-expressiven Aktionen von den vorgegebenen Strukturen und verdichten sich zu einer besonderen Inszenierung, die einer eigenen Logik folgt. Im Mittelpunkt steht eine mehr oder minder komplexe Handlung, mit der die Akteure ihre Absichten und Ziele sowie ihre Gefühle und Haltungen darstellen. Sie entwickeln dabei eine eigene Dramaturgie und Ästhetik. Symbolischexpressive Aktionen sind besondere Formen szenischen Protests. Der kollektive Widerspruch artikuliert sich in den verschiedenen demonstrativen Aktionsformen mit unterschiedlichen Schwerpunkten: Zentrum einer Kundgebung ist die Verbalisierung des Protests in der politischen Rede; bei einer Demonstration stehen die Akteure im Mittelpunkt, die sich dem Publikum zeigen und einen plastischen Eindruck des Protests vermitteln; in einer symbolisch-expressiven Aktion kreist die Aufmerksamkeit um die szenische Handlung, mit der die daran Beteiligten den Protest dramatisieren. Wort, Bild und Spiel bezeichnen unterschiedliche Artikulationsweisen, die den drei demonstrativen Aktionsformen, allerdings nicht scharf voneinander abgegrenzt, zugeordnet werden können; ihr spezifischer Wirkungsmechanismus kommt dort jeweils nur in besonderem Maße zur Geltung.

Die Handlungen symbolisch-expressiver Aktionen können von einfacher und komplexer Art sein. Dies ist nicht ganz unabhängig von der Anzahl der Beteiligten. Je mehr Menschen an einer symbolisch-expressiven Aktion teilnehmen sollen, desto klarer und leichter nachvollziehbar muß das Szenario für alle sein. Umgekehrt ermöglicht eine geringe Zahl von Akteuren, z.B. Kleingruppen oder sogar Einzelpersonen, szenische Darstellungen mit einer vielschichtigen Handlungsstruktur; Protestaktionen werden dann zu einer Spielart politischen Straßentheaters.

Menschenkette
Die spektakulärste Form symbolisch-expressiver Aktionen in den 80er Jahren ist die Menschenkette, deren Gestaltungsprinzip als 'Umzingelung', 'Friedensstern' oder 'Menschennetz' vielfältig variiert wird. Neu an ihr ist die räumliche Präsenz ihrer TeilnehmerInnen. Sie ist Ausdruck einer gewachsenen Fähigkeit, sich und d.h. den Protest in der Öffentlichkeit zu präsentieren. Die Akteure suchen nicht nur einzelne Orte auf, um dort auf Transparenten oder in Reden ihre Auffassungen zu bekunden, sondern sie stellen mit einer besonderen Inszenierung ihrer Körper Beziehungen her und Bedeutungen dar. Versammeln sich die KundgebungsteilnehmerInnen noch an einem Ort, bewegen sich die DemonstrantInnen schon von einem Ort zum anderen, so besetzen an einer Menschenkette Beteiligte die Strecke zwischen zwei (oder mehreren) Orten, die auf diese Weise miteinander verbunden werden. Je länger diese Strecke ist, desto spektakulärer die Aktion. Und desto schwieriger auch die Organisation. Zwar ist die Handlung der einzelnen bei einer Menschenkette denkbar simpel – jede(r) steht an einem Punkt und reicht zwei anderen die Hände –, soll aber die kollektive Handlung – der durchgehende Kettenschluß – gelingen, ist eine aufwendige logistische Vorbereitung der Aktion Voraussetzung. Die Menschen müssen ja nicht nur in ausreichender Zahl zusammenkommen, sondern sich auch noch so über die ganze Strecke verteilen, daß ein durchgängiges Händereichen möglich wird und keine Lükken bestehen. Der Planungsaufwand ist enorm, die Transport- und Verteilungsaufgaben vor Ort *just in time* sind gewaltig. So benötigten beispielsweise die 250.000 Frauen und Männer, die an der ersten Mega-Menschenkette zwischen Stuttgart und Neu-Ulm im Herbst 1983 teilnahmen, 48 Sonderzüge, Hunderte von Sonderwagen und rund 2.000 Busse, um sich in der Region auf einer Strecke von 108 Kilometern zu versammeln. Vier Monate hatten die Mitglieder des Stuttgarter „Aktionsbüros" mit der organisatorischen Vorbereitung und Planung dieser Menschenkette verbracht; die Kosten beliefen sich auf 350.000 DM.[83]
Bei einer Menschenkette ist es von entscheidender Bedeutung, welche Orte bzw. Objekte miteinander verbunden oder umzingelt werden und wie dies geschieht. Sie wechseln mit den Themen der jeweiligen Bewegung.
In der Friedensbewegung sind es vornehmlich Kasernen und andere militärische Einrichtungen, manchmal aber auch politische Institutionen. Zum Auftakt der Friedenswoche im Herbst 1983 „umzingelten" z.B. rund 700 Frauen und Männer eine Bundeswehrraketenstellung in Arsbeck, in Heidelberg schlossen 5.000 eine Menschenschlange um die fünf US-Headquarters, und in Bonn bildeten 6.000 eine Kette zwischen den Botschaften der USA und der UdSSR.[84]

Die Akteure der Ökologiebewegung widmen sich Bauplätzen für Atomkraftwerke oder Wiederaufarbeitungsanlagen sowie Atommülltransportrouten. Im März 1984 reihten sich über 12.000 TeilnehmerInnen in die 26 Kilometer lange „Gorlebener Kette" entlang der Gebietsgrenze des Landkreises Lüchow-Dannenberg ein. Damit sollte gezeigt werden, daß die BewohnerInnen der Region die für den Sommer geplanten ersten Atommülltransporte in das dortige Zwischenlager nicht widerstandslos hinnehmen würden. „Kein Atommüll im Wendland!", unter dieser Forderung wurde mit der Menschenkette vorsorglich schon einmal der Landkreis für 10 Minuten „dicht" gemacht und sämtliche Zufahrtsstraßen symbolisch abgeriegelt.[85]
Und ArbeiterInnen stellen sich in ihrem Kampf um die Erhaltung von Arbeitsplätzen zwischen und um ihre gefährdeten Betriebe. Die IG Metall rief z.B. gegen die Stillegungspläne in Rheinhausen im Februar 1988 unter dem Motto „1.000 Feuer an der Ruhr – gemeinsam für das Revier" zu einer 72 Kilometer langen Menschenkette zwischen dem Krupp-Werk in Duisburg-Rheinhausen und der Hoesch-Westfallenhütte in Dortmund auf. Pünktlich um 19.00 Uhr reichten sich ca. 80.000 Menschen die Hände, für eine Viertelstunde setzten Tausende von Fackeln ein „Feuerzeichen des Ruhrgebiets" für die Schaffung von (Ersatz-) Arbeitsplätzen.[86]
Mit der Menschenkette werden also sowohl Orte, von denen Gewalt und Zerstörung ausgehen, als auch solche, die davon bedroht sind, markiert und miteinander verbunden oder umkreist. Damit wird zum einen die öffentliche Aufmerksamkeit auf sie gelenkt und die Problematik des jeweiligen Konflikts in den Medien thematisiert. Dann stellt zum anderen aber auch die Figuration der Kette selbst verschiedene symbolische Bedeutungselemente dar. Die MetallarbeiterInnen zwischen Dortmund und Rheinhausen verweisen damit z.B. auf ihre gemeinsame Existenzgefährdung und verdeutlichen zugleich, sich nicht gegenseitig ausspielen lassen zu wollen; die Kette wird zum Symbol des kollektiven Willens solidarischen Widerstandes. Die TeilnehmerInnen der „Gorlebener Kette" inszenieren sich selbst als Grenze und Wall, um mit ihrem Körper die von den Atommülltransporten bedrohte Region symbolisch zu schützen. Diese Bedeutungen könnten selbstverständlich auch bei anderen Aktionen und mit anderen Mitteln zum Ausdruck gebracht, etwa versprachlicht (Parolen, Sprechchöre) oder verschriftlicht (Transparente, Flugblätter) werden. In der Menschenkette werden sie dem Publikum und den Medien aber in einer szenischen Darstellung vermittelt, bei der die besondere räumliche Präsenz ihre eigene bedeutsame Rolle spielt.
Die Frauen, Männer und Kinder thematisieren mit der Kette, die sie bilden, oftmals Angst, Bedrohung, Leiden und Tod. Die verbundenen Orte verwei-

sen auf Krieg, Öko-Katastrophen oder den industriellen Niedergang, den „Tod" einer Region. Das Besondere an der Menschenkette besteht nun darin, daß die Beteiligten ihre Gefühle und Haltungen sowie ihre Identität als Protestkollektiv szenisch darstellen. Dazu ein Beispiel vom Herbst 1993: „Es ist 12 Uhr 40. Der Kettenschluß ist erreicht, das (...) Band zwischen amerikanischer Kriegseinsatzzentrale in Stuttgart-Vaihingen und dem Raketenstationierungsort Neu-Ulm geschlossen. Ein Händedruck zwischen 250.000 Menschen über 110 Kilometern hinweg. Doch gibt es gar keine mythische, ernste Stimmung, im Gegenteil. Fröhliche Ausgelassenheit bricht los. Die Ketten hüpfen im Rhythmus, tanzen aufeinander zu, machen Ringelreihn. Dann holt uns Ernst und Mythos doch noch ein: Während der fünf Minuten 'Schweigen für den Frieden' knien die Teilnehmer an diesem Abschnitt nieder, dieselben, die vorher fröhlich hüpften. (...) Dann, nach 20 Minuten, lösen sich die Hände, langsam, sehr sehr zögernd. Erlösender Beifall braust auf, man klatscht sich gegenseitig zu. Wir haben es geschafft."[87]
Einerseits bringen die Akteure zwar ihre Ernsthaftigkeit und Betroffenheit angesichts der als bedrohlich empfundenen Situation zum Ausdruck, andererseits inszenieren sie aber gerade und hauptsächlich Stimmungen spielerischer Lust und Lebensfreude, die den lebensbedrohlichen Maßnahmen des Militärs, der Atomindustrie oder des Kapitals mit der Erwartung entgegengesetzt werden, sie seien stärker und führten daher zu einer Überwindung des gefährlichen status quo. Die kollektive Handlung ist eine symbolische Gegeninszenierung zu den Prinzipien und Strukturen der herrschenden Politik, die sich an den Orten und Institutionen, die verbunden oder vernetzt werden, niederschlägt. Eine Menschenkette verkörpert völlig andere Werte als ein Raketenlager, das sie umzingelt: Friedlichkeit und Vertrauen zum Beispiel, statt Gewalt und Rivalität. In der Form des Protests selber sollen bereits alternative Prinzipien und Gegenstrukturen entwickelt und dem unmittelbaren Publikum sowie der medialen Öffentlichkeit in der Hoffnung angeboten werden, daß ihre szenische Darstellung beeindruckender und überzeugender ist als eine Darlegung in Wort und Schrift.
Wohl eine der ersten Menschenketten in der Bundesrepublik dürfte anläßlich des dritten Jahrestages des NATO-Nachrüstungsbeschlusses am 12. Dezember 1982 in Hamburg stattgefunden haben. Rund 500 Frauen, Männer und Kinder beteiligten sich an dieser Aktion, zu der die lokale „Friedenskoordination", die Grün-Alternative-Liste (GAL) und die DFG/VK aufgerufen hatten. Die Neuheit dieser Form schlug sich auch in der Medienberichterstattung nieder. Die „taz" sprach noch von einer „sogenannten Menschenschlange" vom US-Konsulat zum Hamburger Rathaus und sah sich veranlaßt, das Ge-

schehen zu erklären: Es handle sich um eine Protestaktion, „bei der die Demonstranten eine Kette bilden und sich nebeneinander an den Händen halten".⁸⁸
Auch die Frauenfriedensbewegung machte von dieser neuen Protestform schon relativ früh Gebrauch. Am 8. März 1983, dem internationalen Frauentag, reichten sich in Westberlin 2.500 Frauen auf einer Distanz von 2,5 Kilometern zwischen den Konsulaten der USA und der UdSSR die Hände, „um die Frauen der Blöcke symbolisch miteinander zu verbinden". Sowohl dem sowjetischen als auch dem US-Generalkonsul übergaben drei Delegierte Vollkornbrot, einen Strauß Rosen und eine Botschaft an die Frauen der beiden Länder, in der es hieß: „Das Geld, das weltweit für die Tötungs-Mittel ausgegeben wird, brauchen wir für Lebens-Mittel. (...) Frauen sabotiert die Kriegsvorbereitungen! Wir erklären Euch den Frieden."⁸⁹
Ihre Hochkonjunktur erreichte die Aktionsform Menschenkette in der Friedensbewegung 1983/84. U.a. durch ihre große mediale Resonanz wurde sie in diesen Jahren popularisiert und schließlich auch von anderen Protestbewegungen übernommen, zunächst sehr rasch von der Ökologiebewegung, allerdings nicht ohne interne Konflikte.
Als im Februar 1984 mit den Vorbereitungen zu der bereits erwähnten „Gorlebener Kette" gegen die befürchteten Atommülltransporte in das Zwischenlager begonnen wurde, kam es auf einer Regionalkonferenz zum Disput zwischen den VertreterInnen der Bürgerinitiative Lüchow-Dannenberg und den übrigen Bürgerinitiativen aus den norddeutschen Großstädten und Westberlin. Sahen die einen in der Menschenkette „ein Angebot" für diejenigen, „die gerade erst aufwachen" – nicht jede(r) könne und wolle gleich an einer Blockade teilnehmen –, konnten sich die anderen für diese „rein symbolische Widerstandsform" nicht erwärmen. Für sie galt nach dem „Gorleben-Treck" und der „Freien Republik Wendland" sowie nach den jüngsten Erfahrungen der Friedensbewegung mit der Menschenkette das „Händchenhalten" als „Pippikram" und Rückschritt in der Aktionswahl. Schließlich wurde ein Kompromiß in einem insgesamt dreistufigen Aktionsplan gefunden, nach dem die Menschenkette nur als erste Stufe geplant war, der zu einem späteren Zeitpunkt Verkehrsblockaden und dann die direkte Blockade der Atommülltransporte ins Zwischenlager folgen sollten. Tatsächlich beteiligten sich an dieser Menschenkette auch eher kirchliche Gruppen und Angehörige der Friedensbewegung, als Anti-Atomkraftinitiativen – die Sprecherin der Bürgerinitiative Undine von Plottnitz betrachtete die Aktion als eine „historische Stunde, in der sich die Ökologie- und die Friedensbewegung die Hände geben" – sowie insbesondere Einheimische der Region, allein zehn Prozent aus

dem Landkreis Lüchow-Dannenberg. Für viele von ihnen war die Menschenkette „eine angemessene Form, aber auch das Äußerste, zu dem sie an Widerstand bereit sind".[90] Auch in den folgenden Jahren blieb diese symbolisch-expressive Aktionsform in der Ökologiebewegung umstritten und wurde im Vergleich zur Friedensbewegung seltener angewandt.

Noch weniger und erst viel später konnten sich GewerkschafterInnen für eine Menschenkette erwärmen. Erste Berichte über gewerkschaftliche Aktionen dieser Art finden sich 1987. Während der Auseinandersetzungen um das Hattinger Stahlwerk „Henrichshütte" der Thyssen AG[91] bildete die Belegschaft im April eine vier Kilometer lange Menschenkette um das Betriebsgelände.[92] Am 22. Juli des gleichen Jahres zogen über 4.000 Beschäftigte der bayerischen Maxhütte mit ihren Familien unter dem Motto „Wir stellen uns in die Reihe" vor das Arbeitsamt Sulzbach-Rosenberg. Mit dieser symbolischen „Arbeitslosenkette", z.B. wurden Schilder mitgeführt, wie „Betriebsschlosser sucht Arbeit", wollten die ArbeiterInnen verdeutlichen, wie lang die Schlange der Arbeitslosen werden würde, sollte es zu den angekündigten 3.500 Entlassungen im Stahlwerk kommen.[93] Im Kampf um die Erhaltung der Arbeitsplätze bei der Krupp-Stahlhütte in Duisburg-Rheinhausen erschienen allerdings vielen ArbeiterInnen nach vorausgegangenen direkten Aktionen – u.a. Verkehrsblockaden, Rheinbrückenbesetzungen und für kurze Zeit die Erstürmung der 'Villa Hügel' in Essen, des Sitzes der Krupp-Dynastie –, die bereits erwähnte Menschenkette durch das Ruhrgebiet als „eher rückschrittlich"; sie wurde als „saloppes Händchenhalten" bezeichnet.[94]

Hier zeigt sich ein Dilemma der Gewerkschaften und Teilen ihrer Mitglieder in ihrem Verhältnis zu symbolisch-expressiven Aktionsformen. Die Vertretung von Arbeitnehmerinteressen in der Bundesrepublik findet in der Regel als institutionelle Sozialpartnerschaft und nicht als arbeiterbewegter Klassenkampf statt. Deshalb beschränken sich die gängigen gewerkschaftlichen Aktionen auf hochinstitutionalisierte (Warn-)Streiks, Demonstrationen und Kundgebungen. Das Aktionsrepertoire der Gewerkschaften kommt normalerweise mit diesen intermediären und demonstrativen Formen aus.

Dort, wo sich nun auf der Grundlage von strukturellen Krisen bestimmter Industriezweige, insbesondere in der Stahl- und Werftindustrie, lokale bzw. regionale Konflikte (Hattingen, Rheinhausen, Bremen, Hamburg) entwickeln, in deren Verlauf sich kurzfristig Ansätze einer Arbeiter*bewegung* im Sinne „handlungsfähiger Kollektive und Gegenkulturen unterhalb der institutionellen gewerkschaftlichen Vertretungspraxis"[95] herausbilden und es zur Öffnung des gewerkschaftlichen Lagers zu anderen gesellschaftlichen Gruppen in der betreffenden Region kommt, verändert sich auch das Aktionsrepertoire der nun nicht mehr ausschließlich gewerkschaftlichen Akteure ganz erheblich: Die Demonstrationen und Kundgebungen werden „bunter", d.h durch symbolisch-expressive Elemente bereichert, und es kommt zu symbolisch-expressiven Aktionen, z.B. Menschenketten, Mahnwachen usw. Gleichzeitig werden aber insbesondere direkte Aktionen, z.B. Verkehrsblockaden und Betriebsbesetzungen, zum Teil ohne die (offizielle) Unterstützung der Gewerkschaften oder sogar gegen deren Willen organisiert. Kommt es also durch den Aufbruch aus dem Lager und der Rekonstitution von Arbeiterbewegungselementen einerseits zu erweiterten Aktionsfähigkeiten und einem Bedeutungszuwachs symbolisch-expressiver Artikulationsweisen, kann andererseits die den gleichen Bedingungen entwachsene neue Praxis der direkten Aktion, die dem Bedürfnis nach und der Notwendigkeit von Effektivität auf Grund der zumeist zugespitzten Situation besonders entgegenkommt, zu einem relativen Bedeutungsverlust demonstrativer, insbesondere symbolisch-expressiver Aktionen und der Mißachtung ihrer symbolisch-expressiven Elemente führen.

Diese Verschiebung ist in den unterschiedlichen Wirkungsmechanismen demonstrativer und direkter Aktionen angelegt. Das grundlegende Problem sind dabei die Fragen nach der strategischen Intention und der Angemessenheit der jeweiligen Protestform, die auch in den neuen sozialen Bewegungen immer wieder diskutiert und oftmals als heftiger Streit zwischen „Symbolizisten" und „Effektivisten" ausgetragen werden. Während aber die Frauen-, Friedens- und Ökologiebewegung symbolisch-expressive Elemente und Aktionsformen bereits im Protestalltag erheblich ausdifferenziert und massenhaft praktiziert sowie direkte Aktionen in ihre kontinuierliche Bewegungspraxis aufgenommen hat, verhält sich das bei den Gewerkschaften anders: Sind in ihren normalen Auseinandersetzungen symbolisch-expressive Elemente spärlich – der immer und immer wieder mitgeführte schwarze Sarg, mit dem Arbeitsplätze beerdigt werden, erscheint schon als Klimax symbolisch-expressiver Ausdrucksfähigkeit – und direkte Aktionen selten, so besteht in der Zuspitzung gewerkschaftlich dominierter regionaler Massenkämpfe zumindestens die Gefahr, daß die eben erst im Ansatz befindliche Erweiterung des Aktionsrepertoires insofern zu einem paradoxen Ergebnis führt, als die Entfaltung symbolisch-expressiver Artikulationsweisen erneut, diesmal von der „anderen Seite" – nicht mehr durch die intermediären sondern durch die direkten Aktionsmodi – in Schach gehalten wird.

Mahnwache, Schweigekreis, Menschenteppich, Die-In

Im Unterschied zur Menschenkette sind bei der Mahnwache, dem Schweigekreis u.ä. nicht nur die individuellen, sondern auch die kollektiven Handlungen relativ einfach. Zumeist nur wenige Akteure erinnern durch ihre Anwesenheit und die besondere Darstellung ihrer Betroffenheit, Sammlung und Trauer an bestimmte Ereignisse und das damit verbundene Schicksal von einzelnen Menschen oder spezifischen Kollektiven. Blumen, Trauerflore, Kerzen, Fackeln oder Totenlichter sind dabei oft spärlich eingesetzte symbolische Requisiten, die die Handlung umrahmen und die beabsichtigte Wirkung auf das Publikum, innere Einkehr und äußere Umkehr, unterstützen sollen. Die Mahnwache findet sich in allen neuen sozialen Bewegungen und auch bei den Gewerkschaften. Je nachdem wechseln die Anlässe (Hiroshima, Tschernobyl, Vergewaltigung einer Frau, Tod eines Demonstranten, „Tod" eines Industriebetriebes u.v.m.), und mit den unterschiedlichen Protestakteuren sind auch die Modi der Betroffenheitshaltung verschieden; junge Autonome trauern anders als christliche SeniorInnen, gestandene Stahlarbeiter anders als ökologische Feministinnen.

Weitere symbolisch-expressive Aktionsformen sind „Menschenteppich", „Massensterben" und bestimmte Varianten des „Die-in". Als sich beispielsweise im April 1979 in Münster im Rahmen der vielfältigen Protestaktionen gegen den Baubeginn in Gorleben zwischen 700 und 800 AtomkraftgegnerInnen im Anschluß an eine Demonstration auf die Straße zu „Menschenteppichen" niederlegten und nach einer Weile zu tanzen begannen, hieß es von dieser Aktion: „So etwas gab es in Münster noch nie."[96] Im Vorfeld der Bonner Friedensdemonstration im Oktober 1981 führten etwa 45 Frauen und Männer auf fünf verschiedenen Plätzen der Stadt eine „Aktion Neutronenbombentote" durch. Während die meisten von ihnen plötzlich wie tot umfielen, wurde per Megaphon durchgegeben, es handle sich um eine Übung. Dabei wurden Flugblätter mit Hinweisen des Bundesinnenministeriums für das Verhalten während eines Atomkrieges verteilt: Dokumente, wie z.B. Testamente, seien wasserdicht und Lebensmittel staubdicht zu verpacken.[97] Im Oktober 1983 veranstalteten ca. 40 Akteure in Westberlin ein Die-in vor dem Gebäude des Alliierten Kontrollrats in der Potsdamer Straße. Ein tanzender Mann brachte zunächst die übrigen TeilnehmerInnen zum Umfallen. Daraufhin legte er seine Militärkluft ab, verwandelte sich in einen „Friedensengel" und erweckte „die Toten" mit Musik zu neuem Leben. Anschließend legten die Akteure Kränze nieder und übergaben an der Pforte einen Friedensappell.[98]

Solche und ähnliche Aktionen finden sich in allen neuen sozialen Bewegungen, insbesondere aber in der (Frauen-)Friedensbewegung; in gewerkschaftlichen Kämpfen gibt es sie nicht. Wie an den wenigen Beispielen deutlich wird, kann die Handlung dabei relativ einfach sein; die Beteiligten legen sich z.B. auf die Straße und stehen nach einer Weile wieder auf. Sie kann aber auch eine anspruchsvollere Struktur aufweisen, wenn z.B. das Environment für Grunderfahrungen in Raum und Zeit und/oder Ansätze für verschiedene Rollen von den Akteuren vorgegeben werden. „Menschenteppich" und „Diein" sind insofern besonders interessant, weil sie sowohl von der Zahl der TeilnehmerInnen als auch von deren Handlungsqualität sehr variabel einsetzbar sind. So können sie nicht nur mit vielen oder wenigen und als mehr oder weniger komplexe symbolisch-expressive Aktionsformen für große Aufmerksamkeit sorgen, sondern sie ermöglichen den Akteuren auch den leichten Übergang zur Besetzung und Blockade. Die Grenze zwischen einer an das Publikum zum Zwecke der Überzeugung gerichteten und einer dem Konfliktgegner Schaden androhenden Protesthandlung ist im Falle kollektiv auf der Straße oder einem Platz liegender Menschen relativ fließend. Die Zahl der Beteiligten oder die Zeitdauer des Liegenbleibens kann allein schon über den Charakter der Aktion entscheiden.

Rollenspiel und Protesttheater

Bei manchen symbolisch-expressiven Aktionen wird der szenische Protest von den Akteuren zum Rollenspiel ausgestaltet, das Anleihen aus dem Theater, z.B. Bühnenbild und Requisiten, bezieht und in seinen elaboriertesten Variationen tatsächlich Formen politischen Straßentheaters (Happening, Performance, Sketch) darstellt. Eingesetzt werden dabei optische (z.B. Kostüme, Puppen oder ungewohnte Objekte), akustische (z.B. Instrumente, Geräuschkulissen) und spielerische (z.B. Slow motions, Freezings, Gruppenbewegungen) Ausdrucksmittel, mit denen die TeilnehmerInnen ihr jeweiliges politisches Anliegen präsentieren. Ob und in welcher Weise das Publikum daran teilnimmt – die Palette reicht vom bloßen Zuschauen über kommentierende oder eingreifende bis hin zu mitspielenden Formen der Beteiligung –, ist variabel und nicht zuletzt situationsabhängig. Drei Beispiele sollen den Charakter dieser besonderen symbolisch-expressiven Aktionen verdeutlichen, die sich in allen neuen sozialen Bewegungen finden lassen.

Im März 1980 führte eine Gruppe der Frauenfriedensbewegung vor der Kaiser-Wilhelm-Gedächtniskirche in Westberlin folgende Aktion durch. Nachdem die Frauen mit Topfdeckeln, Trommeln und Tambourinen viel Krach geschlagen hatten, bildeten sie einen Kreis und imitierten Sirenentöne wie für den Fall eines Atomwaffenangriffs. Danach fielen einige von den „Qualen der Strahlenkrankheit" geschüttelt zu Boden, weil sie, aufgeregt und hilflos umherrennend, keinen Platz mehr in einem „Atombunker" gefunden hatten. Daraufhin schirmten andere, als „Strahlenschutzkommando" verkleidete Frauen, die „Verseuchten" von der übrigen Bevölkerung ab und drohten ihnen mit „Erschießungen", falls sie versuchen sollten zu entfliehen. Dazu wurden Texte verlesen, in denen das Leiden der Menschen in den Atombunkern von Hiroshima dargestellt und die nach dem atomaren Angriff ausgebrochenen Epidemien beschrieben wurden. Nach einer „Entwarnung" sprangen die zuvor erstarrten Frauen unter einer NATO-Überlebensfolie, die die radioaktive Wolke darstellen sollte, wieder auf, bildeten erneut einen Kreis, riefen Parolen, sammelten Unterschriften gegen die Stationierung neuer Mittelstreckenraketen und tanzten um die inzwischen nach Bertha von Suttner getaufte Gedächtniskirche herum.[99]

Ebenfalls in Westberlin zelebrierten 13 schwarz angezogene Frauen, Studentinnen der „Hochschule der Künste (HdK)", auf dem Wittenbergplatz „Das letzte Abendessen": Vor einem riesigen Plakat mit einer eigenen Version der berühmten Vorlage Leonhard da Vincis, zerpflückten „die Jüngerinnen" langsam und sorgfältig Salatköpfe und warfen sie auf eine am Boden liegende große Plastikplane. In ähnlicher Weise mutierten Brot, Milch, Schokolade und all die anderen Lebensmittel, die durch Tschernobyl ebenso berühmt wie berüchtigt geworden waren, zu ungenießbarem Abfall. Ein Streichquartett spielte dazu, immer langsamer und immer dissonanter, „Frere Jacques, dormez vous?".[100]

Im September des gleichen Jahres hatten Mitglieder der „Jugendorganisation des Bund Naturschutz (JBN)" die Absicht, im Anschluß an eine traditionelle Andacht am „Franziskus Marterl" – eine Art Kultstätte des Protests gegen die Wiederaufbereitungsanlage in Wackersdorf – eine „WAA-Performance" in unmittelbarer Nähe des Baugeländes durchzuführen. Dabei sollte zunächst ein Holzturm als symbolischer Strommast, mit einem Sensenmann an der Spitze, aufgebaut, dann abgebaut und, mit einer Windenergieanlage umgerüstet, anschließend als Zeichen alternativer Energieversorgung erneut wieder aufgerichtet werden. Obwohl diese Aktion amtlich genehmigt war, verhinderte die Polizei die Errichtung des symbolischen Strommastes und wollte das dazu vorgesehene Holzmodell sogar mit der Begründung beschlagnahmen, weitere Symbole in der Nähe des „Franziskus Marterl" könnten nicht geduldet werden, da dort schon zu viele herumständen; die Jugendlichen wolle man „davor schützen, eine Straftat zu begehen".[101]

Direkte Aktionsformen

Werden die Akteure mit der Erfahrung konfrontiert, daß ihre Aktivitäten gemessen an den Protestzielen zu keinem befriedigenden Ergebnis führen, sind sie gezwungen, weitere eskalierende Schritte einzuleiten. Selbst wenn die Zuspitzungsmöglichkeiten demonstrativer Aktionsformen genutzt wurden, sieht sich der kollektive Widerspruch nicht gerade selten der Tatsache gegenüber, daß sich der Konfliktgegner mit Kundgebungen, Demonstrationen und symbolisch-expressiven Aktionen nicht großartig beeinflussen läßt. Scheint bzw. ist das Mittel der Überzeugung ausgereizt, spätestens dann beginnen die Debatten darüber, wie der politische Druck erhöht werden kann. Der qualitative Sprung, der dabei regelmäßig eingefordert wird, besteht darin, „Elemente von Zwang, das heißt von Schadensandrohung"[102], durch weitergehende Maßnahmen einzusetzen. Der Protest radikalisiert sich in Form direkter Aktionen. Diese stellen zunächst für die Akteure eine Herausforderung dar, weil dabei zum Teil andere Fähigkeiten gefragt, aber noch nicht erworben sind, und das Risiko, selbst Schaden zu erleiden, erheblich höher ist als bei demonstrativen.

Wie können direkte Aktionen weiter ausdifferenziert werden? Raschke unterscheidet sie in gewaltsam und gewaltfrei.[103] Nun ist dies sicherlich eine grundsätzliche Möglichkeit, allerdings erscheint es nicht sehr plausibel, nachdem gerade Gewalt als Kriterium bei der Systematisierung politischer Aktionsformen mit der Begründung abgelehnt wurde, sie vernachlässige die formalen Aspekte, sie dann als Unterscheidungsmerkmal für eine Aktionsform der eigenen Systematik wieder einzuführen. Raschkes berechtigte Kritik gilt hier für ihn selbst: Das Gewaltkriterium führt auch im Bereich der direkten Aktionen nur zu einer groben Unterscheidung, die nur für zwei, in sich aber sehr heterogene Gruppen von Aktionsformen Platz läßt. Sowohl die gewaltsamen als auch die gewaltfreien direkten Aktionen können so nicht mehr weiter unterschieden werden. Militanten Aktivitäten steht die ganze Bandbreite des zivilen Ungehorsams gegenüber. Weitere Differenzierung ist also gefragt, und der Vorschlag besteht darin, die Schadensandrohung der direkten Aktion nach Art, Dimension und Objekt zu unterscheiden. Dabei ist es weiterhin möglich, die Absicht der Akteure miteinzubeziehen, ob sie gewaltfrei vorgehen wollen oder nicht. Zunächst kann differieren, was oder wer im einzelnen oder auch zusammen bedroht werden soll: erstens gesellschaftliche Verhältnisse, z.B. Ruhe und Ordnung, ein ungestörter Produktionsablauf, ein normaler Verkehrsfluß usw., zweitens eine Sache, drittens andere Personen und viertens die eigene Person. Ebenso ergeben sich mehrere Möglichkeiten der Bedrohung: Verweigerung, Behinderung, Besitznahme und Zerstörung. Schließlich variiert die Dimension der Bedrohung im Bewegungsdiskurs zwischen den Polen Symbolik und Effektivität, wobei es in der Praxis keinen symbolischen ohne realen Schaden gibt und jeder reale Schaden auch eine symbolische Bedeutung besitzt. Ausgehend von der Bedrohungsart, sollen nun unterschiedliche Typen direkter Aktionsformen beschrieben und peu a peu auch mit anderen Differenzierungsmerkmalen verknüpft werden.

Verweigerung

Es erscheint sinnvoll, diese erste größere Gruppe direkter Aktionen danach zu unterscheiden, was verweigert wird: Arbeitskraft, Rollenerwartung, Nahrungsaufnahme.

Streik

Mit der Weigerung, sich und ihre Arbeitskraft im Betrieb weiter zu verausgaben, ist der Streik die klassische Kampfform der historischen Arbeiterbewegung und der Gewerkschaften nach dem 2. Weltkrieg. Aber nicht jeder Streik ist auch eine direkte Aktion. Die in normalen Tarifrunden praktizierte Arbeitsniederlegung zur Verbesserung der Löhne und Gehälter sowie der Arbeitsbedingungen findet in der Bundesrepublik in hochinstitutionalisierter Form statt; sie ist eine massenrelevante intermediäre Aktion.
Andere Streiks dagegen sind als direkte Aktion zu werten. Ohne in eine ausführliche Diskussion über diese unterschiedlichen Formen eintreten zu wollen, seien folgende Typen kursorisch benannt: die spontane Arbeitsniederlegung einzelner Belegschaften, insbesondere dann, wenn sie mit dem Verlassen des Betriebsgeländes einhergeht; der Solidaritätsstreik für im Arbeitskampf befindliche KollegInnen anderer Branchen, z.B. als Protest gegen Aussperrungsmaßnahmen seitens der Arbeitgeber, bestimmte Formen des Warnstreiks, die noch vor dem Scheitern der Tarifverhandlungen und vor dem Abschluß einer eventuell vereinbarten Schlichtung durchgeführt werden; und schließlich der politische Streik, bei dem der Generalstreik zur Abwehr eines Angriffs auf die verfassungsmäßige Ordnung bzw. zu ihrer Wiederherstellung von dem politischen Demonstrationsstreik zu unterscheiden ist, der das Ziel hat, den Herrschenden und der Öffentlichkeit gegenüber unmißverständlich den Willen der ArbeitnehmerInnen zu demonstrieren.
Der Streik ist genaugenommen keine Form des Straßenprotests; Ort der Verweigerung ist der Betrieb oder die Dienststelle. Dennoch ist es so, daß viele

Arbeitsniederlegungen nicht nur die Voraussetzung für weitere öffentliche Aktionen von Beschäftigten darstellen, sondern sich auch tatsächlich in Demonstrationen, Kundgebungen, Blockaden u.v.m. Ausdruck verschaffen, wenn die streikenden ArbeiterInnen das Betriebsgelände verlassen. Außerbetriebliche Gewerkschaftsaktivitäten während der regulären Arbeitszeit sind – obwohl sie auf den ersten Blick wie demonstrative Aktionen aussehen – wie direkte zu bewerten.

Als im Februar/März 1986 IG Metall und DGB im Kampf gegen die beabsichtigte Änderung des Paragraphen 116[104] zu Demonstrationen und Kundgebungen während der Arbeitszeit aufriefen, an denen sich Hunderttausende beteiligten, kam es nicht nur zum erbitterten und vor etlichen Gerichten ausgetragenen Streit zwischen Arbeitgeberverbänden, Gewerkschaften und PolitikerInnen um die Rechtmäßigkeit dieser Aktionen, sondern auch zum innergewerkschaftlichen Disput zwischen denen, die diese Kurzstreiks zum Generalstreik ausweiten wollten, und jenen, für die schon der gewerkschaftliche Aufruf zu Streikdemonstrationen zu weit ging (z.B. Hermann Rappe, Vorsitzender der IG Chemie). Während im Aufruf des DGB zum Protesttag gegen den Paragraphen 116 (6. März) „eine bewußte, politisch kalkulierte Regelverletzung angelegt schien", wurde der Zeitpunkt der Kundgebungen von der IG Metall u.a. deshalb bundesweit auf 13.00 Uhr festgelegt, um die Ausfallzeiten der streikenden DemonstrantInnen zu begrenzen. Die ÖTV forderte ihre Betriebs- und Personalräte sogar auf, mit den jeweiligen Arbeitgebern Freistellungsmöglichkeiten für Demonstrationswillige auszuhandeln.[105] Daran wird deutlich, wie schwer sich die Gewerkschaften tun, direkte Formen des Protests in ihr Aktionsrepertoire aufzunehmen und in der innerorganisatorischen und öffentlichen Diskussion zu legitimieren. Selbst auf dem Höhepunkt der Friedensbewegung 1983 sah sich der DGB zu nicht mehr in der Lage, als unter dem Motto „Es ist fünf Minuten vor zwölf!" die ArbeitnehmerInnen aufzufordern, fünf Mahnminuten für den Frieden während der Arbeitszeit zwischen 11.55 und 12.00 Uhr einzulegen. Von den Arbeitgeberverbänden wurde diese nun eher symbolisch zu nennende Arbeitsniederlegung bereits im Vorfeld als rechtswidriger politischer Streik bewertet.[106]

Boykott

Die Auseinandersetzungen der neuen sozialen Bewegungen sind im Gegensatz zu den gewerkschaftlichen hauptsächlich im Reproduktionsbereich angesiedelt. Deshalb steht den Akteuren nicht die Verweigerung ihrer Arbeitskraft als Kampfmittel zur Verfügung, obwohl auch viele von ihnen lohnabhängig beschäftigt sind. Bei ihren Verweigerungsaktionen geht es darum, festgefügte Rollenerwartungen außerhalb der Produktionssphäre, z.b. als KonsumentIn, WählerIn oder SteuerzahlerIn, nicht zu befolgen. Je nach Anlaß und Thema des Konflikts kann die Rollenverweigerung unterschiedliche Formen annehmen.

In der Friedensbewegung äußert sich dies z.b. darin, kein Kriegsspielzeug mehr zu kaufen, den Steueranteil, der für militärische Zwecke ausgegeben wird, einzubehalten oder öffentlich anzukündigen, daß man der Bundeswehr und zum Teil auch dem Zivilidienst („Totalverweigerer") nicht mehr zur Verfügung steht. In der Ökologiebewegung organisieren die Akteure z.b. den kollektiven Boykott jenes Anteils der Stromgebühren, der zur Finanzierung der Atomenergiewirtschaft verwendet werden soll. Auf dem ersten bundesweiten Frauenkongreß zum Thema „Frauen und Ökologie" in Köln im Oktober 1986 forderte die damalige Spitzenkandidatin der bayerischen GRÜNEN, Hale Seibold, die Frauen zum „Widerstand durch den Einkaufskorb" auf, da sie „als Verbraucherinnen über eine ungeheure Macht verfügen". Eine Vertreterin der evangelischen Frauenarbeit warb für den Früchteboykott gegen Südafrika.[107] Andere Boykottinitiativen richteten sich z.b. gegen den Kauf von Produkten des Nestle-Konzerns. Besonders hervorzuheben ist die sich rasch ausbreitende Boykottbewegung gegen die ursprünglich für 1983 vorgesehene Volkszählung 1987, bei der sich Zehntausende weigerten, ihre Zählbogen auszufüllen, und sie stattdessen bei dezentralen Sammelstellen abgaben.

Auch bei den neuen sozialen Bewegungen ist die Verweigerung selbst zunächst keine Handlung, die in der Straßenöffentlichkeit kollektiv vollzogen wird. Wirkungsorte des Konsumboykotts sind die jeweiligen Geschäfte, in denen die VerbraucherInnen einkaufen; die Einbehaltung eines Steuer- bzw. Gebührenanteils geschieht im Privathaushalt oder am Schalter eines Geldinstitutes; und obwohl es in der Bundesrepublik noch keinen massenrelevanten organisierten Wahlboykott gegeben hat, würde auch in diesem Fall die Verweigerung nicht in der Öffentlichkeit stattfinden, sondern in der geheimen Atmosphäre der Wahlkabine oder an einem privaten Ort, an dem man bleibt, anstatt zur Wahl zu gehen. Dennoch hat es immer wieder kollektive Aktionsformen gegeben, die den Akt dieser Schadensandrohung auf den Straßen und Plätzen symbolisch nachvollzogen haben. Obwohl diese Aktionen deshalb oftmals als demonstrative, symbolisch-expressive erscheinen, müssen sie zu den direkten gezählt werden, da bei ihnen mehr geschieht, als nur die Bekundung einer bestimmten politischen Auffassung.

Das ist z.B. dann der Fall, wenn die gesellschaftliche Erwartung, der Bundeswehr bzw. dem Zivildienst zur Verfügung zu stehen, dadurch zurückgewiesen wird, indem mehr oder weniger viele Akteure gemeinsam ihren Wehrpaß bei einem Kreiswehrersatzamt zurückgeben oder sogar öffentlich verbrennen. Zumindest letzteres ist eindeutig illegal, da die „Bestimmungen und Hinweise" im Wehrpaß vorschreiben, er sei „sorgfältig aufzubewahren" und „vor Mißbrauch zu schützen". Ähnliches gilt auch für die verschiedenen phantasievollen „VoBo-Aktionen" im Mai 1987, bei denen die Beteiligten die zuvor eingesammelten Volkszählungsbögen massenhaft an Wände und Mauern plakatierten, von Kirchtürmen „regnen" ließen, bei Menschenketten an überdimensionale Wäscheleinen hängten, damit Plätze und Straßen „pflasterten" und sie zu Konfetti verarbeiteten oder auch verbrannten.

Die wohl häufigste Form der Verweigerung, zu der der kollektive Widerspruch unmittelbar in der Straßenöffentlichkeit greift, stellt die Ignorierung polizeilicher Anordnungen und Aufforderungen sowie gerichtlicher Verfügungen dar. Indem die Protestakteure das Verbot von Demonstrationen bzw. Demonstrationsrouten oder jeglicher Vermummung und Auflagen bezüglich der Zahl der OrdnerInnen, Megaphone und Lautsprecher, der Transparentgröße und Stangenlänge u.v.m. unterlaufen oder nicht befolgen, weigern sie sich, die von ihnen erwartete Rolle des gehorsamen Staatsbürgers und der gehorsamen Staatsbürgerin zu erfüllen. Hier ist noch nicht von Behinderungs- oder Besetzungsaktionen die Rede, die von vornherein als direkte geplant werden, sondern von demonstrativen, die nun allerdings wegen der nicht eingehaltenen staatlichen Verbote bzw. Auflagen ihren Charakter verändern und sich in direkte Aktionen verwandeln. Damit setzen sich die teilnehmenden Personen zwar einerseits selbst dem höheren Risiko aus, Schaden durch einen eventuellen Polizeieinsatz zu erleiden, andererseits besteht die Schadensandrohung gerade darin, die Staatsmacht vor die Alternative zu stellen, die Aktion (trotz Verbot bzw. nicht eingehaltener Auflagen) zu dulden oder die Kosten für deren Durchsetzung zu übernehmen. Wie diese Verweigerungen und die daran Beteiligten aus obrigkeitsstaatlicher Sicht bewertet werden, hat niemand so treffend formuliert, wie der ehemalige Bundesinnenminister Zimmermann (CSU), der sich in einem SPIEGEL-Interview wie folgt äußerte: „Wenn der örtliche Polizeieinsatzleiter sagt: Bitte, entfernen Sie sich, und er entfernt sich nicht, dann ist er schon kein normaler Bürger.(...) Er ist jedenfalls kein friedlicher."[108] Deutlich wird daran, daß es in diesem Verständnis keine Legitimität zivilen Ungehorsams außerhalb der Legalität gibt, und illegale aber gewaltfreie Aktionen als unfriedliche, d.h. als gewaltsame Protestmaßnahmen gewertet werden. Damit ist auch der entscheidende ideologische Schritt zur grenzenlosen Ausdehnung des Gewaltbegriffs getan.

Hungerstreik und Fastenaktion

Eine weitere Form der Verweigerungsaktion ist das zwar seltene, dann aber oft sehr medienwirksam organisierte öffentliche Fasten bzw. Hungern von kleineren Gruppen oder Einzelpersonen. Mit der Weigerung, Nahrung aufzunehmen, die entweder von vornherein zeitlich begrenzt oder mit einem Ultimatum verbunden und im Extremfall bis zum einkalkulierten Tod ausgedehnt werden kann, fügen sich die Akteure zwar selbst einen unmittelbaren Schaden zu, der Konfliktgegner wird aber dadurch bedroht, daß ihm sowohl die Verantwortung für die den Hungerstreik auslösenden Verhältnisse, Ereignisse oder Maßnahmen als auch dessen mögliche Folgewirkungen – bis hin zum körperlichen Verfall ad exitum – angelastet werden.

Den größten Bekanntheitsgrad erlangte diese Aktionsform in der Bundesrepublik durch die insgesamt elf Hungerstreiks der inhaftierten Mitglieder der „RAF", die allerdings nicht als Bestandteil öffentlichen Straßenprotests gelten können. Innerhalb der neuen sozialen Bewegungen wurden Fastenaktionen insbesondere in der Friedens-, verschiedentlich auch in der Ökologiebewegung praktiziert. Das wohl spektakulärste Fasten des ökologischen Protests fand im Oktober 1980 im Mörfeldener Rathaus statt. Über drei Wochen verweigerten zunächst alle Stadträte der „Parteienaktionsgemeinschaft (PAG)", später auch ein erweiterter Kreis von Startbahn-West-GegnerInnen jegliches Essen, um auf diese Weise gegen den Flughafenausbau in Frankfurt zu protestieren.[109] In der Friedensbewegung wurden solche Aktionen vor allem von Gruppen aus dem kirchlichen Spektrum getragen. Manche Akteure betrachteten ihr in der christlichen Tradition stehendes Fasten allerdings nicht als direkte Aktion. „Das Fasten ist ein Hilfsmittel bei der Besinnung; die Teilnehmer wollen sich aus dem Mitläufertum der expandierenden, militärisch gesicherten Industrie- und Konsumgesellschaft lösen. Es geht den Beteiligten um das Gewinnen einer neuen Identität. (...) Es ist kein Zeichen der Resignation, sondern ist die Vorbereitung auf das Engagement in der Welt. Gemeinsames Fasten soll den Beteiligten helfen, ihre Fähigkeiten zu entdecken, Hoffnung zu leben und die Menschen zum Nachdenken und Handeln zu ermutigen. (...) Das scheint sehr wenig zu sein, aber es wird damit doch weit mehr persönliche Verantwortung übernommen, als wenn man den Politikern, in welcher Form auch immer, Forderungen vorträgt."[110] Hier möchten die Beteiligten durch ihr Fasten in erster Linie Rückzug, innere Einkehr und Wandlung öffentlichkeitswirksam verdeutlichen. Das Publikum soll aufgerüttelt, nicht der Konfliktgegner mit Schaden bedroht werden. Deshalb ist diese Form des in den allermeisten Fällen kurzen und befristeten Fastens als demonstrative Aktion zu betrachten und in eine Reihe mit Mahnwache und Schweigekreis zu stellen. Auch an diesem Beispiel zeigt sich, daß der Charakter einer Aktion immer von ihrem Kontext abhängig ist.

Behinderung

Gegenüber Verweigerungen, die in ihrem Kern Protestformen der Unterlassung sind, stellen Behinderungen insofern eine Steigerung des kollektiven Widerspruchs dar, als sie über diese hinaus eine offensive Handlungsweise verfolgen. Die Akteure kündigen nicht nur ihren Anteil an einer Zusammenarbeit mit dem Konfliktgegner auf, sondern stellen sich ihm bewußt in den Weg, indem sie ihre Aktivitäten in den Bereich seiner Absichten, Interessen, Planungen, nächsten Schritte usw. verlagern und dort die Normalität stören. Behinderungsaktionen sind für die TeilnehmerInnen deshalb kostenintensiver, weil sie einen größeren Schritt aus ihrem normalen Alltag heraus wagen müssen, um auf das Terrain des politischen Kontrahenten vorzudringen. Dadurch sind sie aber nicht unbedingt wirkungsvoller. Unter dem Gesichtspunkt der Wiederherstellung der Normalität können die Herrschenden sie eventuell sogar leichter in den Griff bekommen, da die Beseitigung einer Behinderung einfacher erscheint, als die Erzwingung einer Unterlassung. Es geht hier jedoch nicht so sehr um die über Ausmaß und Kosten vermittelte Wirkung von Behinderungsaktionen, als um deren Formen. Dabei sollen Blockaden von In-Aktivitäten unterschieden und nach ihrem Komplexitätsgrad ausdifferenziert werden.

In-Aktion

Obwohl die in der Bundesrepublik erstmals von der Studentenbewegung Ende der 60er Jahre nach amerikanischem Vorbild übernommenen und praktizierten In-Aktionen zu Störungen des normalen Funktionsablaufes beispielsweise an der Hochschule oder im Straßenverkehr führen, handelt es sich bei ihnen nicht um Blockadeaktionen im eigentlichen Sinne. Ihre TeilnehmerInnen versammeln sich in ungewohnter Art und Weise: Gewaltfrei und nur zum Teil illegal, stören sie über eine besonders penetrante Qualität ihrer Anwesenheit den gewohnten Gang der Dinge. Obgleich eine Behinderung von Anfang an beabsichtigt ist, erscheint diese aber – anders als bei einer Blockade – nicht bereits in ihrer äußeren Form als entscheidender und handlungsorientierter Zweck, sondern eher als beiläufiges Ergebnis einer angeblich ganz gewohnten Tätigkeit. Dies zeigt sich sowohl in den englischspra-

chigen Bezeichnungen – z.B. Go-, Sit- oder Sleep-in – als auch in den deutschen Umschreibungen. Bei In-Aktionen herrscht noch nicht der ausdrückliche Ernst der Blockade, sondern dabei werden mit einem gewissen Augenzwinkern Soldaten „besucht", man „spaziert" im Wald, „schläft" auf öffentlichen Straßen „zur Probe" oder veranstaltet ein „kollektives U-Bahnfahren". An der Universität ist dies u.a. der Fall, wenn Studierende den Vorlesungsbetrieb dadurch behindern, daß sie einfach so lange im Hörsaal sitzen bleiben, bis die oder der Lehrende zur eingeforderten Diskussion bereit ist. Oder sie treffen sich in Räumen der Universität zu selbstorganisierten Lehrveranstaltungen (Teach-in), die für diesen Zweck nicht vorgesehen sind, z.B. Dekanate oder Verwaltungen, um deren Funktionsablauf zu beeinträchtigen. Go-ins und bestimmte Varianten der „Spaziergangsdemonstration" können z.B. den normalen Geschäftsbetrieb an einem verkaufsoffenen Samstag eklatant behindern. Störung der Routine auch bei folgender spektakulären Form von Go-in: Als von den Alliierten im Zusammenhang mit dem Anschlag auf die „La Belle"-Diskothek im April 1986 verstärkte AusländerInnenkontrollen in der Westberliner U-Bahn angeordnet worden waren, trafen sich ca. 250 Menschen zum kollektiven U-Bahnfahren auf der am stärksten kontrollierten Linie, um gegen diese AusländerInnen diskriminierende Maßnahme zu protestieren, indem sie die Polizei bei ihrer Arbeit aufhielten.[111]
Viele solcher Behinderungsaktionen finden nicht in der Stadt, sondern auf dem Lande statt. Während des Pershing-II-Manövers „Carbon Archer" in Süddeutschland im Herbst 1986 versuchten etwa 200 Mitglieder der Friedensbewegung, mit Spaziergängen und „Stellungsbesuchen" bei den amerikanischen Soldaten den Verlauf des Manövers zu stören.[112] Insgesamt 2.000 Menschen beteiligten sich an der Behinderung des NATO-Frühlingsmanövers „Carbon Blazer" 1987, indem sie mehrere von Pershing-II-Einheiten aus Heilbronn, Mutlangen und Neu-Ulm im Laufe der Militärübung errichtete Waldstellungen „besuchten".[113] Ähnliche Waldspaziergänge sind auch aus der Ökologiebewegung bekannt. Von Gorleben bis Wackersdorf versuchten die Akteure auch hier immer wieder, allein durch ihre Anwesenheit z.B. die Rodungsarbeiten zu unterbrechen, indem sie sich schützend vor die Bäume stellten und die Holzfäller in Diskussionen verstrickten.
Eine weitere In-Aktivität ist das sogenannte Sleep-in. Beispielsweise veranstaltete der „Kreuzberger Besetzerrat" an einem Samstagabend im Juli 1981 ein „Probeschlafen" auf dem „Kudamm", um gegen die vom Weizsäcker/Lummer-Senat durchgeführte Räumung besetzter Häuser zu protestieren. Dazu waren „alle Instandbesetzer, Sympathisanten, Wohnungssuchende, Sanierungsbetroffene, Studenten, Säufer, Kiffer, Kinder, Jugendliche und

Mieter" eingeladen, sich mit ihren Schlafsäcken ab 21 Uhr zwischen Gedächtniskirche und „Kranzler Eck" auf Westberlins Prachtboulevard auszubreiten.[114] Auch Die- und Kiss-Ins müssen dann als direkte Aktion gewertet werden, wenn ihre symbolisch-expressive Inszenierung in aktiv herbeigeführte Behinderung übergehen.
Begrifflich bezeichnet „blockieren" den Zugang zu etwas versperren, als Hindernis im Wege sein und die Funktion hemmen. Diese drei Aspekte sind in der Blockadepraxis untrennbar miteinander verwoben. Wenn sich Menschen z.B. auf die Zufahrtsstraße einer Kaserne setzen, beabsichtigen sie, die Militärfahrzeuge daran zu hindern, hinein bzw. heraus zu kommen; sie tun dies, indem sie ihren Körper als Barriere benutzen, sich selbst in den Weg stellen; und schließlich hoffen sie damit die militärische Arbeit soweit zu beeinträchtigen, daß ihre Durchführung möglichst weitreichend verunmöglicht wird. Dennoch verweisen die drei Konnotationen des Begriffs auf die relative Gewichtung verschiedener Blockadeaktionen, auf deren unterschiedlichen Komplexitätsgrad und das jeweils andere Ziel, das behindert und auf das öffentlich aufmerksam gemacht werden soll. Stichworte dieser Differenzierung sind Ort, Verkehr und Funktion, die noch nichts über die konkreten Modi des Blockierens aussagen, aber, so wäre zu hoffen, einen Rahmen abstecken, innerhalb dessen die heterogene Vielfalt der Blockaden sinnvoll beschrieben werden kann.

Die Ortsblockade

Mit diesem Begriff sollen Aktionen bezeichnet werden, bei denen die Akteure ein Objekt an einem Ort blockieren, dessen Territorium relativ eng begrenzt und dessen Grenze real oder symbolisch markiert ist. Diese Grenzlinie produziert und ist Produkt zweier Realitäten; es existiert ein Innerhalb und ein Außerhalb, und die Bewegung zwischen beiden benötigt und benutzt Ein- und Ausgänge. Das jeweilige Objekt ist funktional auf den Austausch zwischen Innen und Außen angewiesen, und diese Tatsache ist der Punkt, an dem der Protest ansetzt und mit Schaden droht. Mit der Blockade der Austauschbeziehungen soll die Funktion des Objekts lahmgelegt und/oder seine Bau- bzw. Existenzkosten in die Höhe getrieben werden. Die überwiegende Zahl der Blockaden der 80er Jahre ist so angelegt. Ihr Komplexitätsgrad ist relativ niedrig; sie sind bereits von wenigen Menschen durchzuführen, schnell erlernbar und benötigen keine großen logistischen Vorbereitungen. Die Objekte variieren in und zwischen den Bewegungen. In der Ökologiebewegung werden am häufigsten die Bauplätze und damit die Bauarbeiten für die verschiedenen Atom- und industriellen Großanlagen blockiert. Als Reaktion auf den Baubeginn in Gorleben kam es z.b. bereits im März 1979 zu Material- und Trecker- sowie ersten Menschenblockaden. Am 17. des Monats errichteten AtomkraftgegnerInnen 40 Sperren mit Baumstämmen um die Bohrlöcher, in der darauffolgenden Nacht blockierten Bauern die mobilen Bohrtürme mit ihren Traktoren, und einen Tag später beteiligten sich rund 100 Menschen an einer Sitzblockade gegen die anrückenden Bohrfahrzeuge.[115] Bis zur Errichtung der 2. Tiefbohrstelle Anfang 1980 gab es immer wieder Versuche, die Zufahrtsstraßen zum Bohrplatz mit Autos und gefällten Bäumen zu sperren. Mit einem elaborierteren Organisationsprinzip blockierten im Juli 1981 Mitglieder der „Gewaltfreien Aktion gegen AKW Brokdorf"[116] das Haupttor des Bauplatzes in der Wilster Marsch. In drei Schichten mit je ca. 80 Frauen und Männern ließen sich die Akteure, die in Bezugsgruppen eingeteilt waren und sich einen Sprecherrat gewählt hatten, in einer sogenannten „Intervallblockade" auf dem Zufahrtsweg nieder, um den Baustellenverkehr zu verhindern.[117] Auch während den beginnenden Rodungs- und Bauarbeiten an der Startbahn West in Frankfurt und der Wiederaufbereitungsanlage in Wackersdorf fanden vielfach Blockierungsversuche statt, bei denen sich die Akteure auf den Zufahrtsstraßen um das Baugelände niederließen und dabei verschiedene Gegenstände als Sperren und Barrikaden benutzten.

In der Friedensbewegung ist die Blockade einer im Bau befindlichen militärischen Einrichtung äußerst selten. Eines der wenigen Beispiele ist die sogenannte „Frauentor- und Fließblockade" vor dem Cruise-Missile-Bauplatz in Hasselbach. An zwei Tagen im November 1986 beteiligten sich jeweils 200 Menschen an Sitzblockaden vor allen vier Haupttoren des Baugeländes. Am Tor 4, dem „Frauentor", waren Männer (zunächst) ausdrücklich von der Blockade ausgeschlossen; ebenfalls ein „eigenes" Tor hatten sich rund 50 Hunsrücker BürgerInnen ausgesucht, die sich an dieser ersten Blockadeaktion in ihrer Gegend beteiligten. Ebenso beteiligte sich eine Gruppe der „Ärzte gegen den Atomtod" mit ihren prominenten Mitgliedern Horst-Eberhard Richter und Till Bastian. Die Polizei ging gegen die Akteure „recht behutsam" vor und räumte nur „nach Bedarf" ein Tor, um den Bauarbeitern und Militärs die Durchfahrt zu ermöglichen. Dennoch wurden an beiden Tagen weit über 100 Personen kurzfristig zur Feststellung der Personalien festgenommen. Ein Sprecher der Blockadegruppen wertete die zweitägige Aktion als Erfolg; die beabsichtigte Behinderung der Bauarbeiten sei weitgehend erreicht worden.[118] Weniger erfolgreich verlief im November 1988 dagegen eine Blockade der vier Zufahrtstore zur Baustelle der NATO-Kommandozentrale in Linnich-Limbach. Polizeikräfte sorgten mit z.T. harten Einsätzen gegen die rund 100 TeilnehmerInnen für einen ungebremsten Bauverkehr.[119] Blockadeaktionen vor fertiggestellten, in Normalbetrieb funktionierenden Objekten sind dagegen in erster Linie in der Friedens- und kaum in der Ökologiebewegung zu beobachten.

Der friedensbewegte Protest richtet sich dabei überwiegend gegen militärische Einrichtungen. Es werden Kasernen, Atomwaffenlager und Raketenstellungen, Giftgas- und Munitionsdepots sowie Einsatz- und Kommandozentralen u.v.m. kurzfristig und manchmal dauerhaft blockiert. Dabei wollen die Akteure den militärischen Alltag dadurch behindern, daß sie sich auf den bzw. einen der wichtigsten Zufahrswege oder direkt vor ein bzw. mehrere Tore setzen, um das Hinein- und Herauskommen möglichst lange zu verhindern. Wie weit das gelingt, hängt in den allerwenigsten Fällen von den Absichten der TeilnehmerInnen ab. Das unmittelbare Ende einer Blockade, d.h. die Entfernung der Menschen von der Straße, wird durch den Einsatz der Polizei gesetzt. Ob es allerdings mittelbar gelingt, durch die hartnäckige Wiederholung der Blockierungsversuche die Polizei dauerhaft zu „beschäftigen" und dadurch den Militärbetrieb zwar nicht zu verhindern, ihn aber doch mehr oder weniger wirkungsvoll zu behindern, das ist nicht unabhängig von der Entschlossenheit und den Ressourcen der Akteure. Das bei vielen Blockaden zu beobachtende Hase-und-Igel-Spiel zwischen ihnen und der Polizei – Hinsetzen, Weggetragenwerden, erneutes Hinsetzen und wiederum Weggetragenwerden usw. – das von den Medien oftmals als „grotesk" bezeichnet und von Teilen des Protests als „lächerlich" diffamiert wurde –, erscheint in dieser Perspektive eher als Ausdruck einer zu diesem Zeitpunkt der Aktion noch vorhandenen, am Beginn nicht gegebenen, sondern erst herbeigeführten Patt-Situation zwischen den Konfliktgegnern vor Ort und damit als tendenzieller Erfolg der Akteure. Wer von beiden diese Patt-Situation wie auflöst, ob die TeilnehmerInnen ihre Blockade selbstbestimmt beenden oder von der Polizei dazu gezwungen werden, hat Auswirkungen auf die mediale Berichterstattung und die öffentliche Debatte über die Sinnhaftigkeit dieser Aktionsform. Ähnliches gilt auch für viele Blockaden vor Rüstungsfirmen, militärischen Verwaltungsstellen (Kreiswehrersatzämter), politischen Institutionen (Verteidigungs- und andere Ministerien), Waffenausstellungen (z.B. „IDEE" und „ILA" in Hannover) und militärischen Veranstaltungen, wie z.B. Flugshows (Ramstein) oder Tage der offenen Tür der Bundeswehr. Hier ist es für den Legitimationsnachweis solcher Aktionsformen noch wichtiger, deutlich zu machen, daß sich der Protest nicht in erster Linie gegen die Beschäftigten oder das Publikum, sondern gegen die Funktionsweise und den Zweck der Institution bzw. der Veranstaltung richtet.

Als sich die Friedensbewegung kurz nach dem Höhepunkt der Protestaktivitäten im „heißen Herbst" 1983 und mit zweijähriger Blockadeerfahrung in Köln zu ihrer 4. Aktionskonferenz traf, wurde von verschiedenen Seiten die Einschätzung geäußert, die Polizei könne jede Blockade auflösen, „Blockaden seien Protest- und keine Widerstandsformen".[120] Tatsächlich besitzen normale Ortsblockaden auf Grund ihrer relativ geringen Beteiligung und kurzfristigen Dauer kein großes Potential an Schadensbedrohung. Faktisch sind sie deshalb auch nicht in der Lage, den Konfliktgegner auf direktem Wege zum Einlenken zu bewegen, sondern sie dienen hauptsächlich dazu, „den Meinungs- und Willensbildungsprozeß durch eine intensivierte Artikulationsform zu beeinflussen".[121] Dennoch, bzw. gerade aus diesem Grund, ist eine Effektivierung der Ortsblockade für die Akteure von erheblicher Bedeutung. Eine Erhöhung des angedrohten Schadens kann spürbar aber nur durch die Faktoren Masse und Zeit erreicht werden.

Als sich beispielsweise am 13. Oktober 1983 in Bremerhaven zeitweilig bis zu 5.000 Menschen an der „Hafenblockade" beteiligten, gelang es den über 6.000 eingesetzten Polizisten erst nach Stunden und nur mit hartem Schlagstock- und Wasserwerfereinsatz, einigen Lastwagen freie Durchfahrt zu ermöglichen. Die „taz" kommentierte diese Aktion unter der Überschrift 'Harmlos' wird kräftig" und schrieb: „Eine mehrere hundert Meter lange Sitzblockade ist, das muß der daheimgebliebene Spötter einräumen, nicht mehr von der Polizei zu räumen, ohne daß sich die Polizeiführung Vorwürfe der unverhältnismäßigen Eskalation von allen Seiten einhandelt."[122] Dazu kommt, daß die Polizei – im völligen Gegensatz zu ihrem Einsatzauftrag – selbst zu einem Behinderungsfaktor wird, und das um so mehr, je zahlreicher sie antritt. „Die Blockade", so wurde aus Bremerhaven berichtet, habe „mit Hilfe der Polizei perfekt funktioniert".[123]

Das Beispiel für eine Effektivierung von Blockadeaktionen durch den Faktor Zeit ist Mutlangen. Nachdem die Medien in aller Welt von der sogenannten „Prominenten-Blockade" im Spätsommer 1983 berichtet hatten, wurde der Mutlanger Protest mit vielfältigen Aktionen über Jahre hinaus kontinuierlich gesteigert. Vor allem die gewaltfreien Sitzblockaden vor den Toren des Pershing-II-Raketendepots wurden zur herausragenden Aktionsform. Nach vorsichtigen Schätzungen haben sich in den Jahren von 1983 bis 1987 mehr als 10.000 Menschen daran beteiligt; über 3.000 wurden dabei festgenommen und wegen angeblich gewaltsamer und verwerflicher Nötigung angezeigt. Die daraufhin einsetzende Prozeßflut beschäftigte das Amtsgericht in Schwäbisch Gmünd und verschiedene Berufungs- und Revisionsinstanzen bis in die 90er Jahre.[124]

Blockierungen in Betrieb genommener Atomanlagen sind relativ selten. Konnten die regionalen Massenbewegungen ihren Bau nicht verhindern, ist ihr Ende meist abzusehen. Kernbestände von Bürgerinitiativen existieren zwar öfter weiter, verlieren aber dramatisch an Attraktivität und Mobilisierungskraft.[125] Als im Juni 1984 das in den 70er Jahren heftig umkämpfte Atomkraftwerk in Grohnde bei Hameln in Betrieb genommen wurde, demonstrierten dort z.B. nur noch zwischen 400 und 600 Menschen, und eine geplante Menschenkette um den Atommeiler scheiterte an der zu geringen Beteiligung.[126] Manchmal formiert sich der Protest allerdings erneut bei besonderen Anlässen, z.B. nach Ereignissen, die auf die Störanfälligkeit des angeblich sicheren Routinebetriebs verweisen, dann aber zumeist in der Form von Kundgebungen oder Demonstrationen.

Eine der wenigen Ortsblockaden war die Bauern-Blockade des Gorlebener Zwischenlagers im Januar 1988, bei der die „Bäuerliche Notgemeinschaft" aus Protest gegen die illegale Lagerung von aufgeblähten Atommüllfässern mit 30 Schleppern und Traktoren die einzige Einfahrt des Zwischenlagers absperrte, direkt vor dem eisernen Schiebetor vier Fuder Mutterboden abkippte und darauf ein Dutzend ein bis zwei Meter hohe Kiefern pflanzte. Daraufhin mußte der Werksverkehr eingestellt werden, und die dort Beschäftigten konnten ihren Arbeitsplatz nur noch zu Fuß erreichen. Die rund 100 Akteure beendeten nach 24 Stunden auf Grund massiver Räumungsdrohungen der Polizei ihre Blockade; ihre unmittelbaren Forderungen, der sofortige Abzug der defekten Atommüllfässer und der Rücktritt der Geschäftsleitung der „Brennelementlager-Gesellschaft Gorleben (BLG)" konnten sie nicht durchsetzen.[127]

Ein anderes Beispiel ist die ab August 1986 über zwei Jahre lang an jedem Sechsten des Monats durchgeführte Blockade des Atomkraftwerks Brokdorf. Als Reaktion auf die Katastrophe in Tschernobyl und zur Erinnerung an Hiroshima entschlossen sich AKW-GegnerInnen zu dieser Form von Dauerblockade, als auch noch bekannt wurde, daß die Preußen-Elektra ihren Atommeiler, als ersten auf der Welt nach Tschernobyl, ans Netz gehen lassen wollte. Sowohl das Bild der Blockade als auch der TeilnehmerInnenkreis veränderte sich mit den Jahren erheblich. Wurden Blockaden noch 1986 mit anderen Aktionsformen (z.B. Strommast-Besetzung), zum Teil sogar militanten (z.B. Lösen von Schrauben an Strommasten) verknüpft und zu ganz unterschiedlichen Tageszeiten durchgeführt, so daß sich die Betreiber und die Polizei nicht auf den Protest einstellen konnten, versperrten die Akteure noch 1986 die beiden Zufahrtsstraßen konsequent bis zur polizeilichen Räumung, so kamen die BlockiererInnen 1988 überwiegend aus kritisch-engagierten

Kirchengruppen; die Blockaden wurden von Schweigeminuten und Andachten begleitet, und es gab feste Absprachen zwischen den Beteiligten und Betroffenen darüber, wie lange welches Tor jeweils blockiert werden sollte. „Die anfangs entschlossene Aktion", so ein Berichterstatter aus Brokdorf, „hat inzwischen eher den Charakter einer Mahnwache angenommen."[128]

Die Verkehrsblockade

Geht es bei der Ortsblockade um die Behinderung der Austauschbeziehungen eines Objekts mit seiner Umwelt durch Blockierung des spezifischen Bau-, Werk- oder Militärverkehrs unmittelbar vor Ort, zielt die Verkehrsblockade auf die allgemeine Mobilität der Gesellschaft durch Behinderung des Straßen-, Bahn- oder Flugverkehrs. Dabei kann die Absicht einmal darin bestehen, den Verkehrsfluß an neuralgischen Knotenpunkten nachhaltig zu stören, wobei der Protestanlaß keineswegs in einer kohärenten Beziehung zur ausgewählten Verkehrsart oder der Örtlichkeit der Blockade stehen muß, zum anderen können sich diese Aktionen aber auch gezielt gegen eine spezifische Verkehrsform richten, die in einem inhaltlichen Zusammenhang mit dem Protestanlaß und -thema steht.

Eine der größten und erfolgreichsten Straßenblockaden war die „Wendland-Blockade" im April 1984, bei der die fünf wichtigsten Zufahrtsstraßen zum Landkreis Lüchow-Dannenberg für zwölf Stunden blockiert werden sollten. Diese Aktion, an der zwischen 4.000 und 5.000 Menschen teilnahmen, galt als Vorbereitung für die am Tage X geplante Blockade des ersten Atommülltransports in das Zwischenlager bei Gorleben.

Eine Woche vor der „Wendland-Blockade" erließ der zuständige Oberkreisdirektor mit der Begründung, es bestehe „Gefahr für die öffentliche Sicherheit und Ordnung", ein völliges Demonstrations- und Versammlungsverbot im Landkreis. Die Polizei hatte damit praktisch freie Hand, mit einem „flexiblen Einsatzkonzept jede Blockadeaktion im Ansatz zu unterbinden."[129] Aus Kreisen der Bürgerinitiative Lüchow-Dannenberg hieß es, man sei darüber nicht überrascht, schließlich habe man gewußt, daß Blockaden illegal seien; alle Vorbereitungen würden ohne Abstriche fortgesetzt, und man hoffe „eine Aktion des zivilen Ungehorsams praktizieren zu können, die durch große Anzahl, Entschlossenheit und Verbundenheit zeigt, daß der Atommüll im Wendland unerwünscht" sei.[130]

Mit fünf verschiedenen Blockadekonzepten sperrten die Akteure ab 5 Uhr morgens an mehreren und zuvor nur wenigen Personen bekannten Punkten die in den Landkreis führenden Bundesstraßen. Zahlreiche Gruppen aus

Hamburg und Lüneburg wollten mit einer Auto- und Menschenblockade die B 216 Lüneburg – Dannenberg über zwölf Stunden völlig absperren. Zwar wurden die im Konvoi anreisenden Akteure von der Polizei an der Kreisgrenze erwartet, sie umfuhren jedoch den Kontrollposten auf einer Nebenstrecke und trafen sich schließlich mit 300 AKW-GegnerInnen, die eine Sitzblockade auf der vielbefahrenen Bundesstraße gebildet hatten. Daraufhin kam es zu einem Verkehrsstau, und den FahrerInnen blieb, so später ein Mitglied des 'Blockadeausschusses', „leider nichts anderes übrig, als ihre Fahrzeuge zu verlassen". Ab 7 Uhr sah sich die Polizei ca. 300 herrenlosen PKWs und Kleinbussen und rund 1.500 BlockiererInnen gegenüber, die teilweise auch Äste und Baumstämme zwischen ihre Autos gelegt hatten. Nach zwei Stunden gelang es der Polizei, eine Gasse durch die Fahrzeuge zu bahnen; allerdings versperrte sie bei der ihr nun gestellten Aufgabe, die BlockiererInnen an der Rückkehr auf die Straße zu hindern, diese selber. Erst gegen Mittag konnte ein erster Fahrzeugkonvoi durch die Blockade geschleust werden. Daraufhin änderten die Akteure ihre Taktik. Sie bestiegen ihre Autos, schlossen sich dem Konvoi an und verlegten die Blockade an einen anderen Streckenabschnitt. Dabei wurden erneut 200 Frauen und Männer „in Gewahrsam genommen". Es gelang aber nicht, die Straße frei zu machen, die B 216 blieb bis 17 Uhr gesperrt.

Mit einer zweiten „flexiblen Materialblockade" an der B 191 Dannenberg – Uelzen begannen mehrere hundert Menschen ebenfalls ab 5 Uhr morgens Barrikaden mit Baumstämmen und Zweigen zu errichten, um danach sofort wieder im angrenzenden Wald zu verschwinden. Auf einem 15 Kilometer langen Abschnitt versuchten rund 1.000 Polizisten bis in die Mittagsstunden vergeblich, die Blockaden zu beseitigen. Hatten sie an einem Ort die Straße frei geräumt, wurde sie an anderen Stellen erneut blockiert. Die Einsatzgruppen beschwerten sich über Polizeifunk über das „Katz-und-Maus-Spiel" und das „Affentheater", ab mittags beschränkten sich sich darauf, den Verkehr auf Nebenstraßen umzuleiten.

An einem dritten Punkt auf der B 493 Lüchow – Uelzen installierten die Bauern aus dem Landkreis eine Totalblockade mit 30 abgestellten Traktoren. Nachmittags wurde, nachdem ein Räumkommando die Trecker an den Straßenrand geschoben hatte, wiederum ein Traktor mit Heuwagen quergestellt. An der B 71 führten ca. 200 geschminkte und verkleidete Frauen eine „Hexenblockade" durch. Mit Gekreisch und Geschrei begrüßten sie die sich ihrer Sperre nähernden AutofahrerInnen und warfen Netze über die PKW. Dabei wurde der Personenverkehr selektiv, der Bau- und Polizeiverkehr ganz gesperrt. Bereits nach zwei Stunden wurde dieser Blockadepunkt von

Ordnungskräften geräumt. Das hinderte die Hexen aber nicht daran, „uniformierten Männern zu entwischen" und, wie die „Gorlebenfrauen" in einem Vorbereitungspapier geschrieben hatten, „durch die Lüfte zur Straße zurückzukommen".[131]
Ebenfalls auf der B 71 erschien bei Clenze um 6 Uhr ein „Riesenkrake": Ein rund zwei Meter dicker Krakenkopf mit der Aufschrift „DWK" und acht von BlockiererInnen gebildete Krakenarme versperrte einem mit Betonteilen für das Endlager beladenen Transporter die Weiterfahrt. Nachdem die Halterungen für die Betonteile durchschnitten worden waren, saß das Fahrzeug für Stunden fest. Gegen Mittag drohte die Polizei mit Räumung, worauf die 300 Akteure sich darauf einigten, den Verkehr alle zehn Minuten durchzulassen. Gegen 17 Uhr wurde die Blockade beendet.
„Das Blockadekonzept ist aufgegangen", meldete bereits um 14 Uhr „Radio Freies Wendland". In der Tat: über 3.000 Polizeibeamte konnten weder das Versammlungsverbot durchsetzen noch die Blockadeaktionen „im Ansatz unterbinden". Im Gegenteil, sie hatten resigniert; die Zufahrtswege für die zukünftigen Atommülltransporte waren wie angekündigt teilweise bis zu zwölf Stunden blockiert worden. Die „taz" kommentierte die „Wendland-Blockade" euphorisch: „Für den Tag X, den ersten Atomtransport eines Atommüll-Castorbehälters, sind die Bürgerinitiativen gut vorbereitet."[132]
Zu den am weitesten verbreiteten Verkehrsbehinderungen gehört die Blockade von Straßenkreuzungen, Haupt- und Durchgangsstraßen, die von ihren Akteuren in den allermeisten Fällen gar nicht für sich, sondern im Rahmen einer Demonstration organisiert wird, um die Aufmerksamkeit für die demonstrative Aktionsform zu erhöhen. Bei anderen Verkehrswegen, wie z.B. Bundesstraßen, Autobahnen und -zubringer, geschieht dies je bedeutsamer desto seltener. Selbst wenn sie zeitlich begrenzt sind und nur wenige Minuten dauern, können sie z.B. während des Berufsverkehrs zu Kilometer langen Rückstaus führen. Risiken für die Akteure stellen dabei nicht nur der zu erwartende Räumungseinsatz der Polizei, sondern auch die möglichen Konflikte mit den zum Warten gezwungenen AutofahrerInnen dar, von denen einzelne eventuell zu „Selbsthilfemaßnahmen" greifen und versuchen, die Blockade zu durchbrechen. Solche Behinderungen sind relativ häufig und finden sich in allen neuen sozialen Bewegungen und ab und zu auch bei den Gewerkschaften. Hervorzuheben wären folgende Verkehrsblockaden:
Aus verschiedenen Anlässen kommt es insbesondere in der Ökologiebewegung immer wieder zu Grenzblockaden. Beispielsweise blockierten im März 1979 50 deutsche und niederländische AtomkraftgegnerInnen aus Protest gegen den Baubeginn in Gorleben den Grenzkontrollpunkt Gronau, indem sie

sich vor die Schlagbäume setzten; der Verkehr mußte drei Stunden umgeleitet werden. Auch am Grenzübergang Niederdorf führten UmweltschützerInnen aus beiden Ländern am gleichen Tag eine Blockade durch und verteilten dabei Flugblätter und Blumen an die AutofahrerInnen. Mit diesen Aktionen sollte deutlich gemacht werden, „daß die radioaktive Bedrohung nicht vor Grenzen halt macht".[133] Kurz nach dem GAU in Tschernobyl versperrten bis zu 5.000 Menschen mit 40 bis 50 Fahrzeugen die Saarbrücker Grenzübergänge „Neue Bremm" und „Goldene Bremm" nach Frankreich für mehrere Stunden und forderten, daß der nahegelegene Atommeiler Cattenom nicht ans Netz gehen darf.[134] Im November des gleichen Jahres beteiligten sich über 1.000 Frauen und Männer aus Luxemburg, Frankreich und der Bundesrepublik an insgesamt 10 von der „Internationalen Aktionsgemeinschaft gegen das AKW Cattenom" organisierten Grenzblockaden. Die Autobahn Mannheim – Paris wurde dabei an einem Grenzübergang bei Saarbrüken in beide Richtungen gesperrt, die Polizei beschränkte sich darauf den Verkehr umzuleiten.[135] Als im Juni 1986 auf Anweisung des bayerischen Innenministers Hillermeier über 300 AtomkraftgegnerInnen aus Österreich die Einreise zu einer Anti-WAA-Demonstration in Regensburg verweigert wurde, machten die Abgewiesenen aus der Not eine Tugend und blockierten insgesamt neun Grenzübergänge auf der österreichischen Seite. U.a. in Lindau/Bregenz und bei Salzburg kam es daraufhin bei hochsommerlichen Temperaturen zu Kilometer langen Staus auf der deutschen Seite. Ab und zu öffneten die BlockiererInnen die Grenze und begrüßten die Einreisenden mit Mozartkugeln, Blumen und Flugblättern sowie dem Transparent „Willkommen im demokratischen Österreich".[136]

Eine weitere Besonderheit stellen Brückenblockaden dar. Beispielsweise blockierten im Januar 1983 rund 100 ArbeiterInnen aus Protest gegen die Produktionseinstellung in ihrer Zellstofffabrik über drei Stunden die Rheinbrücke bei Kehl und schütteten Sägemehl auf die Straße.[137] Vier Jahre später, im Juni 1987, opponierte die IG Metall gegen Stillegungspläne für die Thyssen-Werke in Hattingen und Oberhausen der Blockade der Rheinbrücken in Duisburg, woran sich über 2.500 Stahlarbeiter beteiligten.[138] Ebenso sperrten mehrere tausend Arbeiter im Kampf um das Stahlwerk Rheinhausen und während der Warnstreiks der IG Metall für die 35-Stunden-Woche im Januar 1988 u.a. die Rheinhausener Brücke für mehrere Stunden und tauften sie in „Brücke der Solidarität" um.[139]

Blockaden anderer Verkehrsknotenpunkte, wie Bahnhöfe und Flughäfen sind im Protestgeschehen der 80er Jahre äußerst selten. Zwar hatten z.B. schon im Oktober 1980 Mitglieder und Sympathisanten der Bürgerinitiative gegen die

Startbahn West eine einstündige Blockade des Flughafen-Terminals durchgeführt, und auch am Stuttgarter Flughafen wurden die Abfertigungsanlagen im November 1981 blockiert, aber allein in der Hochphase der Anti-Startbahn-West-Bewegung in Frankfurt gelingt eine Flughafen-Blockade mit Massenbeteiligung. Nachdem der Sprecher der Bürgerinitiative Alexander Schubart auf einer Großkundgebung in Wiesbaden am 14. November 1981 angekündigt hatte, daß der Flughafen blockiert werde, falls die hessische Landesregierung nicht innerhalb von 24 Stunden einen Baustopp anordne, begann, da es zu keiner entsprechenden Anordnung kam, diese in der Geschichte der Bundesrepublik einmalige Aktion am frühen Nachmittag des 15. November. Schon am Vormittag hatte die Polizei ihren Beitrag zu einer „Doppelblockade" geleistet: Die Zufahrt zum Airport war von ihr abgesperrt worden; nur Fluggäste mit gültigem Ticket und Bedienstete wurden durchgelassen, das Flughafen-Terminal war hermetisch abgeriegelt, und lediglich ein schwer bewachtes Tor diente als Eingang. Als sich dort gegen Mittag rund 1.000 StartbahngegnerInnen versammelten, war der Flughafen nur noch zu Fuß erreichbar, da sich bereits auch in der unterirdischen S-Bahn mehrere hundert Akteure aufhielten. Nachdem es der Polizei mit mehrmaligem Wasserwerfereinsatz gelungen war, die inzwischen mehrere tausend zählenden Aktionsteilnehmerinnen am Betreten des Flughafengeländes zu hindern, verlagerte sich ihre Aufmerksamkeit auf die Blockade der am Flughafen vorbeiführenden Autobahn Frankfurt – Köln: PKW wurden zum Anhalten gebracht, Baumstämme, Müllcontainer und andere sperrige Materialien quer über die Fahrbahn gelegt und zum Teil angezündet. Die große Zahl der dort in geringen Abständen sitzenden und liegenden Akteure brachte dabei nicht nur den Verkehr zum Erliegen, sondern verhinderte auch die Landung von mit Bundesgrenzschutzeinheiten beladenen Polizeihubschraubern. Der daraufhin einsetzende Rückstau erreichte rasch das „Frankfurter Kreuz" und führte dort auch auf anderen Autobahnen zum zeitweiligen Verkehrsstillstand. Die Polizei hatte nach vergeblichen Räumungsversuchen die Autobahnen aufgegeben; rund um Frankfurt ging über mehrere Stunden nichts mehr.[140]

Ebenfalls im Konflikt um die Startbahn West kam es nach der Räumung des Hüttendorfes am 2. November 1981 zur größten Bahnhofsblockade in der Geschichte der Bundesrepublik. 7.000 Menschen drangen in den Frankfurter Hauptbahnhof ein, verteilten sich auf die verschiedenen Hallen und Bahnsteige und blockierten die Gleise über zwei Stunden; bis Gießen stauten sich die Züge aus nördlicher Richtung. Auch in Groß-Gerau und Rüsselsheim wurden am gleichen Tag Bahnhöfe über eine Stunde für den Zugverkehr gesperrt.[141]

Schon zwei Jahre zuvor hatten rund 100 AtomkraftgegnerInnen im Rahmen

einer Gorleben-Solidaritätsaktion in Oldenburg den Zugverkehr für 40 Minuten lahm-gelegt.[142]
Eine weitere Form von Verkehrsblockaden stellen Aktionen gegen Munitions- und Atommülltransporte in der Friedens- bzw. Ökologiebewegung dar, deren Ziel darin besteht, die Überführung dieser spezifischen Sachgüter möglichst zu verhindern, zumindest jedoch erheblich zu behindern. Diese Blockaden sind hochgradig komplex, und ihre Vorbereitung und Durchführung stellen die Akteure vor eine Reihe von schwierigen Problemen, zu deren Lösung eine große kollektive Handlungskompetenz erforderlich ist. Zuallererst muß davon Kenntnis erlangt werden, zu welchem Zeitpunkt und auf welchen Routen die Transporte auf den Weg geschickt werden. Da beides sehr flexibel gestaltbar ist, müssen die BlockiererInnen über ein gut funktionierendes Informations- und Kommunikationssystem verfügen, um auf Veränderungen unmittelbar reagieren zu können. Dazu gehören z.B. die Einrichtung von Telefonketten zur rechtzeitigen Mobilisierung der TeilnehmerInnen, die operative Koordination der verschiedenen Blockadegruppen und deren Fähigkeit zum selbständigen Handeln entlang der Transportstrecke u.v.m. Diese aufwendigen Behinderungsaktionen erlebten ihre kurzfristige Konjunktur in den Jahren 1984 und 85. Jeweils im Oktober stellten sich AtomkraftgegnerInnen der Überführung radioaktiven Mülls aus dem Atomkraftwerk Stade in das Zwischenlager in Gorleben in den Weg; in beiden Jahren organisierten Teile der Friedensbewegung Blockaden in der Wesermarsch, um die Munitions- und Waffentransporte der US-Army zu behindern.
Zwar hatten schon im Juli 1983 in Mainz über 20 Friedensgruppen, vorwiegend aus dem autonomen Spektrum, über Aktionspläne gegen die Munitionstransporte zwischen dem Midgard-Hafen Nordenham und dem zentralen US-Lager in Mannheim diskutiert, zu ersten größeren Blockaden der Munitionszüge kam es aber erst im Juli 1984.
Der Aktionsplan, der aus den Erfahrungen mit der erfolgreichen Massenblockade der US-Kaserne in Bremerhaven 1983 und der „Wendland-Blockade" 1984 entstanden war, sah vor, daß die verschiedenen Bezugsgruppen, die in mehrere „Schichten" zusammengefaßt waren und ihre Unterkunft, Verpflegung und Informationsstränge selbst organisieren mußten, ihre jeweiligen Abschnitte der 44 Kilometer langen eingleisigen Bahnstrecke von Nordenham nach Bude mit einer „flexiblen Strategie" unterschiedlicher und für die Polizei unkalkulierbarer Aktivitäten blockieren sollten.[143]
Drei Tage lang blockierten die Akteure die Transporte mit Sitzblockaden vor den Zügen, kollektivem Herumstehen auf den Gleisen, sehr langsamem Überqueren von Bahnübergängen und „Wanderungen" auf den Schienen.

Zusätzlich stellten sie auch selbstgebastelte Puppen auf die Strecke, in Hude stoppte ein „gefährlich aussehender Pappkarton" zweimal den Transport, und dort wurde auch ein Bremsventil gelöst, so daß ein Zug erst nach einer Stunde weiterfahren konnte. Insgesamt gelang es mehrfach, die drei Munitionszüge zu stoppen. „Wir haben mit unseren Aktionen in der Unterwesermarsch den Bombenzug sichtbar gemacht. Und wir haben mögliche Widerstandsformen ausprobiert. Für kurze Zeit haben wir die Transporte sogar zum Stehen gebracht. Von einer realen Verhinderung des Waffentransports aber sind wir weit entfernt."[144]

Erstaunlich war, daß sich an dieser Aktion, die hauptsächlich von autonomen Gruppen initiiert waren, das gesamte Spektrum der Friedensbewegung beteiligte und den Aktionsrahmen akzeptierte. Hervorgehoben wurde der Mut der vielen kleinen Bezugsgruppen, die logistische Leistung, wie z.B. die schnelle Informationsübermittlung entlang der Strecke und die Gewährleistung einer regelmäßigen demokratischen Beratung der GruppensprecherInnen. Die GRÜNEN vertraten in einer Abschlußerklärung die Auffassung, die Aktion habe „über ihren symbolischen und demonstrativen Erfolg hinaus" gezeigt, daß „diese Bahnstrecke auf die Dauer unkalkulierbare Risiken berge", und spätere Blockadeversuche könnten sich auch „auf Strecken weiter nach Süden beziehen".[145] Dazu kam es jedoch nicht. Bei einer erneuten dreitägigen Blockade im darauffolgenden Sommer blieben die Aktivitäten auf die Wesermarsch beschränkt, die Zahl der BlockiererInnen ging leicht zurück, dafür war die Effektivität der Behinderung etwas größer; fast neun Stunden brauchte der Transport am zweiten Tag für die ca. 80 Kilometer zwischen Nordenham und Bremen. Die Polizei war dabei von der Informations- und Kommunikationsstruktur der Akteure so überrascht, „daß sie dazu überging, Leute beim Telefonieren in Telefonzellen, Motorradfahrer auf freier Strecke und auch in einem Falle Spaziergänger in einem Wäldchen (...) präventiv festzunehmen"; die Zahl der so in „Schutzhaft" Genommenen lag deutlich über hundert.[146]

Anders als die Munitionstransporte, wurde der Atommüll – abgebrannte Brennelemente und schwachradioaktives Material – nicht auf der Schiene, sondern über das Straßennetz in das Zwischenlager nach Gorleben überführt. Damit stand der Protest vor dem Problem, nicht genau zu wissen, auf welcher Route die LKW-Konvois fahren würden. Deshalb konnten sich die Akteure auch nicht auf Behinderungen auf einer mehr oder weniger langen Strecke konzentrieren, sondern mußten mehrere Transportwege in Betracht ziehen. Dabei durften die Aktivitäten einerseits nicht zu weit ins Vorfeld um das Zwischenlager verlegt werden, da mit wachsender Entfernung die Anzahl der möglichen Strecken und damit die Schwierigkeiten bei der Vorbereitung und Durchführung der Blockaden erheblich zunehmen würden, andererseits wollten die Akteure aber auch nicht einfach das Vorfeld und damit die eigentlichen Transporte freigeben und sich „nur" unmittelbar vor dem Zwischenlager zusammenfinden, um dort die Einfahrt zu behindern. Als praktikable Reichweite erwies sich der Landkreis Lüchow-Dannenberg, der über fünf größere Straßen zugänglich war.

Nach der als Erfolg und „Renaissance des breiten Widerstands"[147] eingeschätzten „Wendland-Blockade" sahen sich die AtomkraftgegnerInnen für den Ernstfall der Atommülltransporte gut gerüstet. Als dieser vier Monate später eintrat, gab es aber eher Anlaß zur Ernüchterung. Die lange für den Tag X geplanten Blockaden der ersten Konvois vom Atomkraftwerk Stade nach Gorleben kamen nicht so zustande, wie es sich die Akteure gedacht hatten, sie erwiesen sich als relativ wirkungslos.

Am 8. Oktober verließen vier Tieflader mit 210 Fässern kurz vor 9 Uhr unter massivem Polizeischutz das Atomkraftwerk Stade und erreichten das Zwischenlager „unbeschadet" um 14 Uhr. Entscheidend für das Durchkommen des Konvois war einmal die viel zu spät einsetzende Mobilisierung. Beide Beobachtungstrupps in Stade waren durch Zivilpolizisten festgenommen und bis 11 Uhr in „Vorbeugehaft" gehalten worden. Deshalb wurde die Telefonkette erst eineinhalb Stunden nach dem Start des Transports ausgelöst. Zudem konnten nicht genug Menschen mobilisiert werden, um auf die überraschende Umleitung des Konvois auf Schleichwege zu reagieren. Die Polizei hatte sich mit Hubschraubern einen ständigen Überblick über drohende Blokkaden verschafft und die Tieflader je nach Standort der BlockiererInnen umdirigiert. Nur unmittelbar vor dem Zwischenlager kam es zu einem einzigen und kurzen Blockadeversuch.

Am Abend trafen sich dann die Blockadegruppen, um die Lage zu beraten. Sie beschlossen, nachdem der Zustrom von AtomkraftgegnerInnen aus dem gesamten Bundesgebiet bis in die Nacht angehalten hatte, die Blockaden tags darauf fortzusetzen und näher am Zwischenlager zu organisieren. Zwar wurde der erste Tag als Niederlage betrachtet, aber man setzte weiterhin auf permanente Unruhe und Unberechenbarkeit. Wenn jeder Transport mit einem derartigen Polizeieinsatz und Aufwand abgesichert werden müsse, dann, so das Kalkül, „wird es verdammt teuer für die. Vielleicht geben sie dann doch irgendwann auf."[148]

Am 9. Oktober fuhr der zweite Konvoi gegen 11 Uhr in Stade los und sollte um 17 Uhr in Gorleben eintreffen. Mittlerweile war die Zahl der Akteure auf 800 angewachsen. Die Bürgerinitiative Lüchow-Dannenberg zählte an diesem Tag „Hunderte von großen und kleinen Straßensperren", die Polizei sprach von einem Dutzend Bränden und 30 größeren Blockaden. Zweimal kam es zu einem direkten Zusammentreffen von BlockiererInnen und dem Konvoi. Bei Güstrow hatten sich 200 Frauen und Männer mit 50 Autos zu einer Blockade formiert, die erst nach zwanzig Minuten von der Polizei mit Räumfahrzeugen, Chemical-mace, Hundestaffel- und Schlagstockeinsatz beseitigt werden konnte. Zwar gelang es vier Kilometer vor Gorleben noch ein zweites Mal, den Konvoi für rund zehn Minuten aufzuhalten – auch hier kam es zu einem massiven Polizeieinsatz –, aber kurz nach 18 Uhr passierten die fünf Sattelschlepper das Tor zum Zwischenlager. An beiden Tagen wurden 61 Personen vorläufig festgenommen, 37 AKW-GegnerInnen wurden erkennungsdienstlich behandelt, und die Personalien von mehreren Hundert Personen wurden überprüft. Dies zeige, daß solche Transporte nur durchführbar seien, wenn man, so der Sprecher der Bürgerinitiative Hannes Kempmann, „über die Region de facto den Ausnahmezustand verhängt".[149] Die „taz" schrieb dazu: „Die Betreiberseite und die Behörden haben am Tag X deutlich gemacht, zur Durchsetzung ihrer Ziele jeden Preis zu zahlen."[150] Zu einer weiteren Transportblockade kam es während der Aktionstage „Unruhe im Wendland" im Februar 1985, bei denen ca. 2.000 Frauen und Männer, trotz Demonstrationsverbot und fast 500 Festnahmen, die Transportstrecke für die Castor-Behälter erfolgreich blockierten. Die niedersächsische Polizei konnte an diesem Aktionswochenende weder die Bahnstrecke Uelzen – Dannenberg noch die Bundesstraße Dannenberg – Gorleben freihalten.[151] Im Oktober gelang es dann über 400 Akteuren noch einmal, mit zahlreichen Blockaden und Barrikaden einem Atommülltransport aus Würgassen zu einer mehrstündigen Zwangspause zu verhelfen. „So lange haben wir noch keinen Transport aufgehalten", freute sich der Sprecher der Bürgerinitiative, die die Unterbrechung als „einmaligen Erfolg" wertete.[152]

Die Funktionsblockade

Als Funktionsblockaden sollen Aktionen bezeichnet werden, die sich gegen komplexe, unter der Kontrolle des Konfliktgegners stehende Handlungsgeschehen richten, wie z.B. Militärmanöver und der Bau von industriellen und atomaren Großanlagen. Ihre Schadensandrohung besteht darin, die Infrastruktur dieser Unternehmungen öffentlich bloßzulegen und einzelne ihrer Elemente in einer Art und Weise zu stören, daß, so die Hoffnung, der gesamte Funktionszusammenhang nachhaltig behindert wird oder sich zumindest seine Kosten spürbar erhöhen. Funktionsblockaden sind also vielschichtige

Protesthandlungen, deren einzelne und unterschiedliche Aktivitäten erst in ihrer erfolgreichen Verknüpfung den erwünschten Effekt bewerkstelligen. Die empirischen Beispiele für solche Blockadeaktionen beschränken sich auf die Manöverbehinderungen im Raum Hildesheim und im Fulda Gap 1984 und die „Blockadetage" gegen die Wiederaufarbeitungsanlage in der Oberpfalz 1986.

Auf der 6. Aktionskonferenz der Friedensbewegung am 5. und 6. Mai 1984 in Köln wurden u.a. Behinderungsaktionen gegen die Militärmanöver im Raum Fulda Gap und Hildesheim beschlossen.[153] Insbesondere Friedensinitiativen in Osthessen und Norddeutschland sowie die „Bundeskonferenz unabhängiger Friedensgruppen (BUF)" hatten sich seit Januar auf verschiedenen Treffen für diese Aktionsform starkgemacht und mit den entsprechenden Vorbereitungen begonnen. Dabei ging es ihnen darum, über die Forderung nach einem Stopp der Raketenstationierung hinauszukommen und die Diskussion über die offensiven US-Kriegsführungsstrategien AirLand Battle und Rogers-Plan in konkrete Aktionen umzusetzen. Eine Neuauflage der Großaktionen von 1983 würde „nur eine Etappe im Niedergang der Friedensbewegung markieren"[154], vielmehr gelte es mit den Manöverbehinderungen auch zu einer qualitativen Zuspitzung des Widerstands zu kommen.

Obwohl sich nicht der gesamte „Koordinationsausschuß" für die Vorbereitungen dieser Aktionen zuständig erklärte, wurden die Manöverbehinderungen zunächst von keiner Strömung innerhalb der Friedensbewegung in Frage gestellt. Erst mit ihrem „Offenen Brief an die Friedensbewegung" vom 7. August eröffneten Gerd Bastian, Heinrich Albertz, Heinrich Böll, Erhard Eppler, Oskar Lafontaine und Helmut Priess eine grundlegende Debatte über Berechtigung und Sinn der geplanten Aktionen. Manöverbehinderungen jeglicher Art würden sich „in erster Linie gegen die jungen Soldaten" richten, die „ihren Dienst zumeist in gutem Glauben" verrichteten; die dürften aber nicht als Gegner, sondern müßten als Mitmenschen betrachtet werden, „die es aufzuklären und vor dem bedrohenden Mißbrauch ihrer Dienstbereitschaft zu bewahren" gelte. Die vielen Blockaden des Jahres 1983 vor Kasernen seien Beginn und Teil eines Aufklärungsprozesses gewesen, weil es nicht darum gegangen sei, „den Dienst junger Soldaten zu erschweren, sondern Mitbürgern und Soldaten auf die mit den neuen Raketen heraufbeschworenen Gefahren hinzuweisen und den Protest auch an den Stationierungsorten zum Ausdruck zu bringen". Bei den geplanten Manöverbehinderungen könne davon aber keine Rede mehr sein, weil in verschiedenen Begründungen der Aktionen „viele unzutreffende Angaben und Kombinationen mit dem Air-

Land-Battle-Konzept" enthalten seien. Außerdem wären Manöverbehinderungen nicht mit dem Prinzip der absoluten Gewaltfreiheit zu vereinbaren, ihre Auswirkungen seien im Gegensatz zu den bisherigen bekannten Blockadeformen weitaus weniger kalkulierbar.
Diese Kritik wurde zuerst von der GRÜNEN-Fraktion im Bundestag zurückgewiesen. Es sei klar, daß nicht die einfachen Soldaten für die neuen offensiven Kriegsführungskonzepte verantwortlich seien, aber da diese Konzepte ohne sie nicht umsetzbar wären, würden sie „ob gewollt oder ungewollt zu willfährigen Helfern". Außerdem zeige gerade das Jahr 1983, daß es nicht ausreiche, an die politisch Verantwortlichen zu appellieren; Aktionen des zivilen Ungehorsams seien notwendig, um die Forderungen der Friedensbewegung zu unterstreichen, und die Manöverbehinderungen würden so geplant, daß eine Gefährdung von Menschen ausgeschlossen sei.[155] Etwas später reagierte Alfred Mechtersheimer: Es gäbe zwar „sicher abwegige Vorstellungen über Manöverbehinderungen, die Eure Befürchtungen voll bestätigen", aber prinzipiell wären gewaltfreie Aktionen im unmittelbaren Zusammenhang mit Militärmanövern „sachgerecht und angesichts der neuen Kriegsführungsstrategien voll legitimiert". Sie seien eine Chance, „den jungen Soldaten in der konkreten Manöversituation bewußt zu machen, daß ihr Auftrag, das Land zu verteidigen, durch NATO-Strategie und Bewaffnung zu einem Vernichtungsauftrag pervertiert" sei.[156] In einer weiteren Stellungnahme von Inge Ammon, Helmut Gollwitzer, Dorothea Sölle, Klaus Vack, Andreas Zumach u.a. hieß es, man könne „keinen prinzipiellen Unterschied zwischen den gewaltfreien Blockaden der letzten Jahre, den bereits vielfach stattgefundenen Behinderungen von Munitionstransporten, den Störungen des Fahrverkehrs vor militärischen Einrichtungen und insbesondere den Behinderungen von Pershing-Transporten in Mutlangen und den jetzt geplanten 'Manöverbehinderungen' in Osthessen erkennen."[157]
„Solche Behinderungsaktionen müssen gut vorbereitet sein", erklärte Alexander Schubart in einem Interview, „einmal zeitlich, zum anderen auch örtlich und logistisch. Zu einer Behinderungsaktion gehört ja eine Infrastruktur, wie z.B. unsere fünf Friedenscamps im Fulda Gap, die angemeldet werden müssen, für die eine langwierige Vorbereitungsarbeit notwendig ist, ein Kampf mit den Behörden etc."[158] Die Camps – im größten in Grebenhain rechneten die OrganisatorInnen mit rund 1.000 TeilnehmerInnen und internationaler Beteiligung – sollten 14 Tage dauern. Allein eine Woche war für das Trainieren der zum Teil nicht ganz ungefährlichen Aktionen, das Kennenlernen der Region und den Aufbau der Camp-Strukturen vorgesehen; erst in der zweiten Woche sollten dann Aktionen stattfinden. Jedes Camp setzte

sich aus verschiedenen Bezugsgruppen zusammen, die über einen Sprecherrat miteinander verbunden waren. Es sollte aber versucht werden, weitere Menschen, insbesondere aus der Region, in die bestehenden Bezugsgruppen zu integrieren, um ihnen die aktive Teilnahme am Protest zu ermöglichen. In ähnlicher Weise wurde auch das Störmanöver im Raum Hildesheim organisiert: Die Akteure errichteten sieben Camps im Manövergebiet, das insgesamt ein Areal von 30 mal 40 Kilometern umfaßte; jedes sollte „selbstverantwortlich und autonom" über seine Aktionen entscheiden: In Hildesheim diente ein Info-Zelt als Anlaufstelle, Pressezentrum und Telefonzentrale, in dem sich jeden Abend um 19 Uhr die Camp-VertreterInnen treffen sollten, um die Aktionen des nächsten Tages zu koordinieren.[159] In einem Vorbereitungspapier wurden Empfehlungen für die Durchführung der Aktionen gegeben: Danach sollte eine Bezugsgruppe mindestens 60 Personen umfassen, die sich „nur in Ausnahmefällen zu Fuß durch die Landschaft bewegen"; Behinderungen sollten „nur in oder in Nähe der Ortschaften" mit Autos oder Fahrrädern durchgeführt werden; um direkten Konfrontationen mit den Militärs oder der Polizei aus dem Wege zu gehen, sei es sinnvoll, Barrikaden und Blockaden „nur bis kurz vor Einsatz der Bullen oder Soldaten" zu halten; außerdem müßte die Umgebung ständig beobachtet werden, um auf Polizeibewegungen schnell reagieren zu können.[160]

In Hildesheim beteiligten sich insgesamt rund 5.000 Menschen an den Behinderungsaktionen. Im Manövergebiet waren mehrere Autokonvois unterwegs, die immer dann versuchten die Straßen zu blockieren, wenn sich Panzer oder andere Militärfahrzeuge näherten. Allein am letzten Tag kam es zu 12 bis 15 Blockaden. In einem kleinen Ort namens Coppenbrüggen wurde z.B. die Durchgangsstraße ab 11 Uhr völlig versperrt, Panzer und etliche Militärlaster waren zwischen den Autos der BlockiererInnen eingekeilt. Erst nach einer Stunde, nachdem Hubschrauber die Lage ausgekundschaftet hatten, kamen Polizei und Bundesgrenzschutz, räumten die Blockade, ließen die Luft aus den Reifen der PKW und warfen die ausgeschraubten Ventile weg, um die Konvois festzusetzen. Ein eigens organisierter „Pannendienst" half den Akteuren vor Ort, ihre Autos wieder einsatzfähig zu bekommen. An anderen Orten wurden Kreuzungen blockiert, Panzer besprüht, einige Kisten Militärmaterial in die Leine gekippt und, wie der Piratensender „Radio Panzerknacker" in einer seiner Kurzsendungen meldete, sogar ein Panzer kurzfristig besetzt. Am Vortag hatten bereits 250 Menschen den damaligen Verteidigungsminister Wörner beim britischen Headquarter in Berkensen für zwei Stunden „eingekreist", als er mit seinem Amtskollegen eine Pressekonferenz abhalten wollte.[161]

Auch während der Störmanöver im Fulda Gap kam es zu solchen und ähnlichen Protesthandlungen. Mit Blockaden vor Ortseinfahrten, der Entfernung militärischer Schilder und Zeichen und zahlreichen „Autopannen" wurden die Militärübungen behindert. Beispielsweise versuchten rund 200 TeilnehmerInnen mehrerer Friedenscamps und ein Dutzend GRÜNEN-Bundestagsabgeordnete den Militärverkehr zum Truppenübungsplatz Wildflecken mit mehreren Kleinblockaden der Zufahrtstraßen und einer Sitzblockade vor dem Haupttor zu unterbinden. Weitere 100 Akteure blockierten für zwei Stunden die vier Eingänge der amerikanischen Down-Barracks. Mit einer Blockade der Durchfahrtsstraße in einem Dorf im Raum Korbach wurden belgische Panzer an der Weiterfahrt gehindert, bevor sie schließlich auf Befehl eines amerikanischen Offiziers schnell auf die BlockiererInnen zufuhren, die sich erst im letzten Moment mit einem Sprung zur Seite retten konnten. Am vorletzten Tag beteiligten sich 500 Menschen an Aktionen am Truppenübungsplatz Wildflecken. An verschiedenen Stellen im Manövergebiet drangen FriedenskämpferInnen sogar in Militärgelände ein.

In der Bewertung der mehrtägigen Behinderungsaktionen gab es innerhalb der Friedensbewegung überwiegend positive Verlautbarungen. SprecherInnen der Friedenscamps betrachteten die Störmanöver als gelungen, da das Tabu, in militärischen Sicherheitsbereichen zu protestieren, gebrochen worden sei. Alfred Mechtersheimer sah in der Problematisierung der Manöver und der Orientierung der Aktionsplanung auf die neuen US-Kriegsführungsstrategien hin einen „qualitativen Sprung"; zwar sei die Beteiligung hinter den Erwartungen zurückgeblieben, aber diese Form des Protests sei eben auch noch sehr neu.[162] Camp-AktivistInnen sahen den „qualitativen Sprung" darin, nicht nur „immer mehr Massen zu mobilisieren, sondern stärker in militärische Abläufe einzugreifen, Militärstrategien zu vermitteln, anstatt sich lediglich auf ein bestimmtes Waffensystem zu konzentrieren. Und natürlich: die Diskussion in der Öffentlichkeit über AirLand Battle voranzubringen. Das waren die Ziele, die wir vorher hatten. Die haben wir durchaus erreicht. Mit den Manöverbehinderungen sind die bisherigen Aktionsformen erweitert worden."[163]

Auch der Bonner „Koordinationsausschuß" wertete die Störmanöver überwiegend als „positiv, richtig und gut". Kritische Einwände bezogen sich auf die ungenügende Vermittlung der Aktionen gegenüber der Öffentlichkeit; Hans-Hermann Teichler von der „Bundeskonferenz Unabhängiger Gruppen (BUF)" räumte ein, daß möglicherweise „die Aktionsform der Propaganda vorausgeeilt" sei.[164] Wurden diese Kritikpunkte von allen Strömungen noch weitgehend akzeptiert, waren die Meinungen in anderen Fragen geteilt. Volkmar Deile von der „Aktion Sühnezeichen" kritisierte insbesondere, daß mit den Manöverbehinderungen der freiwillige Verzicht auf „Gewalt gegen beteiligte Sachen" aufgegeben worden sei[165]; dies könne niemals zur Grundlage der Zusammenarbeit gemacht werden, weil damit andere ausgegrenzt würden. Niemand hege diese Illusion, entgegnete Hans-Hermann Teichler, aber solche Aktionen, die vom Staat teilweise als militärischer Sabotageakt geahndet würden, müßten von der Friedensbewegung in Schutz genommen werden; Manöverbehinderungen, wie die Blockadeaktionen von 1983, nur als „zeichenhafte Widerstandshandlungen" zu begreifen, sei überholt; es sei durchaus möglich, „Manöver zu behindern und Zustimmung in der Bevölkerung zu gewinnen."[166]

Zwei Jahre später, im Herbst 1986, versuchten AtomkraftgegnerInnen mit einer Funktionsblockade, ihren Kampf gegen die geplante Wiederaufarbeitungsanlage in der Oberpfalz zu intensivieren. „Neue Formen des Widerstandes", so ein Sprecher des „Bürgerinitiative gegen die Wiederaufarbeitung von Kernbrennstoffen (BIWAK)" in Regensburg, sollten an den Blockadetagen 16. und 17. Oktober „entwickelt und praktiziert werden". Mit dieser Blockadeaktion wolle man die Infrastruktur der Wiederaufbereitungsanlage – Transportwege, am Bau beteiligte Firmen, Justiz und Polizei – verdeutlichen.[167]

Aufgeteilt in Kleingruppen, errichteten die WAA-GegnerInnen an verschiedenen Stellen im Landkreis Schwandorf Blockaden, die sie zumeist sofort wieder auflösten, wenn massive Polizeiaufgebote vor Ort eintrafen und nun ihrerseits die Bundes- und Kreisstraßen verstopften. Mehrere Baufirmen wurden so kurzfristig blockiert, mehrfach konnte der Verkehr auf der von Schwandorf nach Wackersdorf führenden B 85 zum Erliegen gebracht werden. Besonders erfolgreich waren sogenannte „Trödelblockaden", bei denen neben den protestierenden LangsamfahrerInnen auch die polizeilichen Fahrzeugkontrollen und Festnahmen zum Gelingen der Aktion beitrugen. Gruppen von RadfahrerInnen sorgten auf anderen Abschnitten der Bundesstraße für Verkehrsbehinderungen. Zufahrtsstraßen zum WAA-Gelände wurden zeitweise versperrt; beispielsweise konnte der Bauplatz bei Grafenricht für drei Stunden wegen brennender Barrikaden nicht erreicht werden. Weniger effektiv waren anderenorts Blockaden aus Wollfäden und Transparenten, die von den LKW-Fahrern einfach durchbrochen wurden. In der Innenstadt von Schwandorf benutzten WAA-GegnerInnen Zebrastreifen in Permanenz und verschwanden, als mehrere Hundertschaften Bundesgrenzschutz aufmarschierten. Ebenso wie am Vortag in Burglengenfeld – wo 500 Polizisten, unterstützt von Sondereinsatzkommandos, eine kurz vor Beginn verbotene Demonstration und Kundgebung von 1.500 Bürgern und Bürgerinnen am Abend mit Wasserwerfern auflösten – waren die wichtigsten Durchgangsstraßen der Stadt für mehrere Stunden gesperrt. Bereits nachmittags hatten rund 400 AtomkraftgegnerInnen das absolute Demonstrationsverbot durchbrochen und waren zur Heidelberger Zement AG, die den Beton für die Bauarbeiten an der Wiederaufarbeitungsanlage lieferte, gezogen, dort aber von den Ordnungskräften mit Hilfe von Hubschraubern und Hunden auf den Marktplatz zurückgedrängt worden. Laut Polizeiangaben wurden während der Blockadetage 494 Personen festgenommen, das „Infobüro Freies Wackerland" sprach von rund 550.[168]

Besetzung

Die Besetzungsaktion ist mehr als eine intensivierte Behinderung. Kann eine Blockade oder In-Aktivität mit einem mehr oder weniger gelungenen Nadelstich verglichen werden, stellt eine Besetzung eher den Versuch dar, als dauerhafter Pfahl im politischen Fleisch des Konfliktgegners zu wirken. Die Akteure dringen nicht nur in fremdes bzw. gegnerisches Terrain ein, sie verfolgen auch die Absicht, sich dort eine längere Zeit bzw. möglichst lange aufzuhalten. Dazu kommt, daß nicht allein Anwesenheit erwartet wird; mit der Inbesitznahme des gegnerischen Objekts stellt sich die Frage seiner Nutzung: Was tun wir damit? Welche Alternativen und Utopien gibt es? Die Lösung aller drei Problembereiche – Besetzung, Präsenz und Verteidigung, Organisation alternativer Möglichkeiten – erfordert ein hohes Maß an Entschlossenheit und Kreativität. Die Akteure müssen in einem größeren Ausmaß als bei den bisher besprochenen Aktionsformen dazu bereit sein, ihren gewohnten Alltag zu verändern. Je nachdem, wie diese Fragen angegangen und schließlich beantwortet werden, und dies hängt gerade hier nicht allein von den BesetzerInnen, sondern u.a. auch vom Verhalten der anderen Seite und gemeinsamen historischen Konflikterfahrungen ab, entwickeln sich unterschiedliche Formen und Varianten von Besetzungsaktionen.
Besetzungen sind innerhalb der neuen Bewegungen eine Domäne des ökologischen Protests gegen den Bau technischer Großanlagen. In der Frauen- und Friedensbewegung sind sie eher rar. ArbeiterInnen, deren Arbeitsplätze von Rationalisierung oder Firmenschließung bedroht sind, versuchen nur äußerst selten, ihrem Arbeitslosenschicksal mit der Besetzung ihres Betriebs entgegenzuwirken. Die vielen Versuche in der „Häuserkampfbewegung", insbesondere in Westberlin zwischen 1980 und 1982, sich über die Inbesitznah-

me leerstehender Häuser und deren Restaurierung Wohnraum zu verschaffen, sollen hier erwähnt, aber nicht diskutiert werden, weil diese Besetzungsaktionen u.a. zwar auch Ausdruck des Widerspruchs gegen die herrschende Bau- und Wohnungspolitik waren, von ihrer Intention her jedoch in den Bereich der aktiven Selbsthilfe gehören. Die Hausbesetzung ist „lediglich" die notwendige Voraussetzung, um durch die eigentliche Aktivität der Instandsetzung das drängende Problem der eigenen Wohnungsnot zu beheben.

Platzbesetzung

Am 18. Februar 1975 wurde in Wyhl das erste Mal in der Protestgeschichte der Bundesrepublik ein für den Bau eines Atomkraftwerkes vorgesehenes Gelände besetzt. Nachdem das Terrain zwei Tage später von der Polizei geräumt worden war, gelang es im Rahmen einer Großkundgebung am 23. Februar den inzwischen mit Stacheldraht abgesperrten Bauplatz erneut zu besetzen und in den darauffolgenden acht Monaten erfolgreich zu halten.[169] Das Baugelände in Brokdorf, Objekt zahlreicher „Schlachten", wurde hingegen nie richtig besetzt. Lediglich am 30. Oktober 1976 drangen Atomkraft-GegnerInnen nach einer Demonstration mit anschließender Kundgebung auf den von der Polizei gesicherten Platz vor, wurden aber noch am gleichen Abend wieder vertrieben.[170] Weitere Besetzungsversuche in den 70er Jahren (Brokdorf, 13. November 1976; Grohnde, 19. März 1977) scheiterten am Einsatz massiver Polizeiaufgebote. Auch in Kalkar setzte die Polizei am 24. September 1977 das Verbot einer am Bauplatz geplanten Großdemonstration konsequent durch; an ein „Schleifen der Festung", wie noch in Brokdorf und Grohnde, dachte keiner mehr. Mit dem „Kalkar-Schock" endete eine Reihe von Großaktionen direkt an Baugeländen von Atomanlagen. Der Frühling der Anti-Atomkraftbewegung war dem Deutschen Herbst begegnet.[171]
Auf Grund dieser Erfahrungen mit der Staatsmacht galt die Aktionsform Bauplatzbesetzung seit 1977 nicht mehr als aktuelle Handlungsmöglichkeit. Erst im November 1979 wurde vom „Göttinger Arbeitskreis gegen Atomenergie" erneut vorgeschlagen, den Bauplatz in Brokdorf „wieder zur Wiese zu machen"; ein entsprechender Versuch unterblieb allerdings. Im Februar 1980 kursierte dann auch in der „taz" die Idee einer Platzbesetzung in Lüchow-Dannenberg. Dort, wie etwas später an der Startbahn West 1980/81 und im Kampf gegen die Wiederaufarbeitungsanlage in der Oberpfalz 1985/86, gelang eine zeitweilige Besetzung (von Teilen) des Baugeländes. In allen drei Konflikten radikalisierten sich die Aktionen spätestens bei beginnenden Aktivitäten der Betreiber, wie z.B. Probebohrungen oder Waldrodungen. Die

Platzbesetzung wurde für eine gewisse Zeit zum Fluchtpunkt dieser Radikalisierung.
Nachdem mit Demonstrationen, Kundgebungen und mehreren Blockadeaktionen die Errichtung der Tiefbohrstellen 1003 (September 1979) und 1002 (Januar 1980) nicht hatte verhindert werden können[172], diskutierten im Mai 1980 einheimische und auswärtige Gruppen die Bedingungen einer Bohrplatzbesetzung: Bezugsgruppen und ein Sprecherrat müßten gebildet werden; die Besetzung dürfe nur dann beginnen, wenn sie im Landkreis Unterstützung finden würde; gemeinsame Forderungen müßten erhoben und die Verletzung von Menschen ausgeschlossen werden; auch dürften vom Platz keine Aktionen ausgehen, die die Besetzung gefährden könnten.
Nach intensiven Vorbereitungen wurde die Tiefbohrstelle 1004 zwischen Gorleben und Trebel schließlich am 3. Mai 1980 besetzt. Viereinhalb Wochen später, am 4. Juni, räumten massive Polizei- und BGS-Einheiten den Platz. In diesen viereinhalb Wochen war Gorleben erneut Brennpunkt der Anti-Atomkraftbewegung; „die Freie Republik Wendland wurde zum schillernden Code eines qualitativ neuen Widerstandes".[173]
Sofort nach der Inbesitznahme des Geländes begannen die BesetzerInnen mit dem Bau eines „Anti-Atomdorfes". Von Tag zu Tag wuchs die Zahl der Häuser und Hütten um den Dorfplatz, zuletzt waren es rund fünfzig. Bereits am 5. Mai konnte das Richtfest für das im Durchmesser 35 Meter große „Freundschaftshaus", das Hamburger Architekten entworfen hatten, gefeiert werden. Mit Kreativität und Phantasie beteiligten sich die verschiedenen Gruppen am Aufbau des Hüttendorfes: Ein Backofen, eine Dusche, ein Meditationszelt und eine Schwitzhütte wurden gebaut; die Jungbauern der Umgebung zimmerten ihre eigene Holzhütte; Frauen errichteten ein Frauenhaus, bei dem zwei Wände aus mit Wasser gefüllten Flaschen bestanden, die tagsüber von der Sonne erwärmt wurden und nachts mit dieser alternativen Energie „heizten"; Göttinger TheologiestudentInnen bauten eine Kirche; im Dorf wurde der Müll säuberlich in Organisches, Glas, Papier und Plastik getrennt. Zwei Wochen nach der Besetzung ging „Radio Freies Wendland" erstmals auf Sendung. Zur gleichen Zeit erschien eine BesetzerInnen-Zeitung, die im Landkreis verteilt und der „taz" beigelegt wurde. Die frisch gegründete Republik erstellte einen eigenen „Wendenpaß". Und sogar die Post kam an.
Die DauerbesetzerInnen lebten in Bezugsgruppen, deren VertreterInnen sich zur täglichen Beratung in einem Sprecherrat trafen. Vorbild für diese demokratische Organisationsform war das sogenannte „Seabrock-Modell" amerikanischer Anti-Atomkraftgruppen. In einem Interview erklärte die damalige Vorsitzende der Bürgerinitiative Marianne Fritzen, „daß es hier zum ersten-

mal in der Bundesrepublik gelungen" sei, dieses Modell zu praktizieren.[174] Die DorfbewohnerInnen hatten sich darauf geeinigt, nicht eher vom Platz zu gehen, bevor nicht ihre Forderungen – Einstellung der Bohrungen, Planungsstopp für das Zwischen- und Endlager und Abzug aller Gorleben-Sondereinheiten der Polizei u.v.m. – erfüllt sind. Aus der Bürgerinitiative wurde allerdings daraufhingewiesen, „man solle sich nicht unbedingt den Illusionen hingeben, daß man diesen Platz unbegrenzt besetzen kann".[175]

Von Anfang an fand die „Freie Republik Wendland" große Unterstützung in der Bevölkerung. Viele Einheimische besuchten insbesondere an den Wochenenden das Anti-Atomdorf und versorgten die BewohnerInnen mit Lebensmitteln, Holz- und Baumspenden sowie Baumaterial. In der Lokalpresse wurden viele Solidaritätsanzeigen aufgegeben: „Die Platzbesetzer haben unsere Achtung und Sympathie. Durch ihren Ideenreichtum und Fleiß beim Bau des Dorfes", so z.B. die „Bäuerliche Notgemeinschaft", „haben sie bewiesen, wie ernst ihnen ihre Angelegenheit ist, eine Zukunft ohne Atomtechnik zu verwirklichen."[176] Obwohl mehrere Gottesdienste in dem Hüttendorf stattfanden, distanzierte sich die Evangelische Landeskirche von der Besetzung. Zahlreiche politische Organisationen, u.a. die GRÜNEN, Jusos und Judos, begrüßten hingegen die Platzbesetzung und forderten einen „Botschafteraustausch". Aber auch die Gegner formierten sich: Das „Deutsche Atomforum" bezeichnete die Besetzung als „eklatanten Rechtsbruch und eine Herausforderung an die freiheitliche Grundordnung", und der Landtagsabgeordnete des Kreises Grill (CDU) sprach von einer „obskuren Aktion". In der dritten Woche riefen der Lüneburger Regierungsdirektor, die Kreis- und die Stadtverwaltung Lüchow zur Räumung des Platzes auf, und Landesinnenminister Möcklinghoff erklärte, die BesetzerInnen müßten die Kosten eines Polizeieinsatzes „voll tragen".[177]

Als in der vierten Woche Zeitungsberichte über eine angebliche Bewaffnung der DorfbewohnerInnen auftauchten, veranstalteten diese eine „Waffenschau mit Kaffeesatzschleudern, Liederkanonaden und anderen Ungeheuerlichkeiten". Die Beratungen über ein gemeinsames Verhalten für den Fall einer Räumung intensivierten sich. Der Sprecherrat formulierte am 15. Mai den von allen Gruppen getragenen Grundkonsens: „Es soll ausschließlich passiver Widerstand geleistet werden." Und weiter hieß es: „In die Erarbeitung des Konzepts ging ein, daß wir die Widerstandsform wählen wollten, die uns die größtmögliche Unterstützung des Landkreises und breiteste Öffentlichkeitswirksamkeit sichert. Die Besetzer werden sich auf dem Dach des Freundschaftshauses und dem Dorfplatz zurückversammeln und die Räumung des Platzes solange wie möglich hinauszögern. Wir haben beschlossen, daß nichts geworfen und jede Verletzung von Personen vermieden werden soll. Auch das Schmeißen von Güllebeuteln wurde abgelehnt, da die Erfahrung zeigt: ein stinkender Bulle ist auch ein gereizter Bulle."[178]

In der Nacht vom 3. auf den 4. Juni ließen sich erste Anzeichen für eine am frühen Morgen erwartete Räumung erkennen, die Polizei kontrollierte ab Mitternacht weiträumig anreisende AtomkraftgegnerInnen. Um fünf Uhr befanden sich rund 3.500 Menschen auf dem Gelände. Zehn Minuten nach sechs erschienen erstmals Polizeieinheiten vor dem Anti-Atomdorf. Die erste ultimative Aufforderung, innerhalb einer halben Stunde zu räumen, kam kurz vor sieben Uhr. Ein von den BesetzerInnen zusammengestellter Kinderzug verließ daraufhin den Platz. Zur gleichen Zeit begann „Radio Freies Wendland" mit Live-Sendungen aus dem Hüttendorf. Eine halbe Stunde später errichtete die Polizei einen von insgesamt drei Stacheldrahtzäunen um den Platz. Um Viertel vor acht erfolgte die zweite Aufforderung; neuer Räumungstermin war halb neun. Die BesetzerInnen reagierten daraufhin mit einer Erklärung des „frei umherschweifenden Innenministeriums der Freien Republik Wendland", in der die Polizei ihrerseits aufgefordert wurde, die Republik zu verlassen. Unter der Leitung eines Pfarrers gingen um acht Uhr diejenigen vom Platz, die den psychischen Druck nicht mehr aushielten. Das zweite Ultimatum verstrich, das dritte wurde auf zehn Uhr festgelegt. Ab halb neun zogen mit Pistolen, chemischer Keule, neuen Schildern und Knüppeln ausgerüstete Polizeieinheiten den Ring um die BesetzerInnen enger, die mit Sprechchören: „Desertieren, solidarisieren" antworteten. Zwischen neun und halb zehn flogen 12 Hubschrauber zeitweilig nur fünf Meter über den Köpfen der Menschen hin und her, landeten schließlich und entluden rund 300 Bundesgrenzschutzbeamte. Auf dem Dorfplatz sang Walter Mossmann, ein Besetzer, der auf einem fünf Meter hohen Holzgerüst saß, spielte dazu Akkordeon; die Menschen rückten enger zusammen und hakten sich ein. Ab zehn Uhr begannen Bulldozer die Hütten niederzuwalzen. Eine Stunde später erschienen neue Polizeieinheiten, die einen Keil zwischen die auf dem Dorfplatz sitzenden Menschen, den Radio- und Lautsprecherwagen und den auf zwei über zehn Meter hohen Türmen ausharrenden „Wenden" trieben. Es kam zu ersten Knüppeleinsätzen; die BesetzerInnen intonierten Sprechchöre und sangen das Wendlandlied: „Wir woll'n keine Polizisten, wir woll'n keine Staatsmacht. Hey Cops, schmeißt die Knüppel weg!" Die meisten Frauen und Männer wurden nun weggeschleppt, einige gingen „freiwillig". Gegen 14 Uhr war der Platz weitgehend leer; lediglich auf den Türmen harrten die letzten BesetzerInnen aus, die schließlich von einer Bundesgrenzschutzsondereinheit „abgeräumt" wurden. Die Polizei hatte inzwischen das gesamte

Bohrgelände mit NATO-Draht umzäunt; um halb drei war die Zeit der „Freien Republik Wendland" abgelaufen.[179]

Nach Diskussionsveranstaltungen, einer Unterschriftenkampagne und zahlreichen Kundgebungen und Demonstrationen gegen den geplanten Flughafenausbau[180], gewann im Frühjahr 1980 in der Bürgerinitiative die Idee an Boden, den für den Bau der Startbahn West benötigten und noch im Gemeindebesitz befindlichen Restwald zu besetzen. Am 3. Mai errichteten ca. 80 Akteure die „BI-Hütte" im Wald bei Walldorf, während Mitglieder der Ortsgruppen – in ihrer Hochphase besaß die Bürgerinitiative fast 50 in der Rhein-Main-Region – Flugblätter an die Bevölkerung verteilten. In den nächsten Monaten wurde die dauerhafte Präsenz auf dem vorgesehenen Baugelände mit einem täglich wechselnden, von den einzelnen Ortsgruppen getragenen Hüttendienst gewährleistet. Die „Waldhütte" wurde im Sommer 1980 zum „Dreh- und Angelpunkt sämtlicher BI-Aktivitäten"[181] und „Anlaufstelle für Rentner und Schulklassen, für Lokalpolitiker und Hausfrauen".[182]
Nachdem der hessische Verwaltungsgerichtshof die Rechtmäßigkeit des von der Landesregierung angekündigten Sofortvollzugs von Rodungs- und Baumaßnahmen bestätigt hatte, spitzte sich der Konflikt erneut zu. Am 20. Oktober blockierten rund 600 StartbahngegnerInnen kurzfristig die Rodungsarbeiten auf dem sogenannte „Sieben-Hektar-Gelände" an der Okrifteler Straße. Die Bürgerinitiative rief zur Besetzung dieses Terrains auf, falls die Holzfäller erneut und mit Polizeischutz in einer Nacht-und-Nebel-Aktion a la Brokdorf auftauchen sollten. Bereits eine Woche später, am Abend des 28. Oktober, wurde die Bürgerinitiative vor einem drohenden Polizeieinsatz am anderen Morgen gewarnt. Über Telefonkette wurden innerhalb von drei Stunden rund 3.000 Frauen und Männer in das bedrohte Waldstück mobilisiert, das sich in der Nacht fest in der Hand der Akteure befand. Nachdem bis zum Morgen wider Erwarten alles ruhig geblieben war, und sich die Reihen der BesetzerInnen gelichtet hatten, blies die Bürgerinitiative zum Rückzug. Das war das Zeichen für etwa 500 bis 1.000 Polizisten, die noch verbliebenen 100 Menschen vom Gelände zu vertreiben und einen Stacheldrahtzaun zu errichten, hinter dem die Waldarbeiter mit der Rodung begannen. Damit zerbrach für Tausende sogenannter „NormalbürgerInnen" der Glaube, daß „dieses Parlament etwas mit Demokratie" und „diese Justiz etwas mit unseren Rechten zu tun hat".[183]
Um nach diesen Erfahrungen nicht noch einmal Opfer eines polizeilichen Überraschungscoups zu werden, entstand innerhalb weniger Wochen rund um die Hütte der Bürgerinitiative „Das Dorf im Flörsheimer Wald".[184] „Jung-

sozialisten, Junge Union, Falken und SDAJ, Grüne und Bunt/Alternative, Förster und Jäger, Umweltschutzverbände und Schulklassen, Gewerkschafter und Betriebe, Schriftsteller (Peter Härtling, Horst Karasek), Studenten der Frankfurter Uni und nahezu sämtliche Ortsgruppen der Bürgerinitiative errichteten ihre Hütten. Küche, Gemeinschaftshaus, Schlafhäuser, Sanitätsstation, Kinderhaus, Schreiberei wurden zu Zielen ganzer Heerscharen von Bürgern des Flughafenumlandes. In Walldorf gründeten Hausfrauen die sogenannte F.A.G. („Frauen-Aktions-Gemeinschaft") und sorgten für regelmäßige warme Mahlzeiten für die Dauerbewohner des Widerstandsdorfes, sämtliche Lebensmittel wurden von den Bürgern gespendet, sechsstellige Geldbeträge sammelten sich auf den Konten der Bürgerinitiativen (...)."[185] Auch an der Startbahn West entstand eine Kapelle, die von den umliegenden evangelischen Kirchengemeinden gebaut worden war. Nur „Frauen als organisierte Kraft (...) hatten keine solche Hütte als gemeinsames Symbol".[186] Insgesamt wurden rund 60 Gebäude errichtet.

Das Dorf existierte fast ein Jahr, die BewohnerInnen wechselten jedoch häufiger. Ihre Beziehungen sowohl untereinander als auch zu Mitgliedern der Bürgerinitiative sowie zur Bevölkerung waren keineswegs konfliktfrei. Alltagsprobleme im Dorfleben (Alkohol und andere Drogen, Geld, Ordnung u.v.m.) wie auch unterschiedliche politische Vorstellungen über die Art und Weise des Protests führten zu Spannungen und auch zu persönlichen Zerwürfnissen.[187] Im Unterschied zur „Freien Republik Wendland" waren die DorfbewohnerInnen nicht in Bezugsgruppen und einem täglich tagenden Sprecherrat organisiert. Statt dessen gab es drei Entscheidungsgremien: Die „Bewohnerversammlung", die nur einberufen wurde, wenn der Dorffrieden bedroht schien, sollte die Konflikte unter den DauerbesetzerInnen lösen; im fünfmal wöchentlich tagenden „Waldrat", der sich aus VertreterInnen der Arbeitsgruppen, der Bürgerinitiativen und der Hütten zusammensetzte, wurde das tägliche Dorfleben und seine Außenbeziehungen geregelt; und Entscheidungen, die alle betrafen, waren der „Vollversammlung" aller BesetzerInnen vorbehalten.

Schließlich eskalierte der Konflikt im Herbst 1981 drastisch, als das Land Hessen eine Abrißgenehmigung für das Widerstandsdorf beim zuständigen Regierungspräsidium beantragt hatte. Im Spektrum der StartbahngegnerInnen gab es unterschiedliche Vorstellungen darüber, wie man sich gegenüber einer befürchteten Räumung verhalten sollte. Während die Bürgerinitiative zum „Widerstand vor Ort" aufgerufen hatte, beabsichtigte die „Parteienaktionsgemeinschaft", „die Bürger am Tage X anstatt im Wald in Walldorf zu versammeln".[188] Obwohl das Verteidigungskonzept der Bürgerinitiative einen „gewaltfreien massiven Widerstand der Bevölkerung" vorsah, und „Gewalt gegen Personen oder Brandsätze als Tabus" gelten sollten, unterschieden sich die Ideen und Maßnahmen zur gewaltfreien Dorfverteidigung im Vergleich mit der „Freien Republik Wendland" ganz erheblich. Deutlich wird das in Karaseks Dorfchronik: „(...) aber alles, was die FAG für den Startbahnbau ausgräbt, soll mit vereinten Kräften wieder zugeschüttet, und alles, was sie aufrichtet, soll von uns niedergerissen werden. Was wir bisher selber rund um unser Dorf ausgebuddelt und aufgeschüttet haben, wird die Polizei kaum aufhalten. (...) Effektiver sind wahrscheinlich die Spitzhacken, Spaten, Schaufeln, Zangen, Wurfanker usw., die die einzelnen Ortsgruppen in dem Waldboden vergraben haben." Klar wird auch die offensive Komponente im Konzept der Bürgerinitiative, eine Art Vorneweg-Verteidigung: Das rund 400 Meter im Vorfeld des Hüttendorfes gelegene „Sieben-Hektar-Gelände" sollte als präventive Schutzmaßnahme erneut besetzt werden. „Am Tag X planen wir, der FAG auf dem planierten Gelände zuvorzukommen und dort selber in die Erde und Luft zu gehen."[189]

Der Versuch einiger DorfbewohnerInnen, am 5. Oktober eine „Zeltstadt" auf dem Gelände zu errichten, scheiterte an der sofort einschreitenden Polizeiübermacht. In der Nacht vom 6. auf den 7. Oktober mobilisierte die Bürgerinitiative – nachdem massive Polizeibewegungen beobachtet worden waren – über ein Schneeballsystem von „Alarmlisten" innerhalb weniger Stunden Tausende von StartbahngegnerInnen: „Opel-Arbeiter meldeten sich krank oder nahmen Urlaub, die Frankfurter Studenten verabschiedeten sich für die nächsten Tage, manche für Wochen vom Seminarbetrieb; alles was nicht unabkömmlich war, eilte in den Mönchbruchwald."[190] Noch in der Nacht wurde ein Graben ausgehoben und zu einem Erdwall aufgeschüttet sowie zwei Türme – der „Wächter der Freiheit" und der „Okrifteler Turm" – auf dem Gelände errichtet.[191]

„Als der Morgen graute, hatten sich rund 10.000 Startbahngegner verschanzt; nach Ortsgruppen geordnet, bildeten die Menschen mit ihren Körpern eine undurchdringliche Masse; Lieder wurden gesungen, um die Angst zu besiegen. Punks reichten Rentnern Mundtücher mit Zitronensaft gegen möglichen Gaseinsatz, Hausfrauen verteilten Butterbrote, heißen Tee und Kaffee, die Arbeiter öffneten ihre Brotbüchsen. Um 14 Uhr 30 war es soweit. (...) In der Nachmittagssonne rückten die Hundertschaften vor."[192]

Nach einem ersten vergeblichen Räumungsversuch hofften die BesetzerInnen auf eine grundlegende Wendung, doch noch in der Nacht begannen Pioniertruppen damit, sie mit NATO-Draht einzukreisen. Bis zum anderen Morgen verließen viele – von den „Ängstlichen, die ihre Festnahme befürchteten" bis zu den „Hausfrauen, die Kleinkinder zu versorgen hatten"[193] – das Gelände. Zurück blieben zwischen 1.000 und 3.000 Frauen und Männer. Um 10 Uhr begann am 8. Oktober der neunstündige Räumungsmarathon, der damit endete, daß die letzten sieben ausharrenden BesetzerInnen auf dem „Okrifteler Turm" nach zähen Verhandlungen zwischen der Polizeiführung und VertreterInnen der Bürgerinitiative freies Geleit erhielten. Noch am 8. Oktober wurden die ersten Teilstücke der auf 9.200 Meter geplanten Betonmauer um das Baugelände errichtet.

Darauf begannen im Hüttendorf, das zunächst noch von der Räumung verschont geblieben war, bauliche Verteidigungsanstrengungen. „Innerhalb von zwei, drei Tagen ist das Dorf ein Fort, ein tiefer Graben, ein hoher Wall und Palisaden bilden unseren inneren Verteidigungsring." Auch das Dorfleben hinter den Wällen hatte sich verändert. „Im Angesicht der äußeren Bedrohung sind die inneren Probleme vergessen, zwischen den BIlern und Hüttenbewohnern herrscht Burgfrieden, Bürger und Dauerbesetzer sind fast ein Herz und eine Seele."[194]

Doch alle gemeinsamen Anstrengungen erwiesen sich im entscheidenden Moment als unzureichend. Mit einem erneuten Überraschungscoup stürmten am frühen Morgen des 2. November mehrere Hundertschaften das Hüttendorf. Matthias Horx kommentierte diese Niederlage so: „Da hatten wir wochenlang eine Festung gebaut, (...) eine Trutzburg im Wald. Nicht, daß wir sie hätten wirklich und militärisch verteidigen können. Aber als Symbol, da war sie wichtig. Wir wollten gewaltfrei sein, aber nicht passiv, friedlich aber nicht ohnmächtig. Wir wollten verteidigen, der Polizei das mühsame Wegtragen überlassen, das im Konto der Öffentlichkeit immer für uns zu Buche schlägt. Aber die Jungs vom Bundesgrenzschutz (...) waren schlau. Sie erwiesen sich als die besseren Herren des Morgengrauens, kassierten unsere Wachen, die eingeschlafen waren, überrannten unsere Wachsamkeit. Wir hatten nicht damit gerechnet. Sie besetzten unser mühsam erbautes Hüttendorf ganz gewaltfrei. Da saßen sie nun und benutzten unser Wehrwerk zur Verteidigung gegen uns. Scheisse."[195]

Einige Tage später räumte die Polizei auch ein zweites und drittes Hüttendorf, die von den Akteuren im Wald neu aufgebaut worden waren. Der letzte Versuch einer Platzbesetzung scheiterte am 30. Januar 1982 am „Baulos II".

Nach der Standortentscheidung für die geplante Wiederaufarbeitungsanlage in Wackersdorf im Februar 1985, trat dieser Konflikt in die dritte Phase der „Massenmobilisierung und Eskalation".[196] Der Kampf gegen die Wiederaufarbeitungsanlage avancierte von nun an zum zeitweilig zentralen Streitobjekt

der Anti-Atomkraftbewegung. Die Organisation und Mobilisierung des Protests, die bis dahin überwiegend von regionalen Kräften getragen worden war, dehnte sich auf die gesamte Bundesrepublik aus.[197]
Am 15. August begann die erste Platzbesetzung in Wackersdorf. Bereits um 5 Uhr 45 zogen rund 300 TeilnehmerInnen des Sommerlagers auf einen Platz bei den Bohrstellen für die Atomanlage und bauten dort mit Material, das in den Tagen zuvor auf dem Gelände gesammelt und versteckt worden war, ein 60 Quadratmeter großes „Freundschaftshaus". Drumherum wurden ein Schutzzaun aus Ästen und Transparenten, u.a. mit der Aufforderung an die Polizei „Wir müssen draußen bleiben!", errichtet und die Zufahrtsstraßen mit Holzbarrikaden versperrt. Obwohl die Polizei das Areal recht bald umstellt hatte, griff sie zunächst nicht ein. Die PlatzbesetzerInnen, darunter Bundestagsabgeordnete der GRÜNEN, hielten im „Freundschaftshaus" eine improvisierte Pressekonferenz ab und erklärten, diese Aktion werde als eine „neue Phase des Widerstands im Kampf gegen die WAA" gesehen. Kurz darauf folgte die Räumung. Die WAA-GegnerInnen bildeten einen Ring um das Haus und leisteten lediglich passiven Widerstand. Während die Einsatzleitung der Polizei die Ereignisse als „sehr friedlich" wertete, beschuldigten die BesetzerInnen die Beamten eines rüden Vorgehens.
Ende November führte ein Entschließungspapier über ein neues Aktionskonzept für den befürchteten Rodungsbeginn zu heftigen Diskussionen im „Koordinationsausschuß". Insbesondere auswärtige Anti-Atomkraftgruppen wandten sich gegen die Abwertung einer bis dahin als zentrale Aktion gewerteten Platzbesetzung zugunsten einer Menschenkette: Aus ihr heraus ließe sich keine Besetzungsaktion mehr durchführen; es wurde mit dem Ausstieg aus dem Aktionsbündnis gedroht. Die Oberpfälzer Bürgerinitiativen vertraten dagegen ihr verändertes Aktionskonzept mit der Begründung, sie könnten „hier in der Region die Platzbesetzung nicht vermitteln", und das Konzept müsse „so ausgeknobelt werden, daß es von allen getragen werden kann", andernfalls würden Naturschützer und Sozialdemokraten aus dem Protestspektrum ausgeschlossen. Schließlich einigte man sich auf folgenden Kompromiß: „Am Samstag nach Rodungsbeginn findet eine Großkundgebung statt. Nach Ende der Demonstration werden wir mit möglichst allen Kundgebungsteilnehmer/innen/n um das Baugelände ziehen. Dort werden wir eine Umzingelung um das Gelände bilden, um anschließend – in Städtepartnerschaften organisiert – den Platz zu besetzen. Außerdem findet eine Waldnachtwache statt."[198]
Obwohl die Platzbesetzung damit grundsätzlich von allen Seiten befürwortet worden war, gab es doch unterschiedliche Vorstellungen darüber, wie sie

vorbereitet und durchgeführt werden sollte. „Während vor allem jüngere Aktivisten begannen, im Taxöldener Forst Depots mit Werkzeugen anzulegen, suchte der Kern der BI Schwandorf Mitglieder und Unterstützer schrittweise an die neuen Formen des Protests heranzuführen. Eine wesentliche Bedeutung kam hierbei den Mahnwachen am Baugelände zu, (...). Vergrabene Werkzeuge und Mahnwachen – diese beiden Formen der Vorbereitung auf die Aktionen bei Rodungsbeginn stehen für zwei verschiedene Konzepte zur Durchführung der Platzbesetzung, die zwischen auswärtigen und einheimischen Gruppen, aber auch innerhalb der örtlichen BI umstritten waren. Ein Teil der WAA-Gegner plädierte dafür, eine Besetzung auch dann zu versuchen, wenn Absperrungen mit Bolzenschneidern überwunden werden müßten. Ein anderer Teil wollte den Besetzungsversuch dagegen dann abbrechen, wenn eine strikt gewaltfreie Vorgehensweise nicht mehr gewährleistet sein sollte."[199]

Drei Tage nach erfolgreichen Behinderungsaktionen gegen die ersten Rodungsarbeiten begann am 14. Dezember die zweite Platzbesetzung in Wackersdorf. Als ca. 30.000 Menschen im Anschluß an eine Kundgebung zum WAA-Gelände demonstrierten, stellten sie mit Überraschung fest, daß Polizeipräsident Hermann Friker seine Ankündigung wahrgemacht hatte, der Wald sei für jedermann frei zugänglich, die Polizei werde sich zurückziehen und den Zugang zum Rodungsplatz erlauben, solange nicht damit begonnen werde, Hütten zu errichten. Die KoordinatorInnen der Aktion änderten daraufhin ihr Konzept: Der Platz sollte nun nicht mehr wie vorgesehen zunächst umzingelt und dann besetzt werden, sondern es wurde dazu aufgerufen, das Gelände direkt in Besitz zu nehmen. Dort angelangt, nutzten rund 4.000 BesetzerInnen die günstigen Bedingungen – die frisch gefällten Baumstämme waren noch nicht abtransportiert worden –, ein Hüttendorf und 40 Feuerstellen zu errichten. Das Abendplenum beschloß, die Barrikaden an den Zugangswegen zu verstärken und im Falle einer Räumung Ketten hinter diesen zu bilden und sich langsam und geordnet zur Platzmitte zurückzuziehen. Doch die Nacht blieb ruhig. Am Sonntagmorgen und im Laufe des Tages brachten Oberpfälzer BürgerInnen auch durch weiträumige Polizeiabsperrungen Lebensmittel und heißen Kaffee in das entstehende Dorf. Nachdem die Polizei trotz über dem Gelände kreisender Hubschrauber und mehrfach auf- und abziehender Polizeiketten keine ernsthaften Anstalten machte, den Platz zu räumen, knallten im Taxöldener Forst pünktlich um 15 Uhr die ersten Sektkorken, weil die Akteure damit die „bayerische Linie" von Innenminister Hillermeier, derzufolge in Bayern keine Platzbesetzung länger als 24 Stunden geduldet werden würde, durchbrochen hatten. Während einer „Sie-

gesfeier" im Freundschaftshaus wurde die Aktion bereits als „die erfolgreichste Platzbesetzung, die Bayern je gesehen hat" gewertet, der Holzbau zur „Dr. Hillermeier-Gedächtnishütte" erklärt, und der oberpfälzische Heimatdichter Harald Grill rief die „Freie Oberpfalz" aus.
Am Montag räumte die Polizei dann das auf 35 Holzhütten angewachsene Anti-WAA-Dorf. Um 8 Uhr morgens umzingelten Polizeieinheiten die „Freie Oberpfalz", die ersten Barrikaden fielen ein halbe Stunde später. Kurz nach 10 Uhr erfolgte die erste Aufforderung, den Platz zu verlassen. Als auch der dritten nicht Folge geleistet wurde, rückten die Polizeiketten von allen Seiten vor und drängten die BesetzerInnen in der Mitte des Platzes zusammen. Während dessen begannen Bundesgrenzschützer mit dem Abriß der Hütten. Um 14 Uhr 45 fiel zuletzt auch das Freundschaftshaus; lediglich das fünf Meter hohe Holzkreuz wurde verschont. Die Umzingelten, die lediglich passiven Widerstand leisteten, wurden z.T. unter Schlagstockeinsatz abtransportiert. Dieser über 14stündige Polizeieinsatz stellte mit 833 vorübergehend Festgenommenen die bisher größte Festnahmeaktion in der Geschichte der Bundesrepublik dar.[200]
Auch nach der Räumung ginge „der Sieg nach Punkten", so ein „taz"-Kommentar, „an die WAA-Gegner, in Wackersdorf und anderswo".[201] Tatsächlich war nicht nur die „bayerische Linie" durchbrochen worden. Der eigentliche Erfolg bestand in der großen Beteiligung und Unterstützung der einheimischen Bevölkerung. „Die Durchführung dieser Aktion, die Entschlossenheit, Solidarität und Gewaltlosigkeit der Besetzer weckte die Sympathie der Oberpfälzer Bevölkerung, und die langgehegte Skepsis gegenüber den auswärtigen Gruppen schlug in eine Art von Respekt oder Wertschätzung um."[202]
Bereits einen Tag nach Unterbrechung der Rodungsarbeiten (20. Dezember 1985 bis 6. Januar 1986) standen erneut Hütten auf dem WAA-Gelände. Nachdem ein Polizeisprecher bekanntgegeben hatte, daß bis zur Wiederaufnahme der Rodungen nichts gegen eine Platzbesetzung unternommen und auch das Gelände nicht hermetisch abgeriegelt werden würde, bauten die BesetzerInnen unter dem Motto „Unser Dorf soll größer werden" auch weiterhin fleißig Holzhütten und feierten bei Eis und Schnee sowohl Heiligabend als auch Silvester in der ausgerufenen „Republik Freies Wackerland". Mehrere Veranstaltungen, darunter auch eine Christmette, wurden im zweiten Hüttendorf abgehalten, das sich zu einem beliebten Ausflugsziel für die regionale Bevölkerung entwickelte. Die Versorgung der BesetzerInnen mit Lebensmitteln wurde jeden Tag von einer anderen Stadt des Umlandes organisiert, Oberpfälzer BürgerInnen vermittelten Wasch- und Duschgelegenhei-

ten, Pendeldienste wurden eingerichtet. Nachdem am Wochenende 5. und 6. Januar noch einmal Zehntausende die Republik im Taxöldener Forst besucht hatten, räumte am 7. Januar ein massives Polizeiaufgebot das Anti-WAA-Dorf. Dabei wurden durch Polizeihunde, Tränengas- und Schlagstockeinsatz zahlreiche Menschen verletzt; Landrat Schuierer (SPD) erklärte später, „daß die Hundeführer bestialischer waren als die Hunde".[203] Sogar die Anti-Terror-Einheit GSG 9 stand bereit, kam aber nicht zum Einsatz. Bundesgrenzschutzeinheiten zerstörten mit Motorsägen und Planierraupen sofort die insgesamt 158 Hütten. Erneut wurden 744 Personen vorläufig festgenommen und erkennungsdienstlich behandelt.

Auf weitere Versuche, ein neues Anti-WAA-Dorf zu bauen, reagierte die Staatsmacht drastisch und prompt. Am 19. Januar gelang zwar einigen hundert WAA-GegnerInnen im Anschluß an einen Waldspaziergang eine kurze Platzbesetzung, doch bereits nach drei fertiggestellten Hütten wurden sie unter Einsatz von Reizgas und Polizeihunden wieder vom Gelände vertrieben.[204] Zwei Wochen später, im Anschluß an eine Kundgebung im Rahmen des „Anti-WAA-Faschings", zogen über 2.000 Menschen zum inzwischen errichteten 5 Meter hohen Bauzaun. Nachdem es einigen AktivistInnen gelungen war das Tor zu öffnen, strömten mehrere hundert auf den umzäunten Platz und hißten die blau-weiße Anti-WAA-Fahne. Auf einem 500 Meter entfernten Waldstück wurde gleichzeitig mit dem Bau von neuen Hütten begonnen. Aber bereits nach drei Stunden räumten die kräftemäßig mehrfach überlegenen Polizeieinheiten das Terrain; ein drittes Hüttendorf hatte keine Chance.[205] Damit endete die Geschichte der Platzbesetzungen in Wackersdorf.

Platzbesetzungsaktionen innerhalb der Friedensbewegung gibt es so gut wie nicht. Allein schon das Betreten militärischen Geländes ist äußerst selten, geschweige denn die Absicht und Möglichkeit, dort länger präsent zu sein und alternative Nutzungsmöglichkeiten zum Ausdruck zu bringen. Besetzungen scheitern nicht erst bei ihrer Durchführung, z.B. an baulichen Maßnahmen und militärischen Absicherungen, sondern sie werden von den Akteuren schon im Vorfeld der Aktionswahl kaum in Erwägung gezogen. Die Vorstellung, militärisches Terrain zu besetzen, ist in der Friedensbewegung realistischer Weise nicht sehr weit verbreitet. Zwar wurde schon mal dazu aufgefordert, „massenweise militärisches Sperrgebiet zu betreten"[206], und insbesondere bei den Manöverbehinderungen im Herbst 1984 gelang es auch, das „Tabu der militärischen Sicherheitsbereiche" zu durchbrechen, Militärgelände jedoch über eine gewisse Zeitdauer anders zu nutzen, ist keine Aktionsalternative des Friedensprotests. Dennoch gibt es Ausnahmen, die u.a. wahr-

scheinlich gerade deshalb relativ erfolgreich waren, weil sie zunächst einen Überraschungseffekt nutzen konnten: Damit hatte keiner gerechnet.
Im Februar 1984 besetzten in Dallau-Elztal (Odenwald) rund 40 örtliche FriedensaktivistInnen rund acht Stunden eine leerstehende US-Atomraketenstellung. Bereits am frühen Morgen hatten sie sich zu dem mit einem dreifachen Zaun und Wachtürmen gesicherten Gelände Zutritt verschafft. „Nach einer ausgiebigen Ortsbegehung und Besichtigung der militärischen Anlage (...) pflanzten die Besetzer Bäume, begannen einen Spielplatz zu bauen und verzierten Wachtürme und Bäume mit Girlanden und Transparenten. Jegliche Sachbeschädigung hatten die strikt auf Gewaltfreiheit fixierten Demonstranten schon von vorneherein ausgeschlossen. Sie wollten mit ihrer Aktion einmal innerhalb eines Militärgeländes ein 'Zeichen des Lebens setzen'. Gleichzeitig verbanden sie mit ihrer als unbefristet angesetzten Besetzung Forderungen, wie die Offenlegung der militärischen Pläne für die Raketenstellung Dallau-Etztal."[207] Der ersten Räumungsaufforderung durch die Polizei, die erst nachmittags vor Ort eintraf, folgten 25 BesetzerInnen, die restlichen wurden schließlich (einzeln) vom Platz getragen.
In Hasselbach, einem Stationierungsort für Cruise Missiles, führten 1984 Teilnehmerinnen des zweimonatigen Frauenwiderstandcamps im Hunsrück ebenfalls Besetzungsaktionen durch. „'Wir überschreiten alle Grenzen' stand auf dem Transparent, mit dem wir zu 50 Frauen am Aktionswochenende den äußeren NATO-Draht überstiegen. Für kurze Zeit breiteten wir uns auf dem toten Gelände aus. Immer wieder griffen wir die Grenz-Zäune an, überwanden, versetzten, verdeckten, löcherten, zerstörten sie; und setzten Zeichen unseres Lebenswillens, unserer Wut, unserer Wünsche gegen das Todesgelände: Wir zogen den NATO-Draht weg und bauten eine Hütte auf dem so befreiten Stück Wiese. In ein nahegelegenes Munitionslager drangen Frauen ein und besprühten Wege und Bunker. Ende August schließlich überwanden Frauen die Zäune des Stationierungsgeländes und besetzten den Baukran. Mit Transparenten, Luftballons und viel buntem Papier machten sie ihn sich zu eigen und verhinderten einen Tag lang wichtige Bauarbeiten. Für unsere Grenzüberschreitungen rächten sich die Herren auf dem üblichen Rechtswege: Mehr als 100 Anzeigen wegen Hausfriedensbruch und Nötigung stehen an."[208]
Wie schnell eine Besetzung militärischen Terrains eskalieren kann, und welche Risiken damit verbunden sind, zeigt ein Beispiel aus Mutlangen. Im April 1984 überwanden rund 40 Frauen und Männer den ersten NATO-Draht und besetzten eine Wiese im unmittelbaren Vorfeld des Raketendepots. Als vier BesetzerInnen weiter in Richtung Depot gingen und sich einen Durchgang durch den letzten Stacheldraht zu verschaffen suchten, eröffnete ein ameri-

kanischer Soldat das Feuer. „Er gab drei Schüsse auf die unbewaffneten Rüstungsgegner ab, die sich im Depot widerstandslos festnehmen ließen. Zuschauer, die den Abtransport (...) beobachteten, wurden mit Knüppeln abgedrängt." [209]

Baum- und Strommastbesetzung

In der Ökologiebwegung werden insbesondere in der zweiten Hälfte der 80er Jahre Baum- und Strommastbesetzungen zumeist von Mitgliedern der Robin-Wood-Initiativen organisiert. Dabei sind beide Objekte doppelt hoch besetzt: real durch die AktivistInnen und symbolisch über die Bedeutung, die ihnen zugeschrieben wird. Der besetzte Baum steht für den bedrohten Wald, ja die bedrohte Natur insgesamt, die es zu schützen gilt; der besetzte Strommast verweist auf die durch Atomtechnologie erzeugte Energie, deren Produktion bekämpft, unterbrochen und verhindert werden soll.

Baumbesetzungen sind in den allermeisten Fällen Aktionen zum Schutz vor drohender Rodung; sie komplettieren häufig andere Protestformen, wie z.B. die Blockade von Baumaschinen. Manchmal führen sie jedoch zu einem paradoxen Ergebnis, wenn nämlich die Polizei genau zu jener Maßnahme greift, um die Aktion zu beenden, die die Akteure mit ihrer Besetzung verhindern wollen: das Fällen des Baumes. Als z.B. im Dezember 1985 drei Mitglieder von „Robin Wood" im Rahmen einer Aktion von rund 100 AtomkraftgegnerInnen auf dem WAA-Gelände Bäume besetzten, drohte die Polizei damit, die Bäume anzusägen, falls die BesetzerInnen nicht freiwillig herabsteigen würden.[210]

Dieses Aktionsdilemma existiert bei Strommastbesetzungen aus naheliegenden Gründen nicht. Hier sind es eher die BesetzerInnen, die den Elektrizitätsunternehmen mit einer Schadenszufügung am Objekt drohen können. Beispielsweise besetzte am 15. März 1983 der damals 29jährige Klaus Berger einen Strommast in der Nähe des noch im Bau befindlichen Atomkraftwerks Grohnde. Diese Aktion hatte er ohne Unterstützung politischer Gruppen allein über mehrere Monate vorbereitet. Trotz zum Teil rüder Drohungen der Polizei – „Kommen Sie runter, sonst schicken wir Strom durch" – harrte der einsame Besetzer über hundert Stunden ohne Nahrung in 30 Meter Höhe auf einer selbstgebauten Plattform aus, dann ließen die Kräfte nach und Berger verließ seinen luftigen Protestort. Während der gesamten Zeitdauer der Besetzung mußte die Stromzufuhr für die AKW-Baustelle abgeschaltet werden.[211]

1986 besetzten vier Männer und eine Frau der Hamburger Robin-Wood-Initiative fünf Tage und Nächte einen Strommast der „Preußen Elektra

(PREAG)", der Betreiberin des Atomkraftwerks Stade. Ihre Forderung lautete: „Der Schrottreaktor muß sofort vom Netz." In etwa 50 Meter Höhe biwakierten die BesetzerInnen auf einer schmalen Plattform unter wasserdichten Planen und brachten Transparente am Stahlgerüst an. Von zwei Landstützpunkten aus, einer direkt am Fuß des 187 Meter hohen Mastes, wurden die Akteure mit Lebensmitteln versorgt, die zum Teil von den BewohnerInnen der umliegenden Ortschaften gestiftet worden waren. Beide „Basisgruppen" und die „Turmgruppe" kommunizierten mit Hilfe von Walkie-talkie-Geräte.[212]

Am 14. März 1987 besetzten Mitglieder einer „Aktionsgruppe Steinburg", parallel zu einer mehrstündigen Blockadeaktion vor dem Atomkraftwerk Stade, nahegelegene Strommasten und entrollten Transparente mit der Aufforderung, weitere Aktionen gegen die Stahlkonstruktionen am Tschernobyl-Jahrestag durchzuführen. Schon in den vorangegangenen Wochen hatte diese Gruppe durch zahlreiche Mastbesetzungen für Aufmerksamkeit gesorgt, „bei denen sie die Schrauben von Querverstrebungen lockerten und entfernten, so daß die Betreiber mit kostenaufwendigen Inspektionen die Strommasten überholen mußten."[213]

Im April des gleichen Jahres harrten drei Mitglieder der Reutlinger Robin-Wood-Gruppe aus Protest gegen die Standortplanung für ein Atomkraftwerk in Mittelstadt mehrere Tage auf einem Strommast der Esslinger Neckarwerke aus. „Am Sonntag waren trotz strömendem Regen Hunderte von Besuchern gekommen (...), über einen Flaschenzug wurden körbeweise Essen und Trinken auf die Plattform gezogen. Seit Beginn der Besetzung kommen Leute aus Mittelstadt und bringen Kuchen, Sekt, Kaffe, Most und Blumen. Regelmäßig fährt ein Streifenwagen der Polizei unter dem Mast vorbei. Die öffentliche Ordnung aber, sagen die Polizisten, sei nicht gestört."[214]

Gebäudebesetzung

Aus unterschiedlichen Anlässen und Motiven nehmen verschiedene Gruppen *Kirchen* in symbolischen Besitz. Kirchenbesetzungen können mit einer beträchtlichen öffentlichen Aufmerksamkeit rechnen. Gleichzeitig unterliegen sie aber auch einem hohen Rechtfertigungsdruck, sehr schnell ist von Mißbrauch die Rede, wenn es sich um einen sakralen Ort handelt. Zur bisher größten Welle von Kirchenbesetzungen in der Bundesrepublik kam es unmittelbar nach der polizeilichen Räumung der „Freien Republik Wendland" am 4. Juni 1980. In den darauffolgenden Tagen wurden zwischen Kiel und Konstanz mindestens 43 Kirchen für Stunden und Tage besetzt. Die Akteure

„schmückten" die Gotteshäuser mit Transparenten („Wenn die Meiler erst mal ticken, strahlen auch die Katholiken"), errichteten in ihnen zum Teil „Botschaften der FRW", „belebten" die Sonntags-Gottesdienste und versuchten mit den Gemeinden und Kirchenleitungen über die Vorgänge in Gorleben zu diskutieren. Während in einigen Städten die BesetzerInnen ihre Aktion abbrachen, weil die Geistlichen und die KirchgängerInnen „ziemlich aggressiv bis hin zu Handgreiflichkeiten reagierten" (Wuppertal), zeigten sich Pastoren und Gläubige andernorts verständnisvoll oder erklärten sich sogar mit der Aktion und ihrem Anliegen solidarisch (Osnabrück); nur in den wenigsten Fällen wurden die Kirchen durch einen Polizeieinsatz geräumt (Frankfurt).[215] Noch eine andere Bedeutung haben Kirchenbesetzungen, die sich gegen Ausländerfeindlichkeit im allgemeinen und deutsche Asylpolitik sowie konkrete Abschiebungsbedrohung im besonderen richten. Hier dient der kirchliche Raum zwar auch als Mittel zur öffentlichen Aufmerksamkeitserregung, manchmal wird er aber auch von Betroffenen nicht nur symbolisch als letzte Zufluchtsstätte vor Verfolgung genutzt.

Besetzungen anderer öffentlicher Gebäude sind eher selten. Im Zusammenhang der Solidaritätsaktionen mit der „Freien Republik Wendland" besetzten z.B. in Marburg AtomkraftgegnerInnen das Dach der *Stadthalle*, um dort ein neues Anti-AKW-Dorf zu errichten, in Hamburg wurde kurzfristig ein *Kaufhaus* besetzt.[216] Nach der Räumung des Hüttendorfes an der Startbahn West drangen ein paar hundert TeilnehmerInnen einer Demonstration in das Hauptgebäude des Hessischen *Rundfunks* ein und hielten es für eine halbe Stunde besetzt.[217] Auch die *Redaktionsräume* großer Zeitungen (SPIEGEL, Stern) wurden aus verschiedenen Anlässen immer wieder mal in Besitz genommen. Mitglieder der GRÜNEN und mehrerer Friedensgruppen besetzten im Frühjahr 1983 pünktlich zu Beginn des NATO-Manövers „Wintex-Cimex" das 22stöckige *Rathaus* in Kaiserslautern und richteten für die Dauer des Manövers ein „ziviles Rathaus, Dienststelle Frieden" ein.[218] Viele dieser Protesthandlungen ähneln – zumal wenn sie nur sehr kurze Zeit dauern – eher Behinderungs- als Besetzungsaktionen; auch ist der Sprachgebrauch der berichterstattenden Medien relativ unscharf: Sit-in, Besetzung und Blockade, da werden Begriffe oft synonym verwendet. Dennoch sollen sie hier als Besetzungen eingestuft und gewertet werden, nicht zuletzt deshalb, weil die Akteure selbst ihre unbefristete oder befristete Anwesenheit auf fremdem Terrain als solche begreifen und bezeichnen.

Betriebsbesetzung

Bis Ende der 70er Jahre gab es nur sehr wenige durch die Medien bekanntgewordene, Betriebsbesetzungen, z.B. bei Enka (Wuppertal), Demag (Kalletal) und Seibel (Erwitte). Erst ab 1980 griffen Belegschaften in ihrem Kampf gegen Betriebsstillegung und Massenentlassung immer häufiger zu dieser Aktionsform. Auf bescheidenem Niveau stieg die Zahl der Betriebsbesetzungen und/oder Betriebsblockaden – die Statistik der „WSI-Mitteilungen" faßt leider beides zusammen – von 1980 drei, 1981 sechs auf 1982 zehn und schließlich 1983 clf. Insbesondere die Wertten-Besetzungen in Bremen und Hamburg fanden ein großes öffentliches Echo. Die Besetzung dieser Großbetriebe – Howaldtwerke-Deutsche Werft AG (HDW) mit 4.000 Beschäftigten vom 12. bis 20. September und Bremer Werft AG Weser mit 2.200 ArbeitnehmerInnen vom 19. bis 26. September 1983 – waren „in vielerlei Hinsicht exemplarisch für die Herausbildung dieser Kampfform in der Bundesrepublik" und hatten auch „einen Signalwert für die Intensivierung der gewerkschaftlichen Diskussion um die notwendige Erweiterung der traditionellen Arbeitskampfstrategien."[219]
Dieser Entwicklung wurde auf dem Gewerkschaftstag der IG Metall 1983 insofern Rechnung getragen, als der Vorstand beauftragt wurde, dem Beirat in einer Beratungs- und Beschlußvorlage u.a. eine Konzeption über „weitergehende Formen des gewerkschaftlichen Widerstandes" darzulegen. Im Frühjahr 1985 legte dann das höchste Gremium der IG Metall zwischen den Gewerkschaftstagen seine Auffassungen in einem elfseitigen Beschluß dar.
Als „vergleichsweise unproblematisch" werden dort Betriebsbesetzungen, aber auch Torblockaden betrachtet, deren Ziel darin besteht, das Ausschlachten eines Unternehmens durch angebliche Gläubiger zu verhindern. Ebenso wird deutlich darauf verwiesen, daß sich Gewerkschaftsmitglieder während eines laufenden Arbeitskampfes, bei heißer oder kalter Aussperrung, nicht den Zugang zum Betrieb verbieten lassen sollten; dieser müsse „den Arbeitnehmern als Ort der Kommunikation offenstehen, den man für Versammlungen, Demonstrationen usw. benötigt", allerdings hätte dies nichts mit dem Versuch des „unbegrenzten Verweilens in Richtung einer Betriebsbesetzung" zu tun. Kritisch werden dagegen direkte Betriebsbesetzungen gewertet, etwa gegen eine geplante Werksstillegung wie in der norddeutschen Werftindustrie 1983, da sie rechtlich umstritten und ökonomisch problematisch seien. Die Schwierigkeit bestehe einerseits darin, mit solchen Aktionen materiellen Druck auf das Kapital auszuüben, andererseits könnten Betriebsbesetzungen zwar mit dem Argument der Notwehr begründet werden, das entspreche aber

„nicht der herrschenden Meinung im Arbeitskampfrecht der Bundesrepublik Deutschland"; die Akteure müßten als Folge dieser Rechtslage mit Kündigung oder sogar Schadenersatzklage rechnen. Die Schwierigkeiten, die sich aus der Diskrepanz zwischen der Erwartungshaltung einer den Betrieb besetzenden Belegschaft und den tatsächlichen Möglichkeiten der ArbeitnehmerInnenorganisation ergeben, könnten aber keineswegs dazu führen, „daß die Gewerkschaften sich angesichts sozialer Konflikte, die in Betriebsbesetzungen münden, schlicht unter Hinweis auf Rechtslage und objektive Aussichtslosigkeit derartiger Kämpfe zurückhalten". Das dabei zum Ausdruck kommende „Selbstbewußtsein" der Belegschaft, die Demonstration ihrer Kampfentschlossenheit und die daraus oftmals resultierende politische Signalwirkung müßten als positive Ergebnisse solcher Kampfformen betrachtet werden.

Tatsächlich besteht der Erfolg von Betriebsbesetzungen weniger darin, das unmittelbare Ziel, die Sicherung der Arbeitsplätze, zu erreichen, auch wenn es öfter gelang, zumindest bessere Sozialpläne durchzusetzen, sondern er liegt vielmehr „in der Erfahrung der Solidarität unter den unmittelbar Beteiligten und mit den Kolleginnen und Kollegen aus anderen Betrieben und Regionen."[220] Beispielsweise gingen auf die Spendenkonten der AG Weser und der HDW während den Werftbesetzungen jeweils mehrere 100.000 DM ein, Solidaritätsadressen wurden massenweise abgegeben, und vielfach kam es auch zu Unterstützungsaktionen in der Bevölkerung und in anderen Betrieben.[221]

Obwohl also Betriebsbesetzungen in der Regel von den Akteuren, der gewerkschaftlichen Öffentlichkeit und einem mehr oder minder großen Teil der Bevölkerung der betroffenen Region als „sinnvolle, legitime und erfolgreiche Aktionen"[222] gewertet wurden, und auch der IG-Metall-Beirat in seinem 1985er-Beschluß zu der Auffassung gelangt war, es müsse in Zukunft darum gehen, „erste Schritte zu offensiven Methoden und Zielen des regionalen Widerstandes gegen Arbeitsplatzvernichtung zu formulieren und zu praktizieren", kam es in der zweiten Hälfte der 80er Jahre zu keinen weiteren spektakulären Betriebsbesetzungen mehr. Selbst in den beiden bedeutsamsten Auseinandersetzungen, in Hattingen 1987 und Rheinhausen 1988, gingen die Belegschaften nicht zur Besetzung ihrer Stahlwerke über. Öffentliche Aufmerksamkeit erregte lediglich die Erstürmung und zweistündige Besetzung der „Villa Hügel" in Essen, des Sitzes der Krupp-Dynastie, durch 500 Stahlarbeiter des von der Schließung bedrohten Hüttenwerks in Duisburg-Rheinhausen im Dezember 1987. Auch an dieser Aktion, „Symbol für den Zorn der Arbeiter", wurde deutlich, wie schwer sich die Gewerkschaften mit Beset-

zungen tun. Mit den Worten „Ihr macht durch eure spontanen Aktionen alles kaputt, Kollegen", hatte ein IG-Metall-Sekretär versucht, die aufgebrachten Arbeiter davon abzuhalten, in den Renaissance-Palast einzudringen, in dem gerade der Aufsichtsrat tagte. Selbst die Aufrufe des damaligen DGB-Bundesvorsitzenden und Aufsichtsratsmitglieds Ernst Breit zu Ruhe und Disziplin ernteten nur Pfiffe.[223]
Insbesondere bei Besetzungen, aber auch bei anderen direkten Aktionen, zeigen sich deutliche Unterschiede in der Protestkultur der Gewerkschaften und der neuen sozialen Bewegungen. Während es letzteren in den 80er Jahren mehr oder weniger gelungen ist, ihren kollektiven Widerspruch auch als Verweigerung, Behinderung und Besetzung massenhaft zu praktizieren, zu popularisieren und zu habitualisieren, scheinen die Gewerkschaften am Ende dieses Jahrzehnts trotz offener werdender Debatten und punktueller Lernerfahrungen erst noch vor der Aufgabe zu stehen, ihr Protestverhalten und ihre Kampfmaßnahmen auch in Formen direkter Aktionen wiederzuentdecken, auszubilden und in ein erweitertes Aktionsrepertoire aufzunehmen.

Zerstörung

Die bisher besprochenen direkten Aktionsformen sind in ihrer überwiegenden Mehrzahl subjektiv und objektiv einem gewaltfreien Protest des zivilen Ungehorsams verpflichtet und zuzuordnen. Gleichwohl gibt es auch bei ihnen Fälle, die den Rahmen illegaler, aber gewaltfreier Regelverletzung und Schadensandrohung überschreiten. Und manche sind heftig umstritten, sei es innerhalb der Bewegungen, in den Medien oder vor Gericht. Verweigerungen, Behinderungen und Besetzungen können potentiell in gewaltsame Formen der Konfliktaustragung übergehen, von Interesse sind dann die Anlässe, Bedingungen und Modi der Eskalation. Dabei existiert ein Definitionsspielraum von Gewalt, der von den unterschiedlichen gesellschaftlichen Positionen und den verschiedenen Protestkulturen so oder so besetzt wird. Bei Zerstörungsaktionen ist das anders. Die Antwort auf die Frage, wo Gewaltfreiheit aufhört und Gewalt anfängt, ist bei ihnen nicht mehr ungeklärt und umkämpft, sondern eindeutig: Gewaltfreie Zerstörung gibt es nicht.
Ihre Akteure haben sich von einer Strategie des gewaltfreien Protests verabschiedet; sie organisieren und praktizieren eine offensive Militanz, deren Ziel eine qualitativ andere Dimension der Schadensandrohung besitzt. Zerstörung und versuchte Zerstörung ist Produkt und produziert momentane oder dauerhafte Kommunikationslosigkeit. Der Dialog zwischen den Konfliktgegnern bzw. Teilen von ihnen ist abgebrochen und durch ein wechselseitiges Feind-

bild ersetzt, das nur ein Entweder-Oder kennt. Es herrscht zwar kein Krieg, aber es existiert ein kriegerisches Verhältnis; es wird in der Kategorie maximaler Schadensandrohung gedacht und gehandelt, auch wenn der reale Schaden schließlich eher gering ist. Bei den Akteuren fallen Hemmungen, was oftmals als subjektive Befreiung wahrgenommen wird. Tatsächlich bringen die konkreten Verhaltensweisen in der Regel jedoch weder die soziale Bewegung noch ihre Konfliktaustragung voran, vielmehr führen sie in eine Sackgasse, an deren Ende zumeist der paramilitärische Sieg der Staatsmacht und nicht gerade selten auch der Kollaps des Protests steht.

Auch wenn es Zerstörungsaktionen im Rahmen der Auseinandersetzungen neuer sozialer Bewegungen gibt, sind diese keineswegs durch sie charakterisiert. Wenn Protest und Widerstand programmatisch und strategisch gedacht werden, dann in Formen gewaltfreier, direkter Aktion. Vorhandene Gewalt und Militanz in den neuen Bewegungen werden nicht mehr im Rahmen einer langfristigen Machteroberungsstrategie instrumentell ausgeübt, sondern sind überwiegend expressive Handlungen, die sowohl einen Impuls nach emotionaler Entlastung als auch das Bedürfnis nach „effektiven" Protestmitteln bedienen. In Massenumfang sind militante Aktivitäten selten, als Einzelaktion häufig Ausdruck von Hilflosigkeit, Frustration und Wut. Handlungen von in Ansätzen organisierten Kleingruppen im Rahmen von Massenaktionen stellen oftmals den Versuch dar, gegenüber dem Konfliktgegner, seinen Machtmitteln und -symbolen in die Offensive zu gelangen. Nur in den allerwenigsten Fällen äußert sich Gewalt in programmatischer und komplex organisierter Form: als gezielter Anschlag von konspirativen Gruppen, separiert von öffentlichen Aktionen und auf einem relativ hohen Niveau von Zerstörung operierend.

Anschlag

Zerstörungsaktionen letztgenannter Qualität sind in allen großen Konflikten der Ökologiebewegung aufzufinden. Als die Akteure ein Jahr nach der großen Anti-Brokdorf-Demonstration vom Februar 1981 durch die rege Bautätigkeit der Betreiberfirmen zunehmend resignierend vor vollendete Tatsachen gestellt wurden und sich gleichzeitig mit einer Kriminalisierungswelle, insbesondere durch den spektakulären Brokdorf-Prozeß gegen Michael Duffke und Markus Mohr[224], konfrontiert sahen, kam es im Frühjahr 1982 in Itzehoe und Umgebung zu einer Serie von Anschlägen auf Firmen, die am Bau des Atomkraftwerks beteiligt waren. Rund 60 Betonmischer wurden beschädigt und ein 2,5 Kilometer langes Transportband eines Zementwerkes

zerschnitten.[225] Auch in der Auseinandersetzung um die Flughafenerweiterung in Frankfurt wurden allein vom Herbst 1981 bis Januar 1982 45 Anschläge auf Baufirmen mit Startbahnaufträgen verübt, in zehn Fällen hatten sich dazu die „Revolutionären Zellen" bekannt.[226]
Nachdem der *Gorleben-Treck* und die *Freie Republik Wendland* bereits zu Symbolen eines gewaltfreien und phantasievollen Kampfes gegen die Atomkraft geworden waren, häuften sich 1984 Meldungen über Zerstörungsaktionen. „Neben den bisherigen Aktivitäten der örtlichen Bürgerinitiative, neben Großaktionen wie Menschenketten, Platzbesetzungen oder Trecker-Demonstrationen hat sich besonders im letzten Jahr noch eine weitere Art des Widerstandes entwickelt: die direkte Aktion gegen Betreiberfirmen und am Bau des Zwischenlagers beteiligte Bauunternehmen. Von Polizei und Justiz nicht gern an die große Glocke gehängt, sorgten nächtliche Sabotageakte für Unruhe und auch klammheimliche Freude in der Region."[227] Noch zwei Jahre zuvor, als es im September 1982 bei einer Demonstration in Gorleben erstmals zu militanten Auseinandersetzungen gekommen war, hatte sich die Bürgerinitiative von „auswärtigen Chaoten", die „die Ausschreitungen zu verantworten haben", distanziert. Jetzt aber „blieben die gewohnten Distanzierungen der Bürgerinitiativsprecher aus".[228] Bereits 1983 war im Rahmen von sogenannten „Sommer-Camps" eine Reihe von Baufahrzeugen zerstört worden. 1984 wurden schließlich über zwei Dutzend Anschläge mit einem Sachschaden von über vier Millionen DM registriert. „Jim Knopf und die wilde 13", „Konfettifraktion", „Schwarze Schafe Wendland" und auch eine feministische Gruppe namens „Arsen und Spitzenhäubchen" zeichneten für die Zerstörung von Bauwagen und -maschinen, LKW und Bürogebäude verantwortlich. Eine Firma zog sich aus dem Atomgeschäft zurück, nachdem ihr Bauhof durch einen „Freundeskreis Gorleben" angezündet und zur Hälfte ein Opfer der Flammen geworden war.[229]
Auch in Wackersdorf reichte die Aktionspalette bis zu Zerstörungsaktionen in Form gezielter Anschläge. Zwar gelang es der Staatsmacht ab Mitte 1986, mit dem festungsartigen Ausbau des Bauplatzes, einem generellen Versammlungsverbot in seinem Umkreis, mit einem aufgerüsteten Polizeiapparat und offensiver Polizeitaktik sowie mit der Kriminalisierung und Stigmatisierung des Protests durch weit über tausend Verhaftungen das Risiko militanter Aktivitäten zu erhöhen und damit auch die Auseinandersetzungen am Bauzaun zurückzudrängen, jedoch nahmen gleichzeitig „Sabotageanschläge auf Hochspannungsmasten, Baufirmen und die Bundesbahn rapide zu".[230] Zerstörungsaktionen gegen die Infrastruktur der geplanten Wiederaufbereitungsanlage beschränkten sich aber nicht nur unmittelbar auf die Region, sondern

wurden auch weit davon entfernt ausgeübt. Beispielsweise brannte im Juni 1986, verursacht durch einen Molotow-Cocktail, ein Büroraum des Hamburger Verwaltungsgebäudes der am WAA-Bau beteiligten Heidelberger Zementwerke völlig aus.[231] Insbesondere Strommasten involvierter Energieversorgungsunternehmen waren bevorzugte Objekte militanter AtomkraftgegnerInnen. Unter mehreren anderen hatte z.b. eine Gruppe „Revolutionäre Heimwerker" den Mast einer 220.000 Volt-Leitung der Rheinisch-Westfälischen Elektrizitätswerke (RWE) bei Frankfurt angesägt und umgekippt.[232]

Scherbendemonstration und Zaunkampf

Einen anderen Modus der Zerstörung zeigen zwei Protesthandlungen, die von mehr oder weniger kleinen Gruppen im Rahmen von Aktionen der neuen Bewegungen praktiziert werden und dort teilweise sowohl Unterstützung als auch Ablehnung erfahren: Angriffe auf Bauzäune technischer Großanlagen und Fensterscheiben exponierter Gebäude wie Banken und Versicherungen usw. Von Anschlägen unterscheiden sich Scherbendemonstrationen und Zaunkämpfe insbesondere durch ihre Öffentlichkeit; beidemal handelt es sich um Aktionsformen, die zumeist demonstrative Protesthandlungen begleiten. Vor den Augen sowohl der übrigen Protestakteure als auch der Staatsmacht versuchten militante AtomkraftgegnerInnen von Brokdorf bis Wackersdorf immer wieder die Zäune und Mauern um die Bauplätze einzureißen. Angesichts einer beträchtlichen Steigerung der Festungsarchitektur und der polizeilichen Sicherungsmaßnahmen erwies sich dieses Unterfangen allerdings als wenig ertragreich. Auch wenn sich, wie beispielsweise in Frankfurt vier Wochen nach der Hüttendorfräumung, ein regelrechter „Kleinkrieg an der Mauer" entwickelt hatte und innerhalb von 14 Tagen ca. 300 Streben aus der Betonmauer herausgebrochen worden waren[233], konnten solche „Erfolgsmeldungen" nicht darüber hinwegtäuschen, daß auf diese Weise der Bauplatz auf keinen Fall wieder zur Wiese werden würde, allein schon deshalb nicht, weil die geknackten Betonstreben sofort durch Stahlträger ersetzt wurden.
Als Zerstörungsaktionen sind auch sogenannte „Scherbendemos" zu betrachten, bei denen nicht nur vereinzelte TeilnehmerInnen diese oder jene Fensterscheibe einwerfen, sondern bereits in Kleingruppen organisierte Akteure relativ zielstrebig im Rahmen einer normalen Demonstration dazu übergehen, ein Scherbengericht anzurichten. Spektakuläre Ereignisse dieser Art sind u.a. aus dem Berliner Häuserkampf Anfang der 80er Jahre bekanntgeworden, die dort sogar dazu beitrugen, daß sich PolitikerInnen aller Coleur veranlaßt sahen, in einen „neuen Dialog mit der Jugend" einzutreten. Als z.B. am 3. April

1981 auf einem Kreuzberger Stadtteilfest das Gerücht aufkam, das „RAF"-Mitglied Sigurd Debus sei im Hungerstreik gestorben, formierten sich ca. 500 Menschen zu einem spontanen „Boulevardbummel" über den „Kudamm". „Eine relativ kleine Gruppe von Demonstranten (50-100)", so hieß es dazu später, „sah rot." Und weiter: „Von der Gedächtniskirche bis über den Lehninerplatz hinaus, auf über 3,5 km von Berlins Vorzeigestraße war es gestern abend wesentlich einfacher, die noch übriggebliebenen heilen Schaufensterscheiben zu zählen, als die der eingeschlagenen zu ermitteln. Die Polizei zählte zuerst 130, am Montagnachmittag dann über 200 zerdepperte Scheiben bester Kudammqualität. (...), tatsächlich dürfte die Zahl der Glasbrüche gut ins Doppelte gehen."[234] Daß solch eine Entladung angestauter Wut, die, wie die „taz" kommentierte, „herzlich wenig mit herkömmlichen Formen von Protest zu tun hat"[235], nicht nur bei kleinen Gruppen, sondern auch bei einer relativ großen Menschenmenge auftreten kann, zeigte sich zwei Monate später. Als eine Demonstration mit mehreren tausend TeilnehmerInnen gegen die Praxis der Räumung besetzter Häuser von Innensenator Lummer (CDU) nur durch massive Tränengas- und Wasserwerfereinsätze daran gehindert werden konnte, in den Bannkreis um das Rathaus Schöneberg vorzudringen, beteiligten sich über 1.000 daran, an Banken und großen Geschäften die Fenster einzuwerfen; „noch nie seit Beginn des Häuserkampfes waren soviele Leute mit Steinen in den Händen gemeinsam auf der Straße".[236]

Stadtteil-Riot

Während Westberlin den 750. Geburtstag der Stadt feierte, kam es in der Nacht vom 1. auf den 2. Mai 1987 in Form eines Stadtteil-Riots zu Zerstörungsaktionen bis dato nicht gekannten Ausmaßes. Nachdem die Polizei tags zuvor mit Gewalt in das Kreuzberger Kultur- und Kommunikationszentrum Mehringhof eingedrungen war, das dort ansässige Volkszählungsbüro durchsucht und einige tausend Broschüren beschlagnahmt hatte, begannen die schweren Auseinandersetzungen am Abend auf dem traditionellen Kreuzberger 1. Mai-Fest auf dem Lausitzer Platz. „Bis zum frühen Morgen brannten meterhohe Straßenbarrikaden, PKW und Feuerwehrautos. Alle Zufahrten nach Kreuzberg waren blockiert. Baugerüste wurden angezündet und schließlich Bolle, ein Riesen-Supermarkt, in Brand gesteckt. Die Bilanz der Nacht: 47 Festnahmen, weit über hundert Verletzte, 36 geplünderte Läden, Strommasten und sämtliche Telefonhäuschen der Umgegend zertrümmert und ausgeräumt, alle Ampeln außer Betrieb, Schäden in Millionenhöhe. Die Berliner Polizei war offensichtlich nicht mehr Herr der Lage. Um elf Uhr nachts zo-

gen sich die vierhundert Beamten zurück und überließen Kreuzberg sich selbst. Erst am frühen Morgen, gegen drei Uhr, rückten sie mit Panzerspähwagen, Wasserwerfern und Barrikadenräumfahrzeugen an und brachten Scheinwerferlicht ins Dunkel des Stadtteils. Aber da war Bolle schon ausgebrannt, und auch die U-Bahn-Station Görlitzer Bahnhof qualmte seit Stunden. Verkohlte Autowracks, ein rauchender Bagger und ein demoliertes Feuerwehrauto säumten die Straßenränder."[237] Nach Polizeiangaben hatten sich rund 1.000 Menschen – „300 militante Störer, die durch 600 Mitläufer unterstützt worden" seien[238] – an dem gewaltsamen Stadtteiltumult beteiligt; der Regierende Bürgermeister Diepgen (CDU) sprach von „Anti-Berlinern". Die „taz" schrieb in einem ersten Kommentar: „Als sich die Kreuzberger Szene am Morgen zum Rundgang durch ihren Stadtteil aufmachte, (...) da stand vielen, die sonst auf jeder Demo mitmischen, das Entsetzen ins Gesicht geschrieben. Auch für Politikaktivisten, die die Randale am Bauzaun in Wackersdorf und bei den Häuserräumungen unterstützten, wurde diesmal die Grenze des Erträglichen weit überschritten. (...) Diesmal haben Gruppen zusammen losgeschlagen, von denen auch Vertreter der linken Szene annahmen, daß sie sich längst in der Kreuzberger Schmuddelecke häuslich eingerichtet und mit Bier und Schnaps selbst ruhiggestellt hätten: Jugendliche, Türken, Punks, die Alkoholiker aus dem Hinterhof, sie haben zusammen diesen alternativen Eröffnungsakt zur 750-Jahr-Feier gestaltet. Die Szene stand dabei und staunte. (...) Eine politische Demonstration war die Randale nicht."[239] Dieser Entpolitisierung der Gewaltexplosion, der Exkulpation der Szene und der Schuldzuweisung an die Schmuddelkinder von SO 36 trat zwei Tage später Klaus Hartung in einem weiteren Kommentar entgegen: „Halb Berlin ist gegenwärtig auf der Suche nach den Motiven. Aber niemand sollte sich anmaßen, säuberlich zwischen Widerstandsaktionen und Zerstörungsaktionen zu trennen. Kreuzberger Volkswut entlud sich arbeitsteilig: die Autonomen auf den Barrikaden und alle Altersschichten bis hin zu Müttern mit Kopftuch beim Ausräumen der Supermärkte."[240]
Anschläge, Zaunkämpfe und Scherbendemonstrationen sowie Stadtteil-Riots sind verschiedene Formen von Zerstörungsaktionen, die sich durch den Grad an Öffentlichkeit und Organisation, durch die Mittel- und Objektauswahl sowie durch den angerichteten Schaden voneinander unterscheiden. Gemeinsam ist ihnen, daß sie überwiegend unter dem Stichwort „Gewalt gegen Sachen" aufgeführt werden können. Gewalt gegen Menschen ist dabei allerdings nicht auszuschließen. Dort, wo der Konflikt vor Ort in extremer Weise eskaliert, kann sich mehr als nur die Flugbahn eines Pflastersteins – nicht mehr in die Schaufensterfront, sondern in die Polizeikette, und manchmal

auch von dort wieder zurück in die Protestmenge – ändern. Auch das Ausmaß der eingesetzten Gewaltmittel, hier Hochdruckwasserwerfer, Hubschrauber und Distanzwaffe, dort die Präzisionszwille mit Stahlkugeln, steigert sich auf unterschiedlichem Niveau.
Dennoch bilden sich in den neuen sozialen Bewegungen keine Aktionsformen heraus, deren zielgerichtete Absicht in der Verletzung oder sogar Tötung von Menschen besteht. Entführungen und Morddrohungen, Bombenattentate oder die Erschießung von Politikern und Wirtschaftsrepräsentanten sind keine Bestandteile ihrer Aktionsrepertoires. Solch terroristischer Aktionen bedienten sich lediglich Gruppierungen wie die „RAF" oder der „2. Juni", die hier nicht als zum Spektrum der neuen Bewegungen dazugehörig betrachtet werden.
Die Legitimierung von direkten und gewaltsamen Aktionsformen gegen Menschen kommt in der Geschichte der neuen Frauen-, Friedens- und Ökologiebewegung eher einem Tabu gleich, an dem niemand rütteln wollte. Selbst der Wechsel von Günther Anders Sabotage-Empfehlung von 1983[241] zu seiner Terror-Empfehlung von 1987, die Betreiber der Katastrophe umzubringen oder zumindest mit dem Tode zu bedrohen, kann auch so verstanden werden, daß es ihm nicht um „ernsthafte Gewalt", sondern um eine „gewaltige Ernsthaftigkeit" von Politik, von Protestpolitik zumal, im „Zeitalter der Katastrophe" gegangen war.[242]
Wenn mit den am 2. November 1987 an der Startbahn West für drei Polizeibeamte tödlichen Schüssen zum ersten- und bis heute letztenmal aus den Reihen einer Demonstration auf Menschen geschossen wurde, so erklärt sich das Ensetzen auf seiten des Protests u.a. auch damit, daß zwar nicht die Aktionsplanung der Bewegung oder eine ihrer Strömungen, wohl aber die Verhaltensweise einzelner ihrer Akteure dieses Tabu durchbrochen hatte. Auch wenn es innerhalb der neuen Bewegungen Schnittstellen und Verbindungslinien zu einer politischen Ethik und Ideologie gibt, die Gewalt gegen Menschen als Mittel der Politik rechtfertigt, sind solche Verhaltensweisen weder die zwangsläufige Eskalationsstufe geknackter Mauerstreben und eingeschmissener Fensterscheiben noch die als Selbstläufer funktionierende tödliche Schlußsequenz einer sich radikalisierenden Aktionsausweitung.

2 Massen

Mobilisierung und Aktion

Protestaktionen sind öffentliche Ereignisse. Sie sind es um so mehr, je aufsehenerregender sie sind. Die Masse der Beteiligten erscheint oft als das unmittelbar Spektakuläre. Zehn- oder Hunderttausende auf den Straßen sind nicht nur nicht zu übersehen, sondern ziehen auch weitere Massen an: zumeist als Publikum, seltener als sich Solidarisierende.

Wenn sich viele versammeln, wirken sie zuallererst durch ihre große Zahl. Es werden Fragen gestellt: Was ist da los? Was machen die? Was wollen sie? Erst danach werden Einzelheiten wahrgenommen, die konkreten Menschen, ihre Mienen und Gesten, die Transparente und Fahnen, Sprechchöre und Lieder, Parolen und Forderungen, die Reden einzelner und die Handlungen vieler. Die Bedeutung der verschiedenen symbolischen Elemente verdichtet sich zu einem Gesamteindruck. Jetzt kann man sich entscheiden, ob man dafür oder dagegen ist. Auch hierbei spielt die Anzahl der Beteiligten eine große Rolle. Je mehr dabei sind, desto legitimer und überzeugender erscheint das Anliegen.

Mit dieser unmittelbaren Erfahrung sinnlich wahrnehmbaren kollektiven Widerspruchs korrespondiert in der modernen Gesellschaft die Protestaktion als mediales Ereignis. Verkürzt als headlines, Meldungen und Berichte und reduziert auf Sekunden bis wenige Minuten dauernde schnelle TV-Bilder, wird sie mittelbar erfahren, millionenfach zur Kenntnis genommen. Unmittelbare und mittelbare Öffentlichkeit sind zweierlei. Gerade unter den Protestakteuren gab und gibt es unterschiedliche Auffassungen darüber, was für den Erfolg wichtiger ist. Ob allerdings eine Aktion den Sprung in die Medien schafft, hängt von ihrem Nachrichtenwert ab. Die Zahl der TeilnehmerInnen, deren Größenordnung sich mit der Aktionsform verändert, ist davon ein bedeutsamer Bestandteil.

Es wurde darauf hingewiesen, daß Mobilisierung und Aktion analytisch zu unterscheiden sind. Durch die Mobilisierung der Menschen wird gesellschaftliche Macht akkumuliert, in der Aktion wird sie zielbezogen eingesetzt. „Mobilisierung stellt die Fähigkeit zum Handeln her, Aktion realisiert sie."[1] Das eine verweist auf den Innenaspekt sozialer Bewegungen: die vorausgegangenen Bemühungen, Menschen auf das Problem aufmerksam zu machen; sie davon zu überzeugen, daß es Sinn macht, für ein bestimmtes Ziel auf die Straße zu gehen; Einigkeit darüber zu erzielen, welche Aktionsform als geeignet erscheint, diesem Ziel näher zu kommen bzw. es zu erreichen; und schließlich all jene notwendigen organisatorischen Leistungen zu erbringen, damit es überhaupt glückt, sich an einem bestimmten Ort, zu einer bestimmten Zeit und in einer bestimmten Art und Weise zu versammeln. Das andere zielt ab auf die Außenwelt sozialer Bewegungen: Die Aktionen sollen Veränderungen in Gesellschaft und Staat bewirken; sie richten sich dazu an und manchmal gegen politische Herrschaftsträger und gesellschaftliche oder staatliche Institutionen, die dadurch beeindruckt und beeinflußt werden sollen; und sie versuchen die Medien für sich zu gewinnen, damit sie als Multiplikator der Inhalte und Forderungen der Bewegung wirken.

Mobilisierungserfolge garantieren nicht den Erfolg der Aktion, sie sind nur eine Voraussetzung für deren Gelingen. Ihre Bedeutung liegt darin, Gradmesser dafür zu sein, was die Menschen betrifft. In doppelter Hinsicht: objektiv, wenn das Kernkraftwerk entweder vor der eigenen Haustüre gebaut werden soll, oder die strahlenden Wolken auch über Tausende von Kilometern zu uns kommen und subjektiv, wenn genau das Angst, Empörung und Wut auslöst. Das Problem muß Kopf und Herz treffen. Zur Tatsache des Betroffen-Seins muß ein Sich-betroffen-Fühlen hinzukommen; die oft geäußerte und dann auch oft geschmähte „Betroffenheit" war dafür die Vokabel. Mobilisierungserfolge zeigen also an, was die Menschen bewegt und in Bewegung bringt.

Das alleinige Starren auf Mobilisierungshöhe- und Tiefpunkte kann jedoch bei der Analyse sozialer Bewegungen in die Irre führen. So wenig soziale Bewegungen nicht erst dann existieren, wenn sie über öffentliche Aktionen wahrgenommen werden, so wenig hören sie auf, Bestandteil gesellschaftlichen Lebens zu sein, nur weil die Häufigkeit der Aktionen und der daran Beteiligten nachläßt. Ein Rückgang der Mobilisierungsfähigkeit und des Mobilisierungspotentials kann, muß aber nicht das Ende einer Bewegung bedeuten. Meist sind es nur unterschiedliche Phasen in der Bewegungsgeschichte, Anzeichen kurz- oder langfristiger Protestkonjunkturen.

Die Funktionsweise moderner Medien und das Gewicht mittelbarer Öffentlichkeit begünstigt allerdings eine Optik, die nur als existent (an-)erkennt, was als Medienereignis produziert wird. Um so größer die Überraschung, wenn scheinbar aus dem Nichts wieder Tausende und Zehntausende auf den Straßen protestieren. Die Demonstrationen gegen den Golfkrieg Anfang 1991 haben dies zuletzt eindrucksvoll gezeigt, als die Friedensbewegung sich viel lebendiger erwies, als es ihr zuvor attestiert worden war. Umgekehrt können sensationelle Meldungen über eine Rekordbeteiligung an außerparlamentarischen Massenaktionen auch zur Überschätzung der Kraft und der Wirkungsreichweite sozialer Bewegungen führen. Obwohl also Mobilisierungs-

schwankungen mit Vorsicht zu interpretieren sind, können sie als heuristischer Zugang zum Thema dienlich sein.
Der Versuch, die eher banal anmutenden Fragen, wie oft wird überhaupt demonstriert, und wieviele Menschen gehen dabei auf die Straße, zu beantworten, stellt sich jedoch bei näherem Hinsehen als einigermaßen problematisch heraus. Das Bundesministerium des Inneren (BMI) erstellt seit 1970 jedes Jahr eine Demonstrationsstatistik, die dem Rechts- und Innenausschuß des Deutschen Bundestages vorgelegt wird. Die Zahl der dort registrierten Demonstrationen beruht auf Angaben der einzelnen Bundesländer. Ist die jährliche Demonstrationshäufigkeit – zumindest seit 1968 – noch einigermaßen gut dokumentiert[2], fehlen Angaben über die Beteiligung an den Protestaktionen jedoch völlig. Noch im September 1989 mußte die Bundesregierung auf eine Anfrage der GRÜNEN, ob sie angeben könne, „wieviele Teilehmer/innen in den letzten Jahren an den erfaßten Demonstrationen insgesamt teilgenommen haben", mit einem schlichten Nein antworten.[3] Ebensowenig gibt es Angaben über die Beteiligung an demonstrativen und direkten Aktionen sowie über die Häufigkeitsverteilung hinsichtlich ihrer Größenordnung, also z.B. bis 1.000, bis 10.000, bis 100.000 und über 100.000 TeilnehmerInnen. Und schon gar nichts ist darüber bekannt, wieviele Protestaktionen welchen Themenfeldern, z.B. Ökologie, Frieden, Dritte Welt oder Antifaschismus, zuzuordnen sind.

Soziale Bewegung und Mobilisierungshöhepunkt

In den 80er Jahren gehen die Menschen nicht nur deutlich öfter auf die Straße als zuvor[4], sondern auch die Zahl der Menschen, die da protestieren, schnellt drastisch in die Höhe. Dies betrifft in erster Linie die Ökologie- und Friedens-, aber auch die Gewerkschaftsbewegung. Es gelingt der Sprung über die Hunderttausend.
Erste große Massenaktionen werden bereits aus der unmittelbaren Nachkriegszeit gemeldet. Im März/April 1947 demonstrierten im Rhein-Ruhr-Gebiet über 150.000 ArbeiterInnen gegen soziale Not. Die größte Demonstration war in Düsseldorf mit 80.000 TeilnehmerInnen.[5] Ein Jahr später kam es zur größten Massenaktion der deutschen Gewerkschaftsbewegung seit dem Kapp-Putsch. Mehr als 9 Millionen Beschäftigten brachten am 12. November 1948 in der Bizone ihren Protest über die Ernährungssituation zum Ausdruck.[6] Eine der größten Demonstrationen der 50er Jahre fand am 11.

Mai 1952 in Essen statt. Die „Darmstädter Aktionsgruppe", die aus dem „Westdeutschen Treffen der jungen Generation" im März des gleichen Jahres in Darmstadt hervorgegangen war, hatte zu dieser Aktion gegen die Remilitarisierung und militärische Westintegration aufgerufen, an der sich trotz Verbot ca. 30.000 vorwiegend Jugendliche beteiligten.[7] Im Rahmen der Kampagne „Kampf dem Atomtod" versammelten sich im April 1958 zwar über 100.000 Menschen zu Kundgebungen, diese enorme Beteiligung kam aber nur in der Summe der Protestveranstaltungen in verschiedenen Städten zustande. Dies trifft auch für die Ostermarschbewegung der Jahre 1960 bis 1968 zu. So beteiligten sich am vorerst letzten Ostermarsch bei über 1.000 Einzelveranstaltungen ca. 300.000 Frauen und Männer.[8] Auch die großen und spektakulären Protestmanifestationen der 60er Jahre gegen Bildungsnotstand und Springer-Presse, gegen den Vietnamkrieg und die Notstandsgesetzgebung konnten im Vergleich nur relativ geringe Mobilisierungsleistungen vorweisen. Zu einem ersten großen Protestmarsch der „Vereinigten Deutschen Studentenschaft (VDS)" kamen im Juni 1965 in Westberlin 10.000 StudentInnen. Ebenfalls dort beteiligten sich an den Vietnam-Demonstrationen 1966 2.500 und 1968 12.000 Menschen. Immerhin fast 60.000 nahmen an Behinderungsaktionen in mehreren Städten gegen die Auslieferung von Springer-Zeitungen im April 1968 teil. Höhepunkt und größte Protestaktion der 60er Jahre war der vom „Kuratorium Notstand der Demokratie" organisierte Sternmarsch am 11. Mai des gleichen Jahres. Zwischen 60.000 und 80.000 NotstandsgegnerInnen demonstrierten durch Bonn.[9] Ebenfalls und zum Teil erheblich blieben die Mobilisierungserfolge der 70er Jahre unter 100.000 TeilnehmerInnen. Die Beteiligung an den großen Aktionen gegen den Bau von Atomkraftwerken lag noch auf einem weit niedrigeren Niveau. In Wyhl beteiligten sich 1975 28.000, in Brokdorf 1976 zwischen 25.000 und 40.000 und in Kalkar 1977 schließlich 60.000 Menschen.[10] Eine etwas höhere Beteiligung erreichten auch damals schon die Anti-Kriegs-Proteste: 40.000 (1976) und 80.000 (1977) Frauen und Männer nahmen an den vom „Komitee für Abrüstung und Zusammenarbeit in Europa (KOFAZ)" organisierten Demonstrationen in Bonn teil.[11]
Betrachtet man die größten Massenaktionen der verschiedenen Protestbewegungen in der Bundesrepublik vor 1979, so erscheint die Zahl von 100.000 Akteuren nicht mehr als willkürliche Meßlatte, sondern eher als eine Art „Schallmauer" des Mobilisierungspotentials und der Mobilisierungsfähigkeit in der Geschichte der sozialen Bewegungen nach dem Krieg, insbesondere aber der neuen sozialen Bewegungen nach 1968.

Ökologiebewegung

Zum erstenmal wurde diese „Schallmauer" am 1. April 1979 mit der Abschlußdemonstration des sogenannten „Gorleben-Trecks" in Hannover durchbrochen. Zwischen 100.000 und 140.000 inszenierten dort unter dem Motto „Gorleben soll leben! Wir auch!" ihren Protest gegen eine geplante Wiederaufbereitungsanlage im Landkreis Lüchow-Dannenberg. An der Spitze des zwölf Kilometer langen Demonstrationszuges befand sich der „Treck": 5.000 Menschen aus der betroffenen Region, immerhin ein Zehntel der einheimischen Bevölkerung, die sich bereits eine Woche zuvor mit 350 Traktoren auf den Weg in die niedersächsische Landeshauptstadt gemacht hatten.
Insgesamt gelingt es der Ökologiebewegung, bis 1989 viermal Massenaktionen in dieser Größenordnung zu organisieren. Nach heftigen Auseinandersetzungen auf einer Bundeskonferenz der AtomkraftgegnerInnen im September 1979 in Bochum – Streitpunkt war der Ort der Demonstration: Bonn oder Gorleben –, trafen sich schließlich am 14. Oktober zwischen 100.000 und 150.000[12] zu einem Sternmarsch in der Bundeshauptstadt, um die Stillegung aller atomaren Anlagen zu fordern. Zwei Jahre später, bei der Vorbereitung der für den 28. Februar geplanten Großdemonstration gegen das Atomkraftwerk Brokdorf, plädierte der Vorstand des „Bundesverbandes Bürgerinitiative Umweltschutz (BBU)" für eine Verschiebung auf den 14. März u.a. mit der Begründung: „Großdemo heißt nach Hannover und Bonn eine Beteiligung von mehr als 100.000 Menschen." Und das sei in so kurzer Zeit nicht machbar und wegen Fasching in Süddeutschland auch nicht möglich.[13] Schließlich kam die Aktion doch am 28. Februar zustande. Trotz eines generellen Demonstrationsverbots für die gesamte Wilster Marsch und eines entsprechend massiven Polizeiaufgebots protestierten dort um die 100.000 Frauen und Männer und versuchten bei eisiger Witterung zum festungsartig abgesicherten Bauplatz vorzudringen, was aber nur einem Teil der DemonstrantInnen gelang; eine dort vorgesehene Kundgebung kam nicht zustande. Die letzte Protestaktion der Ökologiebewegung in dieser Größenordnung fand am 14. November des gleichen Jahres in Wiesbaden statt. Anläßlich der Übergabe von über 220.000 Unterschriften für die Einleitung eines Volksbegehrens gegen den Frankfurter Flughafenausbau versammelten sich zwischen 100.000 und 150.000 StartbahngegnerInnen in der Landeshauptstadt zur größten Demonstration in der Geschichte Hessens.
Diese vier Großdemonstrationen zwischen 1979 und 1981 markieren die Höhepunkte und die quantitative Obergrenze von Massenmobilisierung in

der Geschichte der Ökologiebewegung. Zwar kommt es auch in den folgenden Auseinandersetzungen bis Ende der 80er Jahre zu Mobilisierungserfolgen, die in der Größenordnungen allerdings erheblich darunter liegen. Bedeutet Großdemonstration in den drei Jahren bis 1981 noch 100.000 plus X DemonstrantInnen, lautet die Formel, insbesondere ab 1985, nur noch 30.000 plus X.
Die meisten Menschen beteiligen sich an den Aktionen gegen die Wiederaufarbeitungsanlage in Wackersdorf. Zwischen Februar 1985 und Oktober 1988 kamen insgesamt acht Massenveranstaltungen vor Ort oder in München mit über 30.000 TeilnehmerInnen zustande. Die mit 80.000 Menschen weitaus größte Demonstration fand im Rahmen der Ostermarschaktionen im März 1986 statt. An allen übrigen nahmen zwischen 30.000 und 50.000 teil.[14]
Ein vergleichbares Niveau der Massenmobilisierung wurde unmittelbar nach dem GAU in Tschernobyl im April 1986 erreicht. Die Bereitschaft, auf die Straße zu gehen, nahm drastisch zu, diesmal aber nicht während eines Mobilisierungsschubes im Verlauf einer regionalen Teilbewegung des Antiatomprotests wie in Gorleben, Brokdorf oder Wackersdorf, sondern als Reaktion der bundesweiten Gesamtbewegung auf das dramatische Ereignis in der Ukraine. Es kam zu einer Protestwelle im gesamten Bundesgebiet, die in den Maiwochen Massencharakter annahm. Am 11. Mai demonstrierten z.B. in Breisach 25.000 Menschen, zwei Tage später in Hamburg 40.000 für die Stillegung aller Atomanlagen. Am Wochenende 17./18. Mai protestierten in mehreren Städten insgesamt mindestens 40.000; Trier erlebte mit 6.000 TeilnehmerInnen die größte Demonstration in seiner Nachkriegsgeschichte.[15]
Am darauffolgenden Wochenende waren es noch einmal über 50.000, davon allein in Biblis 25.000, die u.a. in Westberlin, Frankfurt, Saarbrücken und Wackersdorf mit Demonstrationen, Menschenketten und einer Autobahngrenzblokade für den sofortigen Ausstieg aus der Atomenergiewirtschaft eintraten.[16]
Außerhalb der Anti-WAA-Bewegung in Wackersdorf und der Protestwelle nach Tschernobyl gibt es zwischen 1982 und 1988 überhaupt nur noch vier Aktionen der Ökologiebewegung mit mehr als 30.000 TeilnehmerInnen.

Am 4. April 1982 versammelten sich 50.000 BürgerInnen im Wyhler Wald zu einer volksfestartigen Kundgebung gegen die 1. Teilerrichtungsgenehmigung für das dort geplante Atomkraftwerk und versprachen der Landesregierung für den Fall des Baubeginns, die Region unregierbar zu machen. Vier Jahre später mobilisierte die norddeutsche Anti-Atomkraftbewegung am 7. Juni 1986 nach Brokdorf, um dort gegen die Inbetriebnahme des inzwischen fertiggestellten Atomkraftwerks zu demonstrieren; 40.000 Frauen und Männer nahmen daran teil. Wurde diese massenhafte Beteiligung in beiden Fällen noch mit einer Veranstaltung an einem einzigen Ort erreicht, gelang das während des Aktionstages gegen die Wiederaufarbeitungsanlage im September 1982 und des Protesttages gegen die Rheinverschmutzung im Dezember 1986 nur noch durch mehrere Aktionen an verschiedenen Orten. Am 4. September 1982 demonstrierten in Gorleben, Regensburg, Frankenberg und Kaiseresch insgesamt über 30.000 Menschen gegen die bis dahin noch an mehreren Standorten geplante Wiederaufarbeitungsanlage bzw. den Bau des atomaren Zwischenlagers. Und am 14. Dezember 1986 beteiligten sich insgesamt zwischen 30.000 und 40.000 an zahlreichen und unterschiedlichen Aktionen, wie Kundgebungen, Demonstrationen, Menschenkette und Brückenblokaden entlang des Rheins gegen die Praktiken der Chemieindustrie.

Friedensbewegung

In einer qualitativ wiederum neuen Dimension von Massenmobilisierung bewegen sich zeitweilig die Aktionen der Friedensbewegung. Höhepunkt ist dabei das Jahr 1983, in dem im Bundestag die Entscheidung, d.h. die Zustimmung der Regierungskoalition zur NATO-Nachrüstung fällt.
Am 22. Oktober, dem Abschlußtag einer „Aktionswoche für den Frieden", gingen im gesamten Bundesgebiet fast 1,5 Millionen Menschen auf die Straße. Allein in Bonn forderten über 500.000 Frauen und Männer: Keine neuen Raketen! Keine NATO-Nachrüstung! Es war die größte Demonstration in der Geschichte der alten Bundesrepublik. Zeitgleich protestierten in Hamburg 400.000 Menschen gegen die Raketen-Stationierung; auch dort war es die größte Demonstration seit Bestehen der Stadt. In Westberlin waren es dann nochmal 150.000 demonstrierende BürgerInnen; und zwischen Stuttgart und Neu-Ulm beteiligten sich 250.000 Menschen an einer 108 Kilometer langen Menschenkette auf der B 10. Anschließend versammelten sich in Stuttgart 250.000 und in Neu-Ulm 150.000 RüstungsgegnerInnen zu einer Kundgebung. Der Friedensbewegung gelingt mit den Aktionen am 22. Oktober 1983 der größte Mobilisierungserfolg der neuen sozialen Bewegungen in der Nachkriegszeit. Er stellt damit – zumindest bis heute – auch die quantitative Grenze des Massenprotests dar.
Dieser Höhepunkt im Oktober 1983 hat seine Vor- und Nachgeschichte. Mit der ersten Großdemonstration von 80.000 bis 100.000 Menschen während des 19. Evangelischen Kirchentages in Hamburg am 20. Juni 1981, die dem offiziellen Kirchentagsmotto „Fürchtet Euch nicht!" die oppositionelle Paro-

le „Fürchtet Euch, der Atomtod bedroht uns alle!" gegenüberstellte, begann die Demonstrationsphase der neuen Friedensbewegung.[17] Zwar wurde auch in den vorausgehenden Jahren immer wieder aus friedenspolitischen Anlässen demonstriert, z.B. gegen die Neutronenbombe oder die Wehrpflicht und insbesondere gegen eine Serie öffentlicher Rekrutengelöbnisse der Bundeswehr 1980 – an der größten dieser Aktionen beteiligten sich am 21. Dezember in Stuttgart ca. 25.000, bei den „Bremer Krawallen" vor dem Weserstadion am 6. Mai desselben Jahres etwa 10.000 Menschen –, aber die breite Mobilisierung der Massen auf den Straßen, die sich bereits vorher in der massenhaften Bereitschaft zur Unterschrift unter den „Krefelder Appell" angekündigt hatte, setzt tatsächlich erst ab Mitte 1981 ein.

Noch auf dem Kirchentag wurde mit der Vorbereitung für die erste zentrale Großdemonstration in Bonn begonnen. Am 19. Juni trafen sich 22 VertreterInnen verschiedener Organisationen, darunter Aktion Sühnezeichen/Friedensdienste, der „Bundesverband Bürgerinitiative Umweltschutz (BBU)", die GRÜNEN, die Jungsozialisten und das „Komitee für Frieden, Abrüstung und Zusammenarbeit (KOFAZ)", aus deren Kreis sich mit der sogenannten „Frühstücksrunde" der Vorläufer des späteren „Koordinationsausschusses" entwickelte.[18]

Am 10. Oktober kamen dann 300.000 Frauen und Männer aus der ganzen Republik nach Bonn, schon das waren mehr DemonstrantInnen als EinwohnerInnen. Mit einer so großen Zahl hatten selbst die VeranstalterInnen nicht gerechnet; erwartet worden waren rund 200.000. Dabei hatte sogar noch der DGB seinen Mitgliedern die organisierte Teilnahme verboten. Alle Daten dieser Protestveranstaltung bedeuteten damals einen Rekord in der Demonstrationsgeschichte Westdeutschlands: Fast 1.000 Gruppen und Organisationen, die nach Bonn aufgerufen und mobilisiert hatten, 2.976 Busse, 41 Sonderzüge der Deutschen Bundesbahn, 2.570 registierte PKW, 700 Motorräder, rund 2.500 Radfahrer, 2.000 offizielle DemonstrationsordnerInnen und schließlich die bis dahin nie erreichte Zahl an Protestakteuren.[19] Aber bereits acht Monate später, am 10. Juni 1982, demonstrierten in Bonn 400.000 gegen den NATO-Gipfel, der zeitgleich in der Bundeshauptstadt im Regierungsviertel tagte; und am darauffolgenden Tag protestierten in Westberlin noch einmal 70.000 gegen den Besuch des US-Präsidenten Ronald Reagan in der Stadt.

Nach 1983 geht sowohl die Anzahl der Friedensaktivitäten als auch die massenhafte Beteiligung bei Protestaktionen wieder zurück. Im September 1984 beteiligten sich am „Menschennetz über dem Fulda-Gap" zum Abschluß einer einwöchigen Manöverbehinderung in Osthessen „nur noch" 50.000 Menschen. Einen Monat später mobilisierte die Friedensbewegung während eines „Aktionstages gegen die Hoch-, Nach- und Weiterrüstung" am 20. Oktober aber noch einmal insgesamt 400.000 zu regionalen Kundgebungen, Demonstrationen und einer Menschenkette. Die Aktionsschwerpunkte waren dabei Hamburg (80.000), Stuttgart (70.000), Bonn (80.000) und eine Menschenkette zwischen Hasselbach und Duisburg mit 150.000 TeilnehmerInnen.[20] 1985 gab es keine Massenaktionen dieser Größenordnung. Erst im Oktober des darauffolgenden Jahres demonstrierten wieder 180.000 bis 200.000 in Hasselbach – ein Standort der Marschflugkörper Cruise Missiles – gegen die Stationierung weiterer Atomwaffen und für eine weltweite Abrüstung. Es war die größte Demonstration der Friedensbewegung außerhalb Bonns. Sie habe klargemacht, so der Sprecher des „Koordinationsausschusses" Andreas Zumach, daß das „Geunke, die Friedensbewegung sei tot, nicht stimmt".[21] Dennoch: Die Kraft, wirklich große Massen zu mobilisieren, und die Bereitschaft, sich an Großdemonstrationen zu beteiligen, hatte deutlich nachgelassen. Im Juni 1987 gelang es in Bonn, ein letztes Mal eine Friedensdemonstration mit über 100.000 TeilnehmerInnen zu organisieren. Zwei Jahre später, im Juni 1989, waren es geradeaml noch 4.000 Menschen, die friedensbewegt durch die Hauptstadt zogen; im September löste sich der „Koordinationsausschuß" auf.

Noch deutlicher ist die Entwicklung des Mobilisierungsgrades der Friedensbewegung bei den ab 1982 wieder reaktivierten Ostermärschen sichtbar. In allen Quellenangaben über die Zahl der Beteiligten ist deren Verlauf – allerdings auf unterschiedlichem Niveau – tendenziell gleich: steiler Anstieg und Höhepunkt bis 1983, danach kontinuierlicher Rückgang. Unterschiede ergeben sich dabei nur in der Geschwindigkeit des Verlusts an Mobilisierungskraft. In den amtlichen Angaben sinkt die Zahl der DemonstrantInnen bereits 1985 unter das Ausgangsniveau des Jahres 1982, in den Daten der „Informationsstelle Ostermarsch" geschieht dies erst ein Jahr später, bei Leif sogar erst 1988.

Gewerkschaften

Auch die Gewerkschaften, der DGB und insbesondere die IG Metall, nutzen in den 80er Jahren wieder verstärkt die Straße als Medium zur Vertetung ihrer Interessen. War und ist der Streik zwar die klassische Hauptform und schärfste Waffe gewerkschaftlicher Kampfmaßnahmen, so ist jetzt doch das Bemühen deutlich, den Protest aus den Betrieben herauszutragen und ihn im öffentlichen Raum zu artikulieren. Deutlich wird dies in der Arbeitskampf-

strategie der „neuen Beweglichkeit", bei der es darum geht, den Warnstreik mit Demonstrationen, Kundgebungen und anderen öffentlichkeitswirksamen Aktionen zu verbinden. Aber auch außerhalb regulärer Tarifauseinandersetzungen wird zu entsprechenden Protestformen gegriffen.
Als im Nobember 1981 70.000 IG-MetallerInnen durch die Stuttgarter Innenstadt zogen, war dies der Beginn des offenen Protests gegen die zu diesem Zeitpunkt noch sozialliberale Sparpolitik. Ein Jahr später, nach dem Regierungswechsel in Bonn, versammelten sich Ende Oktober/Anfang November bei einer Reihe von Großkundgebungen in mehreren Städten ca. 500.000 GewerkschafterInnen. Hamburg erlebte mit 80.000 DemonstrantInnen die größte Gewerkschaftsdemonstration seit mehr als 20 Jahren, Dortmund mit 100.000 und Stuttgart mit 150.000 TeilnehmerInnen sogar die größte seit 1945. Thematisiert wurden dabei Arbeitslosigkeit und soziale Demontage, Ausländerfeindlichkeit und Rüstungswahnsinn. Insgesamt ging es gegen „die Wende", gegen eine befürchtete „Wende in die 50er Jahre". Dieser große Mobilisierungserfolg und erste Mobilisierungshöhepunkt der 80er Jahre dürfte zwar nicht in erster Linie, aber doch auch der Ablösung der sozialdemokratisch geführten Bundesregierung durch die christlich-liberale Koalition zu verdanken gewesen sein. Der Adressat des Protests „stimmte" wieder. Die Massenarbeitslosigkeit bleibt das Kernthema des gewerkschaftlichen Protests. Das äußert sich zum einen in Aktionen gegen Betriebsstillegungen in krisengeschüttelten Industriesektoren. In Hattingen demonstrierten z.B. im September 1983 12.000 von 16.000 EinwohnerInnen gegen die beabsichtigte Schließung des Stahlwerks. Im gleichen Monat protestierten in Bonn 130.000 Stahl- und Werftarbeiter – immerhin fast jeder zweite Beschäftigte dieser Branchen[22] – gegen die Wirtschaftspolitik der neuen Bundesregierung und die Sanierungspläne der Industrie. Vier Jahre später, im Dezember 1987, kam es in der Auseinandersetzung um die drohende Schließung der Krupp-Hütte in Duisburg-Rheinhausen zu einer breiten regionalen Massenmobilisierung. Mit Kundgebungen, Demonstrationen, Straßenbesetzung und Rheinbrückenblockaden legten mehrere tausend streikende Arbeiter den Verkehr im Ruhrgebiet lahm.

Auch die großen Tarifkämpfe der Jahre 1984 und 1987 für die Verkürzung der Arbeitszeit wurden u.a. als Kampf gegen die Massenarbeitslosigkeit geführt. Während des siebenwöchigen Streiks der IG Metall und der IG Druck und Papier 1984 erzielten die Gewerkschaften ihren größten Mobilisierungserfolg. Am 28. Mai demonstrierten in Bonn mehr als 200.000 für die 35-Stunden-Woche und gegen die Entscheidung der Bundesanstalt für Arbeit, kein

Kurzarbeitergeld mehr für „kalt" Ausgesperrte zu bezahlen. Zu diesem von sechs Sammelstellen ausgehenden Sternmarsch in die Bonner Innenstadt hatte die IG Metall aufgerufen und dafür ca. 3.000 Busse und 55 Sonderzüge eingesetzt. Es war die größte Gewerkschaftsdemonstration in Westdeutschland.

Ausdrücklich als „Signal" gegen die unsoziale Regierungspolitik beschloß der DGB im Juni 1985 eine Aktionswoche gegen Arbeitslosigkeit und Sozialabbau für den Herbst des Jahres. Sie sollte gleichzeitig eine „Warnung" für die Bundesregierung darstellen, ihre Pläne zur Änderung des Paragraphen 116 „Arbeitsförderungsgesetz (AFG)" weiter zu verfolgen. Rund 600.000 GewerkschafterInnen nahmen am 19. Oktober an Demonstrationen und Kundgebungen in 17 Städten zum Abschluß der Aktionswoche teil, die größte davon in Dortmund mit allein rund 130.000 Menschen. 1986 kam es schließlich zur offenen Auseinandersetzung um den „Streik-Paragraphen". Bereits Anfang Februar führten laut DGB über eine Million ArbeitnehmerInnen anläßlich einer Sondersitzung des Deutschen Bundestages zum Paragraphen 116 innen- und außerbetriebliche Aktionen gegen dessen beabsichtigte Verschärfung durch. Während Ernst Breit diesen Mobilisierungserfolg als „Volksbewegung" gegen die umstrittene Gesetzesänderung bewertete, bestritt Otto Esser, Präsident der „Bundesvereinigung der Arbeitgeberverbände", die gewerkschaftlichen Angaben über die Protestbeteiligung.[23] Und noch einmal, am 6. März, zwei Wochen vor der entscheidenden beschlußfassenden 3. Lesung des Bundestages, organisierte der DGB Protestaktionen und regionale Großkundgebungen in über 200 Städten. Auch diesmal folgten mehrere 100.000 Beschäftigte, zum Teil während der Arbeitszeit, dem Ruf ihrer Organisation und gingen auf die Straße.

Alljährlicher Mobilisierungshöhepunkt der Gewerkschaften ist der 1. Mai. Im gesamten Bundesgebiet finden, zum Teil schon am Vorabend, dezentrale Veranstaltungen statt, die organisationsintern in vier Arten unterschieden werden: Saalveranstaltungen mit und ohne vorherigen Umzug sowie Freiluftveranstaltungen mit und ohne Umzug.[24] Zwischen 1979 und 1983 waren davon rund 70 Prozent ausschließliche Saalveranstaltungen, 24 Prozent Kundgebungen unter freiem Himmel und 17 Prozent Demonstrationen. Die Anzahl der GesamtteilnehmerInnen schwankte zwischen 1979 und 1989 zwischen 464.000 (1983) und 820.000 (1986), die Mobilisierung war in der zweiten Hälfte der 80er Jahre erfolgreicher als in der ersten, in diesem Zeitraum beteiligten sich im Durchschnitt rund 680.000 Menschen an den Aktivitäten des DGB zum 1. Mai. Leider ist aus dem Datenmaterial nicht ersichtlich, wieviele GewerkschafterInnen bundesweit speziell zu den Demonstrationen und

Umzügen kamen. Nach einer stichprobenartigen Auswertung der letzten Berichtsbögen aus dem Jahre 1983 fanden sich 68 Prozent der GesamtteilnehmerInnen aller Maiveranstaltungen zu den Demonstrationen ein. Die größten Demonstrationen, an denen sich über die Jahre kontinuierlich zwischen 20.000 und 50.000 Menschen beteiligten, fanden in Westberlin und Hamburg statt; aber auch in anderen Städten wurden schon mal über 10.000 GewerkschafterInnen registriert[25], insbesondere dann, wenn dort die zentrale DGB-Veranstaltung stattfand.

Frauenbewegung

Im Vergleich mit den Mobilisierungshöhepunkten der Ökologie- und Friedensbewegung sowie der Gewerkschaften, ist die Zahl der Beteiligten bei öffentlichen Protestaktionen der Frauenbewegung sehr gering. Das liegt aber nicht am mangelnden Engagement, schließlich demonstrierten Frauen ja zu Zehn- und Hunderttausenden gegen die NATO-Nachrüstung oder in Brokdorf und Wackersdorf. Die Aktivitäten der neuen Frauenbewegung zielen aber in erster Linie nicht auf eine anti-institutionelle oder anti-etatistische Aktionspolitik der Straße als vielmehr auf eine Projektpolitik autonomer Selbsterfahrung und Selbsthilfe (z.B. Frauenzentren, Frauenhäuser für mißhandelte Frauen, Informations- und Beratungsstellen zu Fragen im Zusammenhang mit Sexualität, Verhütung und Schwangerschaftsabbruch) sowie auf die Entwicklung einer feministischen Kultur (u.a. die Gründung von Frauenzeitschriften, -verlagen und -buchläden, die Kritik patriarchalischer Wissenschaft an den Universitäten, die Organisation von Frauenseminaren und die Durchsetzung von Frauenforschung – erinnert sei beispielsweise an die seit 1976 mehrmalig veranstaltete Westberliner „Sommer-Universität" – sowie die vielfältigen Arbeiten feministischer Künstlerinnen).
Die größten Mobilisierungserfolge in der Geschichte der Bundesrepublik erzielte die Frauenbewegung in der ersten Hälfte der 70er Jahre in der Auseinandersetzung um den Paragraphen 218. Beispielsweise demonstrierten im Juni/Juli 1971 in ca. 30 Groß- und Kleinstädten Hunderttausende von Frauen (zum Teil auch Männer) für das Selbstbestimmungsrecht in der Abtreibungsfrage.[26] Auch in den 80er Jahren protestierten Frauen immer wieder gegen den geltenden Abtreibungsparagraphen bzw. seine befürchtete und von bestimmten politischen Kräften auch beabsichtigte Verschärfung. An der größten Paragraph 218-Demonstration dieser Jahre beteiligten sich im Februar 1983 – nach dem Regierungswechsel in Bonn – in Karlsruhe 8.000 Frauen.[27] Zwei Jahre später, zum 10. Jahrestag des Bundesverfassungsgerichtsurteils[28],

riefen 33 Frauengruppen und Organisationen unter dem Motto „Für das Selbstbestimmungsrecht der Frau! Weg mit dem Paragraph 218!" zu einer zentralen Demonstration in Köln auf, an der 2.000 bis 5.000 Frauen teilnahmen.[29] 1988 versammelten sich in Memmingen 2.000 Frauen, um ihre Empörung über den Prozeß gegen den Frauenarzt Dr. Theißen zum Ausdruck zu bringen.[30]

Als am 12. Mai 1984 rund 10.000 Frauen, auch „zahlreiche Männer"[31], mit ohrenbetäubendem Lärm, mit Kochgeschirr und Schrubbern, mit Trillerpfeifen und Trompeten gegen die Frauenpolitik der Bundesregierung durch die Bonner Innenstadt zogen („Aktion Muttertag"), war das die größte von Frauen organisierte Protestaktion der 80er Jahre. An einer zweiten „Muttertagsdemonstration" ein Jahr später, beteiligten sich nur noch 5.000 Frauen.[32]

Seit dem 30. April 1977 fanden in verschiedenen Städten Westdeutschlands immer wieder in der Walpurgisnacht Frauendemonstrationen gegen männliche „Anmache" und Gewalt statt. Aber auch in Großstädten wie Westberlin, Frankfurt oder Hamburg kamen nie mehr als 4.000 Frauen zusammen, wenn es hieß: „Wir erobern uns die Nacht zurück". Tendenziell ging die Zahl der Teilnehmerinnen bei Frauendemonstrationen gegen Ende der 80er Jahre leicht zurück.

Sowohl in der Ökologie- als auch in der Friedensbewegung engagierten sich Frauen in autonomen Zusammenhängen und organisierten eigene Aktionen. Erinnert sei z.B. an das internationale Frauentreffen in Gorleben an Ostern 1980, an dem sich 5.000 Frauen beteiligten.[33] Bei der sogenannten „1. Hebammen-Demonstration gegen Atomenergie" nach dem GAU in Tschernobyl im Mai 1986, gingen in Westberlin rund 10.000 Erwachsene, überwiegend Frauen, und 3.000 Kinder auf die Straße.[34] Ein Jahr später trafen sich 5.000 Frauen auf dem Wackersdorfer Marktplatz zur „Weißen-Demo" am Tschernobyl-Jahrestag.[35]

Mit dem Aufruf „Frauen in die Bundeswehr? Wir sagen NEIN!" vom Mai 1979 begann in der Bundesrepublik eine neue Frauenfriedensbewegung. Bereits am darauffolgenden Anti-Kriegstag, dem 1. September, demonstrierten 2.000 Frauen in Hamburg gegen eine Einbeziehung in das Militär. Zwei Wochen später fand in Köln der erste von der Zeitschrift „Courage" organisierte „Anti-Militär- und Anti-Atomkongreß der Frauenbewegung" mit 500 Teilnehmerinnen statt.[36] Im März 1981 forderten 3.000 Frauen bei einem Friedensmarsch zum NATO-Stützpunkt Ramstein „Schluß mit den (atomaren) Kriegsspielen der Männer!".[37] Mobilisierungshöhepunkt der Frauenfriedensbewegung ist der „Widerstandstag der Frauen" während der Aktionswoche im Herbst 1983. In der ganzen Bundesrepublik nahmen insgesamt 30.000

Frauen an Frauendemonstrationen, -kundgebungen und -ketten mit Musik, Tanz und Straßentheater, mit Masken und Pantomime teil.[38]
Zweierlei ist für die eigenständigen Protestaktionen der Frauenbewegung festzuhalten. Zum einen sind ihre Mobilisierungsspitzen im Vergleich mit der Ökologie- und Friedensbewegung sowie den Gewerkschaften anders dimensioniert. Sie bemessen sich nicht nach Hunderttausenden, 10.000 demonstrierende Frauen sind die Obergrenze und Ausnahme, meist sind es nur einige hundert oder wenige tausend. Zum zweiten ist aber schon in den wenigen Beispielen deutlich geworden, daß das Spektakuläre frauenspezifischen Protests nicht in seiner quantitativen Seite besteht; das Aufsehenerregende ist nicht die große Zahl, sondern die andere Qualität, eine nicht nur einfach um Nuancen verschobene andere Art und Weise des Demonstrierens.

Aktionsform und Masse

Die Dimensionen der Massenmobilisierung und ihrer Höhepunkte variieren aber nicht nur zwischen den verschiedenen sozialen (Teil-)Bewegungen und ihren jeweiligen Entwicklungsphasen, sondern auch zwischen den unterschiedlichen Aktionsformen und deren Konjunkturen. Allgemein läßt sich sagen: An demonstrativen Aktionen nehmen größere Massen teil als an direkten, an gewaltfreien mehr als an gewaltsamen.
Mit der Festlegung auf eine Aktionsform ist auch das unterschiedliche Niveau der Beteiligung präjudiziert. Das hängt zum einen unmittelbar zusammen mit dem Charakter der unterschiedlichen Protestformen, mit ihrem differenten Wirkungsmechanismus. Während demonstrative Aktionen auf das Mittel der Überzeugung setzen und lediglich an die Öffentlichkeit und die politischen Instanzen appellieren, wenden sich direkte Aktionen unmittelbar gegen den Konfliktgegner und drohen diesem einen mehr oder weniger großen Schaden an; ihr Eskalationspotential ist größer und leichter entzündbar als das der demonstrativen Aktionen. Je nach Aktionsform droht daher ein unterschiedlicher Grad an persönlichem Unbill und eventuellem Schaden. So ist beispielsweise bei einer Blockadeaktion die Chance, unliebsame Erfahrungen mit der Polizei zu machen, ungleich höher, als bei einer Kundgebung, der physische und psychische Aufwand während der Besetzung eines Bauplatzes wesentlich größer, als bei einer Demonstration, und das Risiko, verhaftet und kriminalisiert zu werden, multipliziert sich auf einer verbotenen Protestveranstaltung gegenüber einer genehmigten um ein vielfaches. Die Menschen, die sich an direkten Aktionen beteiligen, müssen also bereit sein,

mehr zu investieren. Neben Zeitaufwand, Aktionsstreß, drohender Kriminalisierung usw., steht dabei die Frage der körperlichen Unversehrtheit im Mittelpunkt. Auch wenn eine Aktion gewaltfrei geplant und durchgeführt wird, weiß niemand im voraus, ob sich die Polizei, die in der Regel zwar nicht der politische Gegner ist, aber für die konkrete Konfliktaustragung vor Ort über die staatliche Machtkontrolle verfügt, ebenso verhält. Das Risiko, körperlich beschädigt zu werden, kann zwar auch bei demonstrativen Aktionen nicht ausgeschlossen werden, aber es ist normalerweise geringer. Direkte Aktionen dagegen verlangen auch in ihrer gewaltfreien Form eine höhere Risikobereitschaft. Je nach individueller Betroffenheit und Haltung, nach politischer Überzeugung und Temperament ist der/die eine dazu bereit, der/die andere nicht.

Mit der Wahl der Protestform ist aber nur eine potentielle Dimension der Massenmobilisierung vorentschieden. Sowohl bei den demonstrativen als auch bei den direkten Aktionen besteht ein Unterschied zwischen ihren Möglichkeiten und deren Realisierung. Mit wieviel TeilnehmerInnen gerechnet werden kann, und wieviele dann schließlich kommen, hängt von vielen Faktoren ab. Neben den allgemeinen gesellschaftlichen Rahmenbedingungen und der konkreten Eskalationsstufe des politischen Konflikts spielen auf seiten der sozialen Bewegung ihre personelle Basis und deren Sozialstruktur sowie ihre thematischen Ziele eine bedeutende Rolle. Haben sich die Bewegungsaktivistlnnen für eine spezifische Form des Protests entschieden und dazu aufgerufen, findet in der Öffentlichkeit ein Wettstreit um die Beteiligung der Menschen statt. Die Mobilisierungsfähigkeit einer Bewegung, die ganz entscheidend von der Qualität ihrer Organisations- und Vernetzungsstruktur abhängt, muß sich dann in der symbolischen und realen Auseinandersetzung um die Legitimation und manchmal auch um die Legalität einer Aktion mit dem Konfliktgegner, dem Staatsapparat und den Medien erweisen. Hier entscheidet sich letztlich, ob das quantitative Protestpotential ausgeschöpft werden kann, oder ob der Protest hinter seinen kräftemäßigen Möglichkeiten zurückbleibt.

Demonstrative Aktion

Die größten Möglichkeiten der Massenmobilisierung weisen unter bestimmten Bedingungen die Aktionsformen offene Kundgebung und friedliche Straßendemonstration auf, an denen sich, wie im letzten Abschnitt für die einzelnen sozialen Bewegungen gezeigt wurde, die meisten Menschen in der Bundesrepublik beteiligt haben. In den 80er Jahren wurde nun mit der Menschenkette und ihren Variationen eine dritte Form des demonstrativen Protests „erfunden" und popularisiert, in der riesige Menschenmassen ihrem kollektiven Widerspruch Ausdruck verleihen können.

Die größte Menschenkette, an der sich auf einer Strecke von 108 Kilometern 250.000 Menschen beteiligten, reicht im Oktober 1983 von Neu-Ulm bis Stuttgart. Die längste Menschenkette findet ein Jahr später zwischen Hasselbach und Duisburg statt. Den 150.000 TeilnehmerInnen gelingt es aber nicht, die Kette auf der gesamten Distanz von 210 Kilometern durchgehend zu schließen; es bleiben Lücken. Bereits im September des gleichen Jahres spannten 50.000 Frauen und Männer ein sogenanntes Menschennetz über dem Fulda Gap auf. Im Dezember 1986 wird von verschiedenen Organisationen der Ökologiebewegung im Rahmen eines Rhein-Tribunals gegen die Politik und die Praktiken der Chemiekonzerne eine 40 Kilometer lange Menschenschlange zwischen den Baseler Rheinbrücken und dem südlich von Breisach gelegenen Städtchen Neuenburg organisiert, an der 15.000 BürgerInnen teilnehmen. Und im Februar 1988 ruft die IG Metall zu einer Menschenkette von 73 Kilometern Länge durch das Ruhrgebiet auf, zu der 80.000 kommen.

Andere symbolisch-expressive Aktionen zielen nicht in erster Linie auf eine hohe Beteiligung. So imponieren z.B. Schweigekreise und Mahnwachen nicht durch die große Zahl, sondern durch eine andere Haltung der TeilnehmerInnen. Durch sie will man das Publikum überzeugen. Auch bei den Aktionsformen Rollenspiel und Protesttheater ist den Akteuren die szenische Darstellung und Dramaturgie wichtiger als die Zahl der teilnehmenden Personen.

Demonstrationen, Kundgebungen und Menschenketten lassen also die größten Menschenansammlungen erwarten; in ihren Spitzen bemessen sich die beteiligten Massen nach Hunderttausenden. Eine politische Strategie des kollektiven Widerspruchs, deren entscheidender Gesichtspunkt Überzeugung und nicht Schadensandrohung und Zwang ist, wird diese demonstrativen Aktionsformen deshalb immer wieder in den Vordergrund rücken. Historisch-empirisch ist dies in allen neuen sozialen Bewegungen der Bundesrepublik seit Anfang der 70er Jahre nachweisbar.

Direkte Aktion

Die Beteiligung an direkten Aktionen bewegt sich in weitaus geringeren Dimensionen. Verweigerungen, Behinderungen, Besetzungen und Zerstörungen zielen nun in erster Linie auch nicht auf eine massenhafte Ausdehnung des Protests sondern auf seine Intensivierung. Dann wird oft von Widerstand gesprochen. Obwohl bekannt ist, daß der Schritt von demonstrativen zu direkten Aktionen auf Kosten einer breiten Massenmobilisierung geht, wird dies in Kauf genommen, weil die Schraube des kollektiven Widerspruchs um einige Umdrehungen weitergetrieben werden soll. Das Kalkül lautet nun: Lieber weniger, aber dafür um so entschiedener. Dennoch ist das Interesse an einer Vielzahl von AktivistInnen nicht durchweg ausgeblendet. Auch bei den meisten direkten Aktionen wäre es den Akteuren nicht unlieb, würden ihnen viele folgen, aber die Erfüllung dieser implizit und manchmal auch explizit vorhandenen Erwartung wird oftmals in eine mehr oder weniger weit ausgelegte Zukunft projiziert. Selbst VerfechterInnen gewaltsamer direkter Aktionen hoffen auf eine zukünftige „Massenmilitanz". Konkret: Wieviele Menschen beteiligen sich an direkten Aktionen?

Verweigerungen

Die weitaus größte Beteiligung weist auch hier die Straßendemonstration auf. Sie ist ja nicht per se eine demonstrative Aktionsform, vielmehr kommt es auf den Konfliktkontext und die strategische Absicht der Akteure an. Raschke hat am Beispiel der Kundgebung verdeutlicht, wie sich der Charakter einer Aktionsform verändern kann: Als Wahlkampfkundgebung ist sie intermediär, als Protestkundgebung demonstrativ, und verbunden mit einem Ultimatum ist sie direkt.[39]
Verbotene und dennoch durchgeführte Demonstrationen sind als direkte Aktionen einzuordnen. Indem sich die Protestakteure weigern, einem Verbot oder einer von ihnen als unzumutbar empfundenen polizeilichen Auflage Folge zu leisten, verletzen sie bewußt die herrschende Legalität. Mit ihrem illegalen, unter Umständen aber durchaus legitimen Schritt auf die Straße, drohen sie dem Staat Nachteile an: Entweder die verbotene Demonstration wird nun in der Praxis geduldet – das kann zu einem Gesichtsverlust der politischen und exekutiven Instanz führen –, oder das Verbot wird mit staatlichen Zwangsmitteln durchgesetzt – dann kann unter Umständen auch der Polizeieinsatz enormen Schaden nach sich ziehen (materielle Kosten, Imageverlust durch Gewaltanwendung usw.). Wie auch immer, das Risiko, sich an einer nicht genehmigten Demonstration zu beteiligen, ist erheblich.
Die größte unter Verbotsbedingungen durchgeführte Demonstration war die bereits erwähnte Brokdorf-Demonstration am 2. März 1981 mit rund 100.000 TeilnehmerInnen. Bereits deutlich weniger, aber immerhin noch 30.000 demonstrierten am 7. Juni 1986 trotz Verbot zum Bauzaun der geplanten Wiederaufarbeitungsanlage in Wackersdorf.[40] Das Landratsamt Schwandorf

hatte zuvor eine demonstrationsfreie Sperrzone von fünf Kilometern rund um das Baugelände angeordnet, was von der 8. Kammer des Verwaltungsgerichts Regensburg bestätigt und zwei Jahre aufrechterhalten wurde. Auch am 10. Oktober 1987 demonstrierten nach einer Kundgebung in Wackersdorf 30.000 Menschen verbotenerweise zum Bauzaun.[41] Bis dort im Oktober 1988 wieder eine Demonstration genehmigt wurde, beteiligten sich zeitweilig Tausende an Versuchen, zum Baugelände vorzudringen. In anderen Auseinandersetzungen betrug die Anzahl derjenigen, die ein lokal und zeitlich begrenztes Demonstrationsverbot (Berlin während des „Häuserkampfes" 1981, Frankfurt nach dem Tod von Günter Sare im Oktober 1985) durchbrachen, ebenfalls einige Tausend.

Die Bereitschaft, sich an einer Demonstration als direkter Aktion zu beteiligen, ist selbst in der zugespitzten Form der verbotenen Demonstration noch relativ hoch und führt in Ausnahmefällen sogar zu großen Massenversammlungen. Bei Behinderungs- und Besetzungsaktionen sieht das anders aus.

Behinderungen

Der überwiegende Teil der Behinderungsaktionen wird sowohl in der Ökologie- als auch in der Friedensbewegung nicht von Massen, sondern von überschaubaren Gruppen organisiert. Dennoch gibt es vereinzelte Blockaden, bei denen von einer massenhaften Beteiligung gesprochen werden kann, aber ihre Größenordnung ist bescheidener.
In der Ökologiebewegung kommt es früher zu Blockadeaktionen, als in der Friedensbewegung. Als im März 1979 in Gorleben die ersten Flachbohrungen begannen, versuchten zwischen 50 und 100 AtomkraftgegnerInnen mit Sitzblockaden mehrmals die Zufahrtswege für die Bohrfahrzeuge zu sperren, und Lüchow-Dannenberger Bauern organisierten eine Treckerblockade.[42] In allen regionalen Großkonflikten – von Gorleben bis Wackersdorf – fanden solche und/oder ähnliche (Klein-)Gruppenaktionen bei Bohr-, Rodungs- oder weitergehenden Bauarbeiten statt. Den Charakter einer Massenveranstaltung hatten bis 1984 jedoch nur die Bahnhofs- und Flughafen-Blockade 1981 in Frankfurt. Nach der Räumung des Hüttendorfes am 2. November blockierten rund 7.000 Menschen den gesamten Zugverkehr für zwei Stunden.[43] Am 15. November beteiligten sich bis zu 10.000 StartbahngegnerInnen an der Blockade des Frankfurter Flughafens[44]; es war die größte Blockadeaktion der 80er Jahre.
Erst nach dem Höhepunkt der Friedensbewegung 1983 und der damit einhergehenden Popularisierung zivilen Ungehorsams kam es auch im Rahmen des

ökologischen Protests erneut zu großen Blockadeaktionen. Ende April 1984 beteiligten sich, trotz eines Versammlungsverbots für den gesamten Landkreis Lüchow-Dannenberg, bis zu 5.000 Menschen an der sogenannten „Wendlandblokade".[45] Am 9. Oktober des gleichen Jahres behinderten 1.500 Frauen und Männer mit Hunderten von Straßensperren und 30 größeren Blockaden den 2. Atommülltransport aus dem Atomkraftwerk Stade zum Zwischenlager in Gorleben.[46] Ebenfalls dort blockierten im Mai 1986 5.000 bis 6.000 AtomkraftgegnerInnen während des sogenannten „Endlagerspektakels" die zum End- und Zwischenlager führenden Straßen.[47] Im selben Monat nahmen aus Protest gegen die beabsichtigte Netzschaltung des Atommeilers in Cattenom (Frankreich) 5.000 Menschen an einer mehrstündigen Blockade des Saarbrückener Grenzübergangs „Neue Bremm" auf der Autobahn A6 nach Frankreich teil.[48] Im März 1987 riefen die „Gewaltfreien Aktionsbündnisse" im Rahmen einer „Stade-Kampagne" unter der Forderung nach „sofortiger Stillegung des Schrottreaktors" zur Blockade des dortigen Atomkraftwerks auf. Über 1.000 Menschen bauten zum Teil meterdicke Barrikaden und blockierten beide Werkstore über mehrere Stunden, bis kurz vor dem offiziellen Ende der Aktion am späten Nachmittag über 700 Polizisten mit Schlagstock- und Tränengaseinsatz die Blockade auflösten.[49]

Zwar kommt es auch in der Friedensbewegung schon vor 1982 zu vereinzelten Blockadeaktionen, aber sie sind die Ausnahme, und die Beteiligung ist gering. So blockierten z.B. im Sommer 1981 dreizehn aneinandergekettete Frauen und Männer für 24 Stunden das Haupttor der Eberhard-Finckh-Kaserne bei Großengstingen auf der Schwäbischen Alb. Die erste größere Aktion dieser Art, die später oft als „Modellfall" gehandelt wurde, organisierten im August 1982 verschiedene Friedensgruppen ebenfalls in Großengstingen. Eine Woche lang wollten die angemeldeten Bezugsgruppen – Einzelpersonen und spontane Gruppen waren von der Teilnahme ausgeschlossen – während einer Friedenswoche die Verbindungsstraße zwischen der Kaserne und einem Atomwaffenlager blockieren. An dieser Blockade beteiligten sich ca. 850 in 50 Bezugsgruppen organisierte RüstungsgegnerInnen; fast 400 wurden dabei von der Polizei weggetragen, und die zuständige Staatsanwaltschaft eröffnete gegen sie Verfahren wegen angeblicher Nötigung.[50] Noch im selben Jahr fanden anläßlich des 3. Jahrestages des NATO-Doppelbeschlusses am 12. Dezember an über zwanzig Orten Blockaden vor geplanten Raketenstandorten, Waffendepots und Militäreinrichtungen mit insgesamt etwa 3.300 TeilnehmerInnen statt.[51]

Bis Ende der 80er Jahre organisierten AktivistInnen der Friedensbewegung immer wieder gewaltfreie Blockade- und Behinderungsaktionen, allerdings mit geringer Beteiligung. Als Beispiel seien genannt: Die Blockaden der Munitionstransporte zwischen Nordenham und Hude in der Wesermarsch im Juni 1984 (wenige hundert)[52] und Juni 1985 (weniger als das Jahr zuvor)[53], die „Senioren-Blockade" in Mutlangen vom 8. bis 10. Mai 1986 (insgesamt 300)[54], die „Frauentor- und Fließblockade" in Hasselbach am 20. und 21. November 1986 (an beiden Tagen jeweils knapp über 200)[55], die „Richter-Blokkade" in Mutlangen im Januar 1987 (25 RichterInnen)[56], die Blockade des Regierungsbunkers in Dernau aus Anlaß der Wintex-Cimex-Übung der NATO im März (40)[57], erneut eine Blockade in Hasselbach im Mai (150)[58] und schließlich die Blockade der Baustelle einer geplanten NATO-Kommandozentrale in Limnich-Limbach im November 1988 (etwas mehr als 100)[59]. Allein im Herbst 1983 und im September 1984 gelang es der Friedensbewegung, Menschen in größerem Umfang für Blockadeaktionen zu mobilisieren. In Bremerhaven beteiligten sich am 13. Oktober bis zu 5.000 TeilnehmerInnen an der Hafenblockade.[60] An den verschiedenen Tagen der als Höhepunkt der Anti-Nachrüstungskampagne gedachten Friedenswoche fanden mehrere solcher direkten Aktionen statt. Am 16. Oktober ließen sich nach einer Umzingelung der Andrews Barracks in Westberlin ca. 1.700 der insgesamt 8.000 Akteure auf den Zufahrtswegen der Kaserne nieder.[61] Zwei Tage später blockierten in Freiburg 1.000 AntimilitaristInnen ab sechs Uhr morgens die fünf Zugänge zum Betriebsgelände der Rüstungsfirma Litef.[62] Am 21. Oktober kam es zu drei Blockaden: einmal in Hamburg-Blankenese vor der Bundeswehr-Führungsakademie mit 2.000 und zweimal in Bonn, vor dem Verteidigungsministerium mit 3.000 und dem Ministerium für wirtschaftliche Zusammenarbeit mit 500 TeilnehmerInnen.[63] Die größte Blockadeaktion der Friedensbewegung war die sogenannte „Springer-Blockade" in Hamburg. Nach der „Volksversammlung für den Frieden" am 21. Oktober, dem Abschlußtag der Aktionswoche, beteiligten sich zwischen 15.000 und 20.000 Menschen an einer Demonstration „gegen die Kriegshetze des Springerkonzerns". Aus dieser Demonstration heraus versammelten sich an zehn Blockadepunkten rund um das von der Polizei abgesperrte Springer-Verlagsgelände rund 7.000 BlockiererInnen, denen es trotz zum Teil massiven Wasserwerfer- und Schlagstockeinsatzes der Polizei gelang, die Auslieferung der „BILD am Sonntag" vier Stunden lang zu behindern.[64] Am Tag der Bundestagsdebatte über den NATO-Nachrüstungsbeschluß blockierten 2.000 Menschen die Heussallee vor dem Bundeskanzleramt.[65] Die letzte derartige Großaktion der Friedensbewegung fand mit der Behinderung der NATO-Herbstmanöver im September 1984 statt, woran allein im Raum Hildesheim 5.000 Frauen und Männer teilnahmen.[66]

Besetzungen

Zu einer massenrelevanten Besetzung kommt es nur bei der Platzbesetzung in Gorleben, Frankfurt und Wackersdorf. Bei dieser Aktionsform muß unterschieden werden zwischen denen, die am Anfang das Objekt in Besitz nehmen, jenen, die sich dann anschließend dort ständig aufhalten, und jenen, die sich schließlich der polizeilichen Räumung in den Weg stellen. Nur während des dritten Hüttendorfes in Wackersdorf ist die Beteiligung bei der Räumung größer als bei der Besetzung. Die Zahl der DauerbesetzerInnen ist gering.

Als im Februar 1980 die ersten Überlegungen für eine Besetzung der nächsten Tiefbohrstelle im Landkreis Lüchow-Danneberg kursierten, hieß es in einem Diskussionsvorschlag aus Gorleben: „Wir würden die Besetzung für sinnvoll halten, wenn 3.000 bis 5.000 Leute sich über die ersten vier Wochen bereit-erklären würden, die Aktion zu tragen."[67] Drei Wochen später wurde in einem anderen Aktionspapier die Frage aufgeworfen, „wie wir uns auf einer Zahl zwischen 500 und 1.000 halten können".[68] Tatsächlich besetzten am 3. Mai 5.000 Frauen und Männer die Tiefbohrstelle 1004, riefen die „Freie Republik Wendland" aus und begannen unverzüglich mit dem Aufbau eines Anti-Atomdorfes. Während der Besetzung bis zum 4. Juni, hielten sich durchschnittlich etwa 300 DorfbewohnerInnen auf dem Gelände auf, an den Wochenden waren es weitaus mehr.[69] Nur über Pfingsten kamen bis zu 10.000 Menschen während einer kulturpolitischen Veranstaltung im „Freien Wendland" zusammen. Als am 4. Juni zwischen 8.000 und 15.000 Polizei- und Bundesgrenzschutzbeamte damit begannen, die Tiefbohrstelle zu räumen, versuchten ca. 2.000 bis 3.500 AtomkraftgegnerInnen, das besetzte Terrain mit passivem Widerstand zu verteidigen.[70]

An der nächtlichen Besetzung des Sieben-Hektar-Geländes an der Startbahn-West am 28. Oktober 1980 beteiligten sich rund 3.000 Menschen. Auf Grund einer Fehleinschätzung der Polizeitaktik gingen die meisten BesetzerInnen am frühen Morgen wieder zur Arbeit. Um elf Uhr waren gerade noch 100 AktivistInnen vor Ort, die allerdings nicht mehr viel gegen die Räumung des Geländes ausrichten konnten.[71] Ein Jahr später verschanzten sich rund 10.000 StartbahngegnerInnen bis zum frühen Morgen des 7. Oktobers erneut auf dem Waldstück an der Okrifteler Straße. Nachdem der erste Räumungsversuch im Laufe des Tages gescheitert war, in der Nacht jedoch Anzeichen eines nochmaligen und massiveren Eingreifens der Staatsmacht offenkundig wurden, verließen Tausende das besetzte Gelände; am 8. Oktober blieben zwischen 1.000 und 3.000 BesetzerInnen übrig, die der Polizei mehr als neun Stunden Widerstand leisteten.[72] Knapp vier Wochen später gelang der Polizei dann mit einem Überraschungscoup auch der entscheidende Schlag gegen das „Widerstandsdorf" der Bürgerinitiative. Gegen acht Uhr morgens stürmten am 2. November mehrere Hundertschaften das Hüttendorf; die knapp hundert BesetzerInnen verließen freiwillig das Gelände.[73] Wieviele DauerbesetzerInnen im Hüttendorf im Flörsheimer Wald lebten, und wie die Beteiligungskonjunkturen während dieses einen Jahres verliefen, geht leider auch aus Horst Karaseks „Chronik" nicht hervor.

An der ersten eintägigen Platzbesetzung in Wackersdorf im August 1985 beteiligten sich 300 WAA-GegnerInnen. An der zweiten am 14. Dezember waren es 4.000, die sogleich mit der Errichtung des Hüttendorfes begannen. Über Nacht blieben rund 1.000 auf dem Gelände, an der sonntäglichen „Siegesfeier" wegen Überschreitens der von Innenminister Hillermeier gesetzten 24-Stunden-Frist nahmen rund 2.000 BesetzerInnen teil.[74] Der Räumung vom 16. Dezember widersetzten sich rund 1.000 AtomkraftgegnerInnen mit passivem Widerstand. Am 21. Dezember begannen ca. 400 Menschen erneut damit, Hütten auf dem Rodungsplatz zu errichten.[75] Über Weihnachten und Silvester bauten rund 250 BesetzerInnen das neue Hüttendorf auf. Am Wochenende 4. und 5. Januar 1986 besuchten ebenso wie am Dreikönigstag Zehntausende die „Freie Republik Wackerland". In der Nacht auf den 7. Januar biwakierten rund 700 Frauen und Männer auf dem Gelände, am Morgen waren es schließlich 3.500, die sich der erwarteten Räumung entgegenstellten.[76] Insgesamt 50.000 Menschen, so Wolfgang Daniels, Sprecher der GRÜNEN, auf einer Pressekonferenz in Regensburg, hatten die „Freie Republik Wackerland" vom 20. Dezember bis 7. Januar besucht.[77] Eine als „symbolisch" bezeichnete Platzbesetzung unternahmen am 19. Januar 500 WAA-GegnerInnen im Anschluß an einen Waldspaziergang; sie wurden von der Polizei aber sofort wieder vertrieben.[78] Während des letzten Versuchs einer Platzbesetzung in Wackersdorf am 8. Februar strömten 400 Akteure, nachdem es ihnen gelungen war das Haupttor des Bauzaunes zu öffnen, auf das umzäunte Gelände und hißten die weißblaue Anti-WAA-Fahne. Drei Stunden später wurden die BesetzerInnen von ingesamt 3.000 Polizisten und Bundesgrenzschützern „abgeräumt".[79]

Behinderungen und Besetzungen werden in der Regel also nicht von großen Massen durchgeführt. 10.000 TeilnehmerInnen stellen in den 80er Jahren bei beiden Aktionsformen ein einmaliges Ereignis dar, und selbst die Beteiligung weniger tausend ist die Ausnahme, meist sind es nur einige hundert, bei Blockaden oftmals auch nur ein paar zehn. Obwohl insbesondere letztere manchmal keine offenen Aktionen mehr sind, weil eine individuelle und spontane Teilnahme ausgeschlossen wird und nur Bezugsgruppen mitmachen dürfen, hegen die Akteure bei ihrer Vorbereitung und Planung dennoch die Erwartung, daß sich möglichst viele Menschen zum Protest einfinden. Andere direkte Aktionen gehen dagegen nicht mit der Absicht einher, eine möglichst große Masse zu mobilisieren. Sie funktionieren nach dem Prinzip der Kaderisierung. Hierzu gehören beispielsweise die meist riskanten und spektakulären Unternehmungen von Greenpeace, die als gewaltlose direkte Aktionen professionell und zum Teil mit großem finanziellen und logistischen Aufwand durchgeführt werden. Ihre Absicht besteht auch darin, ein grandioses Medienereignis zu inszenieren. Ähnliches gilt für manche Fastenaktionen und Hungerstreiks, deren kleiner und geschlossener Kreis von TeilnehmerInnen nicht als Manko, sondern vielmehr als Möglichkeit gesehen werden kann, die persönlichen Konsequenzen der Aktion, die dem politischen Gegner als Schaden angedroht werden, (besser) zu (er-)tragen. Zu erwähnen sind hier auch die Sabotageanschläge militanter Kleingruppen. Ihre Vorbereitung folgt notwendigerweise den Gesetzen der Konspiration und der Geheimhaltung, und bei ihrer Durchführung wird die Zahl der Beteiligten nach logistischen und funktionalen Kriterien bemessen und beschränkt.

Bedeutung der Großen Zahl

Die Zahl der DemonstrantInnen, der BlockiererInnen, der BesetzerInnen usw. ist keineswegs bloß eine nüchterne Größe der Statistik. Die beteiligten Menschen und ihre numerische Erfassung sind nicht nur etwas „für Leute, die sich an Zahlen berauschen", wie es in einem Bericht der „taz" über die Anti-Reagan-Demonstration in Berlin vom 10. Juni 1982 hieß.[80] Vielmehr entfaltet die Quantität eine Qualität, der sich, auch wenn die Temperamente verschieden und die Einstellungen geteilt sind, niemand entziehen kann. Hier soll nun weniger einer „Psychologie der Massen" nachgegangen werden als vielmehr den Bedeutungen, die im Diskurs über die Zahl der Protestakteure hergestellt werden.

Die Steigerung der Zahl als Fortschritt der Bewegung

„Zur größten Friedensdemonstration und größten Nachkriegsdemo auf westdeutschem Boden überhaupt formierten sich am Samstag 300.000 Menschen in Bonn, mehr als die Bundeshauptstadt Einwohner zählt. Aus allen Winkeln der Republik (...) waren sie angreist. Punks und Gewerkschafter, Naturfreundejugend und Hausbesetzer, Christen, Ökologen, die Blumenverkäuferin aus Freiburg, der Rentner aus Gelsenkirchen, DKPler, SPDler, FDPler. (...) Einig in der Ablehnung des NATO-Nachrüstungsbeschlusses, verbunden durch den gemeinsamen Willen nach Frieden und Abrüstung, unterschiedlich allerdings in ihren Vorstellungen über den Weg, der dorthin führt."[81] Und Jakob Sonnenschein kommentiert das Ereignis in der „taz" mit den Worten: „300.000 Menschen in Bonn rufen zuerst einmal Begeisterung, Optimismus und Mut für die Zukunft hervor."[82]

Die Freude und manchmal auch eine überschwengliche Euphorie erwächst nun nicht einfach bloß aus der großen Zahl. Sicher, 300.000 sind wirklich viel, aber der wohl wichtigere Grund für die Begeisterung liegt darin, mehr geworden zu sein. In welcher Größenordnung auch immer, die Erhöhung der Zahl ist es, was fasziniert, wie umgekehrt ihr Rückgang betrübt. Da Zahlen – nicht nur sie, sie aber auf den ersten Blick – vergleichbar machen, manifestieren sie sich im Bewußtsein aller als Entwicklung der Bewegung: Wir (Die) sind mehr als das letzte Mal; wir (die) sind wieder so viel oder sogar noch mehr als damals; und schließlich, so viele waren wir (die) noch nie. Und umgekehrt. Alle möglichen Etappen des Protests – Beginn, Fort- und Rückschritt, Stagnation und Anknüpfung, Höhe- und Tiefpunkt, Ende – spiegeln sich auch in seiner quantitativen Seite wider. Nicht immer sind objektive Zuordnungen und Bewertungen kurzfristig und unmittelbar möglich, und – wenn sie dennoch getroffen werden – auch richtig, aber subjektiv begründet die Zahl der AktionsteilnehmerInnen allemal Enttäuschung oder Zuversicht. Daß die Erhöhung der Zahl als Beleg für einen Fortschritt des Protests und seine zukunftsorientierte Dynamik gilt, zeigt sich dort, wo sie bewußt als Element der Aktionsplanung eingesetzt wird. Im Januar 1983 planten AtomkraftgegnerInnen aus Lüchow-Dannenberg eine Protestaktion in zunächst drei Stufen, bei der erst 10, dann 100 und schließlich 1.000 Menschen nach Hannover gehen sollten, um dort mit verschiedenen weiteren Aktivitäten dem damaligen Ministerpräsidenten Albrecht (CDU) zu zeigen, daß die „Akzeptanz für Atomanlagen in der Bevölkerung keineswegs gestiegen ist". In einer Veröffentlichung des „Gorleben-Nachrichtendienstes" hieß es dazu abschließend: „Vorstellbar ist auch noch eine 4. Stufe, für die dann bundesweit mobilisiert werden könnte."[83] Die Reihung lautete damit: 10, 100, 1.000, 10.000, und warum nicht 100.000; das Wunschbild einer von mal zu mal expandierenden Bewegung wurde hier auf seinen zahlenmäßigen Begriff gebracht, der Fortschritt sollte in Zehnerpotenzen meßbar sein.

Soziale und geographische Ausdehnung

Mehr werden, die Erhöhung der Zahl der Akteure, der Fortschritt der Bewegung zielt immer auf die geographische und soziale Ausweitung des Protests. In der Praxis ist beides unmittelbar miteinander verwoben, im folgenden soll es getrennt besprochen werden.

Soziale Ausdehnung kennt zwei Modi. Die Zahl der TeilnehmerInnen kann einmal durch eine intensivere Mobilisierung der aktuellen oder traditionellen Personalbasis einer (Teil-)Bewegung erhöht werden. Dies ist in den meisten gewerkschaftlichen Kämpfen der Fall. Auch die Häuserkampfbewegung in Westberlin Anfang der 80er Jahre kommt z.b. zunächst selten über den Kreis ihrer Klientel und ihres Sozialmilieus hinaus. Große Massenaktionen – die Gewerkschaften, wenn sie Arbeitermassen mobilisieren, unterscheiden sich dabei im Normalfall auf Grund ihrer thematischen Zielsetzung und zentralbürokratischen Organisationsmöglichkeiten von den neuen sozialen Bewegungen – sind allerdings auf eine extensive Mobilisierung, d.h. auf eine Verbreiterung ihrer sozialen Basis angewiesen. Die personelle Ausdehnung des Protests zielt dann auf die Einbeziehung der Bewegung bisher noch nicht nahestehender Menschen. Alter, Geschlecht, Sozialmilieu bzw. -schicht und politische Orientierung verweisen dabei auf Rekrutierungsfelder, zu denen Barrieren abgebaut und Grenzen überschritten werden müssen, sollen wirklich Massen in Aktion treten.

Daß die neue Friedensbewegung in dieser Hinsicht in der westdeutschen Nachkriegsgeschichte am erfolgreichsten operierte, lag u.a. daran, daß sie sich schon zu Beginn der 80er Jahre für bürgerliche Kreise öffnete und Organisations- und ParteivertreterInnen unterschiedlichster Strömungen in ihren Reihen akzeptierte. Die im „Koordinationsausschuß" vertretenen Mitgliedsorganisationen verbanden „die Lernerfahrungen früherer sozialer Bewegungen und der Bürgerinitiativen, die das Rückgrat der Friedensbewegung bildeten und in sie ein neues Politik- und Aktionsverständnis einbrachten, mit der Professionalität der mitwirkenden traditionellen politischen Organisationen".[84] Mobilisierungsfähigkeit der Bewegungen und Organisationserfahrung bei Massenveranstaltungen konnten sich produktiv ergänzen.

War die Friedensbewegung eher von sich aus bereit und in der Lage, eine breite Bündnispolitik zu entfalten, bedurfte es dazu in der Ökologiebewegung in stärkerem Maße äußerer Anstöße. Immer dann, wenn der politische Gegner versuchte, mit verschiedenen Maßnahmen, wie z.B. Teilerrichtungsgenehmigungen, Tiefbohrungen, Rodungsarbeiten u.v.m., über die Bevölkerung hinweg Fakten zu schaffen, eskalierte die Auseinandersetzung, und die Bewegung erfuhr einen Aufschwung. Indem sich zunächst die Menschen in der Region und, in dem Maße ein Konflikt vor Ort zum bundesweiten Symbol und Kristallisationspunkt aufstieg, auch auf überregionaler Ebene in ein Pro- und Contra-Lager aufspalteten, gelang die massenhafte Mobilisierung breitester Bevölkerungsgruppen zu demonstrativen und zum Teil auch direkten Protestaktionen. Als im Oktober 1980 abwechselnd Tausende von BürgerInnen – die „taz" berichtete von „Hausfrauen, Rentnern, Arbeitern, Angestellten, Schülern und Studenten, Pfarrern und Kommunalpolitikern" – mehrere Tage und Nächte im Wald an der geplanten Startbahn zusammenkamen, die eingesetzten Polizisten agitierten, Bäume besetzten und NATO-Drähte zerschnitten, sprach auch die Polizei von einem „völlig neuen Demonstrationstyp".[85]

Einen Konflikt in die geographische Fläche auszudehnen, bedeutet im optimalen Fall, daß in der gesamten Bundesrepublik Menschen dazu mobilisiert werden können, auf die Straße zu gehen. Ob sie das an einem Ort oder dezentral tun, ist dabei erstmal nebensächlich. In welcher Form dies geschieht, hängt allerdings auch vom Konfliktthema selbst ab. Beispielsweise besaß die Friedensbewegung mit ihrer Gegnerschaft zum NATO-Nachrüstungsbeschluß von vornherein ein flächendeckendes Protestziel; Raketen sollten im Norden und Süden, im Osten und Westen der Bundesrepublik stationiert werden; vor allem aber lag die politische Entscheidung beim Bundestag und damit auf gesamtstaatlicher Ebene. Bei vielen ökologischen Auseinandersetzungen war die Ausgangslage anders. Das Protestobjekt lag an einem einzigen Ort, und sowohl die zuständigen Kommunalpolitiker als auch die jeweilige Landesregierung waren involviert. Die Form der Mobilisierung, z.B. gegen die Anfang der 80er Jahre geplante Wiederaufarbeitungsanlage, war in geographischer Hinsicht eher kon- als polyzentrisch: Gorleben, der Landkreis Lüchow-Dannenberg, Niedersachsen, Norddeutschland, und schließlich ist auf dem Höhepunkt einer Eskalationsphase fast wahr, was der Slogan behauptet – „Gorleben ist überall". Während es der Friedensbewegung relativ rasch gelang, das Spannungsfeld zwischen den zentralen und dezentralen Strukturen des Nachrüstungskonflikts produktiv für eine flächendeckende Mobilisierung zu nutzen – sei es nach Bonn oder aufs Land –, kamen die meisten ökologischen Auseinandersetzungen über eine regionale, manchmal auch nur lokale Mobilisierung nicht hinaus. Nur in wenigen Fällen, insbesondere in Brokdorf, Gorleben, Wackersdorf und an der Startbahn-West, konnte die regionale Begrenzung durchbrochen und die reale und symbolische Bedeutung für die republikweite Ökologiebewegung praktisch, d.h. für eine bundesweite Massenmobilisierung, umgesetzt werden.

Mehrheit und Minderheit und die Legitimation der Herrschenden

Die Bonner Friedensdemonstration vom Juni 1982 bezeichnete Jo Leinen, der damals als Vertreter des „Bundesverbandes Bürgerinitiative Umweltschutz (BBU)" im „Koordinationsausschuß" saß, als „ein Signal und zugleich eine Warnung für die Bundesregierung".[86] Die bis dahin unvorstellbare Masse von 400.000 DemonstrantInnen, die selbst die OrganisatorInnen überraschte, wurde als bedeutsames Zeichen dafür gewertet, daß die Bundesregierung zumindest in der NATO-Nachrüstungsfrage bereits oder schon sehr bald nicht mehr die mehrheitliche Meinung der Bevölkerung vertritt. Ist jede Demonstration, ja jede Protestaktion Ausdruck eines Widerspruchs zwischen der herrschenden Politik und mehr oder weniger relevanten Teilen der Bevölkerung, verschiebt sich jedoch mit wachsender Massenbeteiligung das politische Kräfteverhältnis. „Im demokratischen Rechtsstaat", schreibt Joachim Raschke, „ist die Zahl der durch Bewegung Aktivierten ein wesentlicher Indikator für den bereits eingetretenen oder für weiter drohenden Legitimationsverlust der Herrschenden."[87]

Große Massendemonstrationen können als Abstimmung mit den Füßen interpretiert werden, deren plebiszitärer Charakter sinnlich erfahrbar und politisch bedeutsam wird. Manchmal tritt dann die Kategorie „Volk" in den Diskurs über die 'Große Zahl' ein. So ist es kein Zufall, daß gerade die großen Abschlußkundgebungen der Friedenswoche im Herbst 1983 ausdrücklich als „Volksversammlungen" bezeichnet wurden. Trotz der begrifflichen Unklarheit, was und wer mit „Volk" im einzelnen gemeint sein mag, wirken die Konnotationen: ein Kollektiv, das in der alltagspolitischen Machthierarchie gegenüber den Herrschenden und der Regierung zwar unten verortet ist, gesellschaftlich aber die Mehrheit und den eigentlichen Souverän darstellt. Objektiv kann eine Situation eintreten, in der die Protestierenden die Meinung des überwiegenden Bevölkerungsteils gegenüber der in eine Minderheit geratenen Regierung vertreten. Dann können sie aber auch stellvertretend für eine bedeutende Minderheit auf der Straße stehen, gegen die eine Regierungsentscheidung zu treffen zwar mit den Regeln der parlamentarischen Demokratie vereinbar ist, jedoch nicht mehr als legitim empfunden wird und eventuell auch nicht ist. Auf jeden Fall berühren Massenaktionen und -bewegungen immer auch das Selbstverständnis der repräsentativen Demokratie. In einer Rede auf der Abschlußkundgebung des Gorleben-Trecks in Hannover 1979 rief ein Bauer aus Lüchow-Dannenberg dem damaligen niedersächsischen Ministerpräsidenten zu:

„Wenn man gegen den Willen der Mehrheit der Bevölkerung diese Atomanlage bei uns baut und mit Polizisten durchdrücken will – dann ist das der Gipfel der Gewalt! Mein lieber Herr Albrecht, überlegen Sie sich gut, was Sie hier riskieren wollen."[88]

Die immer wiederkehrende Attraktivität von Massenveranstaltungen liegt also in der Tatsache begründet, daß allein schon die Mobilisierung so vieler Bürger und Bürgerinnen eine bedeutende Akkumulation gesellschaftlicher Macht darstellt, unabhängig davon, wie sie in einer konkreten Aktion eingesetzt wird. Je zahlreicher man ist, desto legitimer erscheint das eigene Tun. Das symbolische Surplus der 'Großen Zahl' zielt tendenziell auf die Mehrheit in Gesellschaft und Staat und damit auf die potentielle Macht, Alternativen zur herrschenden Politik durchzusetzen. „Achtung, Achtung, hier sprechen die Massen – Schmidt und Apel sind entlassen", diese Sprechparole auf der Kirchentagsdemonstration vom Juni 1981 in Hamburg bringt den Wunsch ziemlich frisch und frech zum Ausdruck. Natürlich geht es bei den allermeisten Protestaktionen überhaupt nicht darum, eine Regierung zu stürzen, geschweige denn das politische System als Ganzes zu verändern, sondern darum, auf einzelne Entscheidungen und Maßnahmen auf kommunaler, regionaler oder gesamtstaatlicher Ebene Einfluß zu nehmen, sie zu verhindern oder rückgängig zu machen. Die Mobilisierung von mehreren zehntausend oder hunderttausend Menschen und die permanente Erhöhung der Großen Zahl erscheint dabei insbesondere in der Logik demonstrativer Aktionen und einer Strategie des Überzeugens als Faustpfand und als Königsweg des Erfolgs.

Bewegungsgeschichte und Protesterfolg

Als am 16. Februar 1985 30.000 Menschen gegen die geplante Wiederaufarbeitungsanlage in Wackersdorf protestierten, schrieb die „taz": „Die bundesdeutsche Anti-Atomkraft-Bewegung ist um ein historisches Datum reicher. Die bisher größte Demonstration gegen Atomanlagen in Bayern fand am vergangenen Samstag im oberpfälzischen Schwandorf statt."[89] Mit der Entfaltung des kollektiven Widerspruchs gerinnen die quantitativen Angaben über die Masse der Protestierenden zu historischen Daten der Bewegungsgeschichte. Ja mehr noch: sie dokumentieren überhaupt erst die Geschichte als Bewegung. Anders als Organisationen (Parteien, Vereine, Verbände), die Menschen über eine formale Mitgliedschaft relativ eng und dauerhaft an sich binden, sind soziale Bewegungen viel ungeschützter darauf verwiesen, sich ihrer Stärke bzw. Schwäche, ihrer Existenz immer wieder zu vergewissern. Die Bedeutungen der 'Großen Zahl' – Expansion der Personalbasis, Ausdehnung des Terrains, Legitimations- und politischer Machtzuwachs sowie historische Selbstvergewisserung – sind konstitutive Merkmale sozialer Bewegungen, die auf ihre vorwärts gerichtete Dynamik verweisen. Glückt es kurzfristig nicht sie zu realisieren, knickt die Bewegung ein, gelingt es auf Dauer nicht, droht eine Krise, die je nach dem auch zu deren Ende führen kann. Daher ist die Zahl der Mobilisierten, die aus der Aktion ersichtlich wird, für alle Beteiligten von enormer Wichtigkeit und ihre Veröffentlichung in der Presse, in Rundfunk und Fernsehen keineswegs ein „albernes Abzählspiel".[90] Die unterschiedlichen Zahlenangaben von Polizei und OrganisatorInnen über die Akteure gehen in Zeiten videotechnischer Aufzeichnung nicht auf objektive Schwierigkeiten im Zählen zurück, sondern sind symbolischer und medienvermittelter Kampf um Legitimation und Erfolg des Protests. Dabei muß beiden Seiten nicht immer eine bewußte Verfälschung der Daten – Hochrechnen hier, Runterzählen dort – unterstellt werden; oft wird vermutlich eben nur das wahrgenommen, was man wahrnehmen will. Dem Problem konkret etwas näher zu rücken, bedeutet nicht, sich auf die Suche nach der objektiven Wahrheit zu machen, sondern die Relation der Fälschung bzw. der selektiven Wahrnehmung zu veranschaulichen. Dafür sind die Ostermärsche zwischen 1982 und 1989 ein gutes Beispiel.[91] Setzt man die Angaben über die TeilnehmerInnen der „Informationsstelle Ostermarsch" gleich hundert und berechnet dann, welchen Anteil davon die amtlichen Angaben ausmachen, so ergibt sich, daß im Durchschnitt dieser acht Jahre die Polizei nur rund ein Drittel der OstermarschiererInnen wahrgenommen bzw. gezählt hat, die von den OrganisatorInnen aufgelistet wurden. Der Unterschied ist eklatant; sein Ausmaß belegt die Bedeutung der 'Großen Zahl' für beide Seiten.

Grenzen und Kritik

Eine Proteststrategie, die in erster Linie darauf abzielt, immer mehr Menschen auf die Straße hin zu mobilisieren, erzeugt gerade dann, wenn sie erfolgreich ist, auch Raum für Illusionen. Zum einen erweckt sie den Glauben an die Machbarkeit ständig größer werdender Massenaktionen. Da das Protestpotential immer größer ist als die zuletzt mobilisierte Zahl der Akteure, scheint es möglich, das nächste Mal noch mehr zum Demonstrieren zu bewegen, wenn nur die Anstrengungen der AktivistInnen der Bewegung verstärkt werden. Zum anderen muß sie, wenn sie glaubwürdig sein will, darauf bestehen, daß es realistisch ist, die Regierenden durch die Steigerung der 'Großen Zahl' zum Einlenken zu bringen. Das schürt Vorstellungen, das politische Ziel sei auf jeden Fall, eventuell sogar relativ rasch zu erreichen. Demgegenüber zeigt gerade die Geschichte der Protestbewegungen der 80er Jahre, daß es nur ein sehr kleiner Schritt von der Euphorie der Akteure über die „Verbreitung der Bewegung" bis zur Enttäuschung, Wut und Resignation ob der oftmaligen Erfolglosigkeit ist: Die Startbahn-West wurde gebaut, die Raketen wurden stationiert. Es scheint daher sinnvoll, die Grenzen dieser Strategie und die bewegungsinterne Kritik an ihr zu verdeutlichen.

In den letzten Abschnitten wurde versucht, einen Überblick über die Mobilisierungshöhepunkte der neuen sozialen Bewegungen und der Gewerkschaften sowie der massenrelevanten Aktionsformen der 80er Jahre zu geben. Diese historischen Erfolge eines Protests der 'Großen Zahl' sind zugleich auch seine historischen Grenzen. Es ist hier nicht der Ort, darüber zu spekulieren, ob und warum es damals nicht hätten mehr sein können, oder ob es zukünftigen Protestbewegungen möglich sein wird, diese Grenzen zu überschreiten. Wichtig ist zunächst der empirische Befund mit seinen verschiedenen Dimensionierungen.

Wenn es richtig ist, daß der Legitimationsverlust der herrschenden Politik desto größer ist, je mehr Menschen protestieren, dann gilt das auch umgekehrt. Damit befindet sich der kollektive Widerspruch in einer gewissen Zwickmühle. Einerseits kann keine soziale Bewegung über Jahre hinweg auf gleichem Niveau zehntausend, hunderttausend oder Millionen Menschen zu Protestaktionen mobilisieren, dafür gibt es objektive und subjektive Gründe; aber selbst wenn es, wie z.B. der Friedensbewegung, gelingt, über einige Jahre (1980 bis 83) die Zahl der Akteure kontinuierlich zu erhöhen, leidet die Attraktivität und Wirkung z.B. von Großdemonstrationen durch den inflationären Gebrauch. Eine „quantitative Gigantonomie"[92] ist auf Dauer nicht zu halten, und auch zeitweilige Erfolge verlieren ihren spektakulären Charakter, das ehemals Ungewöhnliche wird zur Routine.

Andererseits ist der Massenprotest fast schon gezwungen, zumindest den Versuch zu unternehmen, (erneut) über sich hinauszuwachsen, soll in der Öffentlichkeit nicht der Eindruck entstehen, seine Kraft wäre eingebrochen und die Legitimation der Herrschenden tendenziell wieder hergestellt. So begründeten z.B. im Vorfeld der 3. Aktionskonferenz der Friedensbewegung im April 1983 in Köln die BefürworterInnen einer erneuten zentralen Großdemonstration ihren Vorschlag damit, daß „ohne eine Demo mit mehr als 250.000 bis 500.000 Menschen in Bonn (...) die Entscheidungsträger in Bonn und Washington das 'Abklingen' der Friedensbewegung wahrnehmen (würden)".[93]

Politischer Druck und Selbstüberschätzung können dazu führen, sich in hypertrophen Vorstellungen immer gigantischerer Massenaufgebote zu verlieren. So wurden auf der Kölner Aktionskonferenz im Mai 1984 verschiedene Varianten einer bundesweiten Menschenkette von den Alpen bis zur Nordsee gehandelt, an der sich etwa 1,5 Millionen Menschen hätten beteiligen müssen. Zwar fand sich dafür keine Mehrheit, da zu viele befürchteten, „damit eine Schlappe zu erleiden", aber allein die Tatsache, daß eine solche Aktion nach der Niederlage der Friedensbewegung im Dezember 1983 ins Auge gefaßt werden konnte, verweist auf die Falle, die einmal eingeschlagene Strategie der Steigerung der 'Großen Zahl' reflexartig fortzusetzen. Nicht einlösbare Erwartungen schaden auch in dieser Frage der politischen Glaubwürdigkeit.

Nun hat es sowohl in der Friedens- als auch schon früher in der Ökologiebewegung immer wieder Kritik an Großdemonstrationen und -kundgebungen gegeben, auch dann, als es noch durchaus realistisch erschien, die TeilnehmerInnenzahl zu erhöhen. Diese Kritik kennt verschiedene Motive. Einmal werden die vielen zwar begrüßt, gleichzeitig aber auch beklagt. Ute Scheub von der „taz" schrieb nach der Friedenswoche im Herbst 1983: „Prima, prächtig, phänomenal, phantastisch: wir werden immerimmerimmer mehr. So viele, daß der einzelne längst nichts mehr gilt, in den Massen untergeht, deren Dimension man nur noch aus der Vogelschau richtig wahrnehmen kann."[94] Ähnliches meinte wohl auch Daniel Cohn-Bendit, der den Verlauf der Bonner Anti-NATO-Gipfel-Demonstration von 1982 mit den Worten kommentierte: „Wir als Masse finden keine Form uns auszudrücken."[95]

Beklagt wird hier ein Verlust individueller Ausdrucksmöglichkeiten, der dann auch zur Enteignung kollektiver Gestaltungsmöglichkeiten führt. Es sind einfach zu viele, es ist nicht mehr überschaubar, die einen wissen nicht mehr, was die anderen tun, das Ende der Demonstration ist noch gar nicht losgelaufen, wenn an der Spitze schon die ersten Kundgebungsreden beginnen. Die Masse ist nicht mehr in der Lage, sich selbst als Ganzes wahrzunehmen, die Protestform entfremdet sich von den Protestakteuren, die frustriert in einem Abschnitt der Demonstration laufen („Latschdemo"), ohne genau zu wissen, wo sie gerade sind und was außerhalb ihres unmittelbaren Umfeldes passiert. Die Kritik empfindet und moniert eine Umwandlung der Aktivitätsbereitschaft ins Passive: „Wir weigern uns, uns dort (Bonn, d. Verf.) versammeln zu lassen.", wie es in einer Stellungnahme der AG „Widerstandsaktionen vor den Standorten" auf der 3. Friedensaktionskonferenz 1983 hieß.[96] Deutlich wird daran auch das Mißtrauen gegenüber einer potentiellen Instrumentalisierung der Protestakteure durch traditionelle Organisationen, die ihren politischen Einfluß in der Friedensbewegung z.B. im „Koordinationsausschuß" geltend machen. Diese Kritik richtet sich noch nicht gegen massenhafte demonstrative Aktionsformen an sich, sondern gegen ihre zentrale Ausrichtung. Gegenüber einer einzigen Großaktion in Bonn werden beispielsweise drei regionale – im Norden, in der Mitte und im Süden der Republik – oder viele dezentrale und dann auch kleinerer Aktionen an den Stationierungsorten vorgeschlagen. Eingefordert wird also eine andere Art und Weise der Mobilisierung und Organisation demonstrativer Aktionen. Der Argumente sind dabei viele, von der Anonymität Bonns über die Kosten einer zentralen Mobilisierungsbürokratie bis zur lokalen und alltäglichen Nähe der örtlichen Protestobjekte u.v.m. Schließlich, und darauf kommt es hier an, wird eine Regionalisierung bzw. Dezentralisierung der Demonstrationen, Kundgebungen, Menschenketten usw. auch damit begründet, daß so insgesamt mehr Menschen erreicht und mobilisiert werden können.

Ein anderer Motivstrang der Kritik zielt dagegen auf den demonstrativen Charakter der Aktionen. „140.000 Leute hier, verdammt wir haben eine Chance, das Atomprogramm zu stürzen, nie war sie besser. Wir hätten mehr machen sollen. Vielleicht in Hannover bleiben und die Stadt mehrere Tage stillegen."[97] Hier wird eine andere Protesthaltung deutlich: Ihr kommt es nicht so sehr darauf an „mehr zu werden", sondern „mehr zu machen". Nach der zweiten Großdemonstration der Ökologiebewegung des Jahres 1979 in Bonn entwickelte sich in der „taz" eine Leserbriefdebatte über den Sinn und Erfolg derartiger Massenaktionen. Unter der Überschrift „Die Stadt gehört uns, aber was tun wir damit?" findet sich dort folgendes: „Und für uns bleibt das Gefühl, nur dagewesen zu sein, nur die 100.000 voll zu machen. (...) Spätestens seit Hannover wissen wir, daß wir sehr viele sind, aber was haben wir daraus gelernt? Was ändert sich dadurch, daß wir so viele sind? Können 100.000 ein Atomprogramm besser bekämpfen als 50.000, wenn sie dasselbe tun?"[98]

Dieser Kritik geht es in erster Linie darum, anders zu handeln, eine andere Qualität von Protest zu entwickeln. Auf der 3. Aktionskonferenz der Friedensbewegung wird es so auf den Punkt gebracht: „Es reicht nicht mehr aus, sich mit bloßen Appellen an die Regierung und den Staat zu wenden. (...) Wir müssen bereit sein zu illegalen aber gewaltfreien Aktionen, die den zivilen Ungehorsam verbreiten und diesen Staat unregierbar machen."[99] Die Grundüberzeugung lautet: Bloßes Versammeltsein, bloßes Massezeigen, bloßes Appellieren würde nichts verändern; die alleinige bzw. überwiegende Orientierung auf demonstrative Massenaktionen sei Ausdruck einer traditionellen kommunistisch-sozialdemokratischen Volksfrontstrategie, die sich als unwirksam erwiesen habe; die Herrschenden überzeugen zu wollen, sei naiv und illusionär; statt dessen käme es darauf an, ihnen Druck zu machen und

Schaden anzudrohen. Nicht Massendemonstrationen sahen z.B. Teile der kirchlichen Friedensgruppen, der GRÜNEN und insbesondere der Unabhängigen als Schwerpunkt für den Herbst 1983, sondern Blockaden, Belagerungen und andere Aktionen des zivilen Ungehorsams.

Stichworte der „neuen", anderen Protestqualität sind Radikalisierung und Effektivitätssteigerung. Diese Aktionskonzeption orientiert sich nicht mehr – wie das bei Teilen der „Bonner Frühstücksrunde", insbesondere beim Spektrum um das „Komitee für Frieden, Abrüstung und Zusammenarbreit" der Fall ist („Wir müssen die Mehrheit der Bevölkerung im Auge haben, und die ist zu solchen Aktionen nicht bereit."[100]) – ausschließlich oder in erster Linie an der Mehrheit der Bevölkerung, sondern an einer Minderheit, die aber willens ist, entschiedener vorzugehen. Die Grenzen eines Protests der 'Großen Zahl' sollen durch einen qualitativen Sprung überwunden werden. Träger dieses qualitativen Sprungs sind (zunächst) kleinere Gruppen, eine Avantgarde des zivilen Ungehorsams. Tatsächlich war diese Position 1983 noch in der Minderheit und auch innerhalb der Friedensbewegung ständigen Angriffen ausgesetzt. Erst ab 1984 stieg die Häufigkeit der gewaltfreien direkten Aktionen; und Leif hat darauf hingewiesen, daß selbst tolerante KritikerInnen innerhalb der Friedensbewegung erst ab 1985 ihre reservierte Haltung gegenüber solchen Protestformen aufgegeben und sie ebenfalls als Handlungsoptionen gebilligt haben.[101] Seit Mitte der 80er Jahre stellen Aktionen des zivilen Ungehorsams schließlich einen festen und selbstverständlichen Bestandteil des Aktionsrepertoires der neuen Bewegungen dar.

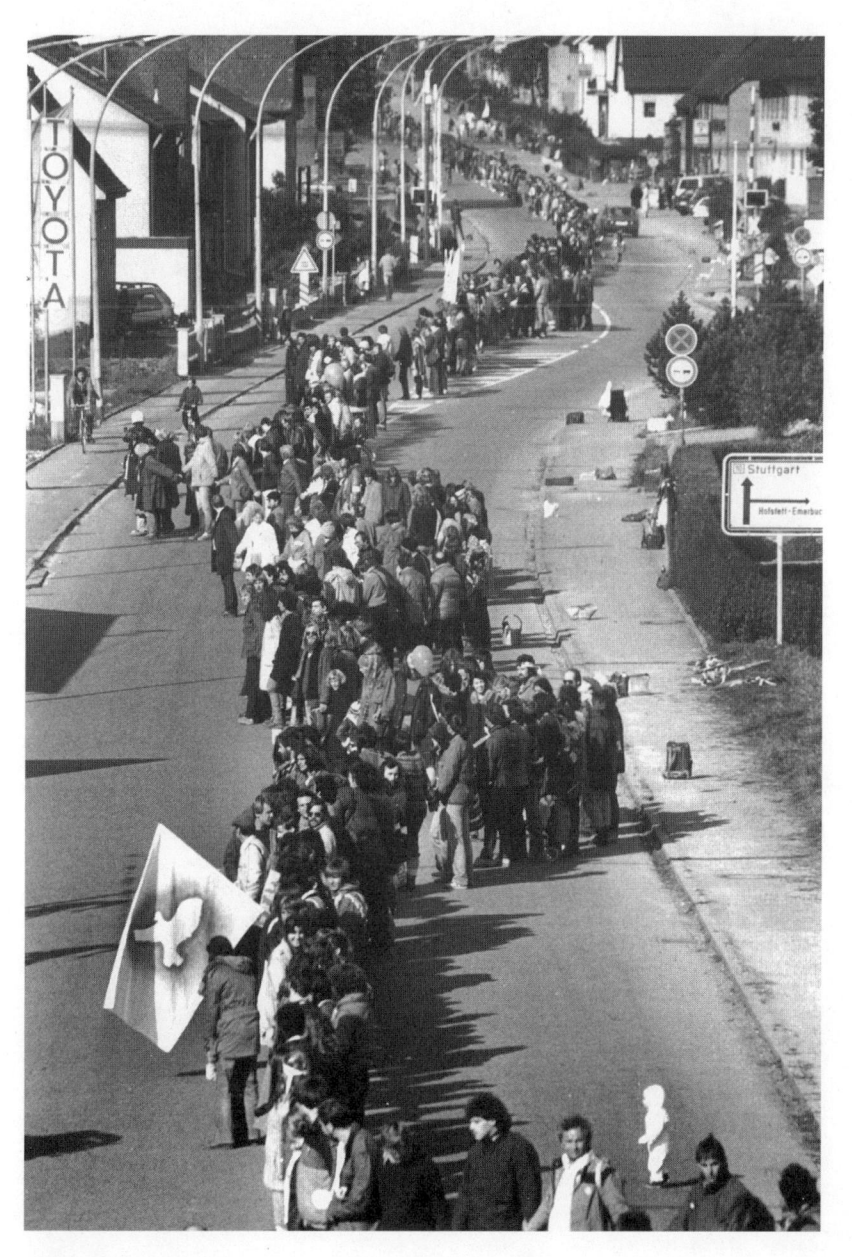

Abb. 1: Menschenkette

Abb. 2: Menschenkette
Abb. 3: Fahrraddemonstration

Abb. 4: Umzingelung
Abb. 5: Mahnwache

149

Abb. 6: Atomwaffenfreie Zone
Abb. 7: „Sirenenprobe"

Abb. 8: Aktion Volkszählungsboykott
Abb. 9: Straßenblockade

Abb. 10a,b: Fastenaktion

Abb. 11: Friedenscamp
Abb. 12: Gewaltfreie Blockade

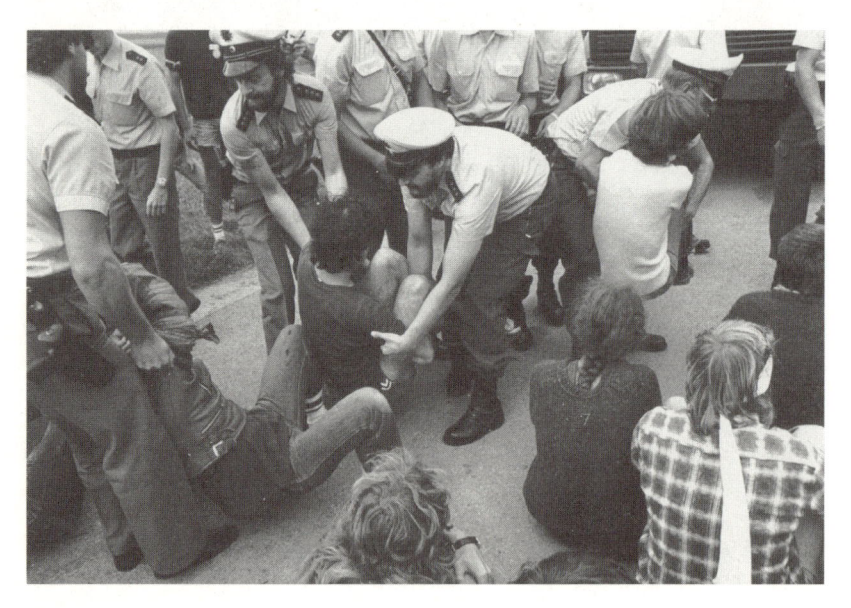

Abb. 13 und 14: Gewaltfreie Blockade

Abb. 15: Vor militärischem Gelände
Abb. 16: Vergeblicher Versuch, auf militärisches Gelände vorzudringen

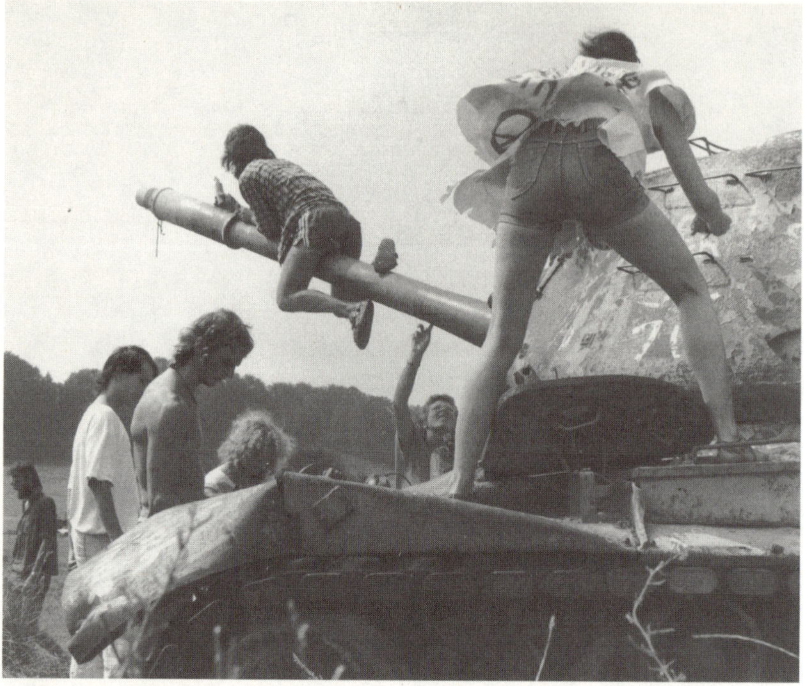

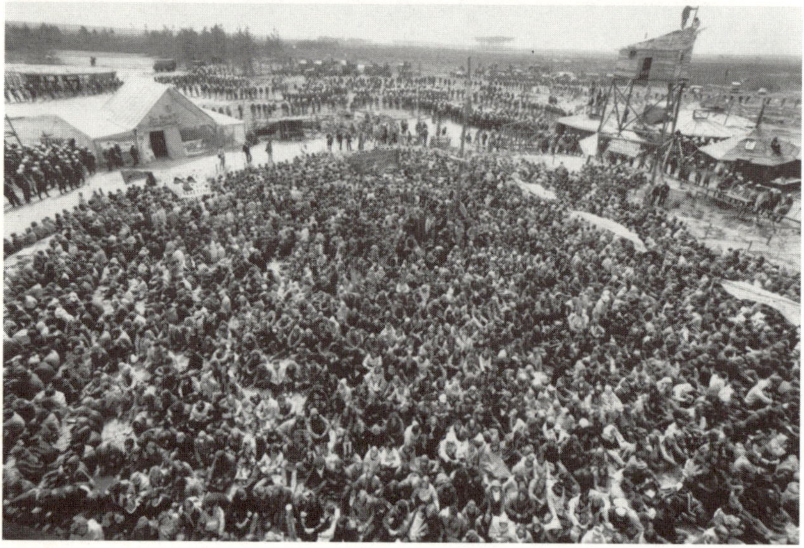

Abb. 17 (links oben): Auf militärischem Gelände
Abb. 18 (links unten), 19 und 20: „Freie Republik Wendland"

Abb. 21 und 22 (rechts): „Freie Republik Wendland"

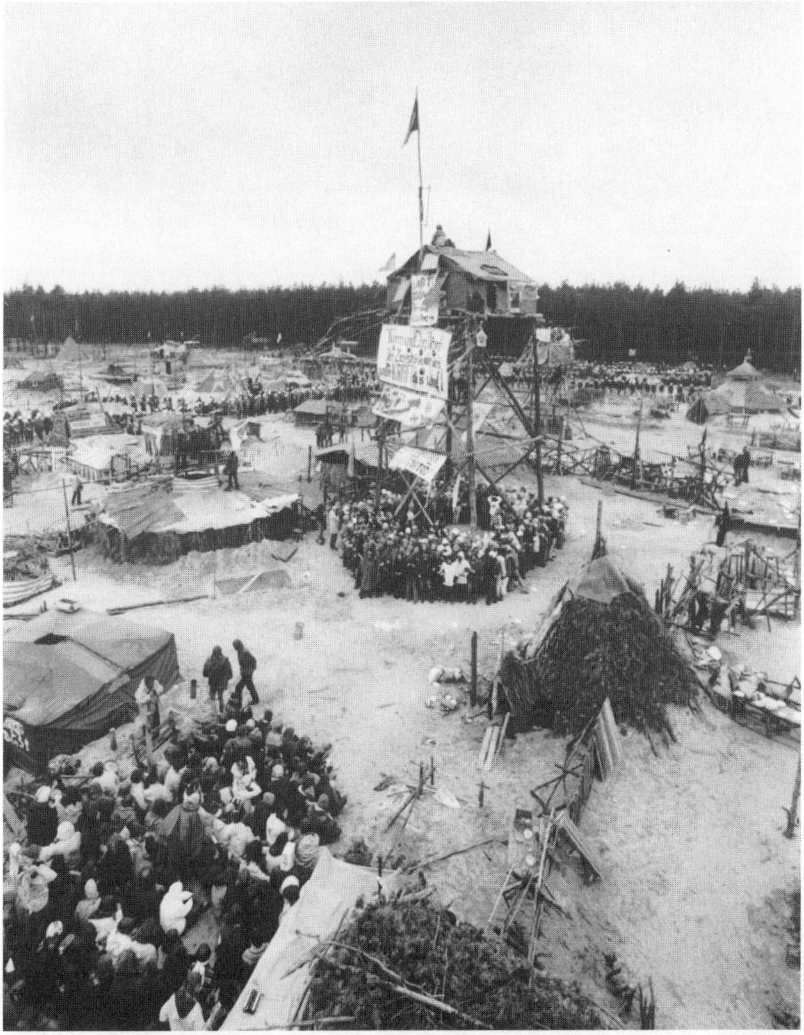

Abb. 23: „Freie Republik Wendland"
rechte Seite:
Abb. 24: Kirchenbesetzung (oben)
Abb. 25: Brückenbesetzung (unten)

161

Abb. 26: Strommastbesetzung
Abb. 27: Anschlag auf Strommast

Abb. 28: SeniorInnen
Abb. 29: SchülerInnenaktion

Abb. 34: Gute Laune
Abb. 35: „Wie es auch werden könnte"

Abb. 32: „Bürger für den Wald"
Abb. 33: Transparentanschläge

Abb. 34: „Dreikönigs"-Aktion nach Gottesdienst

Abb. 35a (linke Seite), 35b: BaFöG-Aktion

Abb. 36: „Atommülltransport"
Abb. 37: „Atomtote"
Abb. 38: Straßentheater 1 Jahr nach Tschernobyl (rechts oben)
Abb. 39: Straßentheater Antikriegstag (rechts unten)

169

Abb. 40: *Frauendemonstration*
Abb. 41: *Friedensfrauen*

Abb. 42: Symbolische Feminisierung
Abb. 43: Walpurgisnacht

FRAUEN
BILDET BANDEN
WIR HOLEN
UNS DIE
NACHT ZURÜCK

FRAUEN
stiften zum
FRIEDEN

Abb. 44: „Wir holen uns die Nacht zurück" (links oben)
Abb. 45: Frauen gegen Krieg und Militär (links unten)
Abb. 46: Frauenaktion gegen IWF vor stark bewachter Deutscher Bank

3 Präsenz

Protestaktionen als symbolisch vermittelte Handlungen zielen darauf ab, die (Teil-)Bewegungen, die protestierenden Bürger und Bürgerinnen, ihre Anliegen und Forderungen, ihre Interessen und Motive in der Öffentlichkeit darzustellen. Genauer gesagt, sind die Aktionen gerade dazu da, eine oppositionelle Öffentlichkeit herzustellen, und das heißt, sie müssen sich ihren Raum und ihre Zeit erobern. Das Ringen um Präsenz folgt einer „Logik des Verdrängens, sich Behauptens, Zuschreibens".[1] Es geht also nicht einfach darum, wann, wo und wie lange man sich versammelt, demonstriert oder blockiert usw., so als ob der kollektive Widerspruch nur „neutrale" Raum- und Zeitangebote wahrzunehmen bräuchte, sondern es kommt darauf an, besondere und parteiische Raum- und Zeitbedeutungen gegenüber den gewohnten, d.h. den herrschenden, zu konstruieren. Mit anderen Worten: eine Straße steht den Akteuren nicht nur für die Dauer einer Demonstration zur Verfügung (und manchmal eben auch nicht), vielmehr wird diese Straße selbst für Stunden durch die Inszenierung des Geschehens mit neuen, anderen Bedeutungen besetzt; nicht mehr der Verkehr, nicht das Geschäftsleben, nicht Ruhe und Ordnung usw. sind dann ihre Charakteristika, sondern Protest, Unruhe und Widerspruch.

Ort und Zeit erhalten und entfalten symbolische Bedeutungen, die umstritten sind, nicht nur unter den Konfliktgegnern, sondern auch innerhalb der Bewegungen. Das Ringen um Präsenz stellt sich zudem je nach Aktionsform, je nach politischer Haltung und Temperament anders dar. Und schließlich ist die besondere physische Anwesenheit die elementare Voraussetzung für eine mediale Präsenz, die den Akteuren über ihre unmittelbare Umgebung hinaus zur Wirkung verhelfen soll. Im folgenden sollen verschiedene Aspekte dieser Raum- und Zeitbedeutungen im einzelnen beschrieben werden.

Raum

Die Entscheidung der Akteure, wo sie ihren Protest zum Ausdruck bringen wollen, hängt von vielen Faktoren ab. Dabei bedingen sich objektive Gegebenheiten, wie der Standort eines umstrittenen Projekts oder der flächendeckende Anlaß eines Konflikts, und subjektive Absichten, Motive, Strategien und Ziele gegenseitig. Deutlich wird daran, daß es nie nur einen einzigen zwingenden Raum zum Handeln gibt, in dem der Protest ausschließlich Sinn macht, sondern immer mehrere, die zwischen den verschiedenen Gruppen, Initiativen und Organisationen beraten, abgewogen und schließlich abgestimmt werden müssen. Nicht in jedem Fall gelingt es sich zu einigen, der kollektive Widerstand geht dann getrennte Wege.

In ihrem Ringen um Präsenz können die Akteure den Raum in unterschiedlicher Art und Weise in Anspruch nehmen. Bei einer normalen Kundgebung dient beispielsweise der Versammlungsplatz als Forum, bestimmte Auffassungen und Forderungen einem Publikum kundzutun. Nichts anderes geschieht bei einer Demonstration durch die Innenstadt, bei der Blockade einer Verkehrskreuzung oder bei einem Sleep-in in einer Fußgängerzone. Bestimmte Orte werden als öffentlicher Raum genutzt, um oppositionelle Diskurse zu plazieren. Etwas anders verhält es sich z.b. bei einer Wehrpaßverbrennung vor einem Kreiswehrersatzamt, einer Kundgebung vor einem Energieversorgungsunternehmen oder einem Sit-in vor einem Sex-shop. Hier dient die Präsenz der Akteure dazu, den Ort und seine besondere Bedeutung im Rahmen des Konflikts öffentlich ins Bewußtsein zu rücken. Schließlich stellt auch die physische Anordnung der ProtestteilnehmerInnen selbst einen Maßstab ihrer Raumkompetenz dar. Eine Menschenkette durch Regionen, die Umzingelung von Landkreisen oder die Blockade langer Transportwege erscheinen als komplexe räumliche Figurationen und damit als Ausdruck gewachsener Fähigkeiten, die oppositionellen Diskurse öffentlichkeitswirksam darzustellen. Die erhöhte Kompetenz besteht dabei zum einen in der Aneignung großer und weiter Räume, zum anderen, und das ist wichtiger, inszenieren die Akteure mittels der besonderen Form ihrer Raumpräsenz eine konkrete Bedeutung: Menschenketten sollen z.B. verbinden und Umzingelungen sollen schützen.

Die neuen Bewegungen haben in den 80er Jahren diese verschiedenen Aspekte räumlicher Präsenz massenhaft genutzt, erweitert und vielfältig variiert sowie kombiniert. Die Entwicklung stellt sich in der Stadt anders dar als auf dem Land, für Frauen anders als für Männer, und manche Räume sind nach wie vor verboten.

Stadtbesetzung

Die neue Dimension der Massenmobilisierung der 80er Jahre ermöglicht auch eine neue Qualität der symbolischen Stadtbesetzung. Die Akteure versammeln sich nicht nur auf einem zentralen Platz oder demonstrieren durch die großen Straßen der City, sondern sie nehmen quasi das gesamte Stadtgebiet dadurch in Besitz, daß sie ihre große Zahl dazu nutzen, sich aufzuteilen

und auf mehreren Wegstrecken zu protestieren. „Von 30 Sammelpunkten in sechs Marschsäulen setzten sich die Demonstrationszüge um 'fünf vor zwölf' in Gang. Gegen 13 Uhr, eine Stunde vor Beginn der offiziellen Kundgebung, war der Hamburger Rathausmarkt bereits überfüllt, obwohl die Hauptzüge der Demonstration die Hamburger Innenstadt noch nicht erreicht hatten."[2] Hier, im Hamburger Beispiel vom Oktober 1983, bewegen sich 400.000 Menschen auf sechs Demonstrationsrouten von den Vorstädten in die Innenstadt. Gleichzeitig okkupieren sie Teile der Peripherie und das Zentrum sowie den Weg, der dazwischenliegt. Der Protest erringt zeitweilig die Hegemonie im urbanen Raum. Die Polizei muß ihre Kräfte ebenso flächendeckend wie konzentriert einsetzen, was oftmals zu einer zweiten Form der Stadtbesetzung führt. Die Medien fokussieren ihren Blick auf die protestierenden Menschenmassen, der Name der Stadt wird ausschließlich im Zusammenhang mit ihnen erwähnt. Und auch die Bevölkerung kann sich dem Geschehen in 'ihrer' Stadt nicht mehr einfach entziehen: Erhebliche Teile der städtischen Verkehrsinfrastruktur dienen nicht mehr in erster Linie der gewohnten Mobilität, manchmal bricht der Verkehr auch teilweise oder völlig zusammen, Umleitungen und Radiodurchsagen werden nötig; andere alltägliche Tätigkeiten, wie z.B. das Einkaufen, werden beschwerlich oder unmöglich, und selbst in den eigenen vier Wänden kommen die Menschen zumindest dort, wo sich die DemonstrantInnen blicken lassen, mit derem öffentlichen Anliegen unmittelbar in Berührung. Kurzum: die Topographie der Stadt wird in einen anderen Sinnzusammenhang gerückt. Einkaufs- und Geschäfts-, Wohn- und Regierungsviertel verlieren zwar nicht ihre Funktion – es wird ja weiterhin gewohnt, konsumiert und regiert –, aber sie treten kurzfristig in den Hintergrund. Die Akteure dominieren das städtische Leben, sie produzieren neue Bedeutungen, die ganze Stadt wird zum Schauplatz des Protests. Vollends auf die Spitze getrieben wird das dort, wo ihre Zahl größer ist als die der Einwohner. „Bonn sei für die Friedensbewegung zu klein geworden", kommentierte Jo Leinen bereits die Anti-NATO-Gipfel-Demonstration vom Juni 1982.[3]
Andere, kleinere Aktionen müssen sich auf die Innenstadt und ihre bedeutsamen Orte konzentrieren: auf urbane Plätze, wie z.B. ein Markt- oder Rathausplatz, Einkaufs- und Verkehrsstraßen, Fußgängerzonen, Kaufhäuser, Kirchen, Rathäuser und Gebäude anderer wichtiger Institutionen. Die Konfliktgegner wissen um eine Hierarchie des öffentlichen Raumes, der sich von menschenleeren Grün- und Parkanlagen über entlegene Vorstädte und Wohnviertel bis in die Innenstädte mit ihren markanten Punkten erstreckt. Der Protest braucht und will sein unmittelbares Publikum, die Staatsmacht entscheidet zunächst

im Rahmen ihres Ordnungs- und Sicherheitsdiskurses über dieses Anliegen. Während der behördlichen Anmeldung und Verhandlungen mit der Polizei über Kundgebungsplätze, Demonstrationsrouten usw. wird um diese Hierarchie gerungen. Daß die Straße „lediglich dem Verkehr" diene[4], kann in den 80er Jahren in dieser Form zwar kein Polizeipräsident mehr behaupten, dennoch ist der „freie Fluß" des Verkehrs oftmals wichtiger als das Recht auf freie Meinungsäußerung. Nach wie vor geht es bei jeder Aktion um die symbolische Eroberung des öffentlichen Raumes und die zeitweilige Durchbrechung seiner herrschenden Bedeutung durch einen oppositionellen Diskurs. Unterhalb der Verbotsschwelle stellt sich dabei die Frage von Demokratie und politischer Macht als ein praktisches Problem des Ab- und Verdrängens dar.

Zum Beispiel Westberlin, Kurfürstendamm, KaDeWe und Kranzler-Eck, Breitscheidplatz und Gedächtniskirche, Prachtboulevard und historischer Ort, Nobeleinkaufsstraße und „Schaufenster des Westens": seit 1968 und verstärkt in den 80er Jahren – in der sogenannten K-Gruppenzeit demonstrierte man vorzugsweise in proletarischen Vierteln – war dieses Terrain immer wieder auch Protest- und nicht nur Konsum- und Touristenmeile. Während der „Ku-Damm" die Protestakteure wegen seiner Belebtheit und geschäftigen Öffentlichkeit magisch anzog, konnten die KonsumentInnen und TouristInnen zumindest darauf hoffen, daß dort mehr möglich sei, als ein Einkaufsbummel oder Kaffeehausbesuch. Hier bestand ein exemplarischer Raum für eine erhöhte gegenseitige Aufmerksamkeit zwischen dem kollektiven Widerspruch und seinem Publikum, ein Ort, an dem, wie Klaus Hartung einmal schrieb, eine „Dialektik von Torte und Revolution" mächtig werden kann.[5] Fast alle Protestbewegungen und mehrere Protestgenerationen bemühten sich dort Präsenz zu zeigen und ihr jeweiliges Anliegen öffentlichkeitswirksam zu plazieren. Vom Häuserkampf 1980/81 bis zur Kampagne gegen die Tagung des „Internationalen Währungsfonds (IWF)" 1988 wurde mit der Staatsmacht um den „Ku-Damm" gerungen: spontan und geplant, ebenso legal wie illegal, gewaltfrei und oftmals gewaltsam; nirgends klirrten Schaufensterscheiben so schön wie hier, da der Widerhall in Medien und Politik so gut wie sicher war.

Daß sich die Geschäftswelt zum Teil viel schneller und pragmatischer mit dem Eindringen oppositioneller Akteure und Diskurse in ihr Terrain arrangieren kann als die Staatsmacht, die diese schützen soll, zeigt die verbotene Brokdorf-Demonstration vom Februar 1981. Während die eine Hälfte der Ladeninhaber in Itzehoe ihre Geschäfte mit Spanplatten zu schützen versuchte, kaufte sich die andere Hälfte bei den örtlichen Bürgerinitiativen große „AKW-Nein-Sonnen" und hängte sie in ihre Schaufenster.[6]

Andere besonders umkämpfte Stadträume sind Regierungsviertel und -gebäude mit gesetzlicher Bannmeile. Dem Versuch, in der Nähe oder unmittelbar vor Landtagen, Rathäusern der Stadtstaaten, Ministerien, Bundestag oder Kanzleramt zu protestieren, steht überwiegend das Bemühen der Polizei gegenüber, genau dieses zu verhindern. Die Regierenden und die unabhängigen Parlamente sollen nicht dem „Druck der Straße" ausgesetzt werden. So wurde z.B. die „Südroute" der „Mittelamerika-Demonstration" in Bonn im November 1984, die am Bundesministerium für Wirtschaftliche Zusammenarbeit (BMZ) vorbeiführen sollte, vom Kölner Verwaltungsgericht mit dem Hinweis auf geplante „Krawalle" verboten, wie auch die Blockade des BMZ und der Hardthöhe vom Oktober 1983.[7] Oder der 21. November 1983: Am Tag der Regierungserklärung und Parlamentsdebatte über den NATO-Nachrüstungsbeschluß kam es während einer Blockade der Heuss- und Adenauerallee unmittelbar vor dem Bundeskanzleramt und einer Belagerung des Bundestages zu harten polizeilichen Räumungseinsätzen mit Wasserwerfern und Tränengas.[8] Anders in Baden-Württemberg, wo die Umzingelung des Stuttgarter Landtages durch einen Teil der Menschenkette, die von der Landeshauptstadt bis nach Neu-Ulm reichte, die Zustimmung der Polizei fand.[9] Das Ringen mit der Staatsmacht um Präsenz an solchen neuralgischen Punkten wird vielfach von einem Streit zwischen den politischen Gruppen und Initiativen über die angemessene Haltung begleitet. Als sich im September 1981 der damalige US-Außenminister Alexander Haig („Es gibt Wichtigeres als den Frieden.") zu einem Besuch in Westberlin angesagt hatte, formierte sich sofort eine breites Bündnis für eine „Anti-Haig-Demo" am 13. September. Unter dem Druck eines von CDU-Innensenator Heinrich Lummer in Aussicht gestellten Demonstrationsverbots und der Ablehnung dieser Aktion seitens des SPD-Landesvorstandes, änderten die Jusos als anmeldender Veranstalter ihre Haltung gegenüber der ursprünglich geplanten Demonstrationsroute, die ganz in der Nähe von Haigs Aufenthaltsorten (Schöneberger Rathaus und ein Hotel in der Rankestraße) verlaufen sollte. Aus den täglichen Verhandlungen mit der Polizei, die ihrerseits bestrebt war, die Demonstration „möglichst weit an den geplanten Aufenthaltsorten vorbeizuleiten", kamen sie mit einem Zwischenergebnis heraus, das sofort einen heftigen Streit unter den mehr als 52 Unterstützungsgruppen auslöste, weil die bis dato ausgehandelte Route „durch am Sonntagvormittag überwiegend entvölkerte Straßen"[10] führen und mehr als vier Kilometer vom Schöneberger Rathaus entfernt, an der Westseite des Volksparks, enden sollte.
BefürworterInnen dieser „Volksparkroute" (u.a. „Evangelische Studentengemeinde (ESG)", Falken, Jusos und SEW) begründeten ihre Haltung damit,

daß eine Aktion, die die sicherheitsrelevanten Bereiche berühre und deshalb mit an Sicherheit grenzender Wahrscheinlichkeit gewaltsame Auseinandersetzungen mit der Polizei erwarten lasse, die erwünschte Bündnisbreite und damit die erhoffte TeilnehmerInnenzahl nicht erreichen würde. Teile der „Alternativen Liste (AL)" und die Kreuzberger HausbesetzerInnen hielten dem entgegen, daß jede Demonstration mit dem Ziel geführt würde, dorthin zu gehen, wo der Anlaß des Protestes liege und falls die Aktion verboten werden sollte, müsse man diese Entscheidung zumindest abwarten und „nicht schon vorher in einer in sich selbst verlagerten Vorwegnahme möglicher Verbote jeden Konflikt mit dem Staat vermeiden".[11] Schließlich einigte man sich auf einen Kompromiß, der vorsah „so nahe wie möglich" an die Aufenthaltsorte des amerikanischen Außenministers heranzukommen. Kurz vor dem 13. September kursierte ein Flugblatt in der Stadt mit der Aufforderung: „Leitet den Demozug in die Rankestraße um!"[12]
Tatsächlich verlief die Demonstration auf der genehmigten Strecke friedlich. Die Polizei hatte die Gedächtniskirche vorsorglich abgesperrt, um erwartete Ausbruchsversuche zu dem in der Nähe gelegenen Hotel Steigenberger zu verhindern. Erst als auf der Abschlußkundgebung am Winterfeldplatz eine Vertreterin der autonomen Gruppen ihren Redebeitrag mit den Worten schloß: „Da gehen jetzt noch welche zum Rathaus, überlegt's euch, Leute!", löste sich ein Block von DemonstrantInnen, mit der Absicht, dorthin vorzudringen. Daraufhin kam es zum Tränengaseinsatz seitens der Polizei und zu schweren Auseinandersetzungen mit mehreren Verletzten auf beiden Seiten.[13]
Auf seiten des kollektiven Widerspruchs stehen sich im Laufe dieser Aktion zwei Auffassungen gegenüber. Während die einen, ungeachtet ihrer sozialen Basis, unmittelbar an den im herrschaftlichen Diskurs bedeutsamsten Orten Präsenz zeigen wollen, ohne zu bedenken, daß die gewaltsame Form, die dieser Schritt höchstwahrscheinlich annehmen muß, sie an den gesellschaftlichen Rand drängen wird, sind die anderen dazu bereit, sich ins topographische Abseits verbannen zu lassen, um Teile der gesellschaftlichen Mitte zum Protest zu bewegen. Das Aktionskalkül „So nahe wie möglich" erscheint daher als ein vernünftiger Kompromiß, der den Charakter des kämpferischen Vordrängens bewahrt und gleichzeitig den Zusammenhang zwischen gesellschaftlichem und räumlichem Geländegewinn nicht zerreißt. Dennoch bleibt auch diese Kompromißformel noch der hauptsächlich auf Macht orientierten Auseinandersetzung mit dem Staatsapparat um räumliche Präsenz verhaftet. Zur ideologischen Falle wird die Vorstellung, der Protest sei um so erfolgreicher, je näher er an bzw. in herrschaftlich besetzte Räume herankommt bzw. eindringt, dann, wenn sie sich ausschließlich auf die Durchsetzung der

physischen Anwesenheit der Akteure reduziert. Die inhaltlichen Protestdiskurse werden durch einen, von welcher Seite auch immer, provozierten realen Kampf um das Terrain regelmäßig verdrängt und durch die Symbolik einer paramilitärischen bzw. militanten Machtprobe ersetzt, in der manchmal die Streetfighter, meistens aber die Polizei die Sieger bleiben. Die Maxime „So nahe wie möglich" mag manchmal sinnvoll und sogar erfolgreich sein, den Königsweg des Protests stellt sie sicherlich nicht dar, da sie sich nicht gerade selten als Sackgasse erwiesen hat.

Ein Kompromiß zwischen den unterschiedlichen Protestkulturen über den Ort ihrer gemeinsamen Aktion ist oftmals deshalb so schwierig, weil bereits die wechselseitigen Zugeständnisse als vorweggenommenes Anzeichen für Erfolg oder Niederlage in diesem Machtkampf betrachtet werden. Wo die einen vorauseilenden Gehorsam und nackten Opportunismus am Werk sehen, registrieren die anderen provokativen Aktionismus und blindes Chaotentum. Dieser Streit wiederholt sich während der gesamten 80er Jahre in vielen Auseinandersetzungen. Nicht immer kommt es dabei schließlich doch noch zu einem gemeinsamen Vorgehen. So trennten sich z.B. 1980 die Wege bei den Aktionen gegen die öffentliche Vereidigung von Bundeswehrrekruten. Einige wollten in, andere vor und wieder andere weit neben den Fußballstadien, wo das militärische Zeremoniell zumeist stattfand, protestieren. Auf der Bonner Großdemonstration 1982 gegen den NATO-Gipfel versuchten autonome Gruppen linksrheinisch entlang der Bannmeile zu protestieren, während der „Koordinationsausschuß" eine rechtsrheinische Route angemeldet hatte, die in den Beuler Rheinauen gegenüber dem Bundestag und dem Bundeskanzleramt endete. Und 1988 beteiligten sich die Jungsozialisten nicht an einer von über 20 Organisationen getragenen Demonstration gegen die Tagung des „IWF" und der Weltbank in Westberlin, weil die Route zum Tagungsort der Banker, das „Internationale Congress Centrum (ICC)", führte; das sei, so hieß es in einer Stellungnahme, „nicht der richtige Ort, um die Kritik vorzubringen".[14]

Andere Aktionen zielen nicht so sehr darauf ab, Protestinhalte in die Öffentlichkeit des Stadtzentrums zu plazieren, sondern öffentliche Aufmerksamkeit auf einzelne dezentrale Orte zu lenken, die im Kontext der jeweiligen Bewegung als bedeutsam eingeschätzt werden. Mit Aktionen vor militärischen Einrichtungen, Rüstungsbetrieben oder Kriegsdenkmälern u.v.m. verweisen friedensbewegte TeilnehmerInnen z.B. nicht nur allgemein auf die Verantwortung für militärische Aufrüstung oder Verstrickung in kriegerische Auseinandersetzungen, sondern sie verknüpfen den pazifistischen Diskurs durch ihre Präsenz mit besonderen Orten, Institutionen und Menschen; damit wird

Antikriegs- und Friedenspolitik im urbanen Raum verortet und dingfest gemacht, Ziele und Gegner des Protests werden lokalisiert und personalisiert. So fand z.B. am „Tag des Antimilitarismus" während der Aktionswoche im Herbst 1983 eine symbolische „Massenerschießung" vor dem Bonner Büro der Firma Heckler und Koch statt, die ihren Exportschlager, das G-3-Sturmgewehr, in über 40 Länder der Dritten Welt lieferte.[15] Während der Anti-IWF-Kampagne im September 1988, zu der die OrganisatorInnen in Westberlin unter dem Motto „Wut, Witz, Widerstand" zu „phantasievollen dezentralen Aktionen im gesamten Stadtgebiet"[16] aufgerufen hatten, wurde u.a. vor dem DER-Reisebüro gegen Sextourismus, vor der Adler-Verkaufszentrale gegen die Ausbeutung weiblicher Arbeitskraft, vor den Werkstoren der Siemens AG, vor McDonald-Filialen, dem Arbeitsamt Charlottenstraße, der Ausländerpolizei und einer AOK-Geschäftsstelle protestiert. Es gibt wohl kaum einen Ort, von A wie Arbeitsamt bis Z wie zentrales Sammellager für AsylbewerberInnen, der nicht schon einmal von irgendeiner (Teil-)Bewegung aufgesucht, öffentlich markiert und so zum Objekt des Protestdiskurses gemacht wurde.
Anders als auf dem Land, bietet die Stadt eine Vielzahl von solchen Orten und Institutionen, die schon vorhanden sind, bevor sie der Protest für sich entdeckt. Andere, wie z.B. das erwähnte Hotel des Staatsgastes Haig, werden erst situativ durch einen besonderen Anlaß in den Kontext des Konflikts hineingezogen und mit dem oppositionellen Diskurs codiert. Dazu zählen u.a. auch jene Straßen und Plätze, wo AktionsteilnehmerInnen ums Leben kamen. Nach dem Tod des 18jährigen Klaus Jürgen Rattay am 22. September 1981 an der Ecke Bülowstraße/Potsdamerstraße in Westberlin wurden an der Unglücksstelle mehrmals Blumen niedergelegt, kurz darauf von der Polizei jedoch immer wieder zertrampelt und entfernt; im Rahmen eines abendlichen Schweigemarsches besetzten erneut Tausende diese Kreuzung, „sangen das Lied von Sacco und Vancetti, schwiegen und klatschten", während die Polizei am selben Ort und nur wenige Stunden nach dem tödlichen Geschehen ihr äußerst hartes Vorgehen gegen die sitzende Menschenmenge wiederholte. „Kein Platz für Trauer" titelte die „taz".[17]
Auch in der Stadt gehen solche Orte, an denen es zu legendären Auseinandersetzungen mit der Staatsmacht kam, als historische in die Bewegungsgeschichte ein. Beispielhaft stehen dafür der Winterfeldplatz und der Nollendorfplatz in Westberlin. Ersterer erlangte während der HausbesetzerInnenzeit seine Berühmtheit als „bevorzugte Randalestätte", letzterer wurde während der Besuche Ronald Reagans 1982 und 1987 Schauplatz gewaltsamer Konfrontationen. Am 11. Juni 82 hatte die Polizei 4.000 DemonstrantInnen

drei Stunden lang mit Straßensperren auf dem Platz eingekesselt; die „Alternative Liste (AL)" sprach später von einem „Massengefangenenlager" und „chilenischen Verhältnissen". Bei dem Versuch der Eingesperrten, sich freizukämpfen, „erlebte Berlin die größte Straßenschlacht seit dem 17. Juni 1953".[18]

Daß sich ein Stadtteil als bevorzugter Protestort herauskristallisiert, ist relativ selten, am ehesten erscheinen noch die „Szeneviertel" von Groß- und Universitätsstädten als dauerhafte „Unruheherde". Zu nennen wären hier beispielsweise Schwabing in München, das Schanzenviertel in Hamburg, das Ostertorviertel in Bremen und insbesondere Kreuzberg in Westberlin. Der Mythos SO 36 ist zwar nicht ausschließlich einer politischen Protestkultur geschuldet, aber ohne sie auch nicht denkbar. Die vielfältigen Straßenaktionen im Stadtteil – von den Hausbesetzungen der beginnenden 80er Jahre über die unzähligen Demonstrationen und Verkehrsblockaden aus den unterschiedlichsten Anlässen bis hin zu den „revolutionären" Straßenfesten am 1. Mai – und ihre zum Teil besonders gewaltsamen Austragungsformen haben jedenfalls einen erheblichen Teil zur Mythenbildung beigetragen. Wie sich dabei Politik und Medien, Polizei und Teile der Protestszene gegenseitig ergänzen, zeigen schlaglichtartig zwei Ereignisse aus dem Jahr 1987. Die Bilder von der Ruine eines abgebrannten Bolle-Supermarktes am Görlitzer U-Bahnhof – Ergebnis des nächtlichen Stadtteilriots im Anschluß an das 1.-Mai-Fest am Lausitzer Platz – und die polizeiliche Teilblockade von Kreuzberg während des Reagan-Besuches – auf zwei U-Bahnlinien wurde der Verkehr eingestellt, Polizeisperren und -kontrollen blockierten Kreuzungen und Zugangsstraßen – waren Stoff genug für eine Stigmatisierung des Kreuzberger Milieus als „Anti-Berliner" und für zahlreiche Legenden und Überhöhungen der Streetfigther als „Helden vom Lausitzer Platz". Sowohl die nächtliche Anarchie im Stadtteil als auch seine polizeistaatliche Einkesselung verweisen auf Tendenzen der (Selbst-)Ghettoisierung und zeigen, wie einer sozialen Ausgrenzung eines Teils der Bevölkerung während einer Eskalationsphase auch die räumliche Ausgrenzung auf dem Fuße folgen kann.

Wie die Akteure über die besondere Formierung ihrer räumlichen Präsenz Bedeutungen inszenieren, verdeutlichen zwei Beispiele aus der Friedensbewegung. Zum Auftakt der bundesweiten Aktionswoche im Herbst 1983 bildeten mehrere tausend Frauen und Männer in Bonn eine Menschenkette zwischen den Botschaften der USA und der UdSSR. Am „Tag der Schulen" veranstalteten im Hamburger Stadtteil Eimsbüttel SchülerInnen mehrere Sprintläufe von ihrer Schule zum nächstgelegenen Bunker, um öffentlich zu testen, ob eine dreiminütige Vorwarnzeit ausreichen würde, sich „in Sicherheit" zu bringen. Damit nutzten die Akteure nicht nur öffentliche Räume, zogen nicht nur bedeutsame Orte – die Botschaften, den Bunker – in die öffentliche Aufmerksamkeit des friedenspolitischen Diskurses, sondern darüber hinaus diente die besondere Form ihrer physischen Anwesenheit selbst dazu, einen eigenen symbolischen Sinn zu artikulieren. Indem sie sich auf der ganzen Weglänge zwischen den beiden Botschaften aneinanderreihten, wollten sie „die Situation der Deutschen zwischen den Blöcken" zum Ausdruck bringen und mit der gleichzeitigen Überreichung von Abrüstungsresolutionen an die Verantwortung beider Supermächte appellieren.[19] Die SchülerInnen waren mit ihrer Form der symbolischen Raumbesetzung darum bemüht, aufzuzeigen, daß weder die Zahl der Bunkerplätze noch die Zeit, dorthin zu gelangen, ausreichen würde, die Bevölkerung des Stadtteils im Kriegsfall zu schützen.[20] Beide Aussagen hätten z.B. auch bei Kundgebungen vor und Demonstrationen zu den Botschaften und dem Bunker in Reden artikuliert oder auf Transparenten verdeutlicht werden können; die Akteure zogen es aber vor, sie mittels der Figuration ihrer Körper zu inszenieren und dem unmittelbaren Publikum und den Medien in einer szenischen Darstellung, bei der der Raum eine eigene bedeutsame Rolle spielt, zu vermitteln.

Vergleicht man die neuen Bewegungen hinsichtlich der symbolischen Okkupation urbanen Raums mit der historischen Arbeiterbewegung und den Gewerkschaften der Bundesrepublik, läßt sich folgendes beobachten. Zum einen gehört das Ringen um Präsenz im Zentrum der Stadt zunächst für beide, unabhängig von der unterschiedlichen Zielsetzung oder der ästhetischen und expressiven Audrucksmittel, zur Grundausstattung ihres Protests. Obwohl das Ausmaß sowohl der Vehemenz, mit der dieses Ansinnen verfochten wird, als auch der Widerstand, der ihm entgegenschlägt, von Ort zu Ort und von Zeit zu Zeit ganz erheblich variiert, erscheint der Kampf um die öffentliche Präsenz im Zentrum des urbanen Raumes als ein konstitutives und kontinuierliches Moment beider Sozialbewegungen.

Darüber hinaus sind die neuen Bewegungen aber gerade auf Grund ihrer anderen thematischen Konfliktfelder in viel stärkerem Maße darauf verwiesen und auch erpicht, dezentrale Orte der Stadt innerhalb ihres spezifischen Protestdiskurses zu „entdecken", aufzusuchen und öffentlich zu markieren. Während die Arbeiterbewegung und die Gewerkschaften ihren Kampf großenteils direkt in den Fabriken und Dienststellen ausfechten und auf sie beschränken, führt sie ihr eher seltener Weg aus den Betrieben heraus zumeist unmittelbar in das städtische Zentrum und damit an den Ort der politischen Macht, um dort an die Herrschaftsträger zu appellieren oder ihnen zu drohen. Mit anderen

Worten: der ökonomische Diskurs bietet relativ wenig Protestraum außerhalb der Betriebe, wie z.B. den Tagungsort einer Aufsichtsratssitzung oder von Tarifverhandlungen; und dort, wo ökonomische und/oder gesellschaftliche Konflikte auf eine Ebene der politischen Auseinandersetzung mit den Regierenden, sei es in Bund, Land oder Kommune, gehoben werden (Arbeitslosigkeit, Steuern, Strukturanpassung u.v.m.), liegt es in ihrer Logik, den kollektiven Widerspruch vornehmlich dorthin zu tragen, wo jene residieren oder eine größtmögliche Öffentlichkeit erzielt werden kann. Erst der Frauen-, Friedens- und Ökologiebewegung gelingt es schließlich, auch in der Stadt eine neue Raumkompetenz zu entfalten, die in Aktionen mündet, die über die Versammlung an einem Ort oder das Demonstrieren entlang einer Strecke hinausgehen und bei denen die Akteure ihre besondere räumliche Präsenz selbst als symbolische Artikulationsform des Protests einsetzen.

Landnahme

Die ganze Bandbreite demonstrativer und direkter Aktionsformen findet sich auch und gerade auf dem Land. Einige davon, wie die Blockade von Militäranlagen oder die Besetzung von Bauplätzen der Atomindustrie, haben ihre Domäne in der Provinz. Die Räume, in denen sich die Akteure behaupten müssen, sind die Regionen und Landkreise, Klein(st)städte und Dörfer und oftmals ganz weit draußen: Wald und Wiese. Im Zusammenhang mit den Auseinandersetzungen an der Startbahn West wurden Irritationen geäußert:

„Im Wald ist es nicht dasselbe wie auf der Straße. (...) Da führen Grüne und Grüne einen sinnlosen Stellvertreterkrieg, abseits der Öffentlichkeit: es fehlen die Sachen, die Schaden nehmen könnten, und vor allem, es fehlen im Wald die Neugierigen, die Unbeteiligten und die Anwohner (...). Ob man den Protest im Grünen für effektiv sinnvoll hält oder nicht, der Wald bleibt eine tote Strecke, der Asphalt stiehlt dem Ozon die Schau. Was die Blätter verschlucken, hallt von den Häuserwänden laut zurück. (...) Der Wald (ist) kein gastlicher Ort."[21]

In der Tat, die Voraussetzungen für symbolische Okkupationen auf dem Land unterscheiden sich in mehrerlei Hinsicht von denen in der Stadt, insbesondere dadurch, daß erstere erst in viel stärkerem Maße herstellen müssen, was letztere meistens bereits vorfinden: eine Öffentlichkeit, die Aufmerksamkeit garantiert und Reaktionen verspricht. Können sich die Akteure in der Stadt sicher sein, ihr Publikum zumindest vorzufinden – in den belebten Zentren mehr als in abseits gelegenen Wohnvierteln –, treffen sie auf dem Land zumeist und zunächst nur sich selbst, zum Teil die Bediensteten der inkriminierten Protestobjekte, die Polizei und die Berichterstatter der Medien. Das Ringen um Präsenz dient deshalb hier zuallererst der Produktion von Aufmerksamkeit für Dinge und Ereignisse, die zwar nicht im geheimen, aber doch möglichst ohne großes Aufsehen, keinesfalls jedoch im Rampenlicht einer kritischen Öffentlichkeit geschehen sollen. Die Schadensandrohung besteht zum großen Teil gerade darin, Unruhe und Widerspruch in der vermeintlich und manchmal auch wirklich ruhigen und widerspruchslosen Provinz zu produzieren. Daß dabei dem Konfliktgegner keine materiellen Schäden zugefügt werden könnten, widerlegt allein schon der Aufwand und die Vehemenz mancher Polizeiaktionen und ihre Kosten. Natürlich fehlen die Schaufensterfronten von Banken und Versicherungen, und es ist auch nicht der städtische Berufsverkehr, der durch die Präsenz der Akteure lahmgelegt wird; dafür werden Mauerstreben geknackt, der Militärverkehr blockiert und Atommülltransporte behindert. Es ist auch keineswegs so, daß der Wald und die Provinz „tote Strecke" bleiben, im Gegenteil: kommt der Protest, zieht Leben ein, das manchmal sogar „gastliche" Formen annehmen kann, nicht weil es so gemütlich oder gar heimelig zugeht, sondern weil die Einheimischen die auswärtigen AtomkraftgegnerInnen- oder FriedenskämpferInnen willkommen heißen, sie z.B. mit Lebensmitteln versorgen und sich mit ihnen gemeinsam gegen die Wiederaufarbeitungsanlage oder das Raketenlager wehren.

„Der eigentliche Manöverraum südlich von Hildesheim erstreckt sich noch über ein Areal von 30 mal 40 Kilometer, und entsprechend liegen die einzelnen Friedenscamps z.T. 30 bis 40 Kilometer auseinander."[22] Das Problem ist offensichtlich. Protestaktionen, wie die Manöverbehinderung in Niedersachsen und Hessen 1984, die sich auf eine Landfläche von über tausend Quadratkilometer beziehen, brauchen eine eigene Infrastruktur. Die Camps, in Hildesheim fünf, im Fulda-Gap sieben, von denen die Aktivitäten ausgehen, sind dabei eine wichtige Form räumlicher Präsenz mitten im Manövergebiet. Sie dienen neben der Unterbringung und Verpflegung, der Koordination und Öffentlichkeitsarbeit insbesondere der Vorbereitung der Behinderungsaktionen, und das heißt vor allem, sich ausreichend über die örtlichen Gegebenheiten zu informieren, „mit der Region vertraut werden".[23] Der Wille zur Präsenz setzt die Kenntnis des Terrains voraus.

Auch in der Auseinandersetzung um die Wiederaufarbeitungsanlage bei Wackersdorf spielen die Oster- und Pfingst-Camps eine gewichtige Rolle, deren symbolische Bedeutung neben allerlei logistischen Zwecken darin besteht, sich ernsthaft auf unbekanntem Gebiet niederzulassen und dem Protest eine (weitere) öffentliche Ausgangsbasis zu verschaffen. Die Camp-BewohnerInnen dokumentieren mit ihrem Ortswechsel ihre besondere Entschiedenheit zum kollektiven Widerspruch. Die Raumveränderung geht mit einem

Statuswechsel einer: nicht mehr NormalbürgerIn, sondern AktivistIn (sogar etwas mehr als ein normaler Protestakteur); und manchmal folgt dieser vorübergehenden Veränderung auch ein dauerhafter Umzug in die Region.

Es verwundert daher nicht, daß diese Form räumlicher Präsenz nicht nur Objekt intensiver staatlicher Observation, Einschüchterung und Legendenbildung, sondern zum Teil auch in der ansässigen Bevölkerung und den lokalen Bürgerinitiativen umstritten ist. „Es war nicht einfach, eine Wiese für das Camp aufzutreiben. Nach der massiven Räumung des Zeltlagers in Hofenstetten an Ostern haben die Bauern Angst, ihre Wiesen zur Verfügung zu stellen. Auch in der BI selbst gab es Vorbehalte gegen das Camp. Der konservative Teil der Mitglieder fürchtete sich vor marxistischen Parolen, die dort auftauchen könnten", hieß es in einem Bericht über das Pfingst-Camp 1986 im oberpfälzischen Seengebiet „Räuberweiher", knapp zwei Kilometer vom Baugelände der geplanten Wiederaufarbeitungsanlage entfernt, in dem sich bis zu 8.000 Menschen aufhielten.[24] Mit der Begründung, das Camp sei „Ausgangspunkt für die bisher blutigsten Auseinandersetzungen am Bauzaun", räumte die Polizei am 20. Mai mit dem Einsatz von Hubschraubern, mehreren Hundertschaften Bundesgrenzschutz und ca. 50 Fahrzeugen das Gelände des Zeltlagers. Auch das Camp Eddinghausen wurde während der Störmanöver um Hildesheim von der Polizei umstellt, weil man „Hinweise aus der Bevölkerung über Waffen" erhalten haben wollte.[25]

Auch andere Okkupationen zielen darauf ab, zuerst einmal einen Fuß auf unwägsames und zum Teil gegnerisches Gelände zu bekommen. Es werden Orte geschaffen, die den Willen zur Präsenz und die Absicht der Akteure verdeutlichen sollen, sich gegenüber den Ansprüchen des Konfliktgegners notfalls auch außerhalb des legalen Rahmens zu behaupten. Beispiele dafür waren die Waldhütte auf dem für den Bau der Startbahn West vorgesehenen Areal bei Walldorf und das „Franziskus-Marterl" in der Nähe der geplanten Wiederaufarbeitungsanlage bei Wackersdorf. Die Hütte im Flörsheimer Wald wurde von Mitgliedern der Bürgerinitiative im Morgengrauen des 3. Mai 1980 erbaut. Die kleine, dem Umweltschutzheiligen Franziskus geweihte Kapelle, neben die etwas später ein Holzkreuz mit einer überlebensgroßen Christusfigur aufgestellt wurde, errichteten 1984 Mitglieder des „Arbeitskreises Theologie und Kernenergie" zusammen mit der Bürgerinitiative Schwandorf. Beide Orte wurden zu Bezugspunkten des Protests in von industriellen Großprojekten bedrohten Naturgebieten. Geplant und gedacht als Vorposten, Anlauf- und Begegnungsraum, entwickelten sich die Hütte und die Kapelle im Laufe des jeweiligen Konflikts zu wahren „Kultstätten des Widerstandes".[26] „Im Herbst 1980 ist die Hütte noch Schlaf-, Eß-, Informations- und Versammlungsraum in einem. Bewirtschaftet wird sie von 6 Ortsgruppen, die den Widerstand gegen den Bau der Startbahn West im Wald und den umliegenden Gemeinden organisieren (...). Als sich Anfang Oktober das Kasseler Gerichtsurteil abzeichnet, kommen die ersten Waldbesetzer."[27] Am 2. November 1980 demonstrierten 15.000 BürgerInnen nach einer Kundgebung in Walldorf zur Hütte der Bürgerinitiative, von der aus mehrere tausend von ihnen nach einem Gottesdienst weiter zum Bauzaun zogen. In den darauffolgenden Tagen entstand rund um die Hütte das Dorf im Flörsheimer Wald. Auch das „Franziskus-Marterl" wurde Ausgangs- und Zielpunkt zahlreicher Protestaktionen, insbesondere des christlich motivierten Spektrums der Anti-WAA-Bewegung. „Plastikblumen, an Votivtafeln erinnernde Hinterlassenschaften diverser Protestgruppen und die sonntäglichen ökumenischen Gottesdienste mit anschließendem Spaziergang zum Bauzaun verleihen diesem inzwischen traditionsreichen Platz den Charakter eines 'alternativen' Wallfahrtsorts."[28]

Höhepunkte in diesem Ringen um Präsenz auf dem Land stellen die Besetzungen der Bohr- und Bauplätze in Gorleben, Frankfurt und Wackersdorf dar. Bei allen drei Konflikten konzentrierten sich die Auseinandersetzungen mit zunehmender Eskalation auf den Ort, an dem die jeweiligen technischen Großprojekte gebaut werden sollten. Die Akteure orientierten die Vielfalt der möglichen Aktionsformen auf das aus ihrer Sicht bedrohte Terrain. Je näher eine Gerichts- und Regierungsentscheidung, insbesondere aber der Baubeginn selbst rückte, desto öfter führten Demonstrationen und Sonntagsspaziergänge dorthin, fanden dort ebenso Kundgebungen und Mahnwachen statt wie beginnende Bau- und Rodungsarbeiten behindert und blockiert wurden. Durch die Besetzung wurden die Bauplätze schließlich zum zentralen Ort des Protestgeschehens. Am ehesten gelang es der Antiatombewegung noch, während der „Freien Republik Wendland" und unmittelbar nach ihrer Räumung, mit zahlreichen Solidaritätsaktionen im gesamten Bundesgebiet ein dezentrales Gegengewicht zu den Vorgängen im Landkreis Lüchow-Dannenberg zu organisieren. Nach dem Motto „Gorleben ist überall" und im Gestus der „Republiksgründung" entstanden vielerorts „Botschaften" oder „wendländische Freundschaftshäuser". Die Gleichzeitigkeit von Eskalation und Konzentration der Konflikte verdeutlicht die „innere Logik der Protesthandlungen", es ist ein „Kampf um Räume".[29]

Die sich verengende Zentralperspektive auf die Bauplätze und die Zuspitzung der Aktionsformen auf deren Besetzung hin, scheinen ihren Grund in den besonderen Ausgangsbedingungen des Protests gegen technische Großprojekte zu haben. Anders als bei Auseinandersetzungen im Zusammenhang mit

militärischen Einrichtungen, geht es den Akteuren zunächst darum, zu verhindern, daß die Betreiber das Gelände entsprechend seinem Verwendungszweck nutzen können, die vorgesehenen Anlagen also erst gar nicht gebaut werden. Sind die Aktionsformen der neuen sozialen Bewegungen normalerweise im Reproduktionsbereich angesiedelt, greift eine Platzbesetzung in den Produktionsbereich ein. Im Kern geht es um die Verfügungsgewalt über Grund und Boden: Wiese oder atomares Endlager, Wald oder Startbahn West. Eine Bauplatzbesetzung nimmt ein noch nicht gesichertes Betriebsgelände symbolisch in Besitz und zielt damit in zentralistischer Art und Weise auf die Machtfrage. Ist es den TeilnehmerInnen der Friedensbewegung durchaus bewußt, daß das Nachrüstungsprogramm der NATO nicht mit Aktionen an einem Ort gekippt werden kann, so verhält es sich bei Auseinandersetzungen um technische Großprojekte etwas anders. Deren Realisierung ist weitaus zwingender mit spezifischen Orten verknüpft. Gibt es dabei für Atomkraftwerke noch relativ viele Alternativen, so ist die Entscheidung über den Standort eines nuklearen Endlagers oder einer Wiederaufarbeitungsanlage bereits weitaus enger an bestimmte geographische, physikalische, wirtschaftliche und auch politische Voraussetzungen gebunden. Und der Ausbau des Frankfurter Flughafens ist nun einmal nur in Frankfurt möglich. Dieser relative Zwang zur Ortseindeutigkeit bietet den Akteuren einerseits zwar einen erfolgversprechenden Ansatzpunkt für ihren Protest, andererseits führt er aber oftmals auch zu einer sich verengenden Zentralperspektive, deren Ultima ratio seit Mitte der 70er bis Ende der 80er Jahre immer wieder die Bauplatzbesetzung ist. Damit wird bei zunehmender Eskalation eine Haltung begünstigt, die den Kampf um Raum zunehmend weniger symbolisch als vielmehr real betrachtet. So wird gleichzeitig das Mißverständnis gefördert, vor Ort, dort im Wald, werde alles entschieden. Mit anderen Worten: Platzbesetzungen sind zwar u.a. deshalb eindrucksvolle Aktionen, weil sie auf die Machtfrage zielen; stellen die Akteure sie aber wirklich, sitzen sie in der Falle, weil paramilitärische „Entscheidungsschlachten" gegen den hochgerüsteten Staatsapparat in der Regel nicht zu gewinnen sind. Der Fehler, in diese Falle zu laufen, wird allerdings durch polizeiliche Maßnahmen oftmals provoziert, miterzeugt und genährt, in dem sicheren Wissen der Herrschenden, auf diesem Terrain Sieger zu bleiben.
In Gorleben, Frankfurt und Wackersdorf ging die Besetzung mit der Errichtung von Hüttendörfern oder einzelnen Gebäuden („BI-Hütte", „Freundschaftshaus") als deren Kern einher. Zwar unterschieden sich diese Anlagen in der Zahl und Funktion der einzelnen Bauten – während in der „Freien Republik Wendland" noch am deutlichsten etwas von der ökologischen Auf-

bruchstimmung am Ende der 70er Jahre in Gestalt z.B. einer Schwitzhütte oder einer Sonnen-Wasser-Heizung zu spüren war, konnte das „Freie Wackerland" „nur" noch beanspruchen, das größte Dorf gewesen zu sein –, aber zu allen gehörte ein großes Versammlungshaus, ein Dorfplatz, eine Kirche bzw. Kapelle und ein oder mehrere Türme. Die verschiedenen Einrichtungen sollten u.a. die Unterbringung, Übernachtung, Ernährung, Versammlung und Bewachung gewährleisten und damit der Präsenz auf gegnerischem Gelände eine materielle Basis verschaffen. Gleichzeitig produzierte der kollektive Widerstand damit eigene öffentliche Orte, deren Attraktivität für die Menschen der Region in der alternativen Lebensweise ihrer BewohnerInnen, in kulturellen und politischen Veranstaltungen sowie gemeinsamen Gottesdiensten bestand. Die Platzbesetzung plus Hüttendorf kann in dieser Hinsicht quasi als reziprokes Pendant zur zentralen städtischen Großdemonstration betrachtet werden: Beide erregen, jeweils auf ihrem Terrain, maximale Medienöffentlichkeit; während sich aber die DemonstrantInnen zu ihrem Publikum in die Städte auf den Weg machen, kommt das Publikum zu den BesetzerInnen aufs Land, zum Teil als Neugierige und auf Besuch, zum Teil als Unterstützung und potentielle Akteure.

Besonders beachtenswert sind die erwähnten Türme. Sie dienten den BesetzerInnen nicht nur zur besseren Aussicht, um z.B. anrückende Polizeitruppen frühzeitig erkennen zu können oder, wie in Frankfurt, als Sendestation, mit der die Verbindung zu den Bürgerinitiativen der Umgebung aufrechterhalten wurde, um im Notfall die Telefonkette auszulösen. Als weithin sichtbares Präsenzzeichen, zumeist mit einer BesetzerInnenfahne an der Spitze, verdeutlichten die Türme vor allem den Besitzanspruch auf die eroberten Plätze. Entsprechend umstritten waren diese Widerstandssymbole und Hoheitszeichen sowohl in der öffentlichen Debatte als auch in der Auseinandersetzung vor Ort. Besonders im Vorfeld und während der polizeilichen Räumung, waren die auf den Türmen Ausharrenden zum Teil rüden und gefährlichen Attacken ausgesetzt. Bereits in Gorleben sah sich die „Turmgruppe", deren Mitglieder immer wieder als potentielle Gewalttäter diffamiert worden waren, dazu veranlaßt, diese Vorwürfe zurückzuweisen: „Wir haben wie alle anderen das passive Konzept des Widerstands beschlossen und werden uns daran halten. Von uns fliegen keine Mollys, wir schießen nicht, wir werden weder das Leben der Räumungstruppen oder der Besetzer gefährden."[30] Auch in Wackersdorf wurde im Mai 1983 ein von den Bürgerinitiativen auf einem betonierten Sockel errichteter dreizehn Meter hoher Holzturm unter Einsatz von drei Polizeihubschraubern und zahlreichen Mannschaftswagen abgerissen. Das bayerische Innenministerium begründete das Vorgehen da-

mit, der Turm könne zu einem „Kristallisationspunkt für gewalttätige Auseinandersetzungen" werden, da er als „Kommandozentrale der Kernkraftgegner" für eine erwartete Platzbesetzung diene.[31]
Nach polizeilichen Räumungsaktionen wurden die zur Absicherung der Gelände errichteten Zäune und Mauern zu weiteren Kultstätten des Widerstands. Zahlreiche demonstrative und direkte Aktionen, friedliche, aber auch militante, wie z.B. in Wackersdorf am sogenannten „Chaoteneck", hatten hier ihren spektakulären Ort. Der Zaun bzw. die Mauer „grenzt ab und grenzt aus, markiert die Fronten, scheidet Freund und Feind". Hier galt es, für alle Spektren des Protests Präsenz zu zeigen. Der Zaun übte eine „magische Anziehungskraft" aus, so als ob mit ihm die Wiederaufarbeitungsanlage stehen oder fallen würde.

„Bei verschiedenen Demonstrationen schlugen Tausende mit Steinen und Knüppeln rhythmisch gegen die stählernen Gitterstäbe, Frauengruppen behängten den Zaun mit Transparenten und knüpften Wollfäden in das Stahlgitter, Demonstranten blockierten das Haupttor, bildeten eine Menschenkette um das befestigte Gebäude; Gewaltfreie ketteten sich an. Mehr noch als gegen Wasserwerfer und Polizei, richteten sich die Angriffe militanter Gruppen gegen die verhaßte Zaunanlage. Wie alte Narben muten die Schweißstellen an, zeugen vom Werk der Autonomen, die dem Zaun mit der Stahlsäge beizukommen suchten."[32]

An der Startbahn West war die Betonmauer noch Jahre nach den „heißen" Scharmützeln Zielpunkt immer „kälter" werdender ritualisierter Sonntagsspaziergänge, deren TeilnehmerInnen auch angesichts des regen Flugbetriebs auf der längst erbauten Startbahn darauf beharrten, ihren ungebrochenen Widerspruch mit ihrer Anwesenheit zu verdeutlichen. Erst nach den für zwei Polizeibeamte tödlichen Schüssen im November 1987, rief die Bürgerinitiative nicht mehr zu der sonntäglichen Aktion auf. Klaus Hartung schrieb kurz darauf: „(...) an den Bauzäunen ist immer noch genug Raum für die Eskalation. Sie sind Orte der langandauernden Niederlage der 'neuen Bewegungen', Orte militanter Hoffnungslosigkeit. Gerade deshalb wurden die Bauzäune als Brückenköpfe ordnungspolitischer Strategien brauchbar."[33]
Erst die unmittelbare Niederlage im Kampf um das Baugelände und gegen die Mauern bzw. Zäune waren für die überwiegende Mehrheit der Akteure der Anlaß, ihre verengte Zentralperspektive aufzugeben und sich um andere Möglichkeiten räumlicher Präsenz zu bemühen. In Frankfurt fand am 31. Januar 1982 die letzte große Schlacht um den Wald statt; 20.000 DemonstrantInnen versuchten die Mauer um das Startbahngelände zu erobern. Diese Aktion erstickte in Blut, Schlamm und Tränen. Die „taz" versah ihren Kommentar mit der Überschrift „Letzter Aufschrei" und stellte fest: „Politisch am Ende, militärisch nichts auszurichten."[34] Vierzehn Tage später, als der „Be-

ginn einer neuen Phase des Widerstandes vor Ort" mit dem „ersten anachronistischen Karnevalsumzug" durch Walldorf gefeiert wurde, lehnte die Bürgerinitiative Großaktionen im Wald ab und orientierte sich hin auf eine „Regionalisierung des Widerstandes", deren oberstes Prinzip „absolute Gewaltfreiheit" sein sollte.[35] Im gleichen Jahr erklärten 40 Bürgerinitiativen gegen das Atomkraftwerk Wyhl: „Die Konzentration des Widerstandes auf eine Bauplatzbesetzung sei heute eine Sackgasse. Erfolgreich könne im Startbahn-West-Zeitalter nur ein langfristig dezentraler und regionaler Widerstand sein."[36] Auch in Wackersdorf zeichnete sich ab dem Sommer 1986 ein neuer Abschnitt im Kampf gegen die Wiederaufarbeitungsanlage ab. Die Akteure richteten ihre Aufmerksamkeit verstärkt auf deren Infrastruktur. „In den Mittelpunkt der Aktionen rückte nun das Netz von Institutionen, Organisationen und Unternehmen in der Oberpfalz, welches die Realisierung und Durchsetzung des Projekts erst ermöglichte."[37] In den folgenden Jahren wechselten die Protestorte wieder häufiger, und die Aktionsformen wurden vielfältiger. So fanden z.B. im Oktober 1987 vielfältige dezentrale Aktionen im Schwandorfer Landkreis statt, u.a. ein Trauermarsch, eine Fahrradstafette, ein „öffentlicher Atommülltransport" und ein „großes Bullettenessen" vor dem Regensburger Polizeipräsidium.[38]

Mit der Dezentralisierung und Regionalisierung ihrer Aktionen bieten sich dem kollektiven Widerstand erneut größere Möglichkeiten, wichtige Institutionen oder die militärische Infrastruktur durch Präsenz vor Ort öffentlich zu markieren und zu problematisieren. Bekanntes Beispiel sind dafür die Ostermärsche der Friedensbewegung ab 1982, bei denen die Beteiligten aus den Städten heraus und durch die umliegenden Dörfer und Gemeinden zu den Kasernen, Munitionslagern oder Raketenstellungen der Region demonstrierten. Mit zum Teil internationalen Friedensmärschen, antimilitaristischen Wanderungen und Läufen sowie Fahrradsternfahrten und Friedensstafetten protestierten die Akteure sogar in mehreren Regionen oder Ländern. Wie eine Region fast flächenmäßig mit der ganzen Aktionspalette einer Protestbewegung überzogen werden kann, zeigen noch einmal beispielhaft die Manöverbehinderungen. Mit vielfältigen demonstrativen und direkten Aktionen wurden „zum erstenmal nicht nur die Atomrüstung, sondern bewußt auch die konventionelle Rüstung, die neue US-Heeresdoktrin 'Air Land Battle' sowie Manöver und Kriegsvorbereitungen thematisiert." Die gleichzeitige und mehrtägige Präsenz an verschiedenen Orten im gesamten Manövergebiet hatte in der Öffentlichkeit eine „neue Sensibilisierung" hergestellt.[39]

Das abschließende Menschennetz zeigte zudem, wie es der Protest inzwischen verstand, weite ländliche Räume durch eine besondere Inszenierung der eigenen Präsenz symbolisch zu okkupieren. Rund 50.000 Menschen verknüpften mit dem Kettenschluß drei Militäreinrichtungen rund um Fulda, mit der Domstadt. Die einzelnen Verbindungsstrecken, die ursprünglich mit einer Länge von 110 Kilometern geplant waren, betrugen zwar nur mehr 20 und 30 Kilometer, aber der „Erfolg dieser Umorientierung" von einer Antiraketen- zur Antikriegsbewegung", so Robert Jungk, „dürfe nicht an Teilnehmerzahlen, sondern an der Verbreitung überlebenswichtiger Informationen" gemessen werden.[40] Mit dem Menschennetz hatten sich die OrganisatorInnen nämlich die Aufgabe gestellt, „durch die Verbindung von Munitions-, Atom- und Giftgasdepots, Raketenstellungen, Truppenübungsplätzen und Airbases die Dichte der militärischen Infrastruktur Osthessens aufzuzeigen und bloßzustellen".[41]

Im Ringen um Präsenz entwickelt und erweitert die Friedens- und Ökologiebewegung in den 80er Jahren ihre Fähigkeiten, gegnerische und bislang „verborgene" Orte in der Provinz in den öffentlichen Protestdiskurs zu involvieren, dabei auch lange Wege zu gehen und großflächige Räume mit Aktionen zu überziehen sowie neue ästhetische Formen symbolischer Okkupation mit Hilfe der räumlichen Figuration ihrer Körper zu produzieren. Dieser Prozeß führt zu einer, im Vergleich mit den Gewerkschaften, erheblich größeren Raumkompetenz (auch) auf dem Land.

Weibliche Präsenz

Frauen stehen in ihrem Ringen um Präsenz vor einem besonderen Problem, das zwar nicht neu, aber nach wie vor erwähnenswert ist: Öffentlichkeit selbst unterliegt dem hierarchischen Geschlechterverhältnis. Frauen sind in den 80er Jahren zwar nicht mehr in dem Maße Einschränkungen und Ausschlüssen auf der Straße unterworfen wie noch ihre Schwestern zu Beginn dieses Jahrhunderts[42], aber nach wie vor ist die Öffentlichkeit männlich dominiert. Mit ihr verhält es sich gerade so, wie mit der Freiheit und der Gerechtigkeit, die „zwar gleichsam ihrer Form und ihrem Anspruch nach allgemein menschlich, aber in ihrer tatsächlichen historischen Gestaltung durchaus männlich (sind)."[43] So nutzen Frauen heute mehr denn je erfolgreich ihren formal gleichberechtigten Zugang zum öffentlichen Raum, aber nicht selten müssen sie dann gerade in der Ausübung ihres Rechts feststellen, daß sie sich auf gegnerischem Terrain befinden. Damit sind noch nicht einmal in erster Linie die offensichtlichen Anpöbeleien und Übergriffe mancher männlichen Spezies gemeint, denen sich auch demonstrierende Frauen zum Teil ausgesetzt sehen, und derer sie sich manchmal auch handgreiflich erwehren müssen, sondern vielmehr die ganz „normale", allgemeine und subtile Verblüffung des Publikums und der Medien darüber, daß sich dort „nur", d.h. ausschließlich Frauen versammeln. Zynisch könnte man formulieren: Frauen bräuchten gar nicht zu Hunderttausenden auf die Straße gehen, um öffentliche Aufmerksamkeit zu erregen; sie sei schon kleineren Gruppen allein durch ihre geschlechtliche Homogenität so gut wie sicher. Tatsächlich müssen sich Frauen mit ihren Aktionen nicht nur den Zugang zu einer männlich dominierten Öffentlichkeit erkämpfen, sondern sie können sich dort mit ihren spezifischen Absichten und Interessen auf Dauer nur behaupten, wenn sie eigene Artikulationsformen und -weisen finden und umsetzen. Frauenaktionen oder Frauenblöcke in Demonstrationszügen sind dabei bereits immer schon eine, und zwar die grundlegendste Möglichkeit: weibliche Autonomie in der Form homogener geschlechtlicher Präsenz. Von weiterführendem Interesse sind die feineren Unterschiede. Welche Räume werden von Frauen wie besetzt und welcher Nutzeffekt geht davon auf die anderen, aus Frauen und Männern bestehenden Protestbewegungen aus?

Frauen organisieren ihren Protest überwiegend dezentral. Das entspricht einer feministischen Politik, die sich eher kultur- als machtorientiert versteht, die nicht durch zentrale Organisationsstrukturen gekennzeichnet ist, und die weitaus weniger als z.B. die Friedensbewegung einen zentralen staatlichen Adressaten bzw. Gegner hat. Daß gerade in der Auseinandersetzung um den Paragraphen 218 zentrale Veranstaltungen in Bonn oder Karlsruhe organisiert wurden, erscheint nun insofern plausibel, weil in der Abtreibungsfrage zentrale Entscheidungen durch staatliche Institutionen – Parlament und Bundesverfassungsgericht – getroffen worden waren. Bundesweit in Bonn oder anderswo gegen Vergewaltigung und Männergewalt zu demonstrieren, macht in dieser allgemeinen Form zunächst noch keinen Sinn, weil das Problem in erster Linie zwischen Frauen und Männern innerhalb der Gesellschaft und nicht in der Frontstellung zwischen gesellschaftlicher Bewegung und Staat existiert und damit zunächst keinen eindeutigen Ort aufweist, sondern ubiquitären Charakter hat. Anders die Situation im November 1981, als rund 3.000 Frauen in Karlsruhe gegen ein Urteil des Bundesgerichtshofs vom Juli des gleichen Jahres demonstrierten, durch das der Tatbestand der Vergewaltigung erheblich eingeschränkt worden war.[44]

Zentrale Aktionen sind in der Frauenbewegung jedoch relativ selten. Typisch hingegen erscheinen folgende Protesthandlungen. Nach einer Vergewaltigung in der Fußgängerzone der Siegener Oberstadt im Juli 1983, demonstrierten dort einige Tage später ca. 40 Frauen durch die Stadt und sprühten am Ort des Verbrechens: „Hier wurde eine Frau vergewaltigt."[45] Als im März

1986 zu Beginn der 6. Hamburger Frauenwoche eine 22jährige Frau an den Folgen einer Vergewaltigung starb, demonstrierten weit über 1.000 Frauen in einem Fackelmarsch zum Tatort im Sternschanzenpark, wo eine männliche Strohpuppe verbrannt wurde; Graffiti auf Plakaten und Hauswänden zierten anschließend die gesamte Demonstrationsroute.[46] Die konkreten Schauplätze männlicher Bedrohung und Gewalt werden aufgesucht und öffentlich markiert, und zwar nicht erst nach (tödlichen) Verbrechen. Der Protest richtet sich vielmehr in erster Linie gegen die ganz alltäglichen Orte von Sexismus und potentieller Männergewalt, z.B. wenn frauenfeindliche Reklamewände überklebt oder besprüht und Peepshows und Sexshops bemalt oder mit Farbeiern und -beuteln beworfen werden.

Die in dieser Hinsicht wohl bekanntesten Frauenaktionen sind die jährlich in der Nacht zum 1. Mai in vielen Städten veranstalteten Walpurgisnachtdemonstrationen. Bei diesen bunten und lärmenden Umzügen unter dem Motto „Wir erobern uns die Nacht zurück" geht es in erster Linie nicht um Aufklärung und Bekehrung, sondern um weibliche Selbstbehauptung in der patriarchalischen Topographie des urbanen Raumes. Dazu ein Bericht aus Kassel aus dem Jahr 1980.

„Wir verteilten uns (...) über die ganze Stadt und gingen in die Bereiche, die wir sonst meiden, weil wir dort belästigt oder sogar bedroht werden (z.B. Fußgängerunterführungen, die 'tote' Innenstadt, dunkle, unbewohnte Gegenden). Diese Bereiche haben wir gekennzeichnet mit vielen Frauenzeichen und mit dem Aufruf 'Frauen wehrt Euch gegen Anmache und Vergewaltigung'. Die alte bekannte Angst empfanden wir dabei nicht, im Gegenteil; dadurch, daß wir jetzt in diesen Bereichen aktiv waren, 'besetzten' wir sie."[47]

Auch unter den Frauen kommt es manchmal zu Streit und Unmutsäußerungen über unterschiedliche Auffassungen, welche Orte, Strecken und Räume zum Protest geeignet sind.

„Bei vielen Frauen war die Enttäuschung über die Demoroute groß; nicht durchs Bahnhofsviertel also, durch die Teile der Stadt (Frankfurt a.M., d. Verf.), die immer eine besondere Bedrohung für uns darstellen, sondern durchs Westend liefen wir – vorbei an Nobelwohnungen und leeren Bürohäusern."[48]

Frauen nützen selbstverständlich auch die belebte Öffentlichkeit innerstädtischer Plätze und Straßen, aber ein Großteil der Aktionen wird weitaus öfter in den Stadtteilen und im Bereich der eigenen alltäglichen Lebenswelt organisiert, z.B. vor Wochen- oder Supermärkten, Kirchen, Kindergärten und Schulen. Oft werden auch Orte – Straßen, Plätze, Denkmäler, Institutionen u.v.m. – aufgesucht, deren männliche Form der Benennung ein Akt patriarchaler Kulturpflege ist, um dort, indem beispielsweise Straßenschilder überhängt werden, für eine Namensänderung nach weiblichen Vorbildern einzutreten. Insbesondere Frauengruppen der Friedensbewegung kämpften mit solchen Aktionen für eine Entmilitarisierung der Stadtkultur.

Ähnlich konkret auf Räume orientiert waren die Aktivitäten zur Schaffung „atomwaffenfreier Zonen", die vielerorts vor allem von Frauen initiiert und forciert wurden. Auf dem 2. Frauenfriedensmarsch 1982 von Westberlin nach Wien forderten z.B. die Teilnehmerinnen entlang der Marschroute dazu auf, „atomwaffenfreie Zonen zu schaffen, in jedem Haus, in jeder Straße, in jeder Stadt. Wir gehen zu Bürgermeistern und Stadträten und stellen Anträge, ihre Stadt als atomwaffenfreie Zone zu erklären".[49]

Oftmals werden Orte nicht nur aufgesucht und bezeichnet, sondern die Frauen versuchen darüber hinaus – meist freundlich, manchmal rabiat –, dort mit den überwiegend männlichen Verantwortlichen zu reden, ihre Forderungen vorzutragen und Stellungnahmen einzufordern, egal, ob es sich um eine Demonstration, eine Menschenkette, eine Blockade oder eine Besetzung handelt. Beispielsweise demonstrierten am Internationalen Frauentag 1984 in Hannover rund 150 Frauen zum Rathaus und forderten vor dem Eingang zum Rathaussaal, daß auf der dort laufenden Sitzung die Förderung des Frauenhauses besprochen und geregelt wird; der Bürgermeister bediente sich allerdings statt Argumente der Polizei. Am gleichen Tag umzingelten in Westberlin ca. 1.200 Frauen das Schöneberger Rathaus mit einer „Friedensschlange" und überreichten den Parlamentarierinnen einen Korb mit Brot und Rosen als „Sinnbild des weiblichen Kampfes für das Leben und Überleben", um mit ihnen ins Gespräch über ihre Vorstellungen und Ziele zu kommen.[50]

Bereits in den frühen 80er Jahren zeigen Frauen Präsenz an umstrittenen und nicht ganz ungefährlichen Orten, die erst später von gemischten Protestgruppen symbolisch okkupiert werden. So demonstrierten schon im Frühjahr 1981 anläßlich einer Tagung der Nuklearen Planungsgruppe der NATO rund 500 Frauen auf die Hardthöhe in Bonn. „Wir haben", hieß es in einer anschließenden Presseerklärung, „die Straße vor dem Haupttor des Verteidigungsministeriums blockiert, wir haben Raketen – die tödlichen Symbole männlicher Gewalt – verbrannt, wir haben dort Sand gestreut, den wir zukünftig weiter in das Getriebe der Rüstungsmaschinerie werfen wollen. (...) Hiermit erklären wir, daß wir zukünftig an den verschiedensten Orten auftauchen werden – in kleinen und großen Gruppen, gemeldet und unangemeldet, laut und leise, am Tag und in der Nacht".[51] Oder beispielweise in Ramstein. Dieser größte amerikanische Luftwaffenstützpunkt, der als Verteilerstation für Atomraketen und Sprengköpfe in Mitteleuropa diente, erlebte im März 1981 zum erstenmal eine massive Protestaktion, als ca. 3.000 Frauen unter dem Motto

„Schluß mit dem (atomaren) Kriegsspielen der Männer!" zwar nicht direkt zum Stützpunkt – dieser Weg war vom Bürgermeister verboten worden –, aber doch zu und auf einer amerikanischen Rollbahn demonstrierten.[52]

Auch die bereits erwähnten langen Friedensmärsche wurden anfangs hauptsächlich von Frauen organisiert. Der 2. Frauenfriedensmarsch 1982 führte die Teilnehmerinnen durch viele Städte, kleinere Ortschaften und Dörfer in mehreren Ländern Europas, die dadurch ihre erste Demonstration erlebten. Mit diesen blockübergreifenden und grenzüberschreitenden Aktionen sollten friedensstiftende Vermittlungen und Verbindungen zwischen Ost und West hergestellt und geschaffen werden. Zudem wollten die Demonstrantinnen, indem sie die Schwierigkeiten der fast 1.300 Kilometer langen Strecke überwanden, zum Ausdruck bringen: „Wir Frauen sind kein schwaches Geschlecht."[53]

Ebenso nutzen Feministinnen die Präsenzform Camp, um sich gemeinsam eine Ausgangsbasis für weitergehende Aktionen zu schaffen. Das Camp sollte eine „neue Frauen-Heimat"[54] symbolisieren und wurde als „Zwischenstation(en) auf dem Weg ins Matriarchat" betrachtet.[55] 1986 fand bereits das 4. Frauenfriedenscamp im Hunsrück statt. Von hier aus gelang es den Frauen in all den Jahren immer wieder, in militärische Sperrgebiete einzudringen und sie kurzfristig zu besetzen. 1983 wurde z.B. ein Übungsgelände bei Reckershausen von 500 Frauen für eine Stunde symbolisch in Besitz genommen und dabei auf Bunkerhügeln Fahnen gehißt, Transparente gespannt, Parolen und Zeichen auf Straßen und Wände gemalt sowie Blumen in Form einer Doppelaxt gesät.[56] 1984 bilanzierten die Friedenskämpferinnen ihren größten Erfolg: Es sei ihnen gelungen, „wann immer sie wollten, die Absicherung bewachter militärischer Anlagen zu überwinden".[57] Aber auch weniger gefährliche Aktionen gingen von den Camps aus. So wurden z.B. in mehreren Städten Mahntafeln vor Kriegerdenkmälern aufgestellt, „um an die zahlreichen, von Soldaten vergewaltigten und ermordeten Frauen der beiden Weltkriege zu erinnern".[58]

Der Protest der Frauen setzt frühzeitig andere, neue und mutige Impulse. Ihre Aktionen sind überwiegend dezentral, sie orientieren sich an alltäglichen Lebenszusammenhängen. Öffentlicher Raum wird als männliches Herrschaftsgebiet gekennzeichnet, aufgesucht und ästhetisch okkupiert. Die Bemühungen reichen dabei von kurzfristigen (Zurück-)Eroberungen bis hin zur dauerhaften symbolischen Feminisierung. Insbesondere Frauen nutzen große und lange grenz- und blockübergreifende Räume und Wege. Zum Teil schon in den frühen 80er Jahren wurden an, im männlich-herrschaftlichen Machtdiskurs hochbesetzten Orten demonstrative wie direkte, aber strikt gewaltfreie Frauenaktionen organisiert. Wenn es oftmals gerade Frauen gelingt, militärisches Gelände zu okkupieren, dann ist das nicht unabhängig davon, daß die weibliche Raumbesetzung von vornherein nicht als Machtzeichen männlich oppositioneller Kombattanten, sondern als Ausübung weiblicher Zeichenmacht interpretiert werden kann. Frauen haben so erheblich dazu beigetragen, das Verständnis für die symbolische Bedeutung des Raumes zu vergrößern und den Protest insgesamt dafür zu sensiblisieren, daß die Formen der eigenen räumlichen Präsenz Zeichen setzen und hinterlassen.

Verbotene Orte

Bislang wurde gezeigt, welche Orte sich der Protest symbolisch angeeignet hat, und auf welche Art und Weise die besondere räumliche Figuration der AktionsteilnehmerInnen selber dazu beigetragen hat, symbolische Bedeutungen in ihrem Ringen um Präsenz zu produzieren. Meistens bewegten sich die Akteure dabei auf legalem Boden, dennoch wurde nicht gerade selten – man denke nur an die Blockaden und Besetzungen – die Grenze zur Illegalität bewußt überschritten. Im folgenden geht es hier unter der Überschrift 'Verbotene Orte' jedoch nicht um Fragen des Demonstrationsrechts, vielmehr sollen exemplarisch Bedeutungsaspekte des Raumes für den Fall beleuchtet werden, daß er ausdrücklich zur Verbotszone für jeglichen Protest deklariert wird.
Wenige Tage vor einer am 28. Februar 1981 geplanten Brokdorf-Demonstration erließ der Landrat des schleswig-holsteinischen Landkreises Steinburg, Dr. Helmut Brümmer, in Absprache mit dem Kieler Innenministerium ein „generelles Verbot von Demonstrationen" zwischen dem 27. Februar und dem 1. März am „Baugelände des AKW Brokdorf sowie für den gesamten Bereich der Wilster Marsch".[59] Diese Verbotszone erstreckte sich über eine Fläche von ca. 200 Quadratkilometer. Gegen diesen Erlaß erhob sich sofort ein Sturm der Entrüstung. Der FDP-Politiker Burkhard Hirsch bezeichnete ihn als einen „Offenbarungseid der Demokratie"[60]; in einem Brief des „Bundesverbands Bürgerinitiative Umweltschutz (BBU)" an den Landrat war von „Bannmeilen-Verfügung" die Rede, „die auch das friedliche Demonstrieren gleich mitverbietet"[61]; und mehrere Professoren verfaßten eine Erklärung, in der es hieß: „Das bedeutet praktisch die Ausrufung eines Ausnahme- und Belagerungszustandes über einen Teil der Bundesrepublik Deutschland. Nach den Erfahrungen der Vergangenheit ist davon auszugehen, daß Truppen des Bundesgrenzschutzes und der Polizeien der Länder die gesamte Region hermetisch absperren, jedem Ortsfremden den Zugang versperren und die Bewegungsfreiheit der Ansässigen erheblich einschränken und total kon-

trollieren werden. Damit werden nicht nur die Grundrechte der Versammlungs- und Meinungsfreiheit sowie die Freizügigkeit außer Kraft gesetzt, sondern es wird eine Region zeitweise zu einem polizeilichen Territorium erklärt." Im weiteren wurde das flächendeckende Verbot als „Ausrufung des Ausnahmezustandes" und als „Verfassungsbruch" interpretiert.[62] Einige Tage später hob zwar das Verwaltungsgericht Schleswig das für die „nähere und weitere Umgebung des AKW Brokdorf" erlassene Verbot mit der Begründung auf, die Verfügung sei weder hinlänglich bestimmt noch verhältnismäßig, jedoch revidierte das Oberlandesgericht Lüneburg dieses Urteil postwendend und gab dem Steinburger Landrat recht.[63]

Die aufrufenden Organisationen gaben daraufhin bekannt: „Jetzt fahren wir erst recht nach Brokdorf!" und beschlossen, da auch die Bundesbahn „keine Veranlassung" sah, für eine verbotene Demonstration Sonderzüge bereitzustellen, Autokonvois von den norddeutschen Großstädten aus zu bilden, da man sich von dieser kollektiven Form der Anreise bessere Möglichkeiten versprach, angesichts zu erwartender polizeilicher Absperrungen und Kontrollen handlungsfähig zu bleiben.

Mit dem Verbot um Brokdorf stellte sich für die Akteure außerdem die Frage nach Ersatzorten für ihren Protest. So kündigten z.B. Westberliner AtomkraftgegnerInnen in einem Flugblatt an, sie würden ihren Protest „an den Sperren, in den Städten oder immer wo wir sind" zum Ausdruck bringen[64]; auch die Vollversammlung der Bremer Bürgerinitiativen beschloß „alternative Demonstrationen und vielfältige Aktionen", falls der geplante Kundgebungsort nicht erreicht werden sollte, und veröffentlichte eine Liste von Firmen und Institutionen der Atomindustrie; und Hamburger UmweltschützerInnen erklärten: „Erst dann, wenn es uns nicht gelingen sollte, unsere Kundgebung am Bauplatz abzuhalten, werden wir uns jeweils andere Orte zur wirkungsvollen Demonstration aussuchen."[65]

Verbote verändern das Ringen um Präsenz schlagartig. Es geht dann nicht mehr nur um den Wettstreit politischer Äußerungen und Handlungen in einem öffentlichen Raum, sondern es wird bereits der Zugang zu einem per Dekret verbotenen Raum zum Kernpunkt des Konflikts. Damit steht aber unmittelbar die Legitimation der Akteure und ihr Recht auf öffentlichen Protest zur Disposition. Oder, wie es die FDP-Bundestagsabgeordnete Helga Schuchhardt ausdrückte, Brokdorf werde, falls das Verbot nicht aufgehoben würde, „nicht nur als Symbol für Atomkraft, sondern auch für die Arroganz der staatlichen Macht in die Geschichte eingehen".[66] Die umkämpfte Präsenz auf diesem Terrain wird zumindest für die Akteure, sei es unmittelbar vor Ort, in den Medien oder vor Gericht, nunmehr zur Nagelprobe im Kampf um

Demokratie. Sie wehren sich nicht nur gegen ihre räumliche, sondern auch gegen ihre rechtliche und politische Ausgrenzung aus der grundgesetzlichen Ordnung: „Denn wer illegal demonstriert, ist ein Gesetzesbrecher. Wer Gesetze bricht, muß mit staatlicher Gewalt rechnen. Wer mit staatlicher Gewalt konfrontiert ist, wird selbst zum Gewalttäter. Wer dennoch sein Grundrecht auf Demonstrationsfreiheit wahrnimmt, handelt gegen den Staat aus politischen Gründen. Was liegt näher als ihn als Staatsfeind zu betrachten (...).“[67] Deshalb entfaltet ein verbotener Raum manchmal, nicht immer, die paradoxe Wirkung wachsender Mobilisierung. Die trotzig anmutende Haltung „Jetzt erst recht!" erscheint dann eher als mutiger Akt zur Verteidigung demokratischer Rechte und als Selbstbehauptung aktiver BürgerInnen. Ob es dabei besonders klug ist – da mit einem Verbot immer auch die Macht- und Gewaltfrage gestellt und zum Teil absichtlich aufgebaut wird –, unter allen Umständen oder sogar mit gewaltsamen Mitteln eine Verbotszone dem Protest wieder zugänglich zu machen, steht auf einem anderen Blatt.

In Brokdorf jedenfalls wurde nicht mit der Taktik reagiert, an alternative Protestorte auszuweichen, sondern es gelang den 100.000 TeilnehmerInnen – und darin bestand der Erfolg der Aktion –, trotz bundesweiter Polizeikontrollen und 10.000 Polizisten vor Ort, überwiegend friedlich auf dem verbotenen Gelände zu protestieren. Viele nahmen dabei sogar Fußmärsche von bis zu 40 Kilometer auf sich. Andererseits gelang es der Staatsmacht, nicht nur die eigentlich beabsichtigte Platzbesetzung, sondern auch das Zustandekommen eines Demonstrationszuges und eine Abschlußkundgebung am Bauzaun unter Einsatz von Gewalt zu verhindern; Tausende kamen nicht einmal bis dorthin, sondern irrten in der Wilster Marsch umher. So konnte das Verbot zwar, trotz eines riesigen und martialisch aufmarschierenden Polizeiaufgebots, nicht durchgesetzt werden, aber mit der Verpolizeilichung des Konflikts ging eine Entpolitisierung seiner Inhalte einher. Die Medien berichteten nicht mehr über den massenhaften Widerspruch gegen den Bau von Atomkraftwerken, sondern über die gewaltsamen Scharmützel am Bauzaun.

Dezentralisierung

Bei jeder Entscheidung darüber, wohin sich der Protest wenden und wo er stattfinden soll, spielt der politische Blickwinkel, mit dem die Akteure den Konflikt und seine Elemente verorten, eine grundsätzliche Rolle. Eine zentral und/oder dezentral bestimmte Sicht des gesellschaftlichen Geschehens äußert sich auch in der räumlichen Orientierung des politischen Handelns. Zwischen der Absicht, im Zentrum der Hauptstadt zu demonstrieren oder den

Bauplatz vor Ort zu besetzen, liegen nicht nur unterschiedliche Auffassungen darüber, wie, sondern zunächst vor allem wo zu protestieren sei. Die neuen sozialen Bewegungen haben einen anderen Standort und einen anderen Blick als die alten Arbeiterbewegungen. Und innerhalb der neuen Bewegungen stehen sich die unterschiedlichen Perspektiven zum Teil unversöhnlich gegenüber.

Mit der Ausdifferenzierung der gesellschaftlichen Sphären von Ökonomie und Politik bildete die historische Arbeiterbewegung spezifische Organisationen aus: Gewerkschaft und Partei. Arbeitsteilig fochten beide ihre jeweils besonderen Konflikte auf der Grundlage eines Klassenkampfmodells aus, das, obwohl in den politischen Fraktionen zum Teil erheblich differierend, dennoch gemeinsame Merkmale aufwies: Ein zwischen antagonistisch und versöhnbar changierender Hauptwiderspruch, in dem der Klassengegner bzw. -feind einem reformistischen oder revolutionären, auf jeden Fall einheitlichen Klassensubjekt gegenübertrat, das nur dann erfolgreich seine Ziele – Integration, Elitenaustausch oder Systemwechsel – durchsetzen konnte, wenn es seine Menschen und Ressourcen von einem Zentrum ausgehend machtorientiert einsetzte und organisierte. Bestand der „archimedische Punkt einer Strategie"[68] im ökonomischen Bereich in den Produktionsverhältnissen, lag er im politischen im Herrschaftssystem bzw. bei den Herrschaftsträgern. U.a. dadurch orientierte sich die Arbeiterbewegung überwiegend hin auf den Betrieb und die Stadt als Orte ihres Protests.

Während sich der Betrieb aus der Stellung der Arbeiter im Produktionsbereich, den entsprechenden Konfliktfeldern und der potentiellen Machtentfaltung durch kollektive Arbeitsverweigerung heraus quasi wie von selbst anbot, hing die besondere Ausrichtung auf die Stadt, und zwar möglichst auf die Landes- oder Reichs- und später Bundeshauptstadt – und dort wie anderswo auf ihr Zentrum – mit der dominierenden Machtorientierung zusammen. Die politischen Herrschaftsträger sollten am Ort ihrer Residenz beeindruckt oder mit Nachteilen bedroht, die privilegierten Territorien zeitweilig besetzt und vorwegnehmend vergesellschaftet werden. Diese zentralistische Perspektive auf die Räume der Macht findet sich ebenso in der Weimarer Republik wie in der Bundesrepublik Deutschland.

Die neuen sozialen Bewegungen unterscheiden sich nun sowohl von der historischen Arbeiterbewegung als auch von den westdeutschen Gewerkschaften in der Raumorientierung ihrer Aktionen. Zum einen steht mit der Verschiebung der Konflikte aus dem Produktions- in den Reproduktionsbereich der Betrieb als Ort von Protest und Widerstand kaum mehr zur Verfügung, obwohl einige Aktionen auf Betriebsgelände (z.B. Bauplatzbesetzung) stattfinden oder gegen Betriebsanlagen (z.B. Strommasten) gerichtet sind. Zum anderen vollzieht sich mit der Verabschiedung des traditionellen Klassenkampfkonzepts[69], mit der Vervielfältigung der Konfliktlinien, der Heterogenität neuer Protestgruppen und ihrer organisatorischen Pluralität, der Ambivalenz zwischen Macht- und Kulturorientierung sowie ihrem antizipatorisch auf konkrete Alternativen angelegten Protest auch ein räumlicher Perspektivenwechsel. Obwohl die neuen Bewegungen immer wieder zentrale Aktionen organisieren – sei es, daß die Akteure als PazifistInnen nach Bonn, als StartbahngegnerInnen nach Wiesbaden und als Anti-WAA-KämpferInnen nach München kommen –, führen die Aktionen viel öfter aus den städtischen Macht(sub)zentren heraus und zu den konkreten Objekten des Protests: zu den Standorten geplanter atomarer bzw. technischer Großprojekte sowie zu den militärischen Einrichtungen und Veranstaltungen. Und auch die Aktionen in der Stadt sind nicht mehr länger fast ausschließlich auf ihr Zentrum, z.B. Rathaus oder Marktplatz, orientiert, sondern suchen sich je nach Anlaß mehr und mehr dezentral gelegene Orte und Wege des Protests: den Stadtteil mit seinen besonderen Straßen und Plätzen, Einrichtungen und Institutionen, z.B. Kaufhäuser, Kirchen oder U-Bahnstationen. Kurzum, die Aktionen sind tendenziell nicht mehr überwiegend zentral, sondern zunehmend dezentral angelegt. Dezentralisierung der Aktionsformen meint hier aber nicht die Ersetzung der einen Perspektive durch die andere, sondern das vehemente Bemühen, die hauptsächlich einseitige Raumorientierung der Arbeiterbewegung um einen neuen Blickwinkel zu erweitern und damit vielfältigere Aktionsmöglichkeiten zu gewinnen.

Die erzielten Veränderungen sind Ausdruck heftiger Auseinandersetzungen innerhalb der neuen Bewegungen. Ob Aktionen zentral oder dezentral stattfinden sollen, ist eine immer wiederkehrende Grundsatzfrage. Dabei wirken diese beiden Begriffe über den unmittelbaren Wortsinn – vom Zentrum ausgehend, vom Mittelpunkt entfernt – hinaus als Metapher für unterschiedliche Intentionen des Protests. Thomas Leif sieht den Unterschied dieser Positionen z.B. darin, daß die einen „öffentlichkeitswirksam" demonstrieren, die anderen den „Bezug zum Alltag der Menschen"[70] herstellen wollen. Öffentlichkeit soll und wird jedoch mit beiden Aktionsmodi hergestellt, tatsächlich handelt es sich um tendenziell verschiedene Formen von Öffentlichkeit.

Einmal liegt der Schwerpunkt darauf, durch die zentrale Ausrichtung eine Aufklärungsöffentlichkeit herzustellen, die sich mit Hilfe der Medien an ein millionenfaches Publikum richtet. Auch dezentrale Aktionen möchten dies am liebsten erreichen; sie zielen jedoch in erster Linie auf die Produktion einer Erfahrungsöffentlichkeit[71], die mehr den Alltag, die Lebenszusammenhänge und Erlebniswelt der unmittelbar Betroffenen thematisiert und zu verändern sucht. Obwohl Aufklärung und Erfahrung sich zunächst keineswegs widersprechen oder sogar ausschließen, kann es zum Bruch zwischen diesen beiden Momenten des Protests kommen: Aufklärung ohne Verarbeitung des Privaten, und Erfahrungsproduktion ohne aufklärerische Wirkung. Die Vertreter unterschiedlicher Formen räumlicher Präsenz betonen nun nicht nur ihre tendenziell verschiedenen Intentionen, sondern sie befürchten auch diesen Bruch aus der jeweiligen Perspektive des eigenen Standorts heraus. Daher, so die Vermutung, die Vehemenz der Debatten.

Zentral oder dezentral? Die konkrete Fragestellung kennt verschiedene Varianten. Klassisch steht das Problem z.B. so: Protest in Bonn oder an den Stationierungsorten? Ähnliches zeigt sich auf regionaler Ebene, beispielsweise im Konflikt um die Startbahn-West: Versammeln wir uns in Wiesbaden/Frankfurt oder in den Gemeinden rings um das Flughafengelände? Obwohl in Einzelentscheidungen die unterschiedlichen Auffassungen und Aktionsvorschläge alternativ abgestimmt wurden, kann nicht die Rede davon sein, eine Linie hätte sich dauerhaft durchgesetzt. Daß die Formen räumlicher Präsenz erweitert wurden, verdankt sich gerade diesem Umstand. Auch wenn die unterschiedlichen Vorstellungen nicht konsensfähig waren, einigten sich die verschiedenen Gruppierungen oftmals doch auf einen Kompromiß in Form komplexer Aktionsbündel, die entweder zeitgleich oder zeitverschoben die Möglichkeit boten, die jeweils für erfolgversprechend und richtig empfundene Präsenzform zu realisieren.

Insbesondere während der in allen (Teil-)Bewegungen immer wieder organisierten Aktionswochen konnten die internen Widersprüche auch in dieser Frage positiv gewendet werden. Mit dezentralen Aktionen bestand einerseits die Möglichkeit, an den alltäglichen und lebensweltlichen Ängsten und Bedrohungen der Menschen vor Ort bzw. in der Region anzuknüpfen und den Versuch zu unternehmen, eine Erfahrungsöffentlichkeit herzustellen, die die eigenen Lebensinteressen be- und verarbeitete und als Ausgangspunkt für weitere Veränderungen diente. Andererseits konnte nun oft gerade mit diesen Aktivitäten eine zentrale Aktion, meist als Abschluß eines ein- oder mehrwöchigen Protests, um so erfolgreicher vorbereitet und schließlich durchgeführt werden, so daß auch das Interesse an einer Konzentration der Kräfte zwecks öffentlicher Aufklärung eines breiteren Publikums via Medien befriedigt wurde. Als geglücktes Beispiel aus der Ökologiebewegung möge der Hinweis auf den „Gorleben-Treck" mit der abschließenden Großdemonstration in Hannover 1979 genügen. Insbesondere gelang es jedoch der Friedensbewegung, die unterschiedlichen Intentionen, Ergebnisse und Wirkungen zentraler und dezentraler Raumpräsenz erfolgreich zu nutzen, weil sich die verschiedenen Spektren, im Bewußtsein gegenseitiger Erfolgsabhängigkeit, ihre bevorzugten Orte zugestanden.

Zeit

Die Ressource Zeit ist eine elementare Bedingung jeden Protests. Kollektive (Massen-)Aktionen setzen die freie Zeit vieler voraus. Sie finden normalerweise außerhalb der üblichen Arbeitszeit, d.h. oftmals an den Wochenenden statt. Schon die großen Protestmanifestationen der Arbeiterbewegung, beispielsweise im preußischen Wahlrechtskampf zwischen 1908 und 1910, lagen fast alle auf einem Sonntag. Nun können lohnabhängig Beschäftigte anstatt zu arbeiten aber auch protestieren. Gerade in der Wiederaneignung der (Arbeits-)Zeit zwecks Verfolgung der eigenen Interessen und Forderungen besteht ja der Wirkungsmechanismus des Streiks. Dieses Kampfmittel steht in Auseinandersetzungen im Reproduktionsbereich eigentlich nicht zur Verfügung, obwohl sich insbesondere in zugespitzten Eskalationsphasen, wie z.B. an der Startbahn-West, Tausende von Beschäftigten krankmelden, SchülerInnen und Studierende in Massen die Schule schwänzen und den Universitätshörsälen fern bleiben usw. Aber auch ohne diese Möglichkeiten verfügen die sozialen Trägergruppen der neuen Bewegungen über ein größeres Zeitbudget und eine flexiblere Zeitsouveränität.

Die Möglichkeit, öfter, und nicht nur am Wochenende oder sogar auf längere Dauer – mehrere Tage und Wochen – an kollektiven Protestaktionen teilzunehmen, ist aber nicht nur eine Grundbedingung des gesamten oppositionellen Geschehens, sondern auch und wahrscheinlich gerade deshalb ein ebenso grundlegender, immer wieder und überall auftretender Ansatzpunkt zur Diffamierung und bemühten Delegitimierung der Protestakteure, die anscheinend nichts „Besseres" zu tun haben, als auf der Straße zu stehen, zu gehen oder zu sitzen („Arbeitet ihr erstmal was!" oder so ähnlich).

Differenzierte Zeitsouveränität und -strukturen im Alltag der verschiedenen Gruppen und Milieus bedeuten innerhalb der Bewegungen weitauseinanderdriftende Handlungsmöglichkeiten – wer kann es sich z.B. erlauben, sechs Wochen oder länger einen Bauplatz zu besetzen? – und führen damit zum Teil auch zu internen Widersprüchen und Konflikten. Beispielsweise beharrten die Bauern während der Auseinandersetzung um die geplante Wiederaufarbeitungsanlage in Diemelstadt/Volksmarsen 1981 in einem Schreiben an die Landeskonferenz der hessischen Bürgerinitiativen energisch darauf, eine

für Juli bundesweit geplante Großdemonstration bis nach der Ernte zu verschieben. „Für die meisten Delegierten war es ein harter Brocken, diese Terminverschiebung zu schlucken."[72]
Aber auch unterschiedliche politische Auffassungen und Einschätzungen führen zu Streitigkeiten über den „richtigen" Zeitpunkt einer Aktion. Auf einem Treffen norddeutscher Bürgerinitiativen im Februar 1980 wurde heftigst darüber diskutiert, ob eine Demonstration vor oder nach Beginn der Bauarbeiten für das Atomkraftwerk Brokdorf organisiert werden sollte. Während sich der „Arbeitskreis Brokdorf", ein Zusammenschluß der örtlichen Anti-Atomkraft-Initiativen, für eine Aktion nach Baubeginn aussprach, weil dann „die Mobilisierung von weitaus mehr Menschen möglich sei", da es einen „entsprechenden Anlaß und eine breite Empörung" gäbe, plädierten autonome Gruppen für einen Termin vor Baubeginn, um „schon in den Entscheidungsprozeß aktiv einzugreifen"; wenn der Weiterbau erst einmal begonnen hätte, „wären dafür die politischen, polizeilichen und technischen Strukturen geschaffen", und man wäre mal wieder in einer Situation, wo man nur auf „vollendete Tatsachen" reagieren könne.[73]
Das Bemühen der Akteure, kollektiv disponible Zeit aufzubringen und einen gemeinsamen Termin zu finden, stellt den Innenaspekt zeitlicher Präsenz dar. Diese schließlich zu verausgaben verweist auf die Außenwirkung: Wann zeigt sich der Protest den Konfliktgegnern, dem Publikum, den Medien und wie lange? Welche Zeitformen spielen dabei eine Rolle und was bedeuten sie?

Die Verlängerung des Protests als seine Intensivierung

Einzelne Protestaktionen sind normalerweise von relativ kurzer Dauer. Sie reicht von ein paar Minuten bis zu ein paar Stunden. Diese Zeitspannen entsprechen einerseits den Möglichkeiten und der Bereitschaft der TeilnehmerInnen, andererseits reichen sie aus, um Aufmerksamkeit zu erregen. Zudem wird damit auch der Staatsapparat noch nicht über ein Maß hinaus auf den Plan gerufen, das für ihn selber zur Belastung wird. Mit der zeitlichen Ausdehnung des kollektiven Widerspruchs verändert sich nun nicht nur das Handlungsfeld Akteure – Publikum – Kontrollmacht, sondern auch die jeweiligen Beziehungen in diesem Dreigestirn und die Stellung der einzelnen Protagonisten.
Der Protest kann in Form von Aktionstagen und -wochen verlängert werden. Dabei kommt es in der Regel nicht zur intensiven Nutzung einer einzigen Aktionsform, sondern die Akteure erreichen den gewünschten Effekt durch die Kombination verschiedener und nacheinander ablaufender Aktivitäten, die als Aktionsprogramm veranstaltet werden. Zum Beispiel hieß es in einem

bundesweiten Aufruf der Gruppe „Gewaltfreie Aktion" für den 12. Dezember 1982: „An diesem Tag (des NATO-Nachrüstungsbeschlusses, d. Verf.) sollen von 8 bis 20 Uhr direkte Blockaden stattfinden und/oder phantasievolle Aktionen, wie z.B. Mahnwachen, Fasten, Rundgänge, Besichtigungen usw. (...) Die örtlichen Gruppen entscheiden über die jeweils für sie sinnvolle Form."[74]
Wohl eine der aufwendigsten und anspruchsvollsten Veranstaltungen dieser Art in den 80er Jahren fand anläßlich der 43. Jahrestagung des „Internationalen Währungsfonds (IWF)" und der Weltbank 1988 in Westberlin statt. Über 120 Organisationen beteiligten sich an einem zweitägigen „internationalen Gegenkongreß" in der Technischen Universität und den anschließenden Aktionstagen vom 26. bis 29. September. Während auf dem Gegenkongreß in insgesamt zehn Foren mit thematisch unterschiedlichen Schwerpunkten über die Verschuldungskrise der Dritten Welt und die Politik der beiden UNO-Finanzorganisationen diskutiert wurde, bot der unter dem Motto „Berlin ist durchgehend geöffnet" stehende Terminplan der Aktionswoche von Montag bis Donnerstag ein vielfältiges, zum Teil vom frühen Morgen bis in die späte Nacht reichendes Aktionsprogramm. Zum Beispiel begann der Mittwoch, der dem Thema „Profit-, Elends-, Verschuldungs- und Verelendungspolitik, Banken, Konzerne" gewidmet war, um acht Uhr mit einer Aktion „BürgerInnen beaufsichtigen Bänker bei der Abfahrt von den Hotels zu ihrer 'Arbeit'"; im Anschluß gab es einen „Börsen- und Bankenspaziergang" um elf, einen „Autokorso der Kollektive" um vierzehn, einen „Besuch im KaDeWe" um halb fünf und nach einer Kundgebung „Birne lamentiert über den Hunger" abends um achtzehn Uhr auf dem Wittenbergplatz endete dieser Aktionstag mit einem gemeinsamen „Schnell-Im-Biß" bei McDonald's auf dem „Ku-Damm"; danach gab es für die Beteiligten „FFFF (Frei für Flexiblen Feierabend)".[75]
Den bisherigen Superlativ stellt in mehrerer Hinsicht die Friedenswoche vom 15. bis 22. Oktober 1983 dar. Nicht nur lokal begrenzt, sondern im gesamten Bundesgebiet nahmen während der sieben mit verschiedenen Schwerpunkten belegten Aktionstage (u.a. Tag der Kirchen, Tag des Antimilitarismus, Widerstandstag der Betriebe, Tag der Schulen) insgesamt drei Millionen Menschen an den unterschiedlichsten Aktivitäten teil, die fast das gesamte bis dahin bekannte Aktionsrepertoire des Straßenprotests umfaßten.
Eine weitere Form, das Protestgeschehen über die übliche Zeit hinaus auszudehnen, besteht darin, bestimmte Aktionen zu wiederholen. Dabei ist ihre Dauer nicht von vornherein auf ein paar Tage oder, seltener Wochen beschränkt, sondern zunächst erst einmal offen.

Als im Oktober/November 1981 die Auseinandersetzungen im Wald an der Startbahn-West eskalierten und mit der Hüttendorfräumung am 2. November ihren vorläufigen Höhepunkt fanden, wurde Frankfurt zum „Demo-Zentrum der Republik". Wochenlang trafen sich Zehntausende täglich um 17 Uhr in der Innenstadt, um dort zu demonstrieren, während „die Polizei, völlig machtlos gegen die Massen, denen die Sympathie der Bevölkerung gehörte, sich darauf beschränkte, den Verkehr umzuleiten".[76] Dieser, in der Geschichte der Bundesrepublik einmalige Dauerprotest zeugte zwar auch von der Bereitschaft der Akteure, ihre politischen Ziele mit Beharrlichkeit und Entschlossenheit zu verfolgen, jedoch verwies sein schneller Rhythmus auf einen immer noch relativ kurz gedachten Erwartungshorizont, vor dem eine Entscheidung, ob so oder so, fallen würde. Zwar führten die Aktionen nicht zur Durchsetzung der Protestziele, dafür aber zu einer Erschöpfung auf seiten der Staatsmacht. Allein die Frankfurter Polizei hatte bis Anfang November an die 700.000 Überstunden ableisten müssen. Die hessische Gewerkschaft der Polizei (GdP) klagte gegenüber dem Innenministerium und in einem Flugblatt über die „grausame" Belastung. Vor allem die tägliche Wiederholung der Frankfurter Demonstrationen führte dazu, daß, so die „taz" mit einer gewissen Schadenfreude, „die ca. 100.000 eingesetzten Ordnungshüter kaum noch zum Schlafen kommen. Den Startbahnschlamm noch an den Stiefeln, müssen sie abends stundenlang durch die Stadt latschen und tagsüber und nachts den Natodraht im Wald vor dem 'Bürgerzorn' schützen". Die GdP bekundete: „Brokdorf und Gorleben sind überhaupt nichts dagegen", forderte den Austausch der Polizeitruppen und rief nun ihrerseits zu einer Protestdemonstration Anfang Dezember auf.[77]

Während solch täglicher Dauerprotest nur in zugespitzten Situationen, die er ja selbst mitproduziert, möglich erscheint, gehört eine wöchentliche oder sogar monatliche Wiederholung von Aktionen eher zu den etwas ruhigeren Zeiten der Konfliktaustragung. Der langsamere Rhythmus, der mit den sonntäglichen Spaziergängen entlang der Mauern an der Startbahn-West oder in Wackersdorf praktiziert wurde, oder mehr noch die ab August 1986 mehr als zwei Jahre andauernde Blockade des Atomkraftwerks Brokdorf am 6. jeden Monats und die zwischen 1983 und 1987 kontinuierlichen Aktionen vor dem Raketendepot in Mutlangen verdeutlichen den Willen der daran Beteiligten, sich auf ein Engagement einzulassen, das Geduld und einen langen Atem nicht nur verlangt, sondern beides ausdrücklich mit der Hoffnung in die Waagschale wirft, steter Tropfen höhle den Stein.

Die rhythmische Wiederholung von Aktionen verweist auf einen weiteren Bedeutungsaspekt der Zeit. Ob jeden Tag um 17 Uhr, ob jeden Sonntag oder jeden 6. des Monats, ein fester Rhythmus macht den Protest berechenbar. Sind die Akteure nicht mehr pünktlich, können sich der Konfliktgegner und die Staatsmacht nicht auf sie einstellen, was in der Regel den Druck und die Kosten erhöht. In Brokdorf führten die AtomkraftgegnerInnen 1986 in den ersten Monaten ihre Blockaden „mal morgens um sechs Uhr zum Schichtwechsel, mal um 14 bzw. um 22 Uhr" durch; auch zusätzliche „Überraschungsblockaden" trugen zur Unberechenbarkeit bei, mit dem Erfolg kilometerlanger Autoschlangen vor beiden Betriebstoren.[78]

Eine dritte Möglichkeit, den Protest mittels seiner Verlängerung zu intensivieren, liegt in der linearen Ausdehnung einzelner Aktionen. Auch dabei können sich die TeilnehmerInnen eine zeitliche Frist setzen und sie öffentlich bekanntgeben. In den meisten Fällen beginnen z.B. Hungerstreiks, Dauerblockaden und Dauermahnwachen sowie Kirchen- oder Platzbesetzungen jedoch mit einer unbefristeten Perpektive. Oftmals mit einem Ultimatum verbunden – „Wir werden nicht freiwillig vom Platz abziehen, solange unsere Forderungen nicht erfüllt worden sind" so z.B. die BewohnerInnen der „Freien Republik Wendland"[79] –, versuchen die Akteure gleichzeitig mit der Erhöhung des eigenen Risikos sowohl die öffentliche Aufmerksamkeit als auch die Schadensdrohung gegenüber dem Konfliktgegner zu vergrößern. Der ist nun wiederum seinerseits bestrebt, solche Aktionen so schnell wie möglich zu beenden. Manchmal, wie im Fall der zweiten Wackersdorfer Platzbesetzung, wird schon vorher erklärt, wie lange man solches Handeln eventuell dulden will, und ab wann mit polizeilichen Maßnahmen gerechnet werden muß. Das Ringen um die Dauer der Protestaktion wird damit zum realen Machtkampf, in dem Stunden oder Tage über den symbolischen Sieg oder die symbolische Niederlage entscheiden. Zu Recht sprachen die Oberpfälzer BesetzerInnen von einem Sieg nach Punkten und ließen die Sektkorken knallen, als die 24-Stunden-Räumungsfrist, die Innenminister Hillermeier gesetzt hatte, verstrichen war. Dessen Nachfolger Hermann Friker bemerkte übrigens kurz darauf in einem Interview, daß es nicht sinnvoll sei, „sich diese Selbstbindung aufzuerlegen".[80]

Mehrtägige Dauerblockaden sind sehr selten. Der Versuch im Dezember 1983, eine Montagehalle der amerikanischen Streitkräfte in Frankfurt-Hausen, wo die Pershing-Raketen montiert werden sollten, vier Tage lang kontinuierlich zu blockieren, stellte in dieser Hinsicht eine der ehrgeizigsten Aktionen dar. Das Ziel der Akteure bestand darin, mit einer „ständigen Sitzblockade" auf der einzigen Zufahrtstraße zur Werkhalle und einer „flexiblen Ringblockade" um das Stadtviertel „Industriehof", in dem das eingezäunte US-Gelände lag, den Fußgänger- und Fahrzeugverkehr gänzlich unmöglich zu machen. Das „Blockade-Plenum" organisierte „Regenerations-, Schlaf- und Informationsmöglichkeiten", die Blockadeschichten sollten alle drei bis vier Stunden wechseln. Zum Gelingen dieser „vielleicht ersten tatsächlichen Behinderung" waren mehrere tausend TeilnehmerInnen notwendig, die aus der gesamten Bundesrepublik erwartet wurden.[81] An dieser Aktion beteiligten sich vom 9. bis 12. Dezember bis zu 6.000 Menschen, denen es aber, auf Grund eines massiven Polizeieinsatzes mit mehreren hundert Festnahmen und einigen Schwerverletzten, nicht gelang, die angestrebte Kontinuität aufrechtzuerhalten und damit eine „effektive Behinderung" zu bewirken.[82]

Deutlich wird, daß der Versuch, die Dauer von Aktionen zu verlängern, für die Akteure ein wichtiges Mittel ist, ihren Protest zu intensivieren. Dabei kann der Faktor Zeit aber ganz Unterschiedliches bedeuten und zu verschiedenen Konsequenzen führen. Zum einen wird damit die besondere Ernsthaftigkeit des eigenen Engagements zum Ausdruck gebracht; die Beteiligten zeigen, daß sie bereit sind, Tage und Wochen ihres Lebens für ihr Anliegen zu investieren. Mit langandauernden und anstrengenden Aktionen soll der Öffentlichkeit die Bereitschaft zur Selbstveränderung, die notwendig erscheint, um gesellschaftliche Probleme zu bearbeiten und entsprechend den eigenen Zielvorstellungen zu lösen, verdeutlicht werden. Dadurch erhoffen sich die TeilnehmerInnen einen Legitimitätszuwachs für ihren Protest. Gleichzeitig wird damit auch die Fähigkeit zur Geduld und das Versprechen, daß keine Ruhe einkehren wird, in der Dauerhaftigkeit der Aktion selber symbolisch inszeniert. Diese Bedeutungen der Aktionszeit sind kulturorientiert und richten sich mit der Hoffnung an das Publikum, bei ihm überzeugend zu wirken.

Zum anderen, und gerade das wird an den obengenannten Beispielen klar, ist die zeitliche Verlängerung, insbesondere bei direkten Aktionen, machtorientiert. Sie stellt ein Potential der Eskalation dar. Mit der Zeit kulminiert der Druck, den die Konfliktgegner gegenseitig ausüben, in einer Machtprobe, deren Auflösung zum symbolischen Erfolg für die eine oder die andere Seite avanciert. Da es zunächst in der Entscheidung der Akteure liegt, wie lange sie ihren Protest ansetzen, verfügen sie über einen anfänglichen Vorteil in der Konfliktaustragung, der jedoch sehr schnell kippen kann, wenn sich die verbleibende Entscheidungssouveränität im Verlauf der Auseinandersetzung in die Illusion verstrickt, die zeitliche Präsenz scheinbar unbegrenzt aufrechterhalten zu können.

Kollektive Protesthandlungen zum richtigen Zeitpunkt zu beenden – die Kunst des Rückzugs – ist auf jeden Fall klüger als ein trotziges „Weiter-so". Das trifft sowohl für die kontinuierliche Dauer beispielsweise einer Besetzung als auch für die rhythmische Wiederholung einer Blockade oder Demonstration zu. Wann dieser Zeitpunkt gekommen ist, müssen die Beteiligten unter sich ausmachen. Wird er verpaßt, droht bei eher kulturorientierten Aktionen Langeweile und Routine, bei eher machtorientierten die gewaltsame Auflösung oder Zerschlagung durch die Polizei.

Institutionalisierung und Ritualisierung

Gedenk- und Jahrestage dienen der Arbeiter-, Friedens- und Frauenbewegung dazu, die Erinnerung an bestimmte historische Ereignisse wachzuhalten, die in besonderer Art und Weise dazu geeignet sind, den jeweiligen Protestdiskurs zu verdichten und anschaulich zum Ausdruck zu bringen. Jahr für Jahr werden zwischen feierlich und kämpferisch changierende Veranstaltungen und Aktionen organisiert. Der kollektive Widerspruch hat seine zeitliche Präsenz institutionalisiert und sich einen dauerhaften Rahmen und Rhythmus gegeben, was allerdings nur zum Teil gesellschaftlich anerkannt wird. Lediglich die Arbeiterbewegung hat es mit dem 1. Mai geschafft, zu einem gesetzlichen Feiertag zu kommen. Viele dieser jährlich sich wiederholenden Aktivitäten gehen auf inzwischen historische oder zumindest ältere Phasen der jeweiligen Bewegungsgeschichte zurück. Die neuen sozialen Bewegungen haben sich in den 80er Jahren, insbesondere während der ersten Hälfte, mit der Hoffnung an diesen Veranstaltungen beteiligt, ihre neuen Inhalte und Aktionsformen mit einzubringen. Es ist ihnen bis auf wenige Ausnahmen aber nicht gelungen, besondere Geschehnisse ihrer Protestgeschichte als eigene Gedenk- und Jahrestage auf Dauer zu institutionalisieren.
Mit dem „Antikriegstag" am 1. September, dem Tag der Befreiung vom Faschismus und des gleichzeitigen Kriegsendes am 8. Mai sowie dem „Hiroshima Tag" am 6. August gibt es drei kalendarische Gedenktage, die dem Thema Frieden zuzuordnen sind. Sie wurden jedoch nicht von der Friedensbewegung der 80er Jahre ins Leben gerufen. Bereits die alte Friedensbewegung, ihre traditionellen politischen Organisationen und insbesondere die Gewerkschaften haben in den ersten Jahrzehnten der Bundesrepublik Saalveranstaltungen und Straßenaktionen an diesen Tagen organisiert.
Am 40. Jahrestag des deutschen Überfalls auf Polen, dem 1. September 1979, wird über die zumeist von der DGB-Jugend, der SPD und der DKP getragenen Aktivitäten folgendes berichtet: „Viele der Manifestationen präsentierten sich als erstarrte Polit-Rituale, die der politischen Auseinandersetzung eher hinderlich waren." Während der damalige IG Metall-Vorsitzende Oskar Vetter von einem Großteil der 16.000 TeilnehmerInnen einer Veranstaltung in der Dortmunder Westfalenhalle ausgepfiffen wurde, „latschten 15.000 mit

müden Gesichtern" zu einer Kundgebung im Bonner Hofgarten, wo das „Redner- und Kulturprogrammkarussell reibungslos durchgezogen" und die TeilnehmerInnen als „Statisten" und „Beifallskulisse" wahrgenommen wurden. Fazit: „eine Großveranstaltung als politisches Ritual".[83] Mit der weiteren Entwicklung der neuen Friedensbewegung beteiligten sich, manchmal allerdings nicht gerade harmonisch, auch andere Gruppen und Organisationen. Dominierende Aktionsformen blieben aber nach wie vor die Kundgebung und Demonstration, an denen 1983/84 mehrere Zehntausende in vielen Städten der Bundesrepublik teilnahmen. Nur selten kam es, wie 1985 in Mutlangen mit der „Prominentenblockade", zu anderen Aktionsformen, deren Zahl und Beteiligung nach 1986 deutlich zurückging.

Ähnliches trifft auch für den 8. Mai zu. Anfang der 80er Jahre wurden in erster Linie Demonstrationen und Kundgebungen veranstaltet, zu denen, wie z.B. in Westberlin 1981, „das denkbar breiteste Bündnis in dieser Stadt aufgerufen hatte: Sozialdemokraten, Gewerkschafter, Christen, Ökologen, Friedensfrauen, Schüler und die Reste versprengter K-Gruppen"; 40.000 Menschen kamen zuammen.[84] Nach 1983/84 war ein deutlicher Rückgang der Beteiligung, aber auch eine zum Teil veränderte Aktionswahl zu verzeichnen. 1985 startete z.B. die DGB-Jugend eine elftägige Fahrradstafette ab Bremerhaven und Rosenheim, die am 11. Mai mit einem Friedensfest in Mainz endete. Am 8. Mai fand als „inhaltlicher Höhepunkt" der Aktion eine „historisch-politisch-literarische Konferenz" der DGB-Gewerkschaften in Heidelberg statt.[85] Den größten Anklang in der neuen Friedensbewegung der 80er Jahre fand der Jahrestag des Atombombenabwurfs auf Hiroshima am 8. August. Mit vielfältigen, insbesondere symbolisch-expressiven, aber auch gewaltlos direkten Aktionen gedachten die TeilnehmerInnen dieses Ereignisses. Neben konventionellen Demonstrationen und Kundgebungen gab es u.a. folgendes: Am 8. August 1983 begannen neun Frauen und Männer in Bonn, Paris und Oakland einen unbefristeten Hungerstreik, der von etwa 1.000 Menschen in der Bundesrepublik von einem befristeten Solidaritätsfasten begleitet wurde; 20 junge Leute absolvierten einen 150 Kilometer langen Fastenmarsch von Heidelberg nach Neu-Ulm; in Heidelberg und Frankfurt fanden Schweigemärsche statt, in München ein Die-in auf dem Marienplatz, in Mutlangen Mahnwachen, bei Schwäbisch Gmünd ein Friedenscamp, und in Westberlin beteiligten sich rund 100.000 an einem Friedensfest vor dem Reichstagsgebäude unter dem Motto „Europa darf nicht Euroshima werden".[86] Am 40. Jahrestag 1985 wurde in Hiroshimas Partnerstadt Hannover der erste von 110 Bäumen einer japanischen Kirsche gepflanzt. Finanziert durch eine Spendensammlung der Initiative „Ärzte warnen vor dem Atomkrieg", sollten die 100.000

Blüten in diesem „Hiroshima-Gedenk-Hain" alljährlich symbolisch an die über 100.000 unmittelbaren Todesopfer der Bombenexplosion erinnern. Auf dem Domplatz in Münster legte die Katholische Jugend ein aus 2.500 kleinen Kreuzen bestehendes großes Kreuz aus. In Mutlangen begannen Tage des zivilen Ungehorsams.[87] Ein Jahr später fanden erneut Blockaden in Mutlangen, aber auch in Brokdorf und Mahnwachen in Bonn vor den Botschaften der fünf Atommächte statt.[88]
Nur bis 1983 gab der Jahrestag des NATO-Doppelbeschlusses am 12. Dezember Anlaß zu vielfältigen Anti-Nachrüstungsaktionen. Neben unzähligen demonstrativen Aktionen standen ab 1982 insbesondere gewaltfreie Blockaden im Mittelpunkt. Auch die ab 1982 revitalisierten Ostermärsche, die Pfingstaktionen, z.B. Fahrten und Camps, und die Aktionstage und -wochen im „heißen Herbst" sind Bestandteil des kalendarischen Protestjahres und somit institutionalisierte Formen zeitlicher Präsenz der Friedensbewegung. Wiederkehrende Oster-, Pfingst- und Herbstaktivitäten finden sich in geringerem Umfang auch in der Ökologiebewegung; feststehende Aktionstage gibt es dort aber nicht. Zwar wurde nach dem GAU in Tschernobyl 1986 in verschiedenen Städten der Versuch unternommen, den 26. April als Aktionsgedenktag zu institutionalisieren, was aber an der rapide abnehmenden Resonanz scheiterte. Demonstrierten am 1. Jahrestag z.B. in Westberlin noch 8.000 Menschen, so fanden sich zwei Jahre später nur noch ein paar hundert in der Innenstadt zusammen.[89]
Lokal begrenzt trafen sich noch bis 1987 StartbahngegnerInnen anläßlich der Hüttendorfräumung am 2. November. Am 1. Jahrestag demonstrierten noch mehrere tausend BürgerInnen von Walldorf zum Baugelände, wo es bis in die späte Nacht hinein zu heftigen „Mauerkämpfen" kam[90]. Fünf Jahre später, am 6. Jahrestag, traten rund 200 zum Großteil militante Akteure ein letztes Mal mit Molotow-Cocktails, Stahlkugeln und Leuchtpistolen gegen fünf Hundertschaften hessischer Bereitschaftspolizei an. Im Verlauf dieses letzten „Jubiläumkrawalls" fielen die für zwei Beamte tödlichen Schüsse. Danach wurde das mit den Jahren entstandene „Ritual zwischen Spiel und Protest, Folklore und Militanz" abgesagt.[91] Auch am Jahrestag der Eröffnung der Startbahn-West ab 1984 kam es bis 1987 zu heftigen Kämpfen im Mönchsbruchwald.
Die Frauenbewegung verfügt mit dem „Internationalen Frauentag" am 8. März und der Walpurgisnacht am 30. April über zwei institutionalisierte Protesttage. Ersterer war allerdings seit 1911 eher ein Feiertag des proletarischen Internationalismus', der die Arbeiterinnen dafür in Bewegung bringen sollte, mit ihren männlichen Klassengenossen für den Sieg des Sozialismus' zu kämpfen. In der Bundesrepublik hat dann die neue Frauenbewegung zeit-

weilig versucht, diesen Tag „umzuwidmen": Sie wollte „die 'verstaubten' Traditionen über Bord werfen und ihn mit ihren Inhalten füllen. Allein, es mißlang".[92] Insbesondere 1983/84 beteiligten sich viele Friedensfrauen mit zum Teil neuen Aktionsformen, wie z.B. Frauenkette und Umzingelung, an den eher traditionellen Aktivitäten der Gewerkschaften. Beide Frauentage vergleichend, schrieb eine „taz"-Korrespondentin: „(...) in den offiziellen Gewerkschaftsveranstaltungen (...) kein Schwung, keine Energie von subversiver Widerborstigkeit. Die Walpurgisnacht gefiel mir besser, die Nacht erobern, als Frauen die Straße unsicher machen (...)."[93] Erst die neue Frauenbewegung schuf sich ab 1977 mit den nächtlichen Demonstrationen am 30. April eine institutionalisierte Aktion feministischen Protests.

In ähnlicher Art und Weise hat sich die „Christopher-Street-Day"-Demonstration der Schwulen- und Lesbenbewegung am 27./28 Juni etabliert, mit der an militante Auseinandersetzungen des amerikanischen „gay movements" 1969 in New York anläßlich einer Polizeirazzia in der Szenenkneipe „Stonewall" erinnert und auch in der Bundesrepublik neues Selbstbewußtsein gezeigt sowie die Aufhebung diskriminierender Strafparagraphen gefordert wurde. Hier hat die Beteiligung gegen Ende des Jahrzehnts deutlich zugenommen. Demonstrierten in Westberlin 1982/84 noch jeweils 1.000 Frauen und Männer, waren es 1987 4.000 und 1989 rund 5.000. „Von Bürgerschreck ist am Christopher Street Day 1989 keine Spur."[94]

Institutionalisierte Aktions-, Jahres- und Gedenktage sind insofern positiv und als Erfolg einer Bewegung zu bewerten, als es dem heterogenen Gesamtakteur damit gelungen ist, einen dauerhaften und nicht ständig erneut auszuhandelnden Konsens darüber herzustellen, daß es zu diesem oder jenem Zeitpunkt sinnvoll sei, sich öffentlich zu zeigen und aktiv zu werden. Besteht die Anerkennung nicht nur innerhalb der Bewegung, sondern auch in (weiten) Teilen der Gesellschaft, bedeutet das einen politischen und kulturellen Achtungserfolg, der sowohl die inhaltlichen Ziele als auch die Partizipationsformen mit einem Legitimationszuwachs untermauert. Daß auch solche Daten konjunkturellen Auf- und Abschwüngen folgen, versteht sich von selbst. Ihr Verschwinden erklärt sich zumeist mit der Entwicklung einer Bewegung, der ihre objektiven Rahmenbedingungen und/oder subjektiven Potentiale verloren gegangen sind. Die autonome Entscheidung der verbleibenden Akteure, den Protest dann zu beenden, zeugt von der Fähigkeit, die eigene Lage reflexiv zu erfassen. Einmal institutionalisierte Aktionstage können aber auch, wie z.B. die Ostermärsche zeigen, „überwintern" und bei einem erneuten Aufschwung der Bewegung revitalisiert werden. Diese Entscheidung ist Ausdruck eines historischen Bewußtseins der eigenen Bewegungsgeschichte.

Mit der Institutionalisierung seiner zeitlichen Präsenz besteht für den Protest jedoch die Gefahr der Ritualisierung seiner Verlaufsformen. Dies gilt insbesondere dann, wenn sich mit dem Institutionalisierungsprozeß zunehmend und dauerhaft Bürokratisierungs-, Oligarchisierungs- und Zentralisierungstendenzen in der Aktionsvorbereitung und -ausführung durchsetzen. Daß gerade die frauen- und friedenspolitischen Jahres- und Gedenktage, die seit Jahrzehnten von Organisationen der historischen Arbeiterbewegung – Gewerkschaften, sozialdemokratische und kommunistische Parteien sowie andere linkstraditionelle Gruppierungen – ausgerichtet und beherrscht, als oftmals langweilige, ja sogar abstoßende Rituale wahrgenommen wurden, wundert daher nicht. Die Heterogenität und Pluralität der neuen sozialen Bewegungen wirken nun zwar einerseits gegen diese, eine Ritualisierung fördernden Tendenzen, andererseits wird es wahrscheinlich gerade am fluiden Charakter der neuen Frauen-, Friedens- und Ökologiebewegung liegen, daß Institutionalisierungsprozesse hier seltener und erfolgloser sind als in der von bürokratischen Organisationen dominierten Arbeiterbewegung.

Die Startbahnmauerrituale in Frankfurt zeigen spätestens ab 1984 jedoch, daß auch Teile der neuen Bewegungen nicht von liebgewonnenen Übungen lassen können. Dort scheint die Reduzierung des breiten Protestspektrums zu einer Minimalisierung kritischer Selbstreflexion geführt zu haben, die in Verbindung mit einer Haltung der „letzten Aufrechten" und militantem Avantgardismus eine Serie von autistischen Veranstaltungen zur Folge hatte, deren TeilnehmerInnen sich auch nicht durch den regen Flugverkehr auf der fertig gebauten Startbahn haben irritieren lassen. Anders gesagt, und das Beispiel verdeutlicht es: Im Ritual wird der Versuch unternommen, die Zeit aufzuheben, um das Vergangene lebendig zu halten.

Unterhalb der Schwelle zum Ritual findet sich die bekannte und zumeist als schmerzlich empfundene Erfahrung, daß Neues und anfangs Spektakuläres sich durch häufige Wiederholung abnutzt, das Ungewöhnliche zur Routine gerät. Was Protestaktionen betrifft, ist diese Entwicklung ambivalent. Werden neue Aktionsformen bzw. -varianten, z.B. riesige Massendemonstrationen, Menschenketten oder Sitzblockaden, (zu) häufig organisiert, bedeutet das einerseits, daß sich diese Formen etablieren und das Aktionsrepertoire erweitern, daß andererseits aber die Gefahr besteht, daß sich ihre aktivierende und mobilisierende Wirkung verflüchtigt oder verliert. Der strategische Nutzen ändert zwar am taktischen Unbill für den Augenblick nichts, aber er bietet zumindest die Möglichkeit, später und anderswo abwechslungsreicher und damit eventuell erfolgreicher protestieren zu können.

Erinnerungsspuren

Damit nach der Beendigung einer Aktion noch etwas an das Protestgeschehen erinnert, legen die Akteure oftmals Spuren und hinterlassen Zeichen. Liegengelassene Flugblätter, Fahnen und Transparente gehören dabei ebenso zu den üblichen Relikten wie Aufkleber, Plakate und gesprühte Parolen. Manche Akteure geben sich etwas mehr Mühe und versuchen mit sogenannten „Verschönerungsaktionen" ihren Protest etwas länger präsent zu halten. Dazu gehören z.B. Verzierungen und Bemalungen an Sexshops und Peepshows durch Frauen oder an Kriegsdenkmälern durch PazifistInnen. Im Herbst 1983 wurde das Siegesdenkmal aus dem deutsch-französischen Krieg 1870/71 in Freiburg Opfer eines „Mehlanschlages".[95] Auf dem Flughafen Tempelhof in Westberlin wurde der „Rosinenbomber", das Denkmal deutsch-amerikanischer Freundschaft, mit Farbbeuteln bunter gestaltet, und auf der Mauer stand zu lesen: „1948 Rosinen – 1984 Raketen".[96]

Manchmal richten die Akteure ihre Phantasie aber auch auf Dinge und Objekte, die sie nach ihren Aktionen zurücklassen. Einige werden sogar extra mitgebracht, um sie dann in einer symbolischen Handlung zu hinterlegen, in den Weg zu stellen oder dem Konfliktgegner vor die Füße zu werfen. Während der Auseinandersetzung um die erste Tiefbohrstelle zur Erkundung des Gorlebener Salzstockes 1979, legten rund 400 TeilnehmerInnen eines Fakkelzuges am 10. September gefällte Bäume und Äste von der Bohrstelle in Lüchow vor das Gebäude des Kreistags, der den Probebohrungen zugestimmt hatte; „Heute Bäume, morgen Menschen" lautete die Parole.[97] Im November des gleichen Jahres verspritzten einige Bauern zigtausend Liter Jauche an einem der Bohrplätze. Nach der Katastrophe in Tschernobyl wurden in mehreren Städten sogenannte „Milk-outs" veranstaltet, bei denen, wie z.B. in Westberlin am 10. Mai 1986, rund 500 Menschen frische Vollmilch auf dem „Ku-Damm" ausschütteten.[98] Andere hinterließen „verstrahltes" Gemüse, Fleisch oder andere Nahrungsmittel vor Rathäusern und auf Marktplätzen. 1988 kippte die „Bäuerliche Notgemeinschaft Lüchow-Dannenberg" Mutterboden direkt vor die einzige Einfahrt zum Zwischenlager und pflanzte zwölf bis zu zwei Meter hohe Kiefern ein; der Werksverkehr mußte daraufhin eingestellt werden.[99]

Bei anderen Aktionen besteht die kollektive Handlung darin, Objekte aufzustellen oder zu produzieren, um sie als eine Art Mahnmal zurückzulassen. Beispielsweise entfernten im September 1979 auf dem Bremer Marktplatz rund 500 FahraddemonstrantInnen aus Protest gegen die Vorgänge in Gorleben einen Teil des Pflasters und pflanzten an dieser Stelle Bäume ein.[100]

1980 wurden in mehreren Städten kleine Hütten öffentlichkeitswirksam als „Botschaften der Freien Republik Wendland" errichtet und stehengelassen. Im Februar des gleichen Jahres stellten AtomkraftgegnerInnen 100 Holzkreuze und mit „Atommüll" gekennzeichnete Blechfässer an der Zufahrtsstraße zu den beiden Kernkraftwerken in Biblis „als Symbol für künftige Krebsopfer und Unfalltote durch Atomanlagen" auf.[101] In München errichteten 100 Frauen und Männer im Januar 1988 auf dem Marienplatz ein „Nukleares Zwischenlager".[102]

Auch militante Auseinandersetzungen hinterlassen Spuren, die, an Wunden erinnernd, von einer Gewalt Zeugnis geben, von der manche Akteure glauben, sie sei notwendig, um ihre Überzeugungen und Ziele durchzusetzen, und die doch ihre Erfolglosigkeit dokumentiert. Das reicht von zerschlagenen Fensterscheiben und herumliegenden Pflastersteinen über Lücken in den Bauzäunen durch herausgerissene Streben und Schweißstellen bis hin zu rauchenden Autowracks und Gebäuden.

Einige Protesterinnerungen wurden nicht unmittelbar von den Akteuren, sondern zum Teil Jahre später von KünstlerInnen geschaffen und als Kunstobjekte öffentlich ausgestellt. Während der 750-Jahr-Feier Westberlins 1987 sorgte Olaf Metzels Barrikadenplastik auf dem Skulpturenboulevard entlang des Kurfürstendamms für Aufsehen. Das Objekt „13.4.81", eine aus Absperrgittern, Pflastersteinen und Supermarkt-Einkaufswagen ins Gigantische vergrößerte Barrikade, sollte an eine Demonstration im April 1981 erinnern – in deren Verlauf Polizeibarrikaden gegenüber dem Kranzler-Eck errichtet worden waren, während auf dem „Ku-Damm" 200 Schaufensterscheiben zu Bruch gingen – und zu einer „Auseinandersetzung mit der Zeit und dem Ort" führen.[103] 1989 entstanden die ersten Pläne für das Relief „Tod eines Demonstranten" von Alfred Hrdlicka, das in der Krummen Straße gegenüber der Oper, wo Benno Ohnesorg am 2. Juni 1967 von dem Kriminalobermeister Kurras erschossen worden war, aufgestellt werden sollte. Zwei Jahre später, 1991, wurde das Kunstwerk mit einer Gedenkfeier der Berliner „Initiative Benno Ohnesorg" freigegeben.

4 Symbolische Expressivität

Die Protestaktion ist eine Form symbolischer Politik. Im Zentrum der Aufmerksamkeit steht dabei sowohl eine mehr oder minder komplexe Symbolhandlung als auch einzelne Zeichen und Symbole, die in ihrem Verlauf benutzt werden. Mit beidem wollen die Akteure Auffassungen, Gefühle und Haltungen zum Ausdruck bringen und ihre Interpretation gesellschaftlicher Probleme und Konfliktfelder vermitteln; sie dienen der „Artikulation und/oder Mobilisierung von Befindlichkeiten, Zugehörigkeiten sowie sinn- und wertgebundenen Deutungen."[1]
Dominiert in der Vorbereitung der Aktionen die sprachliche Kommunikation in Wort und Schrift – man denke hierbei nur an die unzähligen Konferenzen und Aufrufe zur Organisation und Mobilisierung –, kommunizieren die Akteure während der demonstrativen und direkten Protesthandlung mit dem Konfliktgegner und dem Publikum, aber auch untereinander, insbesondere auf der nonverbalen Ebene. Wesentliches Medium der beteiligten Menschen ist die symbolische Expressivität, mit der sie sich und ihre Botschaften darstellen und inszenieren.

Symbolwelten

In seinem Aufsatz über „Symbolgeschichte als Sozialgeschichte?"[2] schreibt Gottfried Korff über die Zeit nach 1945:

„Auffallend, vor allem in der Bundesrepublik, ist eine deutliche Symboldistanz und Symbolabstinenz, die ihre Gründe in einer mentalen Opposition zu den politischen Kollektivismen der NS-Zeit, insbesondere deren Gemeinschaftsideologie, hat. Dazu kommt ein Vorgang, der als 'Ende der Proletarität' beschrieben wurde und eine symbolisch sich selbstbewußt artikulierende Arbeiterbewegung – als offensive Gegenöffentlichkeit – nicht mehr plausibel erscheinen ließ, zumal die sozialen Bewegungen ins Gefüge der 'Volksparteien' aufgegangen waren. Durch gesellschaftliche Individualisierungsprozesse, bestärkt durch den privaten Medienkonsum, sind nicht nur die politischen Lagerbildungen, sondern auch Mentalitätsblöcke aufgelöst worden. (...) Pluralisierung, Differenzierung und Privatisierung der 'Masse': Die Bündelung dieser Prozesse führt möglicherweise zu dem, was man das Ende der 'politischen Kollektivsymbolik' sozialer Bewegung nennen könnte. Denn von einem Ende der Symbolorientierung allgemein wird nicht die Rede sein können (...)."

Die Studentenbewegung habe eine „nicht unwesentliche Rolle bei der Erosion der politischen Symbolik linker Bewegungen" gespielt und eine Entwick-

lung begünstigt, „die auf eine Lockerung der Symbolsysteme aus ihren ehemals relativ festen politischen Bindungen (an Organisation, Parteien, Verbände) hin angelegt war." Diese „organisatorische Ent-Bindung" habe den „beliebigen Umgang mit dem Zeichen-Erbe" befördert und seine „life-style-Vermarktung" ermöglicht. Und etwas weiter heißt es:
„Wenn es stimmt, daß Europa im letzten Jahrzehnt des 20. Jahrhunderts in eine nachideologische Epoche eingetreten ist, dann ist damit ein weiterer Grund für das Ende der politischen Symbolik sozialer Bewegungen angeführt. (...) So wie die politische Symbolik in der ersten Hälfte dieses Jahrhunderts unter die Schubkraft der Revolutionen und Diktaturen gekommen ist, so hat das Abklingen ideologischer Formationen nach dem Zweiten Weltkrieg – erstmals in der 50ern – und vor allem seit der Mitte der 70er Jahre einen Schrumpfungsprozeß im Umgang mit politischen Symbolen bewirkt (...)."
Erst in der zehnten und letzten „Notiz" erscheinen dann die „seit Mitte der 80er Jahre auftretenden Alternativ- und Gegenkulturen" – von neuen sozialen Bewegungen ist nicht die Rede, beispielhaft werden die HausbesetzerInnen und ihre „autonomen und anti-etatistischen Nachfolgegruppen im metropolitanen Milieu" genannt –, denen bescheinigt wird, „über eine Fülle von Emblemen und Zeichen" zu verfügen, die allerdings „jeweils nur einen sehr begrenzten sozialen und zeitlichen Geltungsbereich" hätten. Ein „Symboleklektizismus und -synkretismus" dieser „sprachlich-semantisch-diskursiv nicht elaborierten Unterschichten" führe zu einem „vielfältigen Symbolgemisch", das „vom Anarcho-Schwarz über Hakenkreuze und Hammer-Sichel-Embleme bis hin zu archetypischen Bildmotiven" reiche, und dessen charakteristisches Merkmal in der „Distanz zu jenen 'semantischen Formen'" bestehe, „die für die 'intellektuellen' Jugendrevolten der späten 60er Jahre typisch waren". Abschließend wird formuliert: „Symbole und Rituale sind nach wie vor Ordnungs- und Kommunikationsmittel in den 'unteren Etagen' der industriellen Massengesellschaft."
Eine kritische Rezeption der Korffschen „Notizen" führt zu folgenden Fragen: Ist es angemessen, von einer „Erosion", einem „Schrumpfungsprozeß", ja sogar vom „Ende der politischen Symbolik sozialer Bewegungen" zu sprechen? Von welchen sozialen Bewegungen ist da überhaupt die Rede? Beschreibt die Diagnose eines „sehr begrenzten sozialen und historischen Geltungsbereichs" zutreffend die Symbolwelt der neuen Bewegungen in den 70er und insbesondere in den 80er Jahren? Stimmt ihre soziale Verortung, und welche Aussagen bezüglich ihrer historischen Dauer können heute schon getroffen werden? Und schließlich: Besteht das Wesentliche des Symbolspektrums neuer sozialer Bewegungen nicht gerade darin, „eine wünschenswerte Welt symbolisch vorwegzunehmen, anstatt Relikte der Vergangenheit wiederzubeleben"?[3]

Tatsächlich verschließen sich die Korffschen Thesen sowohl den neuen sozialen Bewegungen als auch der Bildung und teilweisen Etablierung ihrer Symbolwelten. Mit der Zerschlagung des Nationalsozialismus, die begrüßt, und dem Ende der Arbeiterbewegung, das bedauert wird, erscheint dort im 20. Jahrhundert und insbesondere in den ersten zwei Nachkriegsjahrzehnten auch das Ende sozialer Bewegungen gekommen zu sein. In Wirklichkeit geht aber nur der Bewegungstypus der industriellen Gesellschaft des 19. und 20 Jahrhunderts seinem Ende entgegen. Auf der Grundlage einer Beschleunigung des sozialstrukturellen Wandels tritt Ende der 60er Jahre ein neuer, nachindustrieller Bewegungstypus auf den Plan, der sich in der Schüler- und Studentenbewegung angekündigt und mit den neuen sozialen Bewegungen der 70er und 80er Jahre weiterentwickelt und entfaltet hat.

Während sich die Schüler- und Studentenbewegung noch in erster Linie an der vorherrschenden Repräsentationssymbolik staatlicher Macht und einer autoritär-spießigen Alltagskultur abarbeiteten, orientiert sich die Frauen-, Friedens- und Ökologiebewegung überwiegend darauf, eine eigene alternative Symbolwelt zu entwickeln und sie derjenigen der „normalen" Gesellschaft gegenüberzustellen.[4] Die Frage des „historischen Geltungsbereichs" stellt sich dabei für die neuen Bewegungen angesichts einer erst 20jährigen Geschichte selbstverständlich anders als für die mehr als ein Jahrhundert umfassende Arbeiterbewegung. Dennoch kann von der Etablierung einiger eigenständiger Symbole gesprochen werden, für die zumindest bis zur Jahrtausendwende nicht mit einer erneuten Destruktion oder einem schleichenden Bedeutungsverlust zu rechnen ist.

Auch der „soziale Geltungsbereich" einzelner Symbole der neuen Bewegungen ist zum Teil besser mit Entgrenzung als mit Begrenzung beschrieben. Es gelang eine symbolische Gegenwelt zu begründen, „die in ihrer Qualität und Quantität die symbolische Repräsentanz der bürgerlichen Öffentlichkeit partiell in den Schatten stellt". Während sich die Studenten-, aber auch die ML-Bewegung der 70er Jahre noch als eine kleine radikale Minderheit mit Avantgardeanspruch gegenüber dem gesellschaftlichen Rest verstanden, suggerieren die neu etablierten Symbolrepertoires, „ein Arsenal an Buttons, Aufklebern, die auf Straßen und Plätzen, in den Cafes und Kneipen, vermittels Auto, Fahrrad und Kinderwagen den Widerstand gegen die Gesellschaft demonstrieren, nicht nur, man bewege sich auf befreitem Gebiet, sondern auch, man sei in der Überzahl".[5]

Auf der Kehrseite dieser Entwicklung unterliegen auch die alternativen Symbole Inflationierungs- und Kommerzialisierungsprozessen, die den politischen Sinn der Protestzeichen und -embleme entleeren und in widerspruchsfreie Konsumartikel verwandeln (können). Wie die Transformation der symbolischen Protestelemente in die gesellschaftliche Alltagswelt auch beschrieben werden mag, ob als Integrationsleistung einer Konsum- und Werbeindustrie oder als Diffusionsleistung einer politischen Bewegung, sie bleibt auf jeden Fall nicht folgenlos. Die Farbe Grün wäre dabei nur ein herausragendes Beispiel. In der Protestpraxis behält das Symbolspektrum jedoch seine oppositionelle Bedeutung bei.

Die Symbole der verschiedenen (Teil-)Bewegungen sind nicht einfach existent, sondern werden in den Auseinandersetzungen um neue Ideen, Haltungen, Normen und Werte produziert. Sie transportieren alternative Bedeutungsinhalte – konkrete Utopien für ein besseres Leben – in codierten Formen, die mobilisieren, organisieren und Anleitung zum Handeln sein sollen. Die unterschiedlichen Gruppen der jeweiligen Bewegungsspektren bilden sich entlang spezifischer Diskurse, für deren Darstellung sie als geeignet betrachtete Zeichen, Embleme und Symbole auswählen, ausprobieren, verändern, verwerfen oder beibehalten. Diese kollektive Suchbewegung führt dabei im (jeweils vorläufigen) Ergebnis zur Entfaltung von Symbolwelten, die Produkt und Produzent sowohl der verschiedenen Teilidentitäten als auch einer gemeinsamen Identität der sozialen Bewegung sind.

Im folgenden sollen einige wichtige symbolische Elemente der Frauen-, Friedens- und Ökologiebewegung dargestellt werden, um zu verdeutlichen, daß zwar von einer „Erosion der politischen Symbolik linker Bewegungen", und d.h. im Korffschen Kontext: der organisierten Arbeiterbewegung, gesprochen werden kann, keineswegs jedoch von einem „Schrumpfungsprozeß im Umgang mit politischen Symbolen" seit „Mitte der 70er Jahre".

Die Studentenbewegung benutzte für die zeichenhafte Provokation von Gesellschaft und Staat auf Grund mangelnder Alternativen Symbolelemente der als revolutionär interpretierten Teile der historischen Arbeiter- und nationalen Befreiungsbewegungen der 3. Welt (z.B. Roter Stern, Vietkong-Fahne), ohne sie jedoch wirklich ernsthaft zu meinen. Die ML-Bewegung dagegen rekurrierte ausdrücklich auf die historische Bedeutung proletarischer Insignien und revolutionärer Kampfsymbolik marxistisch-leninistischer Provenienz (z.B. Hammer und Sichel, rote Fahne und Sterne, geballte Faust und proletarischer Gruß, sowie, je nach dem, die vier bzw. fünf Köpfe von Marx, Engels, Lenin, Stalin und Mao Tsetung). Erst die Frauen- und die Ökologiebewegung orientiert und bedient sich nicht mehr an bzw. aus der Symbolwelt der großen Sozialbewegung des Industrialismus', obwohl es auch das am Rande gibt, sondern entwickelt eigene Zeichen und (Schlüssel-)Symbole.

Das bekannteste Symbol der Ökologiebewegung ist die lachende rote Sonne auf gelbem Grund. Sie erscheint massenhaft – meistens ohne, manchmal aber auch mit einem Fäustchen als Reminiszenz an die proletarische Faust und als Hinweis auf eine eher klassenkämpferische bzw. antikapitalistische Haltung im Kampf gegen die Atomkraft – auf Buttons, Fahnen und Transparenten u.v.m. Die Aufschrift „Atomkraft? – Nein Danke!" dürfte inzwischen wohl in die meisten Sprachen dieser Erde übersetzt worden sein, da das Symbol weltweite Verbreitung gefunden hat. Innerhalb der Bundesrepublik diffundierte es weit über die Anti-Atomkraft- bzw. Ökologiebewegung hinaus in die Gesellschaft, da mit ihm nicht nur die Verbundenheit mit dem aktiven kollektiven Widerspruch verdeutlicht werden konnte, sondern auch die „Zweifel an einem Gesellschaftssystem, dessen Wertebasis in zunehmendem Maße brüchig geworden ist".[6]

Im Gegensatz zu diesem fröhlichen, lebensbejahenden und zukunftsorientierten Symbol stand noch 1975 in der Auseinandersetzung um das Atomkraftwerk in Wyhl ein eher düsterer, Tod und No-future vermittelnder Totenkopf im Mittelpunkt des Symbolspektrums, der u.a. auch das berühmt gewordene Transparent „Heute Fische – morgen wir" der Osterdemonstration gegen das Wyhler Atomkraftwerk schmückte.[7]

Ein zweites etabliertes Symbol der Ökologiebewegung ist der Regenbogen. Es entspricht „dem Wunschbild von der Einheit in der Vielfalt" und verkörpert „als Spannungsbogen die Hoffnung, daß, wenn die Vielfalt 'ausgehalten' wird, sie auch Kraft spenden kann".[8] Der Regenbogen wurde mittlerweile auch von mehreren Institutionen und Organisationen, u.a. der „Regenbogenfraktion" im Europäischen Parlament und Greenpeace, adaptiert. Weiterhin wären als wichtige Elemente der ökologischen Symbolwelt beispielsweise noch der Baum und die Sonnenblume, Fahrräder und Windräder und nicht zuletzt die Farbe Grün zu erwähnen, die die politische Farbenlehre der Bundesrepublik um einen weiteren Grundton bereichert hat.

Das häufigst verwendete Symbol der Frauenbewegung ist das Venuszeichen. Der Kreis auf der Spitze eines gleicharmigen Kreuzes gilt als „uraltes Sinnbild für Weiblichkeit" und steht „seit dem Durchbruch der Moderne für den Protest gegen die Enterotisierung der Welt". Venus verweist dabei als Göttin der Liebe und Schönheit sowohl auf ein „erotisches Potential" als auch auf einen „kollektiven Traum von egalitären Liebesverhältnissen"; weder Madonna noch Hure, steht sie für die „gleichberechtigte Partnerin in einer geschlechtlichen Verbindung, die durch Zärtlichkeit und Toleranz, durch Intimität und Autonomie geprägt" ist.[9] Obwohl das Venuszeichen wie auch die Farbe Lila insbesondere den radikalen Feministinnen zugeordnet wird, können beide als eigenständige und weithin bekannteste Symbole frauenbewegten Protests allgemein eingestuft werden.

Lila, das traditionell als häßlich und unmännlich gilt, Unschuld und in christlichem Kontext Passion im Sinne von Leiden darstellt, wird seit Beginn der 70er Jahre massenhaft zur farblichen Gestaltung von Aufklebern, Fahnen und Transparenten sowie zur Präsentation ganzer Demonstrationszüge (Lila Block) der Frauenbewegung benutzt. Der deutliche Rückgang von lilafarbener Alltagskleidung bei Feministinnen in den 80ern gegenüber dem vorausgehenden Jahrzehnt hängt für Frauke Rubart „mit deren Rückkehr zu den Männern zusammen", da diese Farbe für viele Exemplare der männlichen Spezies, gerade weil sie „in der Frühphase der neuen Frauenbewegung ein effektives Symbol war", noch immer als weithin sichtbares Warnsignal – Vorsicht – Gift! – gelte.[10] Dennoch bringen beide Symbole auch im Protestgeschehen der 80er Jahre nach wie vor Frauensolidarität und Frauenpower zum Ausdruck.

Ein weiterer bedeutsamer Bestandteil der feministischen Symbolwelt ist die in den „Rang einer Symbolfigur der Bewegung" aufgestiegene Hexe, die zum „Sinnbild für Möglichkeiten des Widerstandes (wird), die der historischen Hexe versagt waren".[11] Ihre Faszination bestehe in „der Sehnsucht nach Befreiung, die immer noch nicht stattgefunden hat, in der Symbolisierung von Widerstand, Unangepaßtheit, Unbeherrschtheit, Wildheit (eben nicht patriarchalisch 'zivilisiert'), Güte, Weisheit (...)".[12] Als Hexen verkleidete Frauen, mit Reisigbesen, geschminkt und hennarot gefärbtem Haar, beteiligen sich immer wieder an demonstrativen und direkten Aktionsformen, insbesondere an den alljährlichen Demonstrationszügen im Laufe der Walpurgisnacht. Genannt sei noch die Doppelaxt, die als „Symbol der Kampfkraft von Frauen" und als „Emblem für männerfreie Zonen" gilt.[13]

Das Abrüstungs- bzw. Peace-Zeichen ist das inzwischen weltweit verbreitete Symbol der Friedensbewegung in ihrem Kampf gegen Militarismus und Krieg. Die umgekehrte Todesrune in einem Kreis diente der Ostermarschbewegung, die es von der englischen Anti-Atomrüstungsbewegung übernommen hat, bereits in den frühen 60er Jahren als Erkennungszeichen. Zierte das Friedenssymbol damals überwiegend z.B. von DemonstrantInnen getragenen Parolenschilder und Sandwich-Tafeln, wird es von der Friedensbewegung der 80er Jahre auch in neuen Formen weiterverwendet. NachrüstungsgegnerInnen hinterließen z.B. am Vorabend der Pfingstblockade 1983 in Mutlangen das aus Schottersteinen zusammengelegte Zeichen vor der Einfahrt des Raketenstützpunktes. Ein Jahr später wurden dort 300 Baumsetzlinge, die am Zaun entlang des Militärgeländes eingepflanzt werden sollten, zu einem großen

Peace-Zeichen zusammengestellt. Eine massenhafte Publizität erreichten in diesem Jahrzehnt die manchmal hoffnungsfroh auffliegende, manchmal tote Friedenstaube und das aus der unabhängigen DDR-Friedensbewegung stammende Signet „Schwerter zu Pflugscharen". Dennoch, neue Symbole werden nicht gebildet, sieht man mal von der in allen möglichen Variationen auftauchenden Rakete ab, die auf den bis 1983/84 vorhandenen Minimalkonsens der Friedens- als Anti-Raketenbewegung verwies. Die zerstörte, oftmals zerbrochene Rakete erinnerte dabei, in einer hinsichtlich der Waffengattung allerdings modernisierten Form, an das alte antimilitaristische Symbol des von zwei Händen zerbrochenen Gewehrs. Kurzfristig stiegen insbesondere US-amerikanische Politiker (Haig, Bush und vor allem Ronald Reagan), aber auch westdeutsche (Schmidt, Kohl) oder sowjetische (Breschnjew) zu negativen Symbolfiguren des pazifistischen Protests auf und wurden in besonderer Art und Weise angegriffen, z.B. als Anlaß und Zielobjekt von Demonstrationen, als Karikatur, Maske oder Pappmaché-Figur sowie in Parolen und Liedzeilen („Weine nicht, wenn der Reagan fällt, damdam, damdam").

Schon angesichts dieser Beispiele neuer Symbolbildung, phantasievoller Symbolgestaltung und kreativer Symbolnutzung, ihrer geographischen und sozialen Verbreitung sowie zeitlichen und politischen Etablierung erscheint die These vom „Ende der politischen Symbolik sozialer Bewegungen" merkwürdig realitätsblind gegenüber der Entwicklung der 70er und 80er Jahre, die eher durch den Beginn einer politischen Symbolik der neuen sozialen Bewegungen charakterisiert ist.

Die Entfaltung eines historisch neuen Bewegungstyps hat dazu geführt, daß auch die Welt der Symbole unübersichtlicher und heterogener geworden ist. Der Abwesenheit einer einheitlichen und geschlossenen Ideologie entspricht das Fehlen übergreifender, für alle verbindlichen Weltanschauungssymbole; thematische Vielfalt und ein rascher Issue-Wechsel führen zu einer breiten Palette kurzlebiger Zeichen und Embleme sowie symbolischer Handlungen, eben zu „Identitätszeichen auf Zeit"; und der geringere Grad an bürokratisierter und zentralisierter Organisation vermindert potentiell das Risiko einer von oben verordneten und schließlich ritualisierten Praxis symbolischer Politik und ermöglicht damit den einzelnen eigenständigen, aber vernetzten (Teil-) Bewegungen einen größeren Spielraum, ihre kleineren symbolischen Welten (neu) zu kreieren oder zu verändern und in das Protestkollektiv einzubringen. Wenn es dabei der Frauen-, Friedens- und Ökologiebewegung gelungen ist, einige Symbole insofern dauerhaft, d.h. bis heute zu etablieren, als daß sie zwar nicht von allen Gruppen und Milieus benutzt, zumindest aber doch überwiegend akzeptiert bzw. geduldet und auf jeden Fall verstanden werden,

gerade weil sie die Bewegungen auch in die Lage versetzen, sich zu öffnen und effektiv um Sympathie, Verständnis und Unterstützung in der Bevölkerung zu werben, so verdeutlicht dieser Vorgang nicht nur elementare Funktionsweisen politischer Symbolik – Identitätsbildung nach innen und Konsensbildung nach außen –, sondern auch ihre erfolgreiche Handhabung.
Für die intensive expressive Nutzung alternativer Symbolrepertoires durch die neuen Bewegungen ließen sich jedoch sinnvollere Gründe finden als der Hinweis Gottfried Korffs auf ihre sozialen Trägergruppen, die sich zudem auch nicht aus „sprachlich-semantisch-diskursiv nicht elaborierten Unterschichten", sondern überwiegend aus Teilen der Dienstleistungsberufe, der Intelligenz und meist jugendlich Marginalisierter rekrutieren: ihre junge Existenz und Geschichte, ihre inhaltlichen Zielsetzungen sowie eine relative Machtlosigkeit und ambivalente Haltung zwischen Macht- und Kulturorientierung. Symbolische Expressivität ist auch kein typisches Merkmal von Bewegungen der Mittelklassen bzw. -schichten, vielmehr charakterisiert sie Bewegungen, die sich konstituieren und in den Anfängen ihrer Geschichte befinden. Wohl noch wichtiger ist der inhaltliche Zentralkomplex, der sich um das Stichwort „soziokulturelle Identität" aufbaut. Hier spielen symbolisch-expressive Handlungen nicht nur eine bedeutende Rolle für die Bildung neuer Identitäten, sondern sie bilden darüber hinaus „als Verwirklichung eines Stücks nicht instrumentellen Lebens ein *Ziel an sich*, einen Beitrag zur Realisierung einer qualitativ neuen Lebensweise."[14]
Diese alternativen Lebenspraxen lassen sich nun mal nicht mittels einer klassischen Machtpolitik „durchsetzen"; sie sind elementar auf die überzeugende Kraft ihrer Vorbilder und deren gelungene Vermittlungen angewiesen. „Listen der Ohnmacht"[15] sind auch in der Friedens- und Ökologiebewegung anzutreffen. Es kann davon ausgegangen werden, „daß eine soziale Bewegung um so mehr Symbole verwendet, je machtloser sie ist".[16] Der immer wiederkehrende Streit zwischen „Symbolizisten" und „Effektivisten" entzündet sich regelmäßig an diesem Punkt und führt schließlich zu unterschiedlichen Konsequenzen hinsichtlich der Auswahl, Organisation und Durchführung von Aktionen. Dabei geht es nicht mehr um einzelne Zeichen, Embleme und Symbole, sondern um die symbolisch-expressive Inszenierung des kollektiven Widerspruchs.

Symbolische Handlung und expressive Artikulation

Protestaktionen sind ohne symbolische Ausdrucksformen kaum vorstellbar. Das betrifft nicht einmal so sehr die Existenz und Verwendung eines mehr oder weniger entwickelten Symbolrepertoires, als vielmehr die kollektive Handlung als Ganzes. Die jeweilige Selbstkonstitution der Akteure, ihre Art der Bearbeitung des Konfliktfeldes und ihre Interaktion mit den Kontrahenten und dem Publikum ist selbst ein symbolisch vermittelter Prozeß, in dem verbale, insbesondere aber nonverbale Medien zur Übertragung von vielfältigen Botschaften benutzt werden. Sie beinhalten in erster Linie nicht Analysen, Argumente und Fakten, sondern Gefühle und Haltungen sowie Sinnzusammenhänge und Werturteile. Das bedeutet keineswegs, oppositionellen Bewegungen eine irrationale Politik zu unterstellen; ihr Problem besteht nur darin, daß sowohl die Vermittlung zunehmend komplexer werdender gesellschaftlicher Strukturen und Prozesse als auch eine gesellschaftliche Debatte über ihre weitere Entwicklung immer schwieriger wird und ohne symbolische Verdichtungen kaum mehr möglich ist.

Wenn z.B. während einer Demonstration gegen ein Atomkraftwerk Gefahren der Nukleartechnologie verdeutlicht, ihr Einsatz abgelehnt und Alternativen aufgezeigt werden sollen, so gibt es dafür zwar viele gute politische Gründe wie auch wissenschaftliche Daten, mit ihrer argumentativen und diskursiven Ausführung und Vermittlung im Verlauf einer Aktion aber wären die DemonstrantInnen überfordert. Selbst eine Kundgebungsrede, wollte sie sich nicht der Gefahr aussetzen, ihre ZuhörerInnen rasch zu verlieren, könnte sich z.B. nicht überwiegend den Risiken eines Kühlwasserkreislaufes und anderer wichtiger technischer Details oder der politischen Ökonomie und den wirtschaftlichen Verflechtungen der Atomindustrie widmen. Will sie aufrütteln und mobilisieren, so ist der/die RednerIn gehalten, die inhaltliche Aussage und politische Haltung „Atomkraft? – Nein Danke!" verdichtet darzustellen. In diesem Sinne kann der Hinweis auf eine potentielle bzw. reale Leckage im Kühlsystem durchaus als Symbol für das gefährliche „Restrisiko" und damit für die tödliche Bedrohung stehen. Mit anderen Worten: Protestaktionen als symbolische Handlungen erfordern von den TeilnehmerInnen mehr als „sprachlich-semantisch-diskursive" Kompetenzen – natürlich, wer freut sich nicht über treffende Parolen und brillante Reden –, benötigt werden darüberhinaus und vor allen Dingen aber symbolisch-expressive Artikulations- und Inszenierungsfähigkeiten.

Können Protestaktionen also grundsätzlich als symbolische Handlungen begriffen werden, verweist die Unterscheidung in demonstrative und direkte

Formen dennoch auf entscheidende Differenzen. Während die Akteure bei Kundgebungen, Demonstrationen und symbolisch-expressiven Aktionen nicht über Zwangsmittel verfügen, sondern sich an die Konfliktgegner und das Publikum wenden, um sie zu beeindrucken und schließlich von ihrem Anliegen zu überzeugen, bringen die TeilnehmerInnen von Verweigerungs-, Behinderungs-, Besetzungs- und Zerstörungsaktionen „Elemente von Zwang"[17] ins Spiel, indem sie die Konfliktgegner mit Nachteilen bedrohen, sollten diese nicht nachgeben und ihre Forderungen erfüllen. In dem einen Fall werden Auffassungen und Haltungen lediglich artikuliert und bekundet, im anderen werden darüber hinaus direkter (Gegen-)Druck und (Gegen)Macht ausgeübt. Demonstrative Aktionen sind daher in erster Linie Inszenierungen oppositioneller Interpretationen und Alternativen, deren Attraktivität und Effizienz sich u.a. aus der antizipatorischen Gestaltungskraft der Akteure und ihrer kreativen Fähigkeit speisen, die Utopien eines anderen und besseren Lebens verständlich und eindringlich zu vermitteln. Je erfolgreicher sie dabei sind, je mehr Menschen sich ihnen anschließen, desto größer ihre Legitimation und damit auch der politische Machtzuwachs.
Direkte Aktionen sind dagegen zuallererst Inszenierungen gesellschaftlicher Gegenmacht, auch dann, wenn sie, wie z.B. die „Freie Republik Wendland", ihre Attraktivität in der Öffentlichkeit zu einem großen Teil ihrer phantasievoll in Szene gesetzten ökologisch-alternativen Lebensweise verdanken. Spätestens bei der polizeilichen Räumung wird das für die Beteiligten spür- und für die BeobachterInnen sichtbar.

Um Gegenmacht erfolgreich zu veranstalten, benötigen die Akteure andere und zusätzliche Ausdrucksmittel und Methoden. Das Problem, das dabei gelöst werden muß, ist die Schadensbedrohung. Ihr notwendiges Maß ist ja nicht vorhersehbar, bekannt ist nur, daß die offizielle Politik in manchen Auseinandersetzungen auch sehr hohe Kosten, z.B. durch massive Polizeieinsätze oder in Form möglicher Wahlverluste, in Kauf nimmt, um eine Entscheidung durchzusetzen. Darin besteht das Dilemma direkter Aktionen. Müssen die Beteiligten, um Elemente von Zwang einzuführen, materielle, für den Konfliktgegner spürbare Nachteile organisieren, sehen sie sich häufig mit der Tatsache konfrontiert, daß der Schadensumfang faktisch zu gering ist oder Dimensionen annehmen müßte, die in der Öffentlichkeit und vom Publikum nicht geduldet würden und auch von ihnen selbst so gar nicht erwünscht wären. Diese Zwickmühle führt in der Praxis der neuen Bewegungen sowohl zu einem lebhaften internen Disput als auch zu unterschiedlichen Handlungsmustern direkter Aktionen.

Im Streit zwischen „Effektivisten" und „Symbolizisten" drängen Teile der ersteren regelmäßig darauf, die Effizienz der Protesthandlung durch die Vergrößerung der materiellen Schadensandrohung zu erhöhen. Aus ihrer Sicht erscheint eine Aktion, die nicht zum erwünschten Erfolg führt, als ineffektiv und momentane Niederlage, die nur dadurch zu überwinden ist, indem weitere Eskalationsschritte gegen den politischen Gegner eingeleitet und dessen Kosten potenziert werden. Das Fatale dieser Logik besteht darin, daß „letztlich" alles unterhalb des erfolgreichen Machtkampfes als nicht effektiv und damit lediglich als symbolisch wahrgenommen wird. Teile der „Symbolizisten" gehen dagegen davon aus, daß der Erfolg einer Aktion gar nicht über direkte Machtkämpfe erreicht werden kann, weil die Herrschenden fast immer über das größere Machtpotential verfügen. Für sie stellt sich jede effektive, d.h. reale Schadensandrohung von vornherein nur als symbolischer Akt mit tendenziell bedrohlichen Konsequenzen dar: Zeichen einer sicher zu erwartenden Niederlage oder des Nicht-Erwünschten, Chaos und Gewalt.

In Abgrenzung gegenüber beiden puristischen Lagern kristallisiert sich in der Protestpraxis oftmals ein dritter Weg heraus, der darauf zielt, durch die Androhung materiellen Schadens die Resonanz in der öffentlichen Auseinandersetzung zu verstärken. Die Effizienz einer Aktion mißt sich dabei weder am unmittelbaren Einlenken der Konfliktgegner noch erschöpft sie sich darin, die eigene Auffassung und Haltung lediglich zu bekunden. Die Akteure verlassen sich nicht auf die Annahme, der politische Gegner wäre schon für die eigenen Anliegen zu gewinnen, wenn nur die Überzeugungskraft groß genug ist; sie setzen aber auch nicht darauf, ihn direkt in die Knie zu zwingen. Im Blick ist nicht nur der Kontrahent, sondern auch das Publikum. Es geht ihnen deshalb darum, dem Protestinhalt dadurch besonderen Nachdruck zu verleihen, indem sie die Schadensandrohung nicht nur als Versprechen auf die Entstehung höherer Kosten, z.B. für die Atomindustrie, das Militär oder den Staatsapparat, sondern auch als Beweis der eigenen Ernsthaftigkeit und Entschlossenheit gegenüber der Öffentlichkeit inszenieren. Die materielle Seite der Zwangselemente wird dabei nicht als Königsweg zum Erfolg des Protests begriffen, vielmehr tritt ihre symbolische Bedeutung in den Vordergrund. Eine Durchbrechung der Legalität und das damit verbundene Risiko können die eigene Legitimität ebenso erhöhen, wie (provozierte) Überreaktionen der herrschenden Politik potentiell dazu in der Lage sind, sich selbst zu desavouieren. Auch hier wird also Gegenmacht inszeniert, allerdings setzen die Akteure eher darauf, ihren Machtwillen überzeugend darzustellen und punktuell sowie begrenzt einzusetzen, anstatt aufs Ganze zu gehen und zu versuchen, hier und heute alles durchzusetzen.

Die Effizienz direkter Aktionen läßt sich nicht auf ihre materielle Seite reduzieren. Die „Elemente von Zwang" sind eben auch symbolische Inszenierungen und intensivierte Artikulationsformen, deren Funktion darin besteht, Widersprüche und zum Teil antagonistische Interessensgegensätze „effektiv" zu verdeutlichen, Standpunkte zu polarisieren sowie die Aufmerksamkeit der Medien zu erregen, um so den öffentlichen Meinungs- und Willensbildungsprozeß zu forcieren. Die Akteure sind daher von vornherein und weitaus mehr gehalten, die Auswirkungen ihrer Handlungen und Maßnahmen mit zu berücksichtigen: Wie verarbeiten die Medien die Ereignisse, wie kommen sie beim Publikum an? Erforderlich ist ein hohes Maß an Selbstreflexivität und Aktionsdisziplin, um auch die Fremdbilder des Protests zu berücksichtigen, ohne sich ihnen stromlinienförmig anzupassen.

Im weiteren sollen die verschiedenen Inszenierungsprofile demonstrativer und direkter Aktionen betrachtet werden. Im Mittelpunkt stehen die szenischen Formen des Überzeugens und des Bedrohens. Zu berücksichtigen wäre dabei, daß ihre Artikulationsmodi und -elemente überwiegend expressiv hergestellt und nur zu einem geringen Teil instrumentell eingesetzt werden. Und ebenso spielt es eine Rolle, ob die RezipientInnen in der öffentlichen Arena sie verstehen oder mißverstehen.

Szenische Formen des Überzeugens

Bei ihrem Versuch, die politischen Kontrahenten, insbesondere aber die Öffentlichkeit für ihr Anliegen zu gewinnen, bewegen sich die Akteure in drei Bedeutungsfeldern, in denen sie wesentliche Bestandteile des Konflikts aus ihrer Sicht bearbeiten. Zum einen wird der die Auseinandersetzung auslösende Status quo und seine Folgen, die Auswirkungen von befürchteten oder bereits getroffenen Entscheidungen, problematisiert, in einem zweiten Feld kreist die Aufmerksamkeit um die personelle wie sachliche Sphäre des Konfliktgegners und schließlich geht es um die Inszenierung des Eigenen und der Alternativen, die der Realität gegenübergestellt werden. Nicht bei jeder Aktion spielen alle drei Bedeutungsfelder eine Rolle. Ihre Gewichtung ist nicht festgelegt, wie es auch keine Reihenfolge im Sinne eines argumentativen Dreischritts gibt. Vielmehr eröffnen sie sinnvolle Handlungsoptionen für spezifische symbolische Inszenierungen, mit denen die Überzeugungsarbeit geleistet werden soll.

Die Bedrohung

In der Friedens- und Ökologiebewegung werden als bedrohlich empfundene Maßnahmen des Staates, des Militärs oder der Industrie benannt und dargestellt. Sprachliche Medien, Flugblätter, Kundgebungsreden, Parolen, Sprechchöre und Transparente, bieten mehr oder weniger Raum für kritisch-rationale Erörterungen und Beschreibungen dessen, wozu es kommen könnte, überließe man die weitere Entwicklung ihrem beabsichtigten Gang. Nonverbale Artikulationen sind dazu so nicht in der Lage. Statt dessen zielt der aufklärerische Impuls drastisch auf die Konsequenzen der herrschenden Politik und die Verdrängungen, die ihr zu Grunde liegen. Die symbolisch verdichteten Botschaften sollen beides ins öffentliche Bewußtsein rücken, Gefühle und Haltungen mobilisieren, um so zur Delegitimation z.B. der Auf- und Nachrüstung oder der Nukleartechnologie beizutragen.

Sehr häufig bedienen sich die Akteure dazu einer Todessymbolik, mit der die konkreten, den Protest auslösenden Projekte der herrschenden Politik – z.B. die NATO-Nachrüstung und der Bau einer Wiederaufarbeitungsanlage – nicht erst für den Fall einer ultimativen Katastrophe, sondern bereits in ihrer alltäglichen Normalität als lebensbedrohliche Maßnahme für Mensch und Natur verdeutlicht werden. Die symbolische Darstellung soll blitzartig ans Tageslicht bringen, was beispielsweise die Atomindustrie und ihre Lobby verbergen wollen, um so das Schwervorstellbare auch emotional erfahrbar zu machen. Die Inszenierung von Betroffenheit und Angst erscheint dabei zunächst weniger irrational und lähmend, wie den Protestbewegungen nicht nur von ihren Kontrahenten, sondern auch von KritikerInnen aus den eigenen Reihen vorgeworfen wird; vielmehr appellieren sie angesichts des angehäuften Bedrohungspotentials zum einen an vorhandene und durchaus vernünftige Realängste, zum anderen wirken sie gerade deshalb zum Teil auch äußerst mobilisierend.

Leiden und Tod werden mit verschiedenen expressiven Mitteln dargestellt und in symbolischen Handlungen in Szene gesetzt. Sie erfahren je nach Anlaß und Thematik eine konkrete Gestalt. In der Antiatomkraftbewegung stellt das Radioaktivitätszeichen ein zentrales Symbol dar, mit dem entsprechende Assoziationen und Gefühle erzeugt werden sollen. Wirkt es auf Flugblättern und Transparenten noch relativ abstrakt, so verweist es z.B. auf Fässern aufgemalt auf konkrete Gefahren und Risiken von atomarem Müll und dessen Entsorgung. Mit seiner Hilfe werden Umzüge als symbolische Atommülltransporte gekennzeichnet, und Akteuren, die sich das Zeichen als Maske aufgeschminkt haben, steht die tödliche Bedrohung „ins Gesicht geschrieben".

Mit Kränzen, Kreuzen und Särgen, die am Kundgebungsort niedergelegt bzw. aufgestellt, bei Demonstrationen mitgeführt oder während symbolisch-expressiver Aktionen in das Geschehen mit einbezogen werden, nehmen die Akteure direkt auf den Tod Bezug, der oftmals auch personalisiert und „leibhaftig" als „Sensenmann" oder „Gerippe auf Stelzen" erscheint. Mittels „Plutoniumwürmern", Drachen, Kraken und anderer archetypischer Motive wird die Atomenergie bzw. -industrie als Ungeheuer dargestellt, das die Menschen tyrannisiert und Opfer fordert.

Andere Utensilien, wie z.b. Strahlenschutzanzüge und Gasmasken, zielen als „drastische Verkleidungen", wie es in einem Bericht über eine Westberliner Demonstration heißt, u.a. auch auf eine radikale Veränderung der praktischen Lebensführung für den Fall der Fälle, der statistisch nur alle 10.000 Jahre passieren darf. In München rief ein Arbeitskreis des Bundes für Umwelt und Naturschutz Deutschlands (BUND) anläßlich einer Demonstration gegen die oberpfälzische Wiederaufarbeitungsanlage in München 1985 dazu auf, unter dem Motto „Ums Leben trauern" in Schwarz zu erscheinen.[18]

Mit komplexen Inszenierungen stellen die Akteure nicht nur potentielle Katastrophenfälle, sondern auch den realen Zynismus einer Katastrophenschutzpolitik dar, die vorgibt, über wirksame „Hilfsmaßnahmen" zu verfügen. So werden z.B. viel zu viele „Strahlengeschädigte" von nur einem „Krankentransport" abgeholt, und häufig kommen dabei akustische Ausdrucksmittel zum Einsatz: Von Tonbändern ertönt Sirenengeheul, „Nachrichtensprecher" verlesen über Megaphon und Lautsprecher Katastrophenmeldungen und -schutzmaßnahmen. In Die-ins wird das Sterben schließlich öffentlich nachgespielt.[19]

Die Friedensbewegung bedient sich ähnlicher symbolischer Elemente und Todesszenarien. Die alltägliche und scheinbar normale Lebensbedrohung des angehäuften und wachsenden militärischen Zerstörungspotentials expandiert im Fluchtpunkt der Konkurrenz der Supermächte und ihrer Blöcke in das die Gattung Mensch vernichtende Feuer eines dritten und letzten Weltkriegs. Obwohl der Krieg meistens auf der nördlichen Erdhalbkugel und als zukünftig drohender sowie atomarer imaginiert wird, versuchen die Akteure zum Teil aber auch die vergangenen konventionellen und in den Ländern der Dritten Welt stattfindenden militärischen Auseinandersetzungen zu thematisieren. Beispielsweise wurde am Raketenstandort Holzwickede bei Dortmund im Rahmen des Ostermarsches 1983 ein „Trauerzug zur Erinnerung an die 150 Kriege, die seit 1945 stattgefunden haben", organisiert. „Für jeden Krieg trugen die Demonstranten ein Holzkreuz. (...) Nach Abschluß des Trauermarsches wurden die Kreuze entlang des Raketengeländes in den Boden gerammt."[20] Tatsächlich erinnern die Bilder des Kriegsschreckens, die die Akteure bei ihren Demonstrationen und symbolisch-expressiven Aktionen inszenieren, oftmals eher an die verheerenden Auswirkungen des Zweiten als an das befürchtete Inferno eines dritten Weltkrieges. „Viele ältere Mitbürger/innen liefen neben blutigen, bandagierten Kriegsopfern und Flüchtlingen, die ihr Hab und Gut auf Bollerwagen hinter sich herzogen. Fronthelfer schleppten Verwundete auf Tragen, und vorneweg wurde ein überdimensionaler 'Kriegstreiber' mitgeführt."[21]

Anders als der Atomtod erscheint der Kriegstod oft in Verbindung mit körperlicher Verstümmelung. Mit medizinischen Hilfsmitteln, wie z.B. Rollstühlen, Gehstützen („Krücken") und Bandagen, wird auf die Leiden der Opfer aufmerksam gemacht. Die Farbe Rot, Blut, wird zum wichtigen Darstellungselement für die Inszenierung der verletzten Körper und zum Symbol „ausfließenden", vergehenden Lebens. „Ein mäßig großer Zug von Demonstranten kommt die Straße entlang, vor dem schönen alten Gebäude der Wehrbereichsverwaltung macht er halt. Plötzlich zerreißen Detonationen das Grau des Wintertages, vier über und über mit Wunden bedeckte Kriegsopfer winden sich vor den Toren der Militärbehörde in ihrem Blut, zwischen ihnen Gevatter Tod mit goldener Sense."[22]

Gerade auch die Frauenfriedensbewegung ist darum bemüht, Artikulationsformen für Protestaktionen zu finden, die Angst und Todeserfahrung nicht ähnlich verdrängen wie die offizielle Politik. Als Ronald Reagan im Juni 1982 Westberlin besuchte, entstand dort die Idee einer „Klageweiberdemo", mit der die Frauen neue Akzente – weg von Großdemonstrationen und militanten Auseinandersetzungen – setzen wollten. In der Vorbereitung der Aktion erklärten die Veranstalterinnen, daß „andere Ausdrucksformen von Radikalität gefunden werden müßten, durch die Demonstration der Gefühle von Tod und Trauer entstehe etwas sinnlich Eindrückliches und Intensives".[23] Vom Vortag des Präsidentenbesuches berichtete dann die „taz": „Springbrunnen färbten sich rot, blutrot. Feministinnen und 'Frauen für den Frieden' hatten am Freitagvormittag rote Farbe benutzt, um die Wasser in der Wilmersdorfer Straße, am Adenauer- und Mariannenplatz und sogar im Park des Charlottenburger Schlosses selbst symbolträchtig sprechen zu lassen: Reagans Anwesenheit in der Stadt läßt jede bluten, löst Angst und Grauen aus, keine Gefühle der Sicherheit und des Schutzes!"[24]

Trotz der bedrohlichen und düsteren Seiten der Protestbotschaft, ist der dramatische Modus ihrer Darstellung und Inszenierung überwiegend nicht durch die Haltung eines verzweifelten, sondern eher eines spielerischen Ernstes charakterisiert, der zwar um die tödliche Bedrohung weiß, sich aber dennoch weigert, auch angesichts potentieller Katastrophen in depressive Agonie oder aggressive Revolte zu verfallen bzw. umzuschlagen. Sicher, Mahn- und Schweigekreise imponieren keineswegs durch Heiterkeit, aber auch sie können eine Zuversicht vermitteln, die auf eine Wende zum Besseren hofft.

Eine andere Art und Weise, Maßnahmen des Konfliktgegners sowie ihre Auswirkungen kritisch zu thematisieren und darzustellen, besteht in der „satirischen Sinnfälligmachung realer Politik".[25] Hierbei sollen die normativen Grundlagen und befürchteten Konsequenzen z.b. der NATO-Nachrüstungspolitik nicht durch ernsthafte Imaginationen, sondern durch witzige Parodien delegitimiert werden. Der kritische Appell beruht nicht auf der erschreckenden Manifestation von Angst, Leiden und Tod, vielmehr bezieht er seine aufrüttelnde Kraft aus der satirischen Inszenierung, mit der die konfliktauslösenden Entscheidungen unter dem auffälligen Schein übertriebener Zustimmung der Lächerlichkeit preisgegeben werden. Sowenig sich die erste Variante ausschließlich auf ihre (tod-)ernste Seite reduzieren läßt, sowenig handelt es sich hier nur um reinen Nonsens. In beiden Fällen wird Ähnliches versucht: Die verschiedenen symbolisch-expressiven Elemente und Handlungen sollen dazu beitragen, die herrschende Politik als Eklat hörbar und sichtbar zu machen.

Die komisch-satirische Nach- und Umbildung der schlechten Realität, gegen die sich der kollektive Widerspruch richtet, reicht dabei von einzelnen Protestmitteln – z.B. Parolen oder Transparente – bis hin zu komplexen parodistischen Aktionen, bei denen alle expressiven Möglichkeiten akustischer, optischer und szenischer Artikulation genutzt werden. So war bei einer eher konventionellen Demonstration der „Deutschen Aktionsgemeinschaft im Kampf gegen das Waldsterben" in München 1984 z.B. folgendes zu lesen bzw. zu hören: „Sauer macht lustig – der Wald lacht sich kaputt", „Für Wälder, die im Sterben liegen, ist Motorsport ein Mordsvergnügen", „Sterbend grüßt der Bayernwald Sauren Regen, Blei, Asphalt" oder „Nieder mit dem Wald – Sicherheit für Rotkäppchen", „Freiheit für Niki Lauda – Weg mit dem Wald!".[26]

Das Beispiel der „1. Alternativen Truppenparade" in Westberlin verdeutlicht die kreative Fähigkeit der Akteure, ihren Protest mit Witz, Phantasie und Lebenslust in Szene zu setzen. Die ganze Aktion ist ein einziges Spektakel der Verkehrung, Übertreibung und des Spotts auf das offizielle Ereignis und die Auffassungen und Haltungen, die es tragen. Anläßlich der alljährlich stattfindenden alliierten Truppenparade in der Stadt rief erstmals 1984 ein „Fan-Club für Militarismus und Aufrüstung (Gesellschaft mit Gewehr und ohne Haftung)" am Vortag der Militärfeier alle „kriegsliebenden Berliner" unter der Parole „Sieg ist möglich – ohne Krieg kein Frieden" zu einer „Jubelparade" auf. Am 15. Juni wurde dann einer der „eindrucksvollsten Aufmärsche der letzten Jahre" mit „nicht endenwollenden Hochrufen auf die alliierten Schutzmächte" und einem „Meer von begeistert geschwungenen Fähnchen" begrüßt. Mit emphatischer Akribie und spürbarer Begeisterung beschreibt die „taz" das Geschehen:

„Angeführt von einem Pferdewagen mit dem alten Fritz und seinem 'bravo' rufenden Leichenwagen marschierten rund 3.000 in schmucken Flohmarktuniformen und zu den zackigen Klängen der Marschkapelle IG-Blech. Der neue Panzertyp mit der robusten Papp-Karosserie, blitzblank geputzte Wasserpistolen, Raketen und Mistgabeln gaben einen imponierenden Einblick in das Waffenarsenal. 'Bomben statt Butter!' hallte es denn auch immer wieder der teils jubelnden Menge am Straßenrand entgegen. Kaum einer hatte es sich nehmen lassen, bei diesem festlichen Aufmarsch dabei zu sein; nur einige seien hier genannt: die neugegründete Initiative 'Schüler an die Waffen!' war dabei, die Berliner Trümmerfrauen machten mit ihren Kopftüchern und Transparenten eindringlich ihre Forderung nach neuen Arbeitsplätzen geltend und die Veteranen und Kriegsversehrten demonstrierten ihren Willen: 'Wir sind auch beim nächsten Mal dabei!' Nicht vergessen sein sollte auch die Ärztedelegation der 'letzten Hilfe' mit ihren weißen Kitteln und die eifrigen Spendensammler der 'Aktion Sorgenraketen – auch Raketen brauchen Bewegung!'. Wie notwendig gerade in der heutigen bedrohlichen Situation eine Demonstration militärischer Stärke ist, drückten auch immer wieder Transparente mit der Forderung aus: 'Grenada, Nicaragua – Hände weg von USA!' Und nicht zuletzt für den kürzlichen Tod des Berliner Pandabären wurde dem russischen Bären unmißverständlich ein Vergeltungsschlag angedroht. Höhepunkt der Jubelparade war aber sicher der rauschende Empfang, der der 'hochgestellten amerikanischen Persönlichkeit', General Waste More Fancy, und seiner Frau Fancy bereitet wurde. Angeführt von einer Gruppe tanzender Cheer-Girls und begleitet von einer helmblitzenden Motorrad-Eskorte fuhr der amerikanische Gast in einer mindestens achtsitzigen schwarzen Staatskarosse inmitten der Parade durch Berlin. Immer wieder mußten die auf der Staatskarosse sitzenden Sicherheitskräfte des Generals begeisterte Berliner am Vordringen zur Limousine hindern. Mehrere Male kam es auch von vermutlich anti-amerikanischen Kräften zu Knallkörper-Attentatsversuchen auf den amerikanischen Gast, die aber von der Spezialeinsatzgruppe des CIA sofort abgewehrt werden konnten. Der General, seine Ehefrau und der sie begleitende Kanzler Kohl seien zu keinem Moment in Gefahr gewesen, versicherte die alternative Polizei hinterher, die in teils grauen, teils grünen Uniformen mustergültig für Ruhe und Ordnung sorgten. Den Abschluß fand die Jubelparade nach gut zwei Stunden Aufmarsch schließlich an der Berliner Gedächtniskirche. Unter dem Jubel der 2.000köpfigen Menge versicherte die 'hochgestellte amerikanische Persönlichkeit', man werde die deutschen Waschmaschinen und Autos bis zum letzten Atemzug verteidigen. Bundeskanzler Helmut Kohl, – von der Menge immer wieder mit 'Helmut-Helmut'-Rufen zum Reden aufgefordert –, unterstrich den Kampfeswillen in seiner Rede mit den Worten: 'Deutschland, Deutschland, zicke, zacke, heute haun wir auf die Kacke!'."[27]

Die Kontrahentensphäre

Die gesellschaftlichen und politischen Konflikte, die von den neuen sozialen Bewegungen bearbeitet werden, sind äußerst komplex strukturierte Prozesse. Allein schon die Frage nach dem Kontrahenten erweist sich für die Akteure als ein schwieriges Unterfangen. In der Realität der Auseinandersetzungen gibt es ja nicht nur einen, noch dazu personalisierten Konfliktgegner, sondern ein dichtes Netz gegensätzlicher Interessen, die sich in Gesellschaft und Staat mächtig organisiert und institutionalisiert haben. Zum Beispiel standen der Antiatomkraftbewegung im Fall der geplanten oberpfälzischen Wiederaufarbeitungsanlage u.a. die Bundesregierung und die bayerische Staatsregierung sowie die dazugehörigen politischen Parteien, die „Deutsche Gesellschaft für Wiederaufarbeitung von Kernbrennstoffen (DWK)" und die sie tragenden zwölf Elektrizitätsversorgungsunternehmen, die Unternehmen der Atomindustrie und ihr Spitzenverband, das „Deutsche Atomforum", sowie andere Wirtschaftsverbände als Betreiber und Befürworter des Projekts gegenüber.[28]

Die wirtschaftlichen, politischen und administrativen Maßnahmen, die im Laufe eines Konflikts auf den unterschiedlichen Ebenen und in den verschiedenen Gremien getroffen werden, sind ebenso schwer durchschau- wie vermittelbar. Zudem verdünnen sich Macht und Herrschaft im zum Teil verrechtlichten Procedere zu scheinbar rein sachlichen Entscheidungsprozessen. Kurzum: Ist es für den kollektiven Widerspruch ohnehin schwer, das gesamte Netzwerk der gegnerischen Interessen aufzuspüren und transparent zu machen, erscheint eine verständliche Umsetzung dieser Aufgabe für das öffentliche Publikum in der Praxis der Aktionen fast unmöglich. Die Akteure sehen sich mehr oder weniger genötigt, die wichtigsten Knotenpunkte bzw. Verflechtungen dieses Netzwerkes herauszustellen und *pars pro toto* deutlich zu machen.

Diese notwendige Reduktion der Wirklichkeit führt zur symbolischen Verdichtung der Kontrahentensphäre. Überwiegend besondere Personen und Institutionen, aber auch Sachen werden als Konfliktgegner bzw. als seine Verdinglichung identifiziert. Reagan, Kohl oder Strauß, die NATO, das (männliche) Bundesverfassungsgericht oder die DWK, ein Atomkraftwerk oder Banken- und Versicherungsgebäude dienen beispielsweise als Stellvertreter, gegenüber denen man sich verhält und in Szene setzt.

Wenn gesagt wurde, daß die Akteure mit demonstrativen Aktionen den Konfliktgegner und die Öffentlichkeit von ihrem Anliegen überzeugen wollen, so muß das insofern relativiert werden, als daß sich unter Umständen sehr rasch herausstellt, daß ersterer sich gar nicht überzeugen läßt bzw. lassen will. Die

Intention der Protesthandlungen besteht dann nicht mehr darin, den Appell an die Vernunft- und Moralfähigkeit der Herrschenden zu inszenieren, sondern deren Uneinsichtigkeit, Unversöhnlichkeit, Machtarroganz u.v.m. Die Gegnerschaft selber wird dann, allerdings noch ohne Schadensandrohung, dem unmittelbaren Publikum und den Medien verdeutlicht. Entsprechend unterschiedlich ist die symbolisch-expressive Artikulation.
So gemahnen die Akteure die offizielle Politik an ihre Verantwortung für die Erhaltung des Friedens, der Natur, der Demokratie usw. Oftmals steht dabei nicht nur die Lebensqualität der heute lebenden Menschen, sondern gerade auch die Lebenschancen zukünftiger Generationen im Mittelpunkt. Dieser zukunftsorientierte Anspruch wird besonders deutlich, wenn sich Kinder an demonstrativen Aktionen beteiligen. In einem Bericht über eine Demonstration gegen das Waldsterben heißt es z.B.: „Und dazwischen immer wieder Kinder, die an das Verantwortungsbewußtsein der Generation ihrer Eltern und Großeltern appellieren. 'Wenn ich so groß bin wie Mami und Papi, möchte ich auch noch im Wald spazierengehen', wünscht sich ein fünfjähriges Mädchen. Ein etwas älterer Junge trägt einen verdorrten Ast vor sich her, an den er ein selbstgemaltes Schild gehängt hat. Darauf steht in krakeliger Kinderschrift der einfache Satz: 'Kinder brauchen Wälder'."[29] Sehr schnell ist dann von einer Instrumentalisierung der Kinder für politische Zwecke die Rede. Als sich nach der Katastrophe von Tschernobyl mehrere hundert Menschen, darunter viele Kinder, vor dem Schöneberger Rathaus in Westberlin versammelt hatten, Milch und Gemüse auf den Eingangsstufen vor die Füße der ParlamentarierInnen schütteten, ein lautes Topfdeckelgeklappere veranstalteten und einen Gesprächstermin mit dem Regierenden Bürgermeister forderten – das Abgeordnetenhaus debattierte zu dieser Zeit gerade die Folgen des GAUs – verweigerte sich Diepgen (CDU) mit den Worten „Mit Leuten, die Kinder mißbrauchen, rede ich nicht".[30]
Die Arroganz, die dem eindringlichen Appell an die Verantwortung folgt, zeigt u.a., wie schwer manche PolitikerInnen für die Anliegen und Gefühle der Akteure zu erreichen sind, und daß sie deren symbolische Handlungen nicht verstehen (wollen). Die Enttäuschung und manchmal auch Verzweiflung, die viele ProtestteilnehmerInnen durch solche Erfahrungen mit dem Konfliktgegner erst durchleben müssen, um so, wie manch andere schon viel früher, nicht mehr von der „freiwilligen" Einsicht und der Fähigkeit zum Einlenken der Kontrahenten auszugehen, äußert sich in vielfältigen Inszenierungen der Interessensgegensätze und politischen Gegnerschaften.
In der Vorbereitung einer „Kalkar-Demonstration" im September 1982 rief der „Koordinierungsausschuß" dazu auf, „Atommüllfässer mitzubringen,

Topfdeckel, Rasseln, Bongos, Trompeten, Posaunen, Trillerpfeifen. Besorgt Euch auf dem Schrott alte Ölfässer, Wannen, Töpfe, alles was mensch betrommeln kann. Wir wollen vor dem Baugelände den Herren (...) ein Ständchen bringen. Eine Brüter-Session, daß ihnen Hören und Sehen vergeht. Wir wollen trommeln, schreien und auf unseren Trompeten den Todes-Brüter-Blues spielen."[31] Die akustischen Mittel, mit denen z.b. bei Kundgebungen oder Demonstrationen die Aufmerksamkeit der Bevölkerung erregt werden soll, dienen insbesondere auch dazu, dem Konfliktgegner „den Marsch zu blasen". Lärm, Krach und laute, zum Teil schrille Musik bringen nicht nur die Unruhe und eigene Aktivitätsbereitschaft zum Ausdruck, sondern auch die Entschiedenheit, die Kontrahenten mit dem Protest zu konfrontieren, sie wachzurütteln, zum (Nicht-)Handeln zu bewegen oder sie symbolisch in die Flucht zu schlagen.

Gerade die in der Ökologie-, zum Teil aber auch in der Friedensbewegung immer wieder veranstalteten Beschallungen geplanter, im Bau befindlicher oder schon fertiggestellter Atomanlagen bzw. militärischer Einrichtungen oder Kriegsdenkmäler, verdeutlichen die Absicht, die Verdinglichungen der gegnerischen Interessen zu verhindern bzw. ihre Abschaffung zu erreichen. Die Bezeichnung der „musikalischen Umzingelung" des Atomkraftwerks Stade im April 1987 als „Aktion Jericho-Getöse" bringt den eigenen Wunsch auf den Punkt. Der „Dezibelzug" mit über 50 Musikgruppen und Schalmeienzügen wollte, ebenso wie Moses bei der Stadtmauer von Jericho, den alten Atommeiler mit einer akustischen Kraftanstrengung symbolisch zum Einsturz bringen.[32]

Der Konfliktgegner kann auch in satirischer Form vorgeführt werden. Im Rahmen der „Aktionstage im Wendland" im Februar 1985 enthüllte beispielsweise die lokale Bürgerinitiative einen Gedenkstein, der die örtliche Atomlobby „unvergeßlich" machen sollte. „Sie haben unsere Zukunft an die Atommafia verkauft", war darauf zu lesen, und es folgten die Namen von acht Kommunalpolitikern, u.a. des Landtagsabgeordneten und des Oberkreisdirektors.[33] Personen der Kontrahentenspäre nachempfundene Masken und Puppen tragen sowohl dazu bei, den politischen Gegner öffentlich zu kennzeichnen als auch ihn symbolisch dingfest zu machen, ihn der eigenen Kontrolle zu unterwerfen. Im Falle des ehemaligen Bundesinnenministers Zimmermann (CSU) zeigten die Akteure der Polizei massenhaft das Konterfei ihres obersten Dienstherrn und verspotteten auf diese absurde Art und Weise sowohl den Herrn Minister als auch sein Vermummungsverbot. Während des „Gorleben Trecks" in Hannover war auf einem LKW ein Pappmachékamel zu sehen, dessen Gesicht dem des damaligen Ministerpräsidenten Ernst Albrecht

(CDU) glich, und dessen Höcker aus einem als radioaktiv gekennzeichneten Faß bestand. Darunter stand geschrieben „Wider den tierischen Ernst" und „Atomkraft – Nein Danke!".[34]
Manche symbolische Handlungen versuchen dagegen eher die entschlossene Gegnerschaft ernsthaft und drastisch zu inszenieren. Was der Friedensbewegung als Antiamerikanismus vorgeworfen wurde, war vielfach nur das dramatische Bemühen der Akteure, die Antagonismen zwischen der (westlichen) imperialistischen Kriegsmaschinerie und dem eigenen Verständnis von Friedenspolitik zu veranschaulichen. Beispielsweise wurde während einer Anti-Nachrüstungsdemonstration in Heidelberg im Juni 1981 eine Haig-Puppe sowie eine US- und eine deutsche Flagge „als Zeichen der deutsch-amerikanischen Freundschaft" verbrannt und u.a. die Parole skandiert „Amis verpißt Euch, keiner vermißt Euch".[35] Auch nach dem Bombenangriff der USA auf Libyen 1986 wurden während einer Ostermarschkundgebung in Bonn zwei „stars and stripes" vor der amerikanischen Botschaft verbrannt. Dabei kam es zu Handgreiflichkeiten zwischen der Polizei und einigen TeilnehmerInnen, als Einsatzbeamte Transparente mit Aufschriften wie „Reagan Kindermörder" und „USA – Kriegstreiber" wegen ihres „beleidigenden Inhalts" für die US-Regierung aus dem Demonstrationszug holen wollten.[36]

Die Alternativen

Die ProtestteilnehmerInnen inszenieren in einem dritten Bedeutungsfeld ihre potentiellen Alternativen, die von konkreten sachlichen Gegenvorschlägen bis hin zu utopischen Gesellschaftsentwürfen reichen. Die eigenen Positionen und Werte, andere Haltungen und Verhaltensweisen werden in Worten benannt, in lebenden Bildern dargestellt und mit szenischen Handlungen spielerisch vorgeführt. Die verbalen Ausdrucksmittel transportieren dabei, zum Teil verkürzt, nur einen Ausschnitt der politischen Auffassungen und Forderungen der verschiedenen (Teil-)Bewegungen an das Publikum. Sofortiger Ausstieg aus der Atomenergie!, Keine NATO-Nachrüstung! oder Weg mit dem Paragraph 218! ist da beispielsweise zu lesen und zu hören. Sie orientieren sich großteils an dem aktuellen Anlaß und spezifischen Inhalt sowie dem konkreten Stand der jeweiligen Auseinandersetzung. Darüber hinaus bringen die Akteure aber insbesondere ihr Weltbild und ihr Lebensgefühl zum Ausdruck, die der bedrohlichen Realität der herrschenden Verhältnisse gegenübergestellt werden. So unterschiedlich und heterogen die einzelnen (Teil-)Bewegungen auch sein mögen, gemeinsam ist ihnen die symbolisch-expressive Inszenierung des Überlebens und, zum Teil, eines besseren Lebens.

Die neuen sozialen Bewegungen entwickeln ein „Bewußtsein von den Grenzen der eingeschlagenen Entwicklung".[37] Das „komplexe Nein", das z.b. die Friedensbewegung mit ihren öffentlichen Aktionen in Szene gesetzt hat, beinhaltet ja nicht nur die Ablehnung der neuen Raketen, sondern auch, wie Habermas es formuliert, die Negierung „jener zum Normalvorbild stilisierten Lebensform, die auf die Bedürfnisse einer kapitalistischen Modernisierung zugeschnitten, auf possessiven Individualismus, auf Werte der materiellen Sicherheit, des Konkurrenz- und Leistungsstrebens usw. programmiert ist und auf der Verdrängung von Angst und Todeserfahrung beruht".[38] Auch der Ökologie- und Frauenbewegung geht es nicht allein um die Verhinderung dieses und jenes Kernkraftwerks oder die Einrichtung und Finanzierung eines Frauenhauses u.v.m., sondern allgemeiner um die Grenzen einer Lebensform, deren materielle Bedürfnisbefriedigung zwar eine notwendige, aber keineswegs mehr eine hinreichende Grundlage für die Befriedigung immaterieller Bedürfnisse darstellt, und deren Produktions- und Befriedigungsmodi materieller Ansprüche heute zudem selbst viel zu oft das vorhandene Potential gegenwärtiger und zukünftiger Lebenschancen untergräbt, ja sogar zu verunmöglichen droht. Die unmittelbaren Auswirkungen und langfristigen Folgen dauerhaften Wirtschaftswachstums, ungebremster Technologieentwicklung, ungebrochener geschlechtsspezifischer Arbeitsteilung und andauernder militärischer Aufrüstungs- und „Sicherheits"politik kulminieren in einem Weltbild, in dem die Normalität katastrophal und die Katastrophe als normal erscheint. Allein die Ereignisse in Harrisburg und Tschernobyl bestätigen diese Sicht der Dinge auf entsetzliche Art und Weise und weisen selbst manch allzu pentetranten Kassandraruf als realitätstüchtiger aus als manch selbstgefällige Rhetorik des Restrisikos.

Der Protest, der sich der eingeschlagenen Entwicklung in den Weg stellt, wurzelt in dem Willen zu überleben und dem Wunsch, eine qualitativ neue Lebensweise zu entfalten. Kontrafaktisch zur Thematisierung und Darstellung von Angst, Leiden und Tod inszenieren die Akteure eben auch engagierte Zuversicht, spielerische Lust und Lebensfreude. Aufmüpfigkeit, Buntheit, Friedfertigkeit, Heiterkeit, Lebendigkeit und nicht zuletzt das offensichtliche Vergnügen am aufrechten Gang charakterisieren das Erscheinungsbild vieler Kundgebungen, Demonstrationen und symbolisch-expressiver Aktionen der neuen Bewegungen. Der „Stern" beschrieb die Bonner Großdemonstration gegen den NATO-Gipfel 1982 mit den Worten:

„Die Friedensbewegung marschiert auf Bonn (...). Gegen elf Uhr beginnt die Invasion der 2.000 Friedensinitiativen. Ein endlos erscheinender Strom meist junger Menschen wälzt sich über die Kennedybrücke. Polizisten werden mit Rosen, Margeriten, sauren

Drops und Kirschen angegriffen, die sie in aller Regel entgegennehmen. Die Entrüstung macht sich in heiteren Parolen Luft: 'Lieber Fußpilz als Atompilz.' 'Reagan, hau ab, mit Schmidt werden wir alleine fertig', 'Falkland den Pinguinen'. Der Kern des Angriffs richtet sich jedoch eindeutig gegen das Wettrüsten in Ost und West: 'Aufstehn für den Frieden. Beendet das Wettrüsten.' (...) Von allen im Gefecht der Argumente zum Einsatz gelangten Parolen erweist 'Raus aus der NATO – Rein ins Vergnügen' die größte Zielgenauigkeit. Die Friedensbewegung tanzte auf dem Vulkan, den sie beschwor. Sie machte Musik und Theater. Der heilige Ernst, mit dem viele dieser Gruppen und Initiativen sich in das schwierige Thema der Rüstungskontrolle hineingegraben haben, war zeitweise nur noch in ihren Flugblättern erkennbar."[39]

Bereits vom „Gorleben-Treck" 1979 wurde berichtet: „Die Fröhlichkeit und Gelöstheit ist das wichtige, obwohl Harrisburg in den Transparenten, Reden und Parolen bewußt ist und immer wieder auftaucht. Aber die Situation ist auch anders als sonst. (...) Da ist das Wissen: Verdammte Scheiße, Harrisburg zeigt, daß unsere Argumente doch richtig sind. Also auch eine Entschlossenheit. Und wir sind verdammt viele."[40] Acht Jahre später, am 1. Tschernobyl-Jahrestag, in Westberlin: „Ein Blas- und Trommelorchester begleitete den langen Demozug, so daß für einige Teilnehmer/innen sogar ein Tanzvergnügen heraussprang. 'Das ist zwar ein ernster Anlaß', wurde die musikalische Unterhaltung erklärt, 'aber wir brauchen auch Mut und Freude für den Widerstand'."[41] Deutlich wird, daß sich die Entschlossenheit zum Protest nicht nur freudig und fröhlich gibt, sondern sich auch aus der optimistischen und lebensfrohen Stimmung speist. Ein Jahr nach der tausendfachen Vernichtung von Leben tanzend gegen die Atomtechnologie zu protestieren, da bekommt die Metapher vom Tanz auf dem Vulkan einen bitteren Nachgeschmack, andererseits wird das Ziel in einer adäquaten Form präsentiert. Es handelt sich keineswegs um einen Zynismus, der sich wohlwissend, aber resignierend ein letztes Vergnügen gönnt, eher um ein kynisches Engagement, das die Ausgelassenheit und Lebendigkeit der Körper ins öffentliche Feld führt, um die herrschende Politik und Lebensweise herauszufordern. Die Akteure handeln nach der Devise, daß, wer eine Gesellschaft von Kreativität, Selbstentfaltung und Lebenslust anstrebt, sie auch mit diesen Mitteln erkämpfen sollte.
In einem Demonstrationsaufruf vom März 1983 gegen das geplante Atomkraftwerk Lingen II im Emsland wurden die TeilnehmerInnen aufgefordert, Musikinstrumente und Farbe mitzubringen, um „in die beängstigende Stille etwas lautstarkes Leben zu bringen. Also, wenn ihr kommt, seid bunt, farbenfroh und laut und übertragt dies dufte Aussehen und Feeling auf die triste Umwelt am AKW!".[42] Auch hier dienen die expressiven Mittel einer Symbolik des Lebens. Dies bezieht sich nicht nur auf die Verschönerungsaktion für die 18 Millionen DM teure und graue Betonmauer um das Kraftwerksgelände,

deren Bemalung die Akteure als sichtbares Lebenszeichen ihres Protests hinterlassen. Auch die DemonstrantInnen selbst sollen eine lebendige Atmosphäre durch ihr äußeres Erscheinungsbild und eine gute Stimmung produzieren. Der Wunsch nach Buntheit zielt dabei sowohl auf die Möglichkeiten der (Ver) Kleidung, der Gestaltung von Transparenten und der Verwendung anderer Protestutensilien als auch auf eine möglichst breite Beteiligung unterschiedlicher politischer Spektren und sozialer Gruppen der Antiatomkraftbewegung. Die Vielfalt des Protests ist gleichsam Ausdruck seiner Lebendigkeit.

Gefühle und Stimmungen vermitteln die Akteure auch akustisch. Eine Aufmerksamkeit herstellende Phonstärke drückt Bewegung und Unruhe aus, das Laute selbst ist mit Vorstellungen von Leben codiert. Eine Lärmproduktion mit Töpfen, Flaschen und anderem Gerät dient dem ebenso, wie sich besonders alle Arten von Blechblas- und Schlaginstrumenten dazu benutzen lassen, den Protest auch musikalisch auf den Weg zu bringen und zu begleiten. Die Rhythmik von Trommeln kann dabei z.B. sowohl eine ernste, mahnende und würdevolle Protestaura mittels eines sich monoton wiederholenden dumpfen Tones, als auch eine heitere bis ausgelassene karnevalistische Atmosphäre (Samba) erzeugen.

Die expressive Präsentation des kollektiven Widerspruchs als eine freche, friedliche und fröhliche Veranstaltung ist auf der einen Seite zwar auch eine Selbstinszenierung der protestierenden Menschen, sie erschöpft sich aber keineswegs darin. Im Gegenteil, gerade dort, wo es den Akteuren gelingt, ihre heitere Protesthaltung möglichst authentisch zu zeigen, wirken ihre Kundgebungen, Demonstrationen und symbolisch-expressiven Aktionen als überzeugende Gegeninszenierung zu den (lebens-)bedrohlichen Entscheidungen ihrer Konfliktgegner. Den Protest in der Form kritischer und engagierter Lebensfreude darzustellen, wird zu der wichtigsten nonverbalen Botschaft, die die Beteiligten dem Publikum zu vermitteln haben.

Wolfgang Kaschuba hat, proletarische Demonstrationen und christliche Prozessionen vergleichend, darauf hingewiesen, daß sich beide trotz unterschiedlicher Zweckrichtung in einem Punkt ihrer symbolischen Bedeutung analog verhalten. „Die Würde der Form, die nach außen wirkende Ordnung und Geschlossenheit, schafft nach innen eine Aura von Einmütigkeit und Entschlossenheit, die im Zug gleichsam als 'defensive' Stärke, als Schutz erlebt wird." So sei das erste Ziel polizeilicher Bemühungen zur Auflösung politischer Demonstrationen wohl immer wieder „die Zerstörung dieser Aura, das Aufsprengen der Zugformation als ein Aufbrechen der 'Würde der Bewegung', als ein Stören des kollektiven Rhythmus und ein Auflösen in chaotische Einzelbewegungen" gewesen.[43] Das kann für manche demonstrativen

Aktionen der neuen Bewegungen dahingehend modifiziert werden, daß es bei ihnen im Unterschied zur Arbeiterbewegung nicht mehr in erster Linie um die in der Zugformation zum Ausdruck kommende Ordnung und Geschlossenheit geht. Ordnung und Geschlossenheit sind nicht (mehr) die dominierenden Botschaften, und viele Aktionen formieren sich nicht (mehr) als Zug. Die polizeiliche Anstrengung scheint in bestimmten Fällen eher darauf ausgerichtet zu sein, durch die Plazierung massiver Aufgebote an Mensch und Material gerade die offensichtliche Lebensfreude der Bewegungen durch ihre bedrohliche Präsenz zu verdüstern und die heitere Proteststimmung zu kippen.
Neben der Präsentation eines alternativen Lebensgefühls versuchen die Akteure mit konkreten symbolisch-expressiven Handlungen bzw. Aktionen Zeichen für andere Verhaltensweisen zu setzen. Beispielsweise rief die Oberpfälzer Bürgerinitiative nach Beginn der Rodungsarbeiten in Wackersdorf im Rahmen einer „Waldbesichtigung mit Kundgebung und Umzingelung" dazu auf, persönliche Baumpatenschaften zu übernehmen. Der drohenden Vernichtung Tausender Bäume sollte massenhaft die individuelle Verantwortung für ihren Schutz entgegengesetzt werden. Auch die weitergehende Absicht, für jeden gefällten Baum einen neuen zu pflanzen, zielte realistischerweise nicht auf eine alternative Aufforstung des zerstörten Waldes, sondern die Akteure wollten damit andere normative Werte und Prinzipien im Umgang mit der Natur vermitteln.
Während eines Frauenaktionstages gegen die Wiederaufarbeitungsanlage spannten am frühen Morgen des 28. Juli 1985 über 600 Frauen eine Schnur zwischen die Bäume, wo später das Hauptprozeßgebäude stehen sollte, um daran einen „Schutzzaun" aus bemalten Tüchern aufzuhängen. „Bevor Männer ihren stählernen Zaun um den Nuklearpark errichten, nehmen wir diesen Wald als Seelenschutzgebiet in unsere Obhut", erklärte die Theologin Beate Seitz-Weinzierl dazu über Mikrophon. Und eine Vorstandssprecherin der Bürgerinitiative verkündete selbstbewußt: „Wir Frauen, die die Menschheit gebären, erlauben denen, die an der Macht sind, nicht, diesen Planeten zu zerstören." Einen Tag lang setzten die Frauen, so die „taz", „ihre Phantasie und Lebendigkeit gegen graue, tote Mauern, gegen leere Sprüche und Köpfe", die in den 4.000 bunten Tüchern zum Ausdruck kommen sollten.[44]
Auch in der Friedensbewegung organisieren BürgerInnen immer wieder Aktionen, die über konventionelle Kundgebungen und Demonstrationen insofern formal und inhaltlich hinausgehen, als sie nicht nur Forderungen an die Herrschenden (dar-)stellen, sondern alternative Handlungsmöglichkeiten – hier eine friedliche statt kriegerische Konfliktbewältigung zwischen den Menschen und Völkern – spielerisch gestalten. Auf diese Art und Weise sol-

len vorbildliche Zeichen für ein besseres Leben gesetzt werden. Während einer Menschenkette entlang der Berliner Mauer im Herbst 1983 bliesen z.B. die TeilnehmerInnen zu einem festgelegten Zeitpunkt Luftballons mit der Aufschrift „Macht Schwerter zu Pflugscharen von Jena bis Aachen" auf und befestigten daran „Persönliche Friedensverträge", mit denen sich die AbsenderInnen u.a. verpflichteten, „gegenseitige Gewaltanwendung in jedem Fall auszuschließen" und „im Krisenfall jeden Dienst mit der Waffe und jede andere Dienstverpflichtung in der Armee" abzulehnen. Zugleich wurden die EmpfängerInnen gebeten, einen ähnlichen Text zu verfassen. Pünktlich um 16 Uhr schwebten die Ballons in die Luft und gen Osten.[45]

Obwohl in der Friedens- wie auch in der Ökologiebewegung Debatten über alternative Verteidigungskonzepte oder sanfte Energieversorgungssysteme geführt wurden, erscheint eine Präsentation konkret ausgearbeiteter politischer und sachlicher Gegenmodelle im unmittelbaren Geschehen des Straßenprotests eher selten. Zwar werden sie zum Teil mehr oder weniger ausführlich in Kundgebungsreden benannt, in Flugblättern erläutert und auf Spruchbändern oder Transparenten plakativ eingefordert, in der expressiven szenischen Protestgestaltung kommen sie jedoch kaum vor. Eine Aktion, wie die von Gorlebener AtomkraftgegnerInnen, die im Januar 1983 in der Innenstadt von Hannover eine „Arche Wendland" vor dem Gebäude der „Deutschen Gesellschaft für Wiederaufarbeitung von Kernbrennstoffen (DWK)" errichten wollten, in der u.a. eine „Austellung über den Atomwahn" gezeigt und die demonstrativ mit einer Solaranlage ausgerüstet werden sollte, bleibt die Ausnahme.[46]

Szenische Formen des Bedrohens

In einem 1983 veröffentlichten Aufsatz bezeichnete Jo Leinen zivilen Ungehorsam als „eine fortgeschrittene Form der Demonstration". Und weiter heißt es dort:

„In den USA und in Großbritannien, Staaten, die eine größere Tradition des zivilen Ungehorsams haben, nennen sich die Aktionsformen z.B. sit-in, go-in, sit-down. In der Bundesrepublik heißt das schon gleich Blockade, Besetzung, Umzingelung, die Begriffsbildung hat also einen wesentlicheren militärischen Aspekt. Das ist nicht ungefährlich, weil diese Begriffsbildung suggeriert, daß es das Ziel einer Aktion des zivilen Ungehorsams wäre, unmittelbaren Zwang auf den Gegner auszuüben, um etwas physisch zu verhindern. Das eigentliche Ziel des zivilen Ungehorsams ist dagegen, die Diskussion, also den öffentlichen Meinungsbildungsprozeß über den Konfliktgegenstand, zu verbreitern und zu intensivieren, mit dem Ziel, über eine solche breitere öffentliche Debatte eine gefährliche Entwicklung politisch zu verhindern, sei es, daß eine Regierung eine Maßnahme aus Einsicht aufgibt oder erklärt, sie sei politisch nicht durchsetzbar."[47]

Leinens alternativ aufgestellten Zielorientierungen verwischen die Charakteristik und Problematik direkter Aktionen. Eigentliches Ziel jeglichen Protests der neuen sozialen Bewegungen ist es, eine als gefährlich wahrgenommene Entwicklung politisch zu verhindern. Die Akteure sehen sich jedoch mit der Situation konfrontiert, daß die demonstrativen Möglichkeiten, ihre Auffassung öffentlich zu bekunden und mit ihren Forderungen an den Konfliktgegner zu appellieren, erschöpft sind. Vorausgegangene Kundgebungen, Demonstrationen und symbolisch-expressive Aktionen haben zwar einige oder viele bewegt, aber nichts oder nur wenig bewirkt; nach wie vor sollen z.b. die Raketen stationiert oder die Wiederaufarbeitungsanlage gebaut werden. Damit stellt sich das Problem, mit welchen Handlungen der politische Druck auf die Kontrahenten erhöht werden kann. Ohne Zweifel geht es weiterhin darum, den öffentlichen Meinungsbildungsprozeß (noch weiter) zu verbreitern und zu intensivieren. Der Versuch, „unmittelbaren Zwang auf den Konfliktgegner auszuüben, um etwas physisch zu verhindern", steht dazu jedoch (zunächst) nicht im Widerspruch, sondern stellt gleichsam die Antwort auf die Frage dar, wie einen Schritt über den bloßen Appell und die eigene Meinungsbekundung hinauszukommen sei.

Die TeilnehmerInnen direkter Aktionen wollen mit der öffentlichen Schadensandrohung sowohl die Kosten des Konfliktgegners erhöhen als auch gleichzeitig die eigene Entschlossenheit zur Durchsetzung ihrer Forderungen zum Ausdruck bringen. Je spektakulärer beides inszeniert wird, desto sicherer können die Akteure sein, eine breite Resonanz in den Medien zu finden. Wenn Leinen den „instrumentellen Charakter" direkter Aktionen dadurch gekennzeichnet sieht, „mehr Öffentlichkeit und mehr Sympathie für unsere Sache zu bewirken"[48], so wird beides bei Verweigerungs-, Behinderungs-, Besetzungs- oder Zerstörungsaktionen gerade dadurch erreicht (oder auch nicht), daß nicht mehr nur appelliert und gemeint, sondern eben verweigert, behindert, besetzt oder zerstört wird.

Die szenischen Formen des Bedrohens sind ihrem Anspruch nach Reaktionen auf institutionalisierte und verrechtlichte Formen der politischen Willensbildung, die die Betroffenen als Partizipationsdefizite interpretieren. Die Möglichkeiten, den eigenen Körper zu mehr als zur bloßen Meinungsäußerung ins Feld zu führen, werden als Chancen plebiszitären Eingreifens begriffen. Mit ihrem Durchsetzungswillen, den die TeilnehmerInnen direkter Aktionen inszenieren, wollen sie neben der Dringlichkeit ihres Anliegens auch die eigene Erfolgsorientierung auf die tatsächliche Revision bzw. Verhinderung bestimmter Entscheidungen und Maßnahmen verdeutlichen. Im Verständnis ihrer Akteure ist z.B. eine Blockade ein Versuch demokratischer

Willensbildung von unten. Sie wird als Experiment authentischer Demokratie in Szene gesetzt, als Sand im Getriebe einer deformierten Demokratie, das wieder dem Willen der BürgerInnen zum Durchbruch verhelfen soll.

Die Tatsache, daß SitzblockiererInnen vor einem Kasernentor den Militärverkehr real behindern, erscheint als Partizipationsfortschritt, der zwar nicht die NATO-Nachrüstung verhindert, aber immerhin mehr bewirkt als der demonstrative Protest. Entweder die Blockade ist unmittelbar und materiell erfolgreich, oder die Staatsmacht sieht sich zum Eingreifen veranlaßt. Beides kann dazu genutzt werden, die Aufmerksamkeit der Medien herzustellen und eine öffentliche Debatte über Sinn und Zweck des umstrittenen Projekts voranzutreiben, so daß die Kontrahenten gezwungen sind, sich und ihr Vorgehen (erneut) zu legitimieren. Ein möglicher Erfolg direkter Aktionen ergibt sich also nicht ausschließlich daraus, wie effektiv z.B. die Blockade vor Ort gehalten werden kann. Die mittelbare Wirkung – mehr Öffentlichkeit und mehr Sympathie – ist aber nicht unabhängig von bzw. ohne unmittelbare Zwangselemente der jeweiligen Protesthandlung zu haben. Ihre Form und Gestaltung, d.h. die symbolisch-expressive Inszenierung eines materiellen („effektiven") Schadens, ist entscheidend. Beides bestimmt den Gesamterfolg direkter Aktionen.

Wie z.B. die physische Behinderung organisiert wird und die unmittelbare Auseinandersetzung um ihre Beseitigung verläuft, bestimmt die Resonanz bei einem Publikum, das sich sowohl mit Sympathie und zum Teil mit großer Begeisterung auch für gewagte direkte Aktionen erwärmen als auch mit Unverständnis und schroffer Ablehnung reagieren kann. Dies zeigt sich auch und gerade bei gewaltsamen Aktionen und Auseinandersetzungen, die allerdings das Protestanliegen in der Regel weder unmittelbar noch mittelbar positiv befördern und ans Ziel bringen.

Eigenkosten und Entschlossenheit

Die TeilnehmerInnen bei direkten Aktionen nutzen das Medium Macht. Verweigerung, Behinderung, Besetzung und Zerstörung stellen manchmal legale, überwiegend aber illegale und friedliche, selten auch gewaltsame Inszenierungen gesellschaftlicher Gegenmacht von unten dar. Es geht den neuen Bewegungen dabei nicht um Machteroberung, um den Sturz der herrschenden Elite oder um die revolutionäre Veränderung der Staatsordnung, vielmehr wollen die Akteure ihren gewachsenen Anspruch auf politische Partizipation an gesellschaftlichen Entscheidungen im Rahmen der bestehenden Verhältnisse verdeutlichen; sie wollen nicht nur mitreden, sie wollen mitentscheiden. Da plebiszitäre Elemente institutionell in der politischen Willensbildung so gut wie nicht vorgesehen sind, zielt der Protest in der Regel auf die Revision und Verhinderung von Beschlüssen, Maßnahmen und Projekten. Bei ihrem Vollzug wirklich im Wege zu sein, und nicht nur zu sagen, man sei dagegen, dürfte die grundlegende Motivation zur Beteiligung an direkten Aktionen sein. Oppositionelle Macht nicht nur zu versammeln, sondern sie auch gegen die Konfliktgegner und Kontrollinstanzen einzusetzen, darauf beruht die Attraktivität von direkten Aktionen, die auf alle Beteiligte – Akteure, Gegner, Publikum – allerdings unterschiedlich wirkt. Was die einen als kriminelle Handlung betrachten, ist für die anderen das legitime Recht der AktivbürgerInnen.

Die Entschlossenheit, mehr als öffentliche Überzeugungsarbeit leisten zu wollen, artikuliert sich in direkten Aktionen, die ein größeres Maß an Mut- und Risikobereitschaft verlangen als demonstrative. Die Opfer und Kosten, die die Akteure auf sich nehmen, sollen sowohl die Ernsthaftigkeit ihres Engagements als auch die Legitimität ihres Anliegens zum Ausdruck bringen. Die Bemühungen von über 100.000 Menschen, trotz des erlassenen Demonstrationsverbots für die Wilster Marsch nach Brokdorf zu gelangen, um dort, am Bauplatz für das Atomkraftwerk, zu protestieren, ist dafür ein anschauliches Beispiel. Die Weigerung, der herrschenden Norm von StaatsbürgerInnen zu entsprechen, die, wenn sie es schon tun, zumindest nur dann demonstrieren, wenn es auch erlaubt ist, verlangte von den DemonstrantInnen nicht nur den Mut, sich der Illegalität mit all ihren Risiken – Verletzung der körperlichen Unversehrtheit, Verhaftung und Bestrafung – auszusetzen, sondern nötigte ihnen auch ein großes Maß an physischer und psychischer Belastung und Mühsal ab: Weite Anfahrten zu nachtschlafender Zeit, kilometerlange Fußmärsche unter äußerst widrigen Witterungsverhältnissen, Verunsicherung durch eine Desorganisation vor Ort und Bedrohungssituationen durch polizeiliche Maßnahmen. Der politische Erfolg dieser direkten Aktion, der, wie die „taz" kommentierte, darin bestand, „sich das Demonstrationsrecht nicht von einem Landrat aus der Provinz nehmen zu lassen", war der Bereitschaft und dem Willen der Beteiligten zu verdanken, Eigenkosten in eine Aktion zu investieren, die dem Protest schließlich zu einem gewinnbringenden Ergebnis verhalf.

„In Bonn 1979 hatten vielleicht einige tausend mehr demonstriert, auch der Gorleben-Treck nach Hannover war größer, doch am Samstag zwischen den Gräben der Wilster Marsch zählte jeder Atomgegner doppelt, denn Brokdorf war kein Spaziergang für Demo-Touristen, und wer hinfuhr, wußte was angesagt war. Das größte Polizeiaufgebot in der Geschichte der Bundesrepublik stand zur 'Schlacht um den Bauplatz' bereit. (...) Als ich am Samstag diese frierende erschöpfte Menschenmenge durch die endlos scheinende Marsch gehen sah, von einem eisigen Südostwind geschüttelt, übernächtigt und schweigend, in dicke Mäntel und Decken gehüllt, spürte ich, daß diese Demonstration Eindruck machen mußte. 'Was tut man nicht alles für die Zukunft', flachste ein Demo-Teilnehmer, der seine klammen Finger um eine wärmende Tasse Tee schloß, und er hatte recht, auch wenn das Pathos ein wenig lächerlich wirkte. Es war wirklich ein kleines Wunder, wie die Brokdorf-Fahrer diesen Tag durchgestanden haben."[49]

Die freiwillige Entscheidung, Gefahren und Strapazen direkter Aktionen einzugehen und für ihre möglichen Risiken und Gefahren einzustehen, ist zwar ein notwendiges, aber kein hinreichendes Moment für deren Gelingen. Das selbstbewußte Engagement, das sich z.B. während einer Blockade einigen atü-starken Wasserwerferkanonaden und damit einer erheblichen Verletzungsgefahr aussetzt, kann nämlich sowohl als kämpferischer Heroismus als auch als pure Dummheit interpretiert werden. Die Akteure müssen die polivalente symbolische Bedeutung ihrer Handlungen und der von ihnen in den Medien hergestellten Bilder und Nachrichten mitberücksichtigen. Der Bandbreite zwischen Maximalisierung und Minimalisierung der eigenen Kosten, zwischen heiligem Ernst und provokantem Spiel entspricht ein weites Feld der Aktionsgestaltung, das von einer potentiell tödlichen Kampfhandlung bis hin zur fast folgenlosen Regelverletzung reicht.

Bei einigen Verweigerungsaktionen, z.B. ein Einkaufsboykott bestimmter Produkte, sind die Kosten, die die Akteure eventuell auf sich nehmen müssen, äußerst gering. Auch bei anderen liegen sie nicht im Bereich des Körperlichen, sondern der Finanzen. Das Risiko z.B. der Volkszählungsboykotteure bestand darin, daß der Staatsapparat die Weigerung, sich zählen zu lassen und den Volkszählungsbogen auszufüllen, mit zum Teil empfindlichen Bußgeldern bedrohte. Aber niemand wurde körperlich gezwungen, seine Daten abzugeben. Das ermöglichte es zwar vielen, diese Aktion mitzutragen, doch manche mochten finanzielle Strafen und gerichtliche Bedrohungen schmerzhafter empfunden haben als einen Knüppeleinsatz der Polizei. Da bei Boykotthandlungen die Verweigerung und damit auch die eigene Opferbreitschaft zunächst individuell vollzogen bzw. abverlangt wird, macht es Sinn, die Kollektivität des Protests symbolisch nachzuvollziehen. Die Sammlung der nicht ausgefüllten Volkszählungsbögen und ihre zumeist sehr witzige Verwendung im Rahmen von sogenannten „VoBo"-Aktionen ist dafür ein Beispiel. Die heitere Haltung der Boykotteure mag hier aber auch damit zusammenhängen, daß für die Eigenkosten, wenn überhaupt, nicht unmittelbar, sondern erst zu einem späteren Zeitpunkt aufzukommen ist. (Man läßt sich das gute Essen noch schmecken, bevor einem womöglich die hohe Rechnung den Spaß verdirbt.)

Beim Hungerstreik ist das anders. Die Selbstbeschädigung des eigenen Körpers ist sofort zu spüren, je länger, desto stärker. Die Haltung der Akteure ist daher durchweg ernst und manchmal verzweifelt, da diese Aktionsform oftmals als das letzte Mittel für eine Veränderung im Sinne des Protestanliegens betrachtet wird.

Die Weigerung, polizeiliche Anordnungen während demonstrativer Aktionen nachzukommen ist mit dem unmittelbaren Risiko behaftet, zum Objekt staatlicher Machtausübung zu werden. Die Möglichkeit, dabei körperlich versehrt oder zum Teil sogar schwer verletzt zu werden, ist im Normalfall zwar nicht sehr hoch, in zugespitzten Situationen, wie z.B. an der Startbahn West oder am Gelände der Wiederaufarbeitungsanlage in Wackersdorf, erhöht sich das Risiko jedoch erheblich, da sich manche Polizeieinsätze, z.B. wilde Verfolgungs- und Verhaftungsjagden mit Knüppeleinsatz durch den Wald oder CS-Gas-Einsätze aus dem Hubschrauber, undifferenziert gegen alle AktionsteilnehmerInnen richten, egal ob friedlich oder militant, alt oder jung, weiblich oder männlich.

Die Inszenierung von Entschlossenheit und Durchsetzungswillen variiert bei Behinderungsaktionen ganz erheblich. Während In-Aktionen überwiegend von der spielerischen Lust an der Provokation leben, mit der sie die Realität verzerren, und Mut und Risikobereitschaft sich noch vielfach im Rahmen heiterer Nadelstiche bewegen, sind Blockaden in der Regel durch den Ernst der Absicht zu realer Ver- bzw. Behinderung charakterisiert und kosten entsprechend mehr. Bei Blockadeaktionen unterscheiden sich Menschen- von Materialblockaden dadurch, daß die TeilnehmerInnen sich im einen Fall öffentlich präsentieren müssen, im anderen aber auch für eine anonyme Heimlichkeit entscheiden können. Wird der Körper eingesetzt, lebt die Inszenierung von dem Bekenntnis, ein Verbot öffentlich zu übertreten und die Verantwortung für Folgen zu übernehmen, unabhängig davon, wie die Akteure ihren Ungehorsam in Szene setzen. Die dabei auftretenden Differenzen markieren jedoch den Grad an Entschlossenheit: Sich am Kasernentor anzuketten, sich ineinander zu verhaken oder einfach nur dazusitzen; die Bereitschaft, sich nach einer gewissen Zeit selbst zu entfernen oder sich wegtragen, wegzerren, wegprügeln zu lassen; die Absicht, eine aufgelöste Blockade schnellstmöglich zu reorganisieren oder es dabei bewenden zu lassen; unberechenbar zu bleiben oder Verabredungen mit der Polizei zu treffen; all das und anderes mehr verdeutlicht dem Konfliktgegner und dem Publikum das jeweilige Maß an Mut und Risikobereitschaft und damit die Ernsthaftigkeit des Willens zum Erfolg.

Auch die TeilnehmerInnen der meisten Materialblockaden inszenieren ihre Entschlossenheit als öffentliche Verbotsübertretung, wobei, wie z.B. PKW-

oder Treckerblockaden zeigen, zusätzlich zur eigenen Person noch persönliches Eigentum dem Risiko ausgesetzt wird, beschädigt zu werden. Während der „Wendland Blockade" 1984 kam es allerdings dadurch zu Behinderungen, daß die Akteure versuchten, möglichst unbemerkt von der Polizei immer wieder Barrikaden zu errichten. Die in diesen „flexiblen Materialblockaden" zum Ausdruck kommende Entschlossenheit wirkt eher durch eine nüchterne Instrumentalität, die auf eine Minimalisierung der eigenen Kosten zielt, indem die BlockiererInnen bemüht sind, sich nicht erwischen zu lassen.

Allein das Eindringen in ein fremdes, zum Teil unter der Hoheit des Konfliktgegners stehendes Territorium, die Mißachtung des in kapitalistisch verfaßten Gesellschaften hochbesetzten Eigentumsbegriffs stellt einen Akt außergewöhnlicher Entschlossenheit des Protests dar. Besetzungsaktionen sind im Rahmen zivilen Ungehorsams die offensivsten und weitreichendsten Regelverletzungen, und entsprechend umstritten und umkämpft. Ihren TeilnehmerInnen droht zumeist nicht nur ein gerichtliches Nachspiel, Kriminalisierung und Bestrafung, sondern sie müssen insbesondere auch viel Energie und Mut für die Dauer der Besetzung aufwenden sowie erhebliche Risiken am unvermeidlichen Ende solcher Aktionen, das bekanntermaßen oftmals mit Polizeigewalt erzwungen wird, eingehen. Allein der Entschluß, die notwendige Zeit, mehrere Tage bis Wochen, aufzubringen und aus dem normalen Alltag auszusteigen, Betrieb, Universität, Schule, Beziehungen oder Familie zu verlassen, verdeutlicht die Bereitschaft, sich das Engagement einiges kosten zu lassen. Ob es vom Publikum mit Zustimmung oder Ablehnung sanktioniert wird, hängt aber bei Besetzungen entscheidend davon ab, auf welche Art und Weise die Akteure die Protesthandlung organisieren.

Ist es noch legitim, Hindernisse, Absperrungen oder Zäune, notfalls auch gewaltsam (Bolzenschneider, Wurfanker) aus dem Weg zu räumen oder zu beseitigen, um auf das Gelände vorzudringen? Oder ist mit dieser Form der Entschlossenheit der Rubikon bereits überschritten? Verläßt man freiwillig das Gelände, können sich die BesetzerInnen auf ein gewaltfreies Konzept passiven Widerstands für den Fall der Räumung einigen und durchhalten, oder ist man bereit, das besetzte Territorium zur Festung auszubauen und offensiv zu verteidigen?

Vergleicht man z.B. die Besetzungen in Gorleben, Frankfurt und Wackersdorf, so haben die Beteiligten in allen drei Auseinandersetzungen ihr in Beschlag genommenes Gebiet nicht von sich aus geräumt. Die Frage, ob polizeiliche Räumungsaufforderungen befolgt oder mißachtet werden sollten, darüber kann nicht prinzipiell entschieden werden, das hängt von vielen situativen Faktoren ab. Der Entschluß, in diesen Fällen nicht freiwillig zu gehen, steht wohl u.a. mit der erreichten Eskalationsstufe und der Bedeutung des Konflikts als historischer Kristallisationspunkt der Bewegung im Zusammenhang.

In Gorleben und Wackersdorf leisteten die BesetzerInnen lediglich passiven Widerstand, der zwar nicht verhindern konnte, daß die Frauen und Männer vom Platz entfernt und die Hüttendörfer abgerissen wurden, der die Staatsmacht aber immerhin dazu nötigte, massive Polizeiaufgebote einzusetzen. Über den provozierten körperlichen Zugriff konnte der kollektive Widerspruch öffentlichkeitswirksam deutlich machen, daß er nicht aus freien Stücken einer lebensbedrohlichen Politik weicht, die, nunmehr offensichtlich, nur mit staatlicher Gewalt gegen die Bevölkerung durchgesetzt werden kann.

Nur an der Startbahn West verfolgten die BesetzerInnen eine weitergehende Anti-Räumungsstrategie. Das Anlegen von Erdwällen und Gräben, der Ausbau des Hüttendorfes zur „Festung", brachte aber trotz aller Assoziationen mit einer kriegerischen Ästhetik weniger die Lust der Akteure auf Militanz und „Schlachten", sondern vielmehr deren zivile Entschlossenheit zum Ausdruck, der Polizei erschwerende materielle Hindernisse in den Weg zu stellen. Die „Trutzburg im Wald" war als Symbol für aktiven gewaltfreien Protest gedacht. Um so peinlicher die Niederlage, wenn die Akteure, wie in der Nacht zum 2. November 1981, ihre Bewährung verschlafen.

Fremdkosten und Wirkung

Mit dem Entschluß zur direkten Aktion haben sich die Akteure darauf festgelegt, ihre Entschlossenheit zur Durchsetzung des Protestziels mit konkreten, dem Konfliktgegner Schaden androhenden Handlungen zu inszenieren. Beruht zwar einerseits die Wirkung von Verweigerung, Behinderung, Besetzung und Zerstörung auf deren materiellen Fremdkosten, so führt andererseits erst ihre symbolische Bedeutung zum Erfolg bzw. Mißerfolg.

Am 12. Januar 1987 blockierten 25 Richter und Richterinnen die Zufahrt zum Pershing-II-Depot in Mutlangen. Noch am selben Tag löste dort die Polizei erstmals eine sogenannte „Prominentenveranstaltung" vor den Augen der internationalen Presse und des Fernsehens auf und verhaftete 22 Akteure. Die aus fast allen Bundesländern angereisten BlockiererInnen gehörten der „Initiative Richterinnen und Richter für den Frieden" an. Mit ihrer Aktion wollten sie gegen die Raketenstationierung, die sie als rechtswidrig bezeichneten, protestieren und vor allem auf die Prozesse beim Amtsgericht Schwäbisch Gmünd aufmerksam machen, in denen seit 1984 TeilnehmerInnen früherer Demonstrationen und Blockaden „wie am Fließband abgeurteilt" worden waren. In einer Stellungnahme erklärten die JuristInnen: „Wenn das friedliche Sitzen vor dem Militärstützpunkt in Mutlangen Gewalt sein soll, weil z.B. ein amerikanischer Soldat einige Minuten mit seinem LKW warten muß, was ist dann die Aufstellung einer Pershing-Rakete mit mehrfacher Vernichtungskraft der Hiroshima-Bombe?"[50]

Die „Richterblockade" löste ein bundesweites Medienecho und zum Teil empörte Reaktionen seitens der offiziellen Politik aus. Der rechtspolitische Sprecher der CDU/CSU-Bundestagsfraktion Wittmann (CSU) wertete die Blockade als „eklatanten Rechtsmißbrauch", dem „mit der gebotenen Härte des richterlichen Dienstrechts und des Strafrechts unnachgiebig entgegenzutreten" sei. Und der damalige Bundesjustizminister Engelhard (FDP) erklärte, daß sich RichterInnen vor allem bei politischen Aktionen besonderer Zurückhaltung befleißigen müßten. „Deswegen", so der Minister weiter, „halte ich es für nicht hinnehmbar, daß Richter unter Inanspruchnahme ihrer besonderen Rechtskenntnisse und der Autorität ihres Amtes die Bürger durch Sitzblockade-Aktionen rechtlich in die Irre führen und ein denkbar schlechtes Beispiel geben".[51]

Obwohl diese Behinderungsaktion vor Ort keine größeren materiellen Schäden verursacht hatte, stellte die Tatsache, daß diesmal verbeamtete JuristInnen, die sonst im Namen des Volkes Recht sprechen und nun in eben diesem Namen eine gewaltfreie, aber illegale direkte Aktion durchführten, nicht nur eine Provokation deutschen Beamtentums, sondern auch jener Rechtsverhältnisse dar, nach denen Blockaden, zumal nach der Entscheidung des Bundesverfassungsgerichts, als Unrecht und in der Regel als Nötigung aufgefaßt wurden. Weniger die effektive Behinderung des Militärverkehrs als vielmehr deren besondere symbolische Bedeutung bewirkten den Skandal und die außergewöhnliche Resonanz in den Medien, die das Protestanliegen einem breiten Publikum erneut zugänglich machte und die Aktion zu einem Erfolg werden ließ.

Bei anderen Aktionen, die nicht auf dem Faktor Prominenz oder der besonderen gesellschaftlichen Stellung der TeilnehmerInnen setzen können, gewinnt deren materielle Seite an Bedeutung. Behinderungsaktionen wie die „Wendland-Blockade" 1984 und die Hafenblockade in Bremerhaven 1983 wurden deshalb als gelungene Beispiele direkter Protesthandlungen betrachtet, weil es gelang, die selbstgesteckten Ziele der Behinderung – dort die Zufahrtstraßen für potentielle Atommülltransporte für 12 Stunden zu sperren, hier den Hafen als militärischen Umschlagplatz lahmzulegen – zu verwirklichen, die ihrerseits wichtige Aussagen und Haltungen des kollektiven Widerspruchs symbolisierten. Während die Aktion in Gorleben, indem sie sich gegen die geplante Anlieferung abgebrannter Brennelemente zum dortigen

Zwischenlager richtete, auf einen zentralen Bestandteil nuklearer „Entsorgung" und dessen Gefahren und Risiken verwies, stellte der Protest in Bremerhaven die Bedeutung des Hafens und seinen Stellenwert im Zusammenhang von atomarer und konventioneller Aufrüstung heraus. Die beabsichtigte Lahmlegung der Zufahrtstraßen bzw. des Hafens verdeutlichte, daß die Betroffenen sich nicht nur gegen Aufrüstung und Nutzung der Atomenergie aussprachen, sondern auch gewillt waren, in beiden Prozessen materiell zu intervenieren. Indem in beiden Fällen die geplante Behinderung effektiv gelang, konnten die Akteure somit den Beweis antreten, daß sie, wie es der Gorlebener „Blockadeausschuß" ausgedrückt hatte, auch tatsächlich in der Lage waren, „eine Aktion des zivilen Ungehorsams praktizieren zu können, die durch große Anzahl, Entschlossenheit und Verbundenheit zeigt, daß der Atommüll im Wendland unerwünscht ist".[52] Zudem stellte gerade die Gorlebener Blockade eine symbolische Ankündigung dauerhafter Unberechenbarkeit durch zukünftige und weitergehende Aktionen dar. „Unser Ziel ist es, daß die Verantwortlichen dort nicht mehr ruhig schlafen können, daß die Region für sie zum Feindesland wird, in der sie ständig mit Behinderungen, Sabotage und großen öffentlichen Aktionen rechnen müssen."[53]

Die szenischen Formen des Bedrohens erscheinen um so glaubwürdiger und damit auch attraktiver, je mehr die TeilnehmerInnen den Willen zur materiellen Intervention mit einem ihrem Protestanliegen entsprechend hohen Symbolgehalt verknüpfen können. Je deutlicher die politischen Alternativen in den schadensandrohenden Handlungen aufscheinen, desto größer die Chance, daß die durch ihre Effektivität entstehenden Fremdkosten vom Publikum akzeptiert, ja eventuell sogar begrüßt werden. Umgekehrt: Schafft es der kollektive Widerspruch nicht, mit seiner materiellen Intervention und dem dadurch entstehenden Schaden auch eine antizipatorische Symbolik zu produzieren, stößt die Aktion tendenziell auf Ablehnung, und der Konfliktgegner hat es um so leichter, sie in der Öffentlichkeit zu diskreditieren. Die Angemessenheit der direkten Aktion spielt dabei eine wesentliche Rolle, die zugleich eine Grundlage für ihre Vermittelbarkeit in die Gesellschaft darstellt. Sie bezieht sich auf Ausmaß, Form und Inhalt der Fremdkosten.

Die hohe Akzeptanz und breite Unterstützung der Bauplatzbesetzungen von Gorleben und Wackersdorf durch die regionale Bevölkerung, die so zumindest von Teilen der Konfliktparteien nicht erwartet worden war, hing wohl u.a. auch damit zusammen, daß dort die Akteure in allen drei Punkten angemessen vorgingen. Die Besetzungen zielten inhaltlich auf die Verhinderung der Wiederaufarbeitungsanlage als zentrale Bestandteil des Atomenergieprogramms; in der expressiven Form entschlossener, friedlicher und solidarischer Usurpation der Bauplätze und dem mehr oder weniger kreativen Bau alternativer Hüttendörfer entsprachen sie dem Willen nicht nur der regionalen Bevölkerung nach politischer Partizipation; und den Schaden hatten fast ausschließlich die Konfliktgegner, dessen Ausmaß sich im Kern auf finanzielle Aufwendungen für die Polizeieinsätze, auf eine zeitlich nicht vorhersehbare Verzögerung der Bauarbeiten sowie auf einen weiteren Vertrauensverlust für die offizielle Politik beschränkte. Diese dreifache Angemessenheit des materiellen Eingreifens und die darin zum Ausdruck kommenden Botschaften ließen die „Freie Republik Wendland" und das „Freie Wackerland" zu effektiven Symbolen für die Ablehnung der Atomenergie und für eine Demokratie der AktivbürgerInnen avancieren.

Auch andere direkte Aktionen zeigen, allerdings im Umkehrschluß, daß es nicht einfach die szenische Form des Bedrohens an sich ist, die das Publikum skeptisch bis ablehnend gegenüber Verweigerungen, Behinderungen, Besetzungen und manchmal sogar Zerstörungen reagieren lassen. Erst unangemessene Schadensandrohungen führen zu einer im Sinne des Protestanliegens kontraproduktiven Symbolik.

Ist das Ausmaß der Fremdkosten zu gering, reagieren die Konfliktgegner und Medien entweder gar nicht oder mit der Haltung eines Elefanten, den der Stich der Mücke nicht kümmert; dann trifft den kollektiven Widerspruch das Verdikt der Marginalität und Ohnmacht. Fallen die Fremdkosten jedoch zu hoch aus, stehen tendenziell Anarchie und Chaos als symbolischer Pate der Aktion bei Fuß. Der Umstand, daß die Protesthandlungen der neuen Bewegungen überwiegend im Reproduktionsbereich angesiedelt sind, kann schon relativ rasch zu Durchführungsschwierigkeiten und Vermittlungsproblemen führen. Da der materielle Zugang zu Reproduktionsstrukturen in modernen Gesellschaften, z.B. Konsum und Verkehr, formell vergesellschaftet ist, treffen manche direkte Aktionen, z.B. Verkehrsblockaden, nicht nur den Konfliktgegner, sondern auch Teile der Bevölkerung. Die Schadensgrenze kann daher für letztere bereits überschritten sein, bevor sie erstere überhaupt tangiert. Das ist ein beliebter Ansatzpunkt für manche Medien, ein für den Protest schädliches Image zu konstruieren.

Eine Unangemessenheit der Form wird durch gewalttätiges Verhalten am auffälligsten, weil es in den allermeisten Fällen nicht nur inhaltlich nicht zu legitimieren, sondern auch formal äußerst undemokratisch ist. Die Rede ist nicht in erster Linie von der expressiven und spontanen Gewalt einzelner, die ihren Frust und ihre Wut z.B. am Bauzaun auslassen, obwohl auch dies zwar keine intendierten, aber dennoch böse Konsequenzen nach sich ziehen kann, und sei es nur der ersehnte Anlaß für ein Eingreifen der Staatsmacht; gemeint sind vielmehr verabredete, Gewalt provozierende und ausübende Handlungen minoritärer Gruppen, die die demokratische Beratung der Bewegung über das Procedere ihres Protestverhaltens durch ihren fraktionellen Voluntarismus der (Gewalt-)Tat ersetzen und sich danach, im Falle zu hoher Eigenkosten, über mangelnde Solidarität beklagen, die sie zuvor nachhaltig beschädigt haben. Dennoch gibt es Beispiele von gewaltsamen Handlungskomponenten und Zerstörungsaktionen, die als symbolische Chiffren begehrter politischer Partizipation zwar keineswegs legitimiert, aber zumindest als solche verstanden wurden und ein Nachdenken und zum Teil sogar ein verändertes Verhalten der herrschenden Politik bewirkten.

Der Disput zwischen verschiedenen Gruppen friedensbewegter Prominenter in der Vorbereitungsphase für die Manöverbehinderungen bei Hildesheim und im Fulda-Gap 1984[54], ist ein Beispiel für divergierende Auffassungen hinsichtlich der inhaltlichen Angemessenheit einer direkten Aktion. Während die einen (Alfred Mechtersheimer u.a.) die geplanten Protesthandlungen als „sachgerecht" und „voll legitimiert" betrachteten, bestritten die anderen (Heinrich Albertz u.a.) deren Aufklärungseffekt und traten deshalb dafür ein, „von den Manöverbehinderungen abzusehen". Dies geschah bekanntlich nicht; sie fanden statt, und die Intention bestand darin, mit Blockaden und anderen störenden Aktionsformen in die militärischen Abläufe und Übungen des Manövergeschehens materiell einzugreifen, um durch die Behinderung eine öffentliche Diskussion über das Verteidigungskonzept und die Militärstrategie der NATO anzustiften und voranzubringen.

Die Reaktion der herrschenden Politik auf diesen Protest der Friedensbewegung zeigt schließlich auch, daß der öffentliche, in den Medien geführte Streit über die Einschätzung und Bewertung direkter Aktionen – sozusagen das ideologische Clearing – entlang der symbolischen Bedeutung der Schadensandrohungen und der materiellen Fremdkosten geführt wird.

Unmittelbar nach Beendigung der Manöverbehinderungen, die von ihren OrganisatorInnen als Erfolg gewertet wurden, waren insbesondere die Vertreter der CDU/CSU-Fraktion im Bundestag darum bemüht, diese für die Bundesrepublik neue Aktionsform der Funktionsblockade dadurch zu diskreditieren, daß sie den mehrere Tausend zählenden TeilnehmerInnen unterstellten, sie hätten durch ihre „Gewaltaktionen", u.a. „Sabotage an Verteidigungsmitteln", Schäden in „Millionenhöhe" angerichtet. Mit diesen Angriffen sollte in der öffentlichen Diskussion die Auffassung implantiert und schließlich durchgesetzt werden, daß Ausmaß, Form und Inhalt der durch die Aktion entstandenen Fremdkosten völlig unangemessen und damit auch der kollektive Widerspruch und seine Akteure unglaubwürdig seien. Da mutierte der pazifistische Protest zur militärischen Sabotage, aus Aktionen des zivilen Ungehorsams wurden „kriminelle Handlungen", und die von niemandem bestrittenen materiellen Schäden erreichten, obwohl zunächst selbst die zuständigen Experten der CDU-Fraktion keine näheren Einzelheiten mitteilen konnten, plötzlich schwindelerregende Höhen. Wie der Leiter der ermittelnden Staatsanwaltschaft in Fulda später erklärte, konnte von „Millionenschäden durch die Friedensbewegung keine Rede mehr sein". Nur in den ersten Ermittlungen war die Zahl von 2,5 Millionen DM Sachschaden im Zusammenhang mit der Besprühung von drei Hawk-Flugabwehrraketen aufgetaucht. Nachdem sich jedoch rasch herausgestellt hatte, daß zwei Raketen wieder voll einsatzfähig waren, und nur bei der dritten ein Teil der Radarsteuerung ausgewechselt werden mußte, belief sich der Schaden auf nicht mehr als 6.000 DM.[55]

Eskalation und Gewalt

Immer wieder haben Protestakteure versucht, die Kosten der Konfliktgegner mit Gewalt zu erhöhen und damit auch die eigene Entschlossenheit darzustellen. Bevor jedoch diese expressiven Formen und symbolischen Bedeutungen verhandelt werden, erscheint es sinnvoll, zunächst einen Blick auf das reale Ausmaß gewaltsamer Handlungen im Rahmen neuer sozialer Bewegungen zu werfen.

Da Gewalt bzw. Gewaltlosigkeit grundlegende Erscheinungsformen von Protest und damit von gesellschaftlicher Konfliktaustragung sind, ist es nicht nur von rein statistischem Interesse, wie sich ihr Verhältnis quantitativ entwickelt hat. In welcher Größenordnung sich Gewalt manifestiert und ob sie zu- oder abnimmt, sagt immer auch etwas über den Grad an Zivilität der Gesellschaft und den aus ihren Widersprüchen erwachsenden sozialen Bewegungen aus. Die Diskurse über Gewalt sind damit selbst Bestandteil der Auseinandersetzungen zwischen oppositioneller und herrschender Politik, die u.a. über den Gewaltbegriff, seine Definitionsmacht und seine kulturelle Hegemonie geführt werden.

In ihrer 25jährigen Geschichte sahen sich die neuen sozialen Bewegungen wiederholt mit dem Vorwurf konfrontiert, ihre Aktionen seien von einer zunehmenden Gewalttätigkeit gekennzeichnet. Beispielsweise hielt am 14. Juli 1988 der damalige Bundesinnenminister Zimmermann (CSU) in Bad Tölz eine Rede zum Thema „Innere Sicherheit", die er u.a. mit den Worten einleitete:

„Aktualität und Bedeutung dieser Aufgabe wurden mir durch die Ereignisse des vergangenen Jahres, insbesondere an der Startbahn-West (...), eindringlich vor Augen geführt. Die Mordanschläge auf Polizeibeamte (...) bildeten den bisherigen Höhepunkt in einer langen Kette immer weiter eskalierender Gewalt bei Demonstrationen, die von gewalttätigen Chaoten als Kulisse für schweren Landfriedensbruch mißbraucht werden. Die erschreckende Zahl von zwei toten und mehr als 1.200 verletzten Polizeibeamten in den Jahren 1986 und 1987 sagen mehr als viele Worte."[56]

Neben pointiert gesetzten Fehlinformationen[57] bestand der ideologische Kernpunkt der ministeriellen Sprachsequenz darin, die Ereignisse als „bisherigen Höhepunkt in einer langen Kette immer weiter eskalierender Gewalt bei Demonstrationen" zu charakterisieren.

Dieses Bild suggerierte nicht nur, daß mit weiteren Toten zu rechnen sei, sondern vor allem, daß zwischen Demonstrationen und erschossenen Polizisten ein Konnex existiere, der in einer ständig zunehmenden Gewalt, so sie denn einmal freigesetzt worden sei, bestehe. Was Zimmermann als Anfang solcher Gewalteskalation betrachtete, hatte er bereits 1983 in einem „SPIEGEL"-Interview öffentlich formuliert, als er diejenigen BürgerInnen als nicht mehr „normal" und „friedlich" einstufte, die einer polizeilichen Aufforderung, sich zu „entfernen", nicht nachkommen. So gesehen, tritt an die Stelle des qualitativen Abgrunds, der zwischen einer Haltung des zivilen Ungehorsams und Schüssen auf Polizeibeamte besteht, ein direkter Kurzschluß. Er gipfelte in dem wohl bekanntesten dialektischen Husarenritt des ehemaligen Ministers: „Gewaltloser Widerstand ist Gewalt."[58]

Die These von der zunehmenden Gewalteskalation im Rahmen des Protestgeschehens der neuen Bewegungen beschränkt sich aber nicht nur auf eine statistische Behauptung, sondern liefert auch ein Erklärungsmodell. Danach hat die durch die Revolte 1968 angestoßene gesellschaftliche Entwicklung bei großen Teilen der Bevölkerung, insbesondere der Jugend, zu „schwerwiegenden Verwerfungen des Weltbildes" und „erheblichen Störungen des Rechtsbewußtseins"[59] geführt. Eigentliche Ursache oder, um im Bild zu bleiben, erstes Glied der langen Kette zunehmender Gewalteskalation ist damit „1968" als Chiffre des Grundübels, und alle weiteren Kettenglieder können an den spektakulären Stationen des Protests beispielhaft besichtigt werden: Wyhl 1975, Grohnde 1978, Brokdorf und Frankfurt 1981, Krefeld 1983, Wackersdorf 1985/86 und schließlich wiederum Frankfurt 1987. Medienwirksam verbreitet wurde diese These von konservativen PolitikerInnen immer dann, wenn Gewalt in einer zugespitzten Konfliktphase auf besondere Art und Weise eskalierte. Damit schien jeweils ein günstiger Anlaß gegeben zu sein, sowohl z.B. für die Verschärfung des Demonstrations- und Versammlungsrechts oder eine Aufrüstung der Polizei einzutreten als auch darüber hinaus die gesellschaftliche Liberalisierung seit 1968 grundlegend anzugreifen und ihre Revision einzufordern.

Demgegenüber soll hier versucht werden, folgende Thesen zu stärken: Die westdeutsche Protestgeschichte seit 1968 ist zuallererst eine Geschichte der Rücknahme von Gewalt zugunsten ziviler Konfliktaustragungsmodi. Der gewaltsame Protest ist zwar nicht verschwunden, aber Ausmaß, Funktion und Erscheinungsformen haben sich erheblich verändert. Die innerhalb der neuen Bewegungen geführten Auseinandersetzungen über Gewaltfreiheit und Gewalt kreisen neben strittigen ethischen Beurteilungen vor allem um das Recht auf Wirkung einer oppositionellen Politik der Straße. Und damit eröffnen sich auch weitere zivile Optionen für die Zukunft des Protestgeschehens. Schaut man in die beim Bundesinnenministerium geführte Demonstrationsstatistik, so wurden 1968 rund 26 und 1969 rund 36 Prozent der jährlichen Demonstrationen als „unfriedlich" registriert. Das war bereits der Höhepunkt, auch in absoluten Zahlen. Sowohl im Laufe der 70er und dann noch einmal während der 80er Jahre ging der Anteil der unfriedlichen Aktionen zwar nicht kontinuierlich, aber dennoch zurück. Lag der Durchschnitt des erstgenannten Jahrzehnts bei ca. 7,5 Prozent, sank er im zweiten Dezennium bis 1989 noch einmal um mehr als die Hälfte auf 3,6 Prozent. 1988, im Jahr der oben zitierten Ministerworte, war mit 1,85 Prozent der niedrigste Stand der gesamten Statistik erreicht. Dazu muß man wissen, daß seit 1980 u.a. auch solche Demonstrationen als „unfriedlich" gewertet werden, die z.B. verspätet angemeldet wurden oder in deren Verlauf es zu sogenanntem sicherheitsgefährdendem Photographieren oder zu unzulässigem Lärm gekommen war. Schließlich zählen seit 1987 sogar gewaltfreie Sitzblockaden als gewalttätige Aktionen.

Im Rahmen einer Großen Anfrage der Bundestagsfraktion der GRÜNEN 1989 zum Themenkomplex Protest und Gewalt mußte die Bundesregierung entgegen langjährigen anderslautenden Behauptungen eingestehen, daß „eine qualitative Zunahme von Gewalttätigkeiten bei Demonstrationen, insbesondere gegen Polizeibeamte, über einen längeren Zeitraum nicht empirisch belegt werden (kann), da entsprechendes Zahlenmaterial hierzu nicht vorliegt".[60] Die Konfliktaustragung zwischen Staat und neuen sozialen Bewegungen ist also keineswegs, wie von konservativer Seite immer wieder behauptet wurde, von einer zunehmenden Gewalteskalation, sondern vielmehr von einer über einen langen Zeitraum deutlichen Deeskalation der Gewalt geprägt. In welchem Ausmaß Gewalt als Mittel oppositioneller Politik mit der Entwicklung eines historisch neuen Bewegungstyps nach 1968 zurückgenommen wurde, wird erst vor dem Hintergrund der Weimarer Republik deutlich und zeigt sich sowohl in einem anderen Aktionsrepertoire als auch in einer veränderten Gewaltpraxis.

Das Aktionsrepertoire der Arbeiterbewegung, insbesondere ihres sich als revolutionär verstehenden Flügels, und der nationalsozialistischen Massenbewegung war durch umfangreiche demonstrative und gewaltsame direkte Aktionen charakterisiert. Trotz des gravierenden Unterschieds der Ziele, Ideologien, Strategien und sozialen Trägergruppen u.v.m. bildeten sich in beiden Bewegungen übergreifende Merkmale hinsichtlich der Aktions- und Gewaltpraxis aus.
Zum einen wurde Gewalt zum Bestandteil machtorientierter strategischer Überlegungen. Gewaltsame Aktionsformen wurden von beiden Bewegungen mit unterschiedlichen Begründungen offensiv legitimiert. Zum zweiten unterlag Gewalt einem organisatorischen Formierungsprozeß, dessen Produkt die paramilitärischen Parteiverbände darstellten, und der zur Folge hatte, daß an die Stelle einer spontanen Gewaltanwendung überwiegend der organisierte Gewalteinsatz trat. Damit ging drittens eine Militarisierung des Aktionsgeschehens einher, die sich nicht nur in symbolischen Formen, wie z.B. Uniform und Kolonne, sondern auch in der Brutalisierung der Gewalt selbst und ihrer Eskalation zu bürgerkriegsähnlichen Verhältnissen ausdrückte. Schließlich war Gewalt nicht mehr nur ein Modus der Konfliktaustragung zwischen den staatlichen Machtorganen und den Bewegungen, sondern zwischen den Bewegungen selbst. Standen am Anfang der Weimarer Republik Putsch- und bewaffnete Aufstandsversuche als Formen gewaltsamer direkter Aktionen im Mittelpunkt, trat ab 1928/29 Terror in den Vordergrund, der sich sowohl in seinen „klassischen" Formen – Anschlag, Entführung und Ermordung – zeigte als auch in den besonderen Varianten des „Kampfs um die Straße", den unzähligen Überfällen auf Parteilokale und -veranstaltungen, den Legion gewordenen Saal- und Straßenschlachten, die der Einschüchterung, Demütigung und Schwächung der gegnerischen Bewegung oder des Staates und damit auch der eigenen Propaganda dienen sollten. Allein in den Monaten Juli und August 1932 wurden über 300 Menschen in politischen Auseinandersetzungen getötet und rund 1.200 verletzt; insgesamt dürften mehrere Tausend der politischen Gewalt zum Opfer gefallen sein.[61]
Die Hauptströmungen der neuen sozialen Bewegungen sind hingegen durch ausdrückliche Programme der Gewaltlosigkeit gekennzeichnet, Gewalt ist kein integraler Bestandteil der Strategiebildung mehr. Sie formiert sich auch nicht mehr in für ihre Ausübung vorgesehene Bewegungsorganisationen; militante Akteure, die es gibt, bilden fragmentierte Kleingruppen am Rande der Bewegungen. Im Mittelpunkt des Handlungsrepertoires stehen zwar erneut vielfältige demonstrative und, insbesondere in den 80er Jahren, auch direkte Aktionsformen. Letztere sind jedoch in ihrer überwiegenden Mehrheit sub-

jektiv und objektiv einem gewaltfreien Protest des zivilen Ungehorsams verpflicht bzw. zuzuordnen.

Dennoch kommt es auch im Spektrum der neuen Bewegungen zu gewalttätigen Protesthandlungen. Sie beschränken sich nicht auf Zerstörungsaktionen. Prinzipiell kann Gewalt bei allen Formen des Straßenprotests auftreten. Dann ist sie Ausdruck der Tatsache, daß sich Charakter und Funktion der Aktion grundlegend verändert haben: Die Beschränkung auf den Appell bzw. auf friedliche Zwangselemente wurde zugunsten einer spezifischen, nämlich gewaltsamen Form der Schadensandrohung, aufgehoben. Das Umschlagen einer zunächst friedlich verlaufenen Demonstration in eine blutige Straßenschlacht zwischen Akteuren bzw. Teilen von ihnen und der Staatsmacht beruht oftmals auf situativen Faktoren. Das sind z.B.: Die zugespitzte Eskalationsphase eines Konflikts, gegenseitige Provokationen, die auf der Grundlage wechselseitiger Feindbilder das Faß zum Überlaufen bringen, oder spontane Ausbrüche von Hilflosigkeit, Frustration und Wut. Die an den „Reibungsflächen von Polizei und Demonstranten, Besetzern etc."[62] entstehende Gewalt unterscheidet sich von derjenigen gezielter Zerstörungsaktionen. Sie ist eher expressiv als instrumentell und stärker situationsbezogen als geplant; sie beschränkt sich daher auch weitaus weniger auf militante Kleingruppen und erfaßt in besonders zugespitzten Situationen nicht nur Teile dieses politischen Milieus, sondern auch die sogenannten „NormalbürgerInnen"; und damit produziert expressive Gewalt zum Teil auch andere symbolische Bedeutungen, die das Unterfutter von klammheimlicher Sympathie bis offener Akzeptanz bilden.

Die Versuche konspirativer Gruppen die Kosten für den Konfliktgegner durch Sabotageanschläge zu erhöhen, haben zum Teil tatsächlich zu Schäden in Millionenhöhe geführt. Auch wenn das im Einzelfall sogar dazu beitrug, daß sich z.B. Baufirmen aus dem Geschäft mit der Atomindustrie zurückzogen, konnte das kaum darüber hinwegtäuschen, daß auf diese Weise kein einziges Atomkraftwerk verhindert werden würde. Die Akteure hatten zwar zum Teil die Effektivität ihrer konkreten Gewaltmittel demonstriert – man war in der Lage, einen Strommast tatsächlich „umzulegen"–, gleichzeitig aber auch die politische Insuffizienz dieser Aktionsform verdeutlicht.

Da die notwendige Geheimhaltung von Sabotageanschlägen einhergeht mit einem avantgardistisch verstandenen Voluntarismus der militanten Akteure, der an die Stelle demokratischer Beratungen der Bewegungsspektren tritt, stellen konspirative Gewaltaktionen in der Regel quantitativ und qualitativ äußerst schlechte Inszenierungen gesellschaftlicher Gegenmacht dar. Es mangelt ihnen sowohl an Masse als auch an Demokratie. Was als Abkürzung gedacht war, stellt sich als Umweg und meistens als Sackgasse heraus. Konspirative Gewalt scheitert u.a. schon an ihren Voraussetzungen. Ihre Akteure vermitteln deshalb auf der symbolischen Ebene allermeistens eine widersprüchliche und unglaubwürdige Protesthaltung: Sie meinen es zwar furchtbar ernst, sind es aber nicht. Die Steigerung der Gewaltmittel ändert daran nichts; nur die Kluft wird größer.

Nicht grundsätzlich anders wirkt Gewalt im Rahmen öffentlicher Protestaktionen. Dennoch gibt es hier sowohl bei den effektiven Kosten als auch bei den symbolischen Bedeutungen einige wichtige Verschiebungen.

Manche gewaltsame Handlungen, wie z.B. das Schleudern von Molotowcocktails gegen die WAA-Mauer oder der autonome Steinwurf gegen das gepanzerte Auto des damaligen US-Vizepräsidenten Bush in Krefeld 1981, verdeutlichen nicht nur die politische Hilflosigkeit, sondern auch die effektive Unwirksamkeit der eigenen Gewaltmittel. Gelingt es den „revolutionären Heimwerkern" zumindest das Objekt ihrer Aktion, den Strommast, zu zerstören, scheitert diese Gewalt bereits an den gewaltigen Sicherheitsvorkehrungen der gegnerischen Seite. Das ist zum einen doppelt unglaubwürdig, zum anderen nutzt die Staatsmacht oftmals solch hilflose Gewaltaktionen als willkommenen Anlaß, um mit Gewalt gegen die Protestakteure, und nicht nur die militanten, vorzugehen.

Ein Beispiel dafür findet sich in dem Bericht des „Komitees für Grundrechte und Demokratie" über die Brokdorf-Demonstration Ende Februar 1981:

„Am sturmfesten Bauzaun, getrennt durch den Wassergraben, zum großen Teil noch hinter der Straße, also etwa 100 m vom Bauplatz entfernt, fanden sich ab 14 Uhr mehrere tausend Demonstranten ein, ziemlich zerstreut, nur an wenigen Stellen kleine Blöcke bildend. Innerhalb des Bauplatzes war ein außerordentlich großes Kontingent von Polizei und Bundesgrenzschutz zusammengezogen. (...) Auch bis kurz vor 15 Uhr konnten von seiten der Demonstranten keine Gewalttätigkeiten oder sogar 'offensive' Angriffe gegen den Bauplatz beobachtet werden. Plötzlich flogen jedoch aus den Demonstrantenreihen drei Brandkörper, die vor dem Bauzaun explodierten und von Wasserwerfern sofort gelöscht wurden." Als die DemonstrantInnen der darauffolgenden polizeilichen Aufforderung, sich zu entfernen, nicht nachkamen, rückten Polizeikräfte mit Wasserwerfern an der Spitze aus. Und der Bericht fährt fort: „Es folgten eine und eine halbe Stunde lang Scharmützel in unregelmäßigen Rhythmen. Von Demonstranten wurden Dreckbrocken geworfen, Eisstücke, Farbbeutel, aber auch Steine. Viele der Wurfgegenstände erreichten weder die Polizei noch das zaun- und wasserwerferbewehrte Gelände. Auch Leuchtkörper wurden abgeschossen und Molotowcocktails entzündet. Einzelne zielten mit einer Schleuder. Die Polizei antwortete mit Wasserwerfern und vielen Tränengaswurfgeschossen, die von den Demonstranten teilweise zurückgeworfen wurden. Die Polizei rückte immer wieder an der Nordostecke aus, vertrieb die dort gruppierten Demonstranten ein Stück und zog sich dann wieder zurück. Die Gewaltausstattung der Kombattanten stand in einem grotesken Verhältnis zueinander. (...) Die Auseinandersetzung hat auf Grund der völlig ungleich verteilten Gewaltmittel und auch infolge des bei der 99 Prozent übersteigenden Zahl der Demonstranten, die sich nicht in die Auseinandersetzung mit der Polizei zu begeben beabsichtigten, etwas merkwürdig Unwirkliches, ja zuweilen fast operettenhaftes an sich. Die Polizei rückte immer wieder einige Dutzend Schritte von Wasserwerfern begleitet vor und zog sich dann an den Ausgangspunkt zurück, einer Katze gleich, die mit der längst lahmen Maus noch ein wenig spielen möchte. Gegen den massiven Bauzaun jedoch, gegen die gut ausgerüstete Polizei hatte die kleine Zahl Militanter oder auch nur Provozierter nicht die geringste Chance. Wäre die Polizei innerhalb des Bauplatzes geblieben, hätte es höchstens kleinere Sachbeschädigungen, jedoch kaum Verletzte zu beklagen gegeben."[63]

Das Geschehen in der Wilster Marsch verdeutlicht unterschiedliche symbolische Bedeutungen. War die Anwesenheit von über 100.000 Menschen einerseits Ausdruck davon, daß die Ökologiebewegung zwar stark genug war, sich ihr Recht auf Demonstration nicht nehmen zu lassen, so fungierten die militanten Angriffe auf den Bauzaun andererseits als Ersatz dafür, daß sie nicht in der Lage war, den Bau der Atomanlage zu verhindern. Der symbolische Wert der Brokdorf-Demonstration bestand darin, ein glaubhaftes Zeichen ernsthaften und erfolgreichen Engagements für die Verteidigung demokratischer Rechte gesetzt zu haben. Die minoritäre Gewalt zeigte dagegen die erfolglose Selbstermächtigung weniger, mit ernstgemeinten, aber untauglichen Mitteln – stellvertretend für gesellschaftliche Mehrheiten – einen hier und heute nicht zu gewinnenden Kampf austragen zu wollen.
Was dem Publikum in Brokdorf, aber nicht nur dort, als operettenhafte Farce erschien, stellt sich für die Betroffenen zumeist als dramatische Zuspitzung der Ereignisse dar. Streetfighter und Polizeibeamte treten sich als (latent) Gewalttätige gegenüber; hier wird die Auseinandersetzung auf der Grundlage funktionierender Feindbilder unmittelbar emotional und als direkter Machtkampf erlebt. Die Materialität der gewaltsamen Scharmützel zwischen militanten Akteuren und der Staatsgewalt produziert gegenseitige, aber meistens ungleiche reale Provokationen, Bedrohungen und Beschädigungen. Wasserwerfer und Zwille sind eben nicht nur unterschiedliche Gewaltsymbole: „erfolgreich" eingesetzt, tun sie auch weh.
Daß die Außen- und Innenperspektiven gewaltsamer Handlungen differieren, ist bekannt. Im Zusammenhang mit der Eskalation einzelner Protestaktionen und Konflikte gewinnt diese Tatsache jedoch an Bedeutung. In dem Maße, wie die herrschende Politik den Gewaltbegriff ausdehnt, betrachtet und behandelt sie schließlich auch eine immer größer werdende Zahl von BürgerInnen als gewalttätig. Der Ideologie folgt die praktische Umsetzung in Legislative, Exekutive und Judikative. Als z.B. der Freistaat Bayern im Septem-

ber 1986 einen Gesetzentwurf zur Verschärfung des Demonstrationsrechts im Bundesrat einbrachte, begründete der damalige Staatssekretär im bayerischen Innenministerium die vorgesehenen Maßnahmen u.a. mit den Worten:

„Die Erfahrungen haben gezeigt: Weder die Ergreifung der Gewalttäter – von einzelnen abgesehen – noch die Trennung friedlicher Demonstranten von den Chaoten ist möglich. Deshalb hilft nur eines: Der Polizei muß die Möglichkeit gegeben werden, Ansammlungen aufzulösen, die einen gewalttätigen Verlauf nehmen. Das ist wirksam nur dann möglich, wenn jeder mit Strafe bedroht wird, der sich nach Aufforderung durch die Polizei nicht aus einer Menge entfernt, aus der heraus Gewalttaten begangen werden."[64]

Auf der Ebene polizeitaktischer Maßnahmen vor Ort äußert sich dieser Geist beispielsweise u.a. in einem undifferenzierten Vorgehen gegen die Gesamtheit der Protestierenden oder der Stigmatisierung großer Bevölkerungsteile einer Region. Zur Hoch-Zeit der Bewegung gegen die Wiederaufarbeitungsanlage in Wackersdorf 1986 veränderte die polizeiliche Dauerüberwachung und -bespitzelung u.a. durch aus Hubschraubern filmende Polizeiteams den Alltag im Landkreis ganz erheblich. Im April berichtete die „Süddeutsche Zeitung": „Der Dorffriede in den kleinen Ortschaften rings um den Taxölderner Forst ist längst auch für die nachhaltig gestört, die mit dem Widerstand gegen die Atomfabrik kaum etwas zu tun haben. Viele Dörfler meiden mittlerweile die Wirtshäuser, weil sie es leid sind, auf der Heimfahrt von einer der allgegenwärtig scheinenden Polizeistreifen aufgehalten zu werden, die selbst auf einsamen Nebenstraßen und Feldwegen lauern."[65]

Nicht nur die Polizeieinsätze während der Oster- und Pfingstdemonstrationen am WAA-Bauzaun 1986, sie aber in besonderem Maße, zeigen, wohin eine „harte Linie" treibt und was sie unter Umständen bewirken kann. Als zwischen „ein Dutzend" („taz") und 500 (Polizei) militante Akteure des 80.000 Menschen zählenden Ostermarsches damit begannen Äste und Steine zu werfen, schoß die Polizei sofort Salven von Tränengasgranaten in die unbeteiligte Menschenmenge. Auch die insgesamt 41 Wasserwerfer, denen erstmals in der Geschichte der Bundesrepublik CS-Gas beigemischt worden war, versprühten ihre giftige Ladung über Tausende von friedlichen DemonstrantInnen, ja selbst über die aktiv Gewaltfreien, die mit einer nur wenige hundert Meter reichenden Menschenkette den Bauzaun vor den Angriffen militanter WAA-GegnerInnen schützen wollten.[66] Sieben Wochen später warf die Polizei sogar erstmalig „Reizstoff-Wurfkörper" vom Hubschrauber aus mitten unter DemonstrantInnen und Zuschauer, die sich nicht an gewaltsamen Auseinandersetzungen beteiligt hatten. „Sippenhaft mit CS-Gas" schrieb die „Frankfurter Rundschau" dazu; insgesamt wurden 4.000 bis 5.000 Leichtverletzte (Atemnotzustände, Augen- und Hautreizungen) registriert.[67]

Solch staatliche Gewalteskalationen führten u.a. auch in Wackersdorf zu einer nicht unerheblichen Radikalisierung der „NormalbürgerInnen" und ihrer Solidarisierung mit den „Chaoten". „Fassungslos beobachten Polizeibeamte", so „DER SPIEGEL", „wie sich im Kampf gegen die Kernkraft eine 'Koalition von Grauhaarigen und Langhaarigen' bildet (...). Rund um Wackersdorf solidarisieren sich seit Wochen schon Einheimische, empört über die WAA-Politik der bayerischen Staatsregierung und über die starke Polizeipräsenz vor Ort, mit zugereisten Militanten". In der Oberpfalz hätten sich, staunt die „Frankfurter Allgemeine Zeitung",

„die Chaoten die 'Bewunderung, ja Sympathie' von 'Tausenden von braven, biederen Bürgern' erkämpft. Die Wackersdorfer unterstützen die Militanten mit Handreichungen aus den hinteren Reihen: Bauern leihen den Autonomen ihre Taschenmesser, Mistgabeln oder Spitzhacken zum Steineausbuddeln. Und Frauen wie Kinder füllen leere Cola-Dosen mit Sand oder sammeln im Wald Wurfmaterial, das sie plastiktütenweise an die Vermummten weiterreichen – vorn, am Bauzaun, liegen seit Monaten keine Steine mehr. Joachim Schweinoch, Leiter der Polizeiabteilung im bayerischen Innenministerium, hat 'mit eigenen Augen alte Mütterchen gesehen, die mit Steinen geschmissen haben'. Typisch auch, was Münchner Verfassungsschützer notierten: 'Teilweise konnten ältere Personen beim Zersägen des Zaunes beobachtet werden, und ein älteres Ehepaar nahm als Trophäe ein Stück Zaun auf den Schultern mit nach Hause. Die gesamten Bürger, bzw. der größte Teil davon, unterstützten die Autonomen sowohl bei ihren Aktionen als auch bei der Unterbringung und Verpflegung.' Gewalt, kein Zweifel, geht in der Oberpfalz vom Volke aus."[68]

Diese Wahrnehmung scheint zwar selbst für den Höhepunkt der Bewegungsmilitanz – die Pfingstdemonstration 1986 – angesichts einer Relation von 900 gewaltsamen zu 50.000 friedlichen DemonstrantInnen etwas überspannt, dennoch ist es richtig, daß sich die militanten Akteure „zunehmend auf die Duldung, die Sympathie, den Schutz und teils auch auf die aktive Mithilfe vieler Bürger aus der Oberpfalz stützen konnten".[69]

Eine auftrumpfende und unverhältnismäßig agierende Staatsgewalt hat erheblich dazu beigetragen, sowohl die materiellen Bedingungen als auch die symbolischen Bedeutungen militanter Bewegungsgewalt zu verändern. Stellen sich bereits die umstrittenen Vorhaben (Atomkraftwerke, Atomraketen u.v.m.) für viele Menschen als lebenszerstörende Bedrohungen dar, werden dazu nun auch dauerhafte Polizeipräsenz und massive Polizeieinsätze von einer wachsenden Zahl von bislang friedfertigen BürgerInnen als weitere staatliche Eingriffe in ihre Lebenswelt, als gewaltsame Verteidigung dieser Projekte und gewaltsame Provokation und Unterdrückung ihres Protests erlebt. „Die bayerische Staatsregierung hat uns den Krieg erklärt", hieß es z.B. nach den Pfingstereignissen in der Oberpfalz.[70] Dort, wo die herrschende Politik und ihre Durchsetzung zur gewaltsamen und repressiven Alltagserfahrung großer Teile der Bevölkerung werden, kommt es zwar nicht gleich zur, von manchen Protestgruppen erhofften „Massenmilitanz", zumindest aber doch zu einer größeren Bereitschaft, „Gegengewalt von unten" zu dulden oder sogar mitzutragen. Erst dadurch verlieren Gewaltaktionen, wenn überhaupt, ihre operettenhaften und absurden Züge und können tendenziell zu ernsthaften Bedrohungssituationen für die Staatsmacht führen. Mit diesem qualitativen Sprung der gewaltsamen Intervention verschiebt sich jedoch ihre Symbolik. Zum einen ist Gewalt zwar auch dann ein Ergebnis mangelnder bzw. unzureichender politischer Erfolge und allermeistens expressiver Ausdruck von Hilflosigkeit, Verzweiflung und Wut, sie wird jetzt subjektiv aber als „Notwehr" und „letztes Mittel", sich Gehör zu verschaffen und etwas zu bewirken („Eine andere Sprache könnt Ihr nicht verstehen!"), wahrgenommen. Zweitens gewinnt Gewalt mit wachsender Akzeptanz nicht nur im Verständnis militanter Gruppen, sondern auch in Teilen der Bewegung und der Bevölkerung an Masse, demokratischer Legitimation und Macht („Diese Gewalt geht vom Volke aus!"), was dazu führen kann, daß sie erstmals und *in nuce* als effektives Symbol eines ernsthaften Protests verstanden wird.

Aber selbst in Situationen, in denen Gewalt „gute Chancen" hat, weil sie als legitime Notwehr gegenüber einem repressiven staatlichen Gewaltapparat erscheint, ist der Versuch, mit ihr Ernsthaftigkeit und Entschlossenheit vermitteln zu wollen, in der Regel zur Erfolglosigkeit verdammt. Auch hier, wie allermeistens, symbolisieren gewaltsame Aktionen nämlich auf jeder Stufenleiter entweder die Hilflosigkeit und zum Teil Erbärmlichkeit der eigenen Gewaltmittel oder den Willen zur Gewalteskalation, die tendenziell auf die Fluchtpunkte Terror oder Bürgerkrieg hinauslaufen. Ersteres wirkt äußerst unglaubwürdig, letzteres ziemlich abschreckend. Das Recht auf Wirkung ist für die Protestakteure nicht gewährleistet – sie müssen es sich immer wieder aufs Neue erkämpfen. Das geht weder auf dem Weg der Integration noch durch Barbarei. Gewalt als Form der materiellen Intervention verhindert dabei, worauf es beim Protest ankommen sollte: die „Effizienz glaubwürdiger Symbole".[71]

5 Identität

Protest ist durch die Dialektik von Individuum und Kollektiv, Handlung und Struktur sowie Dauer und Wandel geprägt. Damit sind auch einige wichtige Aspekte hinsichtlich der Identität der Akteure benannt. Die TeilnehmerInnen jeder Protestaktion entscheiden individuell darüber, ob sie auf die Straße gehen oder nicht. Dennoch kann eine Aktion nicht als eine bloße Ausdehnung des individuellen Handlungsspielraums aufgefaßt werden. Allein die Teilnahme an einer Demonstration oder an einer Besetzung setzt immer auch Formen der Verknüpfung mit anderen voraus, wie insgesamt ihre Vorbereitung, Durchführung und Bewältigung von Kollektivität und Solidarität abhängig sind. Andererseits sind die Akteure kein einheitliches Subjekt oder eine homogene Masse, sondern ein Kollektiv, das aus einer Vielzahl von Individuen und Gruppierungen besteht, deren spezifische Identität auf der Zugehörigkeit zu unterschiedlichen sozialen und politischen Milieus, zu verschiedenen Generationen und verschiedenem Geschlecht beruht. Damit stellt sich das Protestkollektiv als eine Gemeinschaft von Gemeinschaften dar, und die Akteure stehen vor der Aufgabe, sowohl ihre partikulare Identität aufrechtzuerhalten als auch eine generelle Identität auszubilden.

Angesichts der Heterogenität der neuen sozialen Bewegungen stellt sich die Frage zu ihrem Zusammenhalt und zu ihrer Kontinuität. Trotz unterschiedlicher Erscheinungen, Motive und Ziele zeigen sie eine relative Stabilität und Unabhängigkeit von den „heißen" und „kalten" Phasen des Aktionsgeschehens. Und auch die gewachsene Bereitschaft vieler Menschen, bei gegebenem Anlaß immer wieder protestierend auf die Straße zu gehen, Straßenprotest also als eine normale und legitime Form des politischen Handelns zu betrachten, war und ist nicht Ausdruck kurzlebiger, situativer und spontaner Aktionslust. Vielmehr ist davon auszugehen, daß sich mit den sozialstrukturellen Veränderungen in der Bundesrepublik auch die alltagskulturelle und gesellschaftlich-politische Handlungsorientierung ihrer Bürger und Bürgerinnen geändert hat, wobei letztere weder automatisch oder deterministisch aus ersteren entstanden noch ein für allemal und unveränderlich existent ist. Dieser Wandel hat aber nicht nur, wie insbesondere Ulrich Beck[1] betont, zu zunehmender Individualisierung, Pluralität und Vereinzelung, sondern auch zu neuen gemeinschaftlichen Zusammenhängen und Formen kollektiver Identität geführt. Diese bedürfen der „fortlaufenden (Re-)Produktion von Zeichen der Zugehörigkeit und der Abgrenzung", die als ein „reziproker Prozeß der Konstruktion eigener wie gegnerischer Identitäten" verläuft und einer „Logik der Grenzstabilisierung zwischen innen und außen" folgt.[2] Das Zusammengehörigkeitsgefühl der Menschen kann bzw. wird dabei zwar auch, aber nicht in erster Linie durch organisatorische sondern vor allem durch symbolische Integrationsmechanismen hergestellt, die auf der grundlegenden Unterscheidung von „wir" und „sie" basieren.

Dieser Prozeß der Herausbildung, Festigung und Weiterentwicklung von kollektiver Identität vollzieht sich zum einen durch das Protestverhalten selbst und die Auseinandersetzung mit dem Konfliktgegner; hier ist er eher politisch vermittelt und zeigt sich u.a. im Partizipationsverhalten und seinen konkreten Ausformungen. Gleichzeitig, und gleichsam darunterliegend, entsteht Identität und ein gemeinschaftlicher Zusammenhang über die kulturelle und soziale Alltagspraxis, die eher gesellschaftlich vermittelt ist und sich in gemeinsamen Normen und Werten, Lebensweisen und Beziehungsnetzen ausdrückt. Hier ist der Unterschied zwischen sozialer Bewegung und sozialem Milieu angesprochen, die sich zueinander verhalten wie die sichtbare Spitze eines Eisberges zu ihrem unter Wasser liegenden Rest.

Das anfänglich etwas unhandliche Thema Identität kann damit näher bestimmt werden. Zunächst richtet sich das Interesse auf die sozialen Trägergruppen des Protests: Aus welchen Schichten und Milieus rekrutieren sich die Akteure? Wer sind die BürgerInnen, die auf die Straße gehen? Und wodurch unterscheiden sie sich von den anderen, aber auch untereinander? Nun kann und soll an dieser Stelle keine detaillierte Klassen-, Schicht- oder Milieuanalyse durchgeführt werden; dennoch erscheint es sinnvoll, die Protestakteure im sozialen Raum der pluralistischen Klassengesellschaft zu verorten. Zum zweiten soll danach gefragt werden, ob sich auf der Aktionsebene unterschiedliche Proteststile identifizieren lassen, die zugleich Voraussetzung und Ergebnis der partikularen Identitätsbildung der Akteure sind, und in welchem Maße es möglich ist, sie konkreten Protestgruppen zuzuordnen. Schließlich geht es darum, wie die heterogenen Gruppierungen eine generelle Identität als Protestkollektiv ausbilden, und mit welcher Bedeutung deren unterschiedliche Facetten belegt sind.

Protestakteur und soziales Milieu

Vor allem zwei Tendenzen in der Ausdifferenzierung moderner Gesellschaften lassen es als wenig ergiebig erscheinen, bei dem Versuch, die sozialen Trägergruppen des Protests im gesellschaftlichen Raum zu verorten, auf

Klassen- und Schichtmodelle zurückzugreifen. Zum einen kommt es nicht mehr nur auf einer vertikalen Achse (z.B. Einkommen/Kapital) zu sozialer Differenzierung, sondern auch auf einer horizontalen (z.B. Bildung), zum anderen hat der subjektive Faktor gegenüber objektiven Gegebenheiten und äußerem Handlungsdruck an Gewicht gewonnen; Mangel und Ressourcenknappheit sind zwar nicht verschwunden, aber sie verlieren an dauernder und dominierender Prägungskraft. Beides ist Ausdruck zunehmender gesellschaftlicher Komplexität und kompliziert eine Analyse der Sozialstruktur.

Vor diesem Hintergrund hat die Milieu- und Lebensstilforschung in den 80er Jahren zunehmend an Bedeutung gewonnen. Diese „alten soziologischen Begriffe"[3] erlebten angesichts des gesellschaftlichen Aufkommens relativ eigenständiger sozio-kultureller Kollektive und ihrer sozialwissenschaftlichen Wiederentdeckung sowohl in theoriebewußten Arbeiten[4] als auch in empirisch geleiteten Studien der Freizeit-, Konsum- und Wahlforschung[5] eine Renaissance.

Der dabei erneuerte Milieubegriff betont nicht mehr wie früher[6] ein passives Geprägtwerden durch die Umwelt, sondern deren gemeinsame aktive Nutzung, Veränderung und Gestaltung; er zielt nicht mehr auf das gesamte Gesellschaftsmilieu, sondern auf kleinere, spezifische und äußerst unterschiedliche Milieus, und er dient nicht mehr nur der Beschreibung von soziokulturellen und politischen Kollektiven, sondern zunehmend auch zur Erklärung bzw. Prognostizierung ihrer Handlungsmuster und Verhaltensweisen.

Unter „sozialem Milieu" werden in der neueren Literatur Gruppen von Menschen verstanden, die unterschiedliche äußere Lebensbedingungen und/oder innere Haltungen auf eine bestimmte Art und Weise wahrnehmen und nutzen, so daß sich gemeinsame Wertorientierungen, Lebensziele und entsprechende Lebensstile herausbilden. Soziale Milieus können also weder umstandslos aus natürlichen und/oder gesellschaftlichen Merkmalen abgeleitet werden, noch spiegeln sie schlicht ökonomische, politische oder kulturelle Strukturparameter wider. Soziale Milieus sind zwar an materielle und/oder immaterielle Voraussetzungen geknüpft – Hradil unterscheidet „mehr oder minder jederzeit instrumentell nutzbare Ressourcen, stetig prägende Einflüsse, aktuell oder potentiell einschränkende Zwänge und drohende Risiken"[7] –, die in ihrer Gesamtheit die soziale Lage des betreffenden Milieus kennzeichnen. Als „interaktive Interpretationsprozesse"[8] und kommunikative Netzwerke konstituieren und reproduzieren sie sich aber erst über soziales Handeln und Kämpfe, über Ab- und Ausgrenzungen gegenüber anderen Milieus zur Sicherung des eigenen.

Mit Hilfe dieses neuen Milieubegriffs, der das komplexe Spannungsverhältnis zwischen objektiver Struktur und subjektivem Handlungsmuster, zwischen sozialer Lage und kultureller Praxis zum Ausdruck bringt, können je nach thematischer Präferenz – Lebenswelt, Politik, geselliges Verhalten – unterschiedliche „Milieu-Landkarten"[9] der pluralistischen Klassengesellschaft erstellt und anschließend aufeinander bezogen bzw. übereinander gelegt werden.[10] So läßt sich ein Segment der Bevölkerungsgesamtheit – ca. 15 % der Wohnbevölkerung über 14 Jahren – identifizieren, in dem die neuen sozialen Bewegungsmilieus – das sind ca. 5% – den politisch mehr oder minder aktiven oder zumindest mobilisierbaren Kern eines sie umgebenden und ihnen als Reservoir potentieller Bündnispartner dienenden Feldes der neuen gesellschaftlich-politischen Milieus darstellen.

Lebensstil-Milieu

Seit 1979 hat das SINUS-Institut in Heidelberg mit qualitativen Interviews und repräsentativ-standardisierten Umfragen eine lebensweltliche Milieuanalyse und -typologie entwickelt, deren neun Makro-Milieus allerdings noch keine Auskunft über ein gesellschaftlich-politisches Engagement und/oder die Zugehörigkeit zu den neuen sozialen Bewegungen geben.[11] Dennoch konnten zunächst Angaben über die Partei-Präferenz für DIE GRÜNEN zumindest als ein Indikator der Nähe zu den neuen Bewegungen betrachtet werden. Während im Konservativ-Gehobenen (KON), im Kleinbürgerlichen (KLB) und im Traditionellen Arbeitermilieu (TRA) die Anzahl der GRÜN-WählerInnen verschwindend gering ist – weniger als 1 % –, können das Alternative (ALT) und Hedonistische Milieu (HED) mit jeweils einem Drittel der Stimmen als die Stamm-Milieus der GRÜNEN gelten. Dazwischen liegen als sogenannte Diaspora-Milieus das Technokratisch-Liberale (TEC), das Aufstiegsorientierte (AUF) und das Traditionslose Arbeitermilieu (TLO) mit einem wichtigen, aber kleinen zwischen 4 und 7 % liegenden Anteil an GRÜN-WählerInnen.[12]

Vester u.a. haben nun diese neun Makro-Milieus auf Bourdieus Modell des mehrdimensionalen Raumes angeordnet. So konnte zum einen ihre ungefähre Lage im Raum der sozialen Positionen dargestellt werden, dessen vertikale Dimension das Volumen der verfügbaren Machtmittel bestimmt, während dessen horizontale Dimension deren Zusammensetzung (mehr kulturelles oder mehr ökonomisches Kapital) angibt.

Die soziostrukturelle Modernisierung der westdeutschen Gesellschaft hat zu einer horizontalen Pluralisierung geführt. Berufsgruppen mit einem höheren Bedarf an kulturellem Kapital – Angestellten- und gut ausgebildete Bildungs-, Kultur-, Medizin-, Sozial-, Technik- und Verwaltungsberufe – wuchsen zu Lasten traditioneller körperlicher Arbeiter- und Bauernberufe seit Anfang der 50er Jahre von ca. 5 auf mehr als 20 Prozent. Davon profitierten insbesondere Kinder von Arbeitern und Angestellten sowie jüngere Frauen. Obwohl also eine Steigerung kulturellen und auch ökonomischen Kapitals zu verzeichnen war, blieben die vertikalen Klassenbarrieren, d.h. die „relativen Rangabstände sozialer Lagen seit 1950 annähernd gleich".[13] Seit Ende der 70er Jahre nahmen Tendenzen der sozialen Schließung sogar zu. Eine Weitung der Privilegienschere benachteiligte vor allem Angehörige klassisch unterprivilegierter und schwach repräsentierter Gruppen: Frauen, Alte, Ausländer, Milieus mit geringem kulturellen Kapital und Bewohner strukturschwacher Regionen. Und schließlich erodierte, bedingt durch eine Reaktualisierung der Konfliktlinie zwischen Kapital und Arbeit, auch der bislang fordistisch integrierte Kern der Arbeitsgesellschaft. Insgesamt führte diese Entwicklung zu einer „gespaltenen Erfahrung zwischen 'Individualisierung' und 'Deklassierung': der Öffnung des sozialen Raums in der sicheren Mitte und der privilegierten Spitze steht die Schließung für jene gegenüber, die in dieser Mitte ihre Sicherheiten verlieren oder gar in prekäre Lebensverhältnisse absteigen müssen".[14] Deutlich wird, daß die Milieus mit der größten Nähe zu den neuen sozialen Bewegungen auf der linken Seite und dort zum Teil am linken Rand angesiedelt sind, d.h. über mehr kulturelles als ökonomisches Kapital verfügen, ihr Kapitalvolumen sich aber von hoch privilegierten bis fast marginalisierten Positionen erstreckt.

Zum anderen konnten die SINUS-Milieus entsprechend ihren Mentalitätsformen dargestellt werden. Während hier die Vertikale nach Bourdieus Klassenhabitus-Modell (Ober-, Mittel- und Arbeiter bzw. 'Volks'klassen) angeordnet ist, die Milieus also nach der Distinktionsdimension verortet sind, differenziert die Horizontale im Sinne der Wertewandel-These und verortet die Milieus entlang der Modernisierungsdimension nach traditionell, teilmodernisiert und modernisiert.[15] (Schaubild 3)

Die Identität der drei vertikalen Gruppen wird durch die Wahrnehmungs- und Bewertungsmuster sozialer Ungleichheit, der Abgrenzung und Rangstufe bestimmt: Die oberen 20 Prozent bevorzugen unabhängig von ihrer Milieuzugehörigkeit einen anspruchsvollen Geschmack und Lebensstil; sie sind bemüht, sich von der 'Massen'gesellschaft abzusetzen und beanspruchen oftmals eine Führungsrolle; die unteren 20 Prozent orientieren sich an den eigenen Grenzen, fügen sich einer 'Disziplin der Notwendigkeit', nutzen aber auch die Möglichkeiten geselligen Verhaltens und des Lebensgenusses; und die mittleren 60 Prozent schwanken in ihrer Orientierung zwischen Authentizität und Prätention, dem Stolz auf das Erreichte und dem Streben nach

Höherem. Nach wie vor gibt es also eine vertikale Abstufung, die aber nicht durch eine extreme Polarisierung zwischen Oben und Unten, sondern durch eine mehrheitliche Mitte gekennzeichnet ist. Während sich nun die Größenordnung dieser drei Milieugruppen in den 80er Jahren kaum verändert hat – die Oberklassen nahmen um 3 % ab, die Arbeiter- bzw. 'Volks'klassen um 4 % zu, und die Mittelklassen blieben faktisch gleich –, es also zu keiner „vertikalen Mentalitätsveränderung" kam, vollzog sich bereits seit den 70er Jahren in allen Rangstufen eine „horizontale Mentalitätsveränderung", in der sich ein erhöhtes Potential an „gegenseitiger Toleranz und Integration verschiedener Lebensweisen"[16] Ausdruck verschaffte. „Stark geschrumpft (von 46 % auf 35 %) sind die eher traditionellen Fraktionen der Arbeiter-, der Mittel- und der Oberschichten mit ihren restriktiven und konventionellen Anstands-, Arbeits- und Freizeitnormen. Erheblich gewachsen sind die benachbarten partiell modernisierten Gruppen (von 38 % auf 45 %), die auch eine höhere berufliche Mobilität haben, und ebenfalls die Avantgardemilieus moderner Selbstverwirklichung (von 14 % auf 20 %)."[17]

Dieser Befund führt Vester u.a. zum einen zu der Schlußfolgerung, daß die Klassenmentalitäten der westdeutschen Sozialmilieus in ihren Grundmustern zwar nicht verschwunden sind, mehrheitlich aber modernere Formen angenommen haben, und zum anderen, daß die Klassenmilieus, bedingt durch ihre plurale und wenig polarisierte Konfiguration, von sich aus die Koexistenz verschiedener Lebensweisen und nicht eine fundamentale Gesellschaftsveränderung anstreben. Dennoch sei eine mehrheitliche Reformströmung zu erkennen, die allerdings ihr Ziel – ein Mehr an sozialer Gerechtigkeit, Integration und Partizipation – auf Grund der Dominanz der Mittelklassen „weniger durch einen Bruch als durch partielle Reformen" erreichen möchte.[18]

Politikstil-Milieu

In der 1991 durchgeführten Repräsentativbefragung über die Einstellungsmuster zur sozialen Ungleichheit, zur politischen Beteiligung und zur 'großen Politik' haben Vester u.a. die Verarbeitungsmodi der durch die Modernisierung der Sozialstruktur vermittelten Erfahrungen von Individualisierung und Deklassierung, von Öffnung und Schließung des sozialen Raums erhoben. Dabei wurde mit Hilfe von Cluster- und Faktorenanalysen[19] eine Typologie gesellschaftlich-politischer Einstellungen ermittelt und mit den übrigen Dimensionen der Befragung (Sozialstruktur, SINUS-Milieu-Zuordnung, Gesellungsverhalten und Parteipräferenzen) verbunden, um deren Grundmuster aus den Milieubedingungen zu erklären. So konnten sieben Politikstile differenziert und in vier ideologische Lager von jeweils rund 25 Prozent der Wohnbevölkerung ab 14 Jahren gruppiert werden, die ein Spektrum zwischen stark ausgeprägter Reformorientierung und Ressentiment abdecken. (Schaubild 4/5)

„Der erste Typus (Sozialintegrative: SOZ) ist als einziger vollständig universalistisch[20], er gesteht allen sozialen Gruppen die soziale und bürgerrechtliche Gleichstellung zu; der zweite (Radikaldemokraten: RAD) hat schon blinde Flecken gegenüber Arbeitnehmern und sozial Schwachen; der dritte (Skeptisch-Distanzierte: SKED) ist schon teilweise indifferent; beim vierten (Gemäßigt-Konservative: GKO) beginnt die Diskriminierung der Frauen, beim fünften (Traditionell-Konservativ: TKO) die der Ausländer und Ausländerinnen; die letzten beiden Gruppen schließlich (Enttäuscht-Apathische und Enttäuscht-Aggressive: EAP und EAG) haben die größten Ressentiments, auch gegenüber modernen Lebensstilen."[21]

Diese Politikstile lassen sich nun nicht umstandslos mit einzelnen Lebensstilen in Übereinstimmung bringen, vielmehr finden sich in jedem Politikstil-Milieu Angehörige verschiedener Lebensstil-Milieus wieder. (Schaubild 6) Das hängt damit zusammen, daß die alltagspraktische Geschmacks- und Handlungslogik auf einer anderen Ebene wirksam wird als die kognitivistisch-intellektuelle. Der „praxeologische Bruch" zwischen Mentalität und Ideologie ermöglicht es, daß Menschen mit gleichem Lebensstil und Habitus auf Grund unterschiedlicher biographischer Entwicklung – andere Konflikt- und Vergemeinschaftungserfahrungen und andere Lernprozesse – verschiedene Identitäten und damit auch verschiedene Politikstile ausbilden. Allerdings ist diese „Umsortierung auf der gesellschaftspolitischen Ebene"[22] nicht beliebig. Wie man am Beispiel der Sozialintegrativen und der Radikaldemokraten sehen kann – sie kommen zumeist aus den modernen SINUS-Milieus, praktizieren offenere Formen geselligen Verhaltens (abwechslungsreich, informell und unkonventionell) und gehören den jüngeren Jahrgängen an – weist sie deutliche Schwerpunkte auf.

Politisch-ideologische Lager

Die jeweils rund 25 Prozent der Bevölkerung umfassenden Lager formieren sich jeweils entlang einer politisch-ideologischen Konfliktlinie. Für die Kritisch-Engagierten ist das die postindustrielle Konfliktlinie; ihre Identität verdanken sie „dem sozialhistorischen Bruch der 1960er Jahre". Lebensweltlich überwiegen bei ihnen ein „hohes Bildungs- und Informationsniveau ('Kompetenzerweiterung'), Lebensstile der Selbstverwirklichung ('Individualisierung') und der Ruf nach mehr politischer und betrieblicher Mitbestimmung ('partizipatorische Revolution')". Gesellschaftspolitisch entwickelte sich hier die „moderne kritische Weltanschauung, die in den politischen Strömungen der GRÜNEN und der (zahlenmäßig viel größeren) modernen Flügeln der SPD, der CDU und der politisch Verdrossenen besonders wirksam geworden sind".[23] Das Lager der Kritisch-Engagierten setzt sich aus den Sozialintegrativen (ca. 13 %) und den Radikaldemokraten (ca. 11 %) zusammen. „Kritisches Engagement ist zwar die besondere Berufung dieser Gruppe, aber keineswegs ihr Monopol. Ohne die Verbündung mit den Reformpotentialen außerhalb dieses Lagers, insbesondere in der desillusionierten arbeitnehmerischen Mitte, müßten sie politisch einflußlos bleiben."[24]

Das zweite Lager der Desillusionierten besteht zu 18 % aus den Skeptisch-Distanzierten und zu ca. 7 % aus jüngeren Angestellten und Arbeitern, die aus dem Lager der Zufriedenen von den Gemäßigt-Konservativen kommen. Sie formieren sich entlang der reaktualisierten Konfliktlinie zwischen Kapital und Arbeit. Die Angehörigen dieser Gruppen sind zwar einerseits vom gesellschaftspolitischen System enttäuscht, andererseits treten sie aber überdurchschnittlich für demokratische Mitbestimmung, Ausländerrechte und soziale Reformen ein. „Dieses demokratische und gesellschaftskritische Potential im sozialen 'mainstream' setzt sich weniger partei- und organisationspolitisch um. Es zeigt sich eher im Engagement an der sozialen und gewerkschaftlichen Basis (...)."[25]

Entlang der ständisch-moralischen Konfliktlinie, die historisch ältere regionale, ständische und konfessionelle Spannungen bündelt, bildet sich das Lager der Zufriedenen, zu dem die Mehrzahl der Gemäßigt-Konservativen mit ca. 11 % und die Traditionell-Konservativen mit ca. 14 % gehören. „Sie zweifeln nicht an der Gerechtigkeit einer nach Leistungs- und Bildungsunterschieden hierarchisch gestuften Gesellschaft und an der Vertrauenswürdigkeit der politischen und wirtschaftlichen Eliten, an die sie gerne Verantwortung delegieren."[26]

Schließlich findet sich an der in den 70er Jahren unter dem Stichwort „neue soziale Frage" oftmals thematisierten vormodernen Konfliktlinie das Lager der Deklassierten, das sich in die Gruppen der Enttäuscht-Apathischen (ca. 13%) und der Enttäuscht-Aggressiven (ca. 14%) unterteilt. „Obwohl es sich um 'Kleine-Leute-Milieus' mit traditionell hoher Gewerkschafts-, SPD- und Unionsloyalität handelt, führt ihre Enttäuschung oft zu starken Ressentiments, die sich gegen Ausländer, 'die' Politiker und alles Moderne richten."[27]

Verortet man diese vier politischen Lager im sozialen Raum (Schaubild 3), so wird deutlich, daß sie sich weder nach der vertikalen Klassenspaltung noch nach der horizontalen Differenzierung richten. Die sozialen Gegensätze der pluralisierten Klassengesellschaft „liegen vielmehr – im Sinne der 'systematischen Verzerrung' des politischen Raums nach Bourdieu – diagonal, als handle es sich um die Resultante des Kräfteparallelogramms der Klassenmilieus."[28] Obwohl die vier Lager nicht scharf voneinander abgrenzbar sind – viele Angehörige liegen außerhalb ihrer Schwerpunktzonen verstreut, und diese Streuung stellt ein „wichtiges Merkmal der sozialen Realität" und nicht, wie Vester u.a. ausdrücklich feststellen, „eine 'Unschärfe' der wissenschaftlichen Untersuchung oder eine 'Amorphie' der Sozialstruktur" dar –, haben sie „eine 'logische' Gestalt".[29] So bilden die Kritisch-Engagierten einen Halbkreis links und oben, die Deklassierten einen Halbkreis rechts und unten, die Desillusionierten liegen im weiten Umkreis der Mitte, und die Zufriedenen stellen eine schmale Pyramide rechts in der Mitte und oben dar. (Schaubild 7) Die meisten Menschen drängen nach 'oben' und 'links', d.h. zu privilegierten und modernen Lagen. Die 'Mitte' ist dabei, wie Vester u.a. hervorheben, „kein 'juste milieu', sondern Teil eines demokratisch-arbeitnehmerischen Lagers mit großem Interesse an mehr sozialer Gerechtigkeit für alle gesellschaftlichen Gruppen".[30]

Schaut man sich die sieben Politikstil-Milieus hinsichtlich ihres Engagements und ihrer Politikformen genauer an, so zeigen vier davon eine überdurchschnittliche Bereitschaft zu mehr politischer Mitwirkung. An erster Stelle stehen dabei die Radikaldemokraten, gefolgt von den Skeptisch-Distanzierten, den Sozialintegrativen und schließlich den Enttäuscht-Aggressiven. Während die Aktivitäten der ersten drei Gruppen jedoch mit arbeitnehmerischen und demokratischen Zielsetzungen verbunden sind, verknüpft sich das Engagement der Enttäuscht-Aggressiven häufig mit „Vorurteilen gegen Ausländer und alles Moderne".[31] Die anderen Politikstil-Milieus, die Gemäßigt-Konservativen, die Traditionell-Konservativen und die Enttäuscht-Apathischen, sind dagegen eher passiv. Haben die ersten beiden Vertrauen zur Parteipolitik, haben die letzteren es verloren und sind fatalistisch. Gemeinsam ist ihnen die Ablehnung sogenannter unkonventioneller Politikformen. Es liegt daher nahe, die Akteure von Straßenprotest überwiegend in den ersten drei Politikstil-Milieus zu suchen. Sie sollen im folgenden etwas genauer beschrieben werden.

Die Radikaldemokraten

„Der radikaldemokratische Typus findet sich im oberen Drittel der modernisierten, neuen sozialen Milieus. Er zeichnet sich durch hohes kulturelles und ökonomisches Kapital aus. Als Bildungselite mit den vergleichsweise höchsten Haushaltseinkommen (41 % haben ein monatliches Haushaltseinkommen von mehr als 4.000 DM, während dies im Durchschnitt der Stichprobe nur bei 28 % der Fall ist) repräsentieren die Radikaldemokraten gehobene bzw. bessersituierte jüngere Teile der Mittelklassen. 33,2 % des Alternativen, 25,5 % des Technokratisch-Liberalen, 13,8 % des Hedonistischen und 14,5 % des Konservativen Gehobenen SINUS-Milieus sind diesem Typus zuzuzählen. Ausgehend von den absoluten Zahlen stellen die Akteure des Technokratisch-Liberalen SINUS-Milieus den größten Anteil unter den Radikaldemokraten (19,3 %); es folgen die Aufstiegsorientierten mit 17 %, die Hedonisten mit 15,7 % und die Angehörigen des Kleinbürgerlichen SINUS-Milieus mit 15,4 %. Auffällig ist, daß sich 26 % der Angehörigen des Neuen Arbeitnehmermilieus bei den Radikaldemokraten wiederfinden und 18,7 % bei den Sozialintegrativen. Mit zunehmendem Alter der Akteure in den einzelnen Milieus – mit Ausnahme bei den Hedonisten – verringert sich der Anteil dieses Typus. Besonders hervorzuheben ist die Neuorientierung im Konservativen Gehobenen Milieu: Nur 7,1 % der in diesem Milieu Befragten über 45 Jahre, aber 33 % der Befragten bis 45 Jahre bekennen sich zu radikaldemokratischen Positionen. Mit einem Durchschnittsalter von 36 Jahren (Altersschwerpunkt 20 – 39 Jahre) gehören die Radikaldemokraten zur jüngsten Gruppe unserer Stichprobe. In der Bevölkerung bis 45 Jahre stellen sie einen Anteil von 14,7 %, darüber stellen sie nur noch 6,7 %. Während im Durchschnitt aller Befragten nur 13,8 % über eine Hochschulzugangsberechtigung verfügen, liegt diese bei den Radikaldemokraten mit 46,5 % erheblich höher. Dies gilt für alle Altersgruppen der Radikaldemokraten. Bereits die Eltern der Radikaldemokraten hatten ein überdurchschnittliches Bildungsniveau. Ein gewisser Bildungsaufstieg kann allerdings für die Frauen angenommen werden, da das Bildungsgefälle zwischen den Geschlechtern sich in den jüngeren Generationen der bis 45jährigen dieser Gruppe stark verringert hat. Entsprechend der bei den Radikaldemokraten mehrheitlich vertretenen jüngeren Altersgruppen gibt es hier viele Ausbildungspopulationen und Erwerbstätige: 9,4 % Schüler, 11,4 % Studenten, 45,7 % voll Berufstätige, 15,3 % teilweise Berufstätige und/oder Arbeitslose. Die Angehörigen dieses Typus der Radikaldemokraten arbeiten überwiegend in qualifizierten oder leitenden Angestellten- und Beamtenpositionen. Mit 4,2 % (Durchschnitt aller Befragten: 1,3 %) sind sie vor allem in den freien Berufen stark vertreten. Zudem sind sie in den neuen Berufen überrepräsentiert, z.B. in den Bildungs- und Erziehungsberufen mit 16,3 % (Durchschnitt: 5,7 %), in der technischen Intelligenz mit 10,7 % (4,4 %), bei den Kunst- und Kulturvermittlern mit 3,7 % (o,8 %), in den Rechts- und Sicherheitsberufen mit 3,4 % (1,8 %) sowie in den Medizinberufen mit 5,9 % (3,5 %)."[32]

Die Skeptisch-Distanzierten

„Skeptisch-Distanzierte finden sich in den unteren und mittleren Segmenten der insbesondere von Modernisierungen betroffenen Sozialmilieus. Sie repräsentieren einen Großteil der moderneren Arbeitnehmermilieus. 20 % sind dem Hedonistischen Milieu zuzurechnen, 19,5 % dem Traditionslosen Arbeitermilieu, 16,2% dem Aufstiegsorientierten Milieu und 13,1% dem Technokratisch-Liberalen Milieu der SINUS-Typologie. Die sich über die untere Hälfte des gesellschaftlichen Spektrums erstreckende Heterogenität dieser Gruppe zeigt sich darin, daß 25% ihrer Akteure traditionellen Milieus zuzuordnen sind, wobei das kleinbürgerliche Milieu mit 18,9 % am stärksten vertreten ist. Das Durchschnittsalter der Skeptisch-Distanzierten beträgt 42 Jahre und liegt damit nur leicht unter dem unserer Stichprobe. Leicht überrepräsentiert sind die Altersgruppen von 20-29 Jahren und von 30-39 Jahren. Der breiten Altersstreuung entspricht, daß Erwerbstätige, Rentner, Hausfrauen und Auszubildende etwa durchschnittlich in der Gruppe vertreten sind. Insgesamt verfügen sie über ein mittleres Bildungsniveau und sind als Vor- und Facharbeiter, qualifizierte Angestellte und Beamte mit mittlerem Einkommen erwerbstätig. Überdurchschnittlich häufig sind die Skeptisch-Distanzierten im technisch-gewerblichen Bereich sowie im Bereich Handel, Banken und Versicherungen tätig. Daß diese Gruppe (...) zu den Gewinnern der Bildungsreform gehört, zeigt, daß zwar 74,9% der über 45jährigen Skeptisch-Distanzierten über einen Volksschulabschluß verfügen, aber nur noch 37,5% der unter 45jährigen; bei letzteren konnte sich statt dessen der Anteil der Realschulabsolventen auf 31,2% und der der Fachabiturienten auf 3,9% steigern. Wie schon die Tendenzen des begrenzten Bildungsaufstiegs in dieser Gruppe zeigen, rekrutieren sich deren Angehörige überwiegend aus der Handwerker- und Arbeiterschaft (57% der Väter sind Arbeiter, 18% sind Angestellte; Durchschnitt aller Befragten: 53% bzw. 17,5%)."[33]

Die Sozialintegrativen

„Die Sozialintegrativen repräsentieren die unteren und mittleren Ebenen der neuen sozialen Milieus. Ein Viertel ist dem Hedonistischen SINUS-Milieu zuzuzählen, 22,8% dem Aufstiegsorientierten Milieu, 11% dem Traditionslosen Arbeitermilieu und 7,4% dem Neuen Arbeitnehmermilieu. Zwar sind die moderneren Milieus hier insgesamt stark überrepräsentiert, jedoch sind immerhin 13% der Sozialintegrativen dem traditionellen Kleinbürgerlichen Milieu zuzuordnen. Der Altersschwerpunkt der Sozialintegrativen liegt bei den 20-29jährigen, das Durchschnittsalter liegt bei 37 Jahren. Mit 60% sind die Frauen innerhalb dieser Gruppierung in der Mehrheit. Auffällig ist der überdurchschnittlich hohe Anteil von Realschulabsolventen (27,2%), der auf das mittlere Bildungsniveau der Sozialintegrativen verweist. Der Anteil der Abiturienten hat sich von der älteren Generation zur jüngeren Generation der bis zu 45jährigen auf 16,2% verdreifacht. Mit 58,5% überwiegen 'solide' Lehrabschlüsse in beiden Generationen. 58% der hier Befragten arbeiten in Angestelltenberufen (Büro-, Verwaltungs-, Medizin-, Bildungs- und Erziehungsberufe), 20% befinden sich noch in Ausbildung; dies sowie der überdurchschnittliche Anteil von 18% Teilzeitbeschäftigten (Durchschnitt aller Befragten: 6%) erklärt die niedrigen persönlichen und die mittleren Haushaltseinkommen. Überwiegend stammen die Sozialintegrativen aus Facharbeiter- und Handwerkerfamilien. Häufig sind die Mütter in Angestelltenberufen erwerbstätig (gewesen)."[34]

Neues Soziales Bewegungsmilieu

Innerhalb dieser nun genauer charakterisierten und verorteten Politikstil-Milieus stellen die neuen Bewegungsmilieus den „politisch mehr oder minder aktiven oder zumindest mobilisierbaren Kern" dar.[35] Auf der Suche nach dort neu entstandenen Mentalitätsmustern, die – so die Annahme – aus einer gemeinsamen Abgrenzungs- und Köhäsionspraxis resultierten, in der die unterschiedlich eingebrachten Weltanschauungen und Lebensstile bearbeitet, verändert und aufeinander abgestimmt wurden, befragten Vester u.a. im Sommer 1990 123 Angehörige und 99 Mütter bzw. Väter aus dem Umkreis der Bewegungsmilieus in Hannover, Oberhausen und Reutlingen. Das Sample war nach Alter, Geschlecht und dem modernisierten Teil der SINUS-Milieutypen geschichtet und sollte mindestens die neuen Bewegungsmilieus und maximal die neuen Lebensstil-Milieus, also zwischen ca. 5 bis 15 Prozent der Gesamtbevölkerung repräsentieren.[36]
Herausgekommen ist dabei eine Typologie von fünf veränderten, in sich jedoch variantenreichen Mentalitätsmustern neuer sozialer Bewegungsmilieus. (Schaubild 7) Ausdifferenziert wurden der Humanistisch-Aktive Typus (HUA) „mit ausgeprägter beruflicher Ethik, Professionalität und Leistungsorientierung", der Ganzheitliche Typus (GAN), „der einen Kompromiß sucht zwischen dem Aktivismus alternativer Lebensführung und dem realistischen Akzeptieren der eigenen Grenzen", der Erfolgsorientierte Typus (EFO), „der die soziale Ungleichheit als unveränderliche Realität nimmt, aber kooperativer gestalten möchte, die Chancen beruflichen Erfolgs und hedonistischer Freizeit nutzt und im Strom symbolischer Progessivität schwimmt", der Ty-

pus der Neuen Arbeiterinnen und Arbeiter (NAT), dem vielseitige Selbstverwirklichung in Arbeit, Freizeit und Gesellung sowie egalitäre und solidarische Werte zu wichtig sind, als daß er darauf um eines permanent sozialen Aufstiegs willen verzichten würde", und schließlich der Typus der Neuen Traditionslosen Arbeiterinnen und Arbeiter (NTLO), „der sich primär auf einen engen Vergemeinschaftungskreis und das Bemühen konzentriert, in Familie und Arbeit der ständigen Gefahr anomischer Destabilisierung entgegenzuarbeiten". Gemeinsam ist allen „ein Streben nach Autonomie und Selbstverwirklichung gegenüber gesellschaftlicher Bevormundung, Einschränkung und Entfremdung".[37] Diese Werte werden jedoch in der alltäglichen Praxis je nach Milieu verschiedenartig durchdekliniert: „teils solidarischer und teils egozentrischer, teils anspruchsvoller und teils bescheidener, teils idealistischer und teils realistischer".[38]

Während diese unterschiedlichen Modi der Selbstverwirklichung zum einen auf die Herkunft aus und die Bindung an verschiedene Klassenfraktionen verweisen, sich die Trägheit des Klassenhabitus (Hysteresis-Effekt) also bestätigt, kommt zum anderen im Generationenvergleich aber auch eine Relativierung der Klassendifferenzen zum Ausdruck: Von der Eltern- zur Kindergeneration vergrößern sich ganz deutlich die Spielräume einer „freieren persönlichen Entfaltung, im Sinne von Kompetenzerweiterung, Hedonismus (Distanzierung von der arbeitsgesellschaftlichen Verzichtsmoral) und gesellschaftlich-politischer Eigeninitiative".[39] Erweiterte Erfahrungsmöglichkeiten u.a. durch den Bildungsaufstieg, die Institutionalisierung neuer Lebensphasen (Adoleszenz und Postadoleszenz), dadurch bedingt dauerhaftere Kontakte zu anderen Milieus und die Konfrontation mit deren Normen und Werten (Milieumobilität), boten die Chance, in der Auseinandersetzung mit der Umwelt die erworbenen Wahrnehmungs- und Verhaltensmuster zu überprüfen, zu erweitern und/oder zu verändern.

Der Zusammenhalt der unterschiedlichen neuen sozialen Bewegungsmilieus beruht – neben häufiger Vernetzung durch benachbarte oder gemeinsame Wohnquartiere und -viertel, durch gemeinsame und verknüpfte Freundschafts- und Bekanntenkreise, durch Besuche gleicher politischer Veranstaltungen und die Benutzung derselben Dienstleistungen und Medien u.v.m. – insbesondere auf einer Integrationsideologie der Individualisierung. In ihrem jeweils verschiedenartigem Streben nach Autonomie und Selbstverwirklichung artikuliert sich auch ein gemeinsames Interesse an Demokratie und Emanzipation, das neben der eigenen Milieugrenze auch die Grenze der Milieukoalition stabilisiert und damit gleichzeitig der Abgrenzung gegenüber anderen Milieus und ideologischen Lagern dient.

Obwohl die Ideale dieser Integrationsideologie nicht verbindlich für das Handeln der Individuen sind, lassen sich in ihnen doch gemeinsame Elemente eines neuen kulturellen Selbstverständnisses auffinden, an denen sich individuelles Handeln über die Grenzen der unterschiedlichen Bewegungsmilieus hinweg legitimieren muß, und die die Suche nach anderen Lebens- und Politikformen motivieren:

„das Recht auf individuelle Besonderheit, das sich gegen den Konformitätszwang traditioneller Milieus richtet und gewisse narzistische Züge trägt; das Streben nach Authentizität gegenüber gesellschaftlichen Entfremdungen und Standardisierungen; die Suche nach Selbstbestätigung gegenüber den Erfahrungen der Anomie und Ausgrenzung; der Wunsch nach Entpflichtung von verordneten Solidaritäts- und Verhaltensnormen (der aber auch die Bereitschaft zu eigener Verantwortung, Disziplin und Leistung einschließt); eine gewisse Unbescheidenheit in dem Wunsch nach Teilhabe (an sinnstiftender Arbeit, an Familie, an Gemeinschaftserlebnissen, an Kultur, an gesellschaftspolitischer Mitbestimmung), der sich den arbeitsgesellschaftlichen Sphärentrennungen widersetzt, und die hohe Wertschätzung kulturellen Kapitals, die nur funktionell begründbare Hierarchien gelten lassen will und in besonderem Maße für 'neue' soziale Ungleichheiten sensibilisiert".[40]

Die vorgefundenen normativen Erwartungen und Verhaltenszumutungen der gesellschaftlichen Verhältnisse finden keine selbstverständliche Akzeptanz mehr, sondern werden kritisch hinterfragt; Lebenssinn wird umgebaut und bekommt neue Bedeutungen. Deutlich wird eine Haltung, die die Anpassung an gegebene Abhängigkeiten und die Unterwerfung unter gesellschaftliche Hierarchien zwar weder durch einen egalitären Theorieentwurf ideologisch überwindet noch in einer egalitären Lebensform alltagspraktisch ersetzt, in der aber doch dezidiert hierarchische und elitäre Auffassungen und Verhaltensorientierungen nicht mehr, wie noch etwa bei der älteren Generation der konservativen Milieus, vorhanden sind. In diesem Sinne sprechen Vester u.a. sogar davon, daß „die Annahme der Klassenlosigkeit der neuen Milieus ein wahres Moment in den Strebungen der Individuen hat".[41]

Eine Analyse der Lebensstil-, der Politikstil- und der neuen Bewegungsmilieus kann keine genaue Abgenzung und exakte Definition der sozialen Trägergruppen des Straßenprotests leisten. Aber immerhin führt sie insofern zu einer Eingrenzung der Herkunft oppositioneller Akteure, daß ideologische Lager in der pluralistischen Klassengesellschaft unterschieden und nach Politikstilen ausdifferenziert sowie Schwerpunktzonen ihrer Lage im sozialen Raum verortet und syndromartige Mentalitätstypen beschrieben werden können.

Danach rekrutieren sich die Protestakteure überwiegend aus dem ideologischen Lager der Kritisch-Engagierten, aber auch aus den Reformpotentialen außerhalb dieses Lagers, insbesondere aus dem der Desillusionierten, denen offenere, neuere und demokratischere Politikstile zur Verfügung stehen, die eine hohe politische Aktivitätsbereitschaft zeigen und dabei sogenannte unkonventionelle Politikformen bevorzugen; überdurchschnittlich vertreten sind sie in den modernisierten und zum Teil in den benachbarten teilmodernisierten SINUS-Lebensstil-Milieus; in den Altersgruppen weisen sie eine Schwerpunktzone in den jüngeren Generationen auf, d.h. sie sind überdurchschnittlich unter den 14- bis 39jährigen zu finden; sie verfügen fast ausschließlich über einen mittleren und/oder höheren Bildungsstandard, d.h. über ein relativ hohes Potential kulturellen Kapitals; auch der Berufs- bzw. Sozialstatus entspricht überwiegend mittleren und höheren Positionen; dennoch streut das Maß ökonomischen Kapitals von privilegierten bis prekären Lagen. Im Generationenvergleich haben sie oftmals eine 'Wanderungsbewegung nach oben und links' hinter sich, d.h. sie stehen zum einen auf der Modernisierungsseite der Wertewandel-Skala, und zum anderen orientieren sie sich am Oberklassen-Habitus. Festzustellen ist eine strukturierte Heterogenität der sozialen Lagen, der Lebensstile, der Formen gesellschaftlich-politischen Engagements und der Mentalitätstypen. Entscheidend für das Verständnis der Sozialstruktur der neuen sozialen Bewegungen – der neuen Bewegungsmilieus – ist jedoch, daß ihre bedeutsamste Gemeinsamkeit über alle Verschiedenheiten hinweg in einem Streben nach Autonomie und Selbstverwirklichung zu finden ist.

Proteststil und partikulare Identität

Die Identifizierung einer überschaubaren Anzahl von neuen Bewegungsmilieus führt zu keiner Aussage darüber, wie diese den verschiedenen politischen Spektren der neuen sozialen Bewegungen zugeordnet werden können. Es ist jedoch nicht davon auszugehen, daß eine Bewegungsströmung ein Bewegungsmilieu repräsentiert. Wahrscheinlicher ist, daß sich – ähnlich wie bei dem Zusammenhang zwischen Politik- und Lebensstil – in jedem Spektrum der Frauen-, Friedens- und Ökologiebewegung mehr oder weniger alle Milieus antreffen lassen und es allenfalls überdurchschnittliche Vertretungen gibt. Da hier so eine Untersuchung aber nicht geleistet werden kann, soll das Augenmerk nun darauf gerichtet werden, inwieweit auf der Handlungsebene unterschiedliche Proteststile oder zumindest bevorzugte Optionen und Präferenzen für bestimmte Aktionsformen entlang der Bewegungsspektren auszumachen sind.
Auch die partikulare Identität der unterschiedlichen Strömungen und ihrer Gruppierungen wird durch einen fortlaufenden Prozeß der Abgrenzung und

Kohäsion hergestellt. Die jeweils gemeinsamen Auffassungen und Haltungen werden mit Hilfe eigener symbolischer Repräsentationsmodi – und die bevorzugte Präferenz für bestimmte Aktionsformen ist davon ein wichtiger Bestandteil – zum Ausdruck gebracht. Daher ist die permanent und manchmal auch unversöhnlich geführte Auseinandersetzung zwischen den Spektren über die 'richtige' Aktionswahl ein bedeutendes Moment im Kampf um die Sicherung der politischen Identität.

Spektren der Friedensbewegung

Keine andere soziale Bewegung seit dem 2. Weltkrieg hatte eine derartig breite gesellschaftliche Massenbasis wie die neue Friedensbewegung der 80er Jahre. Obwohl die ungeheure Anzahl von Komitees, Initiativen, Verbänden und Parteien, in denen sich die BürgerInnen gegen die Auf- und Nachrüstung engagierten, zunächst als eine unüberschaubare, bunte Vielfalt erscheint, stellen sich sowohl in der dezentralen Friedensarbeit als auch in den zentralen Organisationsstrukturen – Koordinationsausschuß und Aktionskonferenzen – fünf verschiedene mehr oder minder kohärente politische Strömungen dar: das christliche, das unabhängige, das sogenannte KOFAZ- und das sozialdemokratische Spektrum sowie die GRÜNEN. In diesem politischen Bündnis, das zunächst bis 1983 noch von einem „relativ großen Maß an inhaltlicher Übereinstimmung" durch den umstrittenen, aber doch von allen getragenen Minimalkonsens, d.h. die Verhinderung der Nachrüstung, gekennzeichnet war, zeigten sich jedoch auch danz deutliche „klare Abgrenzungen, wechselnde, befristete Koalitionen und eindeutige Blöcke" zwischen den einzelnen Strömungen.[42]

In der Aktionsplanung drehte sich dabei die Auseinandersetzung im wesentlichen um die „Entscheidung für bestimmte Aktionstypen"[43], mit der auch darüber entschieden wurde, ob der Protest weiter zugespitzt oder verbreitert werden sollte, ob die Akteure radikaler oder massenhafter auftreten und die Aktionen 'nur' symbolisch oder effektiv wirken sollten. Da sich in diesen zentralen Streitfragen sowohl das politische Selbstverständnis der beteiligten Organisationen als auch der biographische Hintergrund der Akteure und ihre Bereitschaft zu radikalen und riskanten Aktivitäten widerspiegelte, eskalierten hier oftmals die Diskussionen und Emotionen. Weitere Konflikte entzündeten sich an der Alternative zentraler und dezentraler Aktionsplanung und -durchführung sowie an der zeitlichen Abfolge, d.h. der Häufigkeit und Dichte von Protesthandlungen.

Das christliche Spektrum verfügt über keine einheitliche Strategie.[44] Im Grundkonflikt zwischen Verbreiterung und Zuspitzung wird häufig mit dem

Verweis auf Publikum und Öffentlichkeit ein ausgleichender Kompromiß gesucht; zudem wird eine nachdenkliche und planende Perspektive betont. Eine Festlegung auf eine bestimmte Aktionsform gibt es nicht. „Vielmehr zeigt sich hier die Vielfalt von Aktionsvorstellungen, die eng an die jeweilige Zielsetzung gebunden sind und die Bevölkerung immer als Adressaten im Blick haben. Radikale Aktionsformen treten nicht in den Vordergrund, Aktionen zivilen Ungehorsams werden weder deutlich befürwortet noch klar abgelehnt. Die Haltung zu den unterschiedlichen Aktionen erscheint eher bedächtig, reflektiert und zukunftsorientiert. Ein unüberlegter Aktionismus stößt auf Ablehnung, die Folgen der gewählten Aktionen müssen immer bedacht werden."[45] Obwohl sich das christliche Spektrum einheitlich, klar und offensiv zur Gewaltfreiheit bekennt und einen taktischen Umgang mit ihr ablehnt, wird die Auseinandersetzung in dieser Frage als „Problem und Herausforderung" betrachtet.

Eine gemeinsame strategische Vorstellung ist auch im unabhängigen Spektrum nicht zu erkennen; die Überlegungen reichen von „grundsätzlichen und detaillierten Forderungen" bis zu „kurz- und langfristigen Perspektiven". Während die Unabhängigen zwar die Vielfalt von Aktionsformen befürworten, tendieren sie doch zu einer Radikalisierung der Aktionen, deren Risiken – insbesondere die Gefahr einer Ausgrenzung von BürgerInnen – zum Teil gesehen werden. Direkte Aktionen werden überwiegend begrüßt, zur Gewaltfrage gibt es jedoch keine einheitliche Einschätzung. Zwischen den „Absolut Gewaltfreien" und den „Gewaltbereiten Autonomen", die sich als unversöhnliche Standpunkte in diesem Spektrum gegenüberstehen, gibt es eine Reihe unpräziser Zwischenpositionen. „Insgesamt ergibt sich auch hier kein einheitliches Bild. Nicht nur die heterogenen Traditionen der beteiligten Gruppen machen das Spektrum der Unabhängigen zum Sammelbecken für die unterschiedlichsten Haltungen und Ideen."[46]

Dagegen verfügt das KOFAZ-Spektrum in grundsätzlichen Fragen über eine einheitliche Position; dennoch stellt es sich nicht als monolithischer Block dar, es zeichnen sich auch Zwischentöne und Abweichungen in Einzelfragen ab. Abgesehen von ideologischen Fundamenten, wie z.B. die Einschätzung der UdSSR als „Friedensmacht", spricht sich dieses Spektrum überwiegend und klar gegen Aktionismus und gegen die Ausschließlichkeit und Polarisierung von Verbreiterung und/oder Zuspitzung des Protests aus. Zwar wird mehrheitlich Zustimmung zu einer Aktionsvielfalt geäußert, wozu jedoch die in der Praxis vertretene Linie, den Minimalkonsens insbesondere mit den Aktionsformen Unterschriftensammlung und Massendemonstration durchsetzen zu wollen, kontrastiert. Zum Teil werden direkte Aktionen als „nur symbolische und moralisch-motiviert"[47] abgelehnt. Die überwiegende Mehrheit betrachtet Gewaltfreiheit als ein Grundprinzip der Friedensbewegung. Das sozialdemokratische Spektrum bietet in Strategiefragen ein uneinheitliches Bild. So wird z.B. einerseits eine sicherheitspolitische Debatte, andererseits der gemeinsame Kampf gegen Aufrüstung und Sozialabbau in den Vordergrund gerückt. Die Sozialdemokraten befürworten zwar vielfältige Aktionsformen, setzen aber doch deutliche Prioritäten für demonstrative Aktionen, wie Großdemonstrationen und -kundgebungen, Info-Stände und Unterschriftensammlungen. Ihnen erscheint „die Festlegung auf Gewaltfreiheit als selbstverständlich", direkte Aktionen tolerieren sie nur in Form eines strikt gewaltfreien zivilen Ungehorsams. Insgesamt erscheinen sie in der Friedensbewegung „eher als bunt zusammengesetztes Spektrum, denn als monolithischer, ideologisch stabiler Block", vorhanden sind „lediglich grundsätzlich ähnliche Linien, jedoch kein genereller Gleichklang in den Antworten".[48]

Auch bei den GRÜNEN existiert keine gemeinsame strategische Vorstellung; allerdings wird die Notwendigkeit einer längerfristigen friedenspolitischen Perspektive betont. Als 'Bewegungspartei' zeigt ihr Aktionsverständnis „deutlich radikale Züge, ohne einen Monopolanspruch für diese Linie zu fordern".[49] Auch hier wird die Aktionsvielfalt begrüßt, während die Präferenz bei gewaltfreien direkten Aktionen liegt, denen auch die größten Erfolgsaussichten eingeräumt werden. Der Anspruch auf Unberechenbarkeit und die Notwendigkeit von Risikobereitschaft haben bei den GRÜNEN einen hohen Stellenwert. Sie bekennen sich dabei zur Gewaltfreiheit, aber auch zur Konfliktaustragung und Kooperation mit Gruppen, „die Gewaltfreiheit nur situativ, taktisch und nicht aus Überzeugung praktizieren".[50]

Zusammenfassend ist für alle Spektren eine „weitgespannte Heterogenität in den Strategievorstellungen" zu konstatieren, in der sich eine „konzeptionelle Unsicherheit hinsichtlich der Zukunft der Friedensbewegung" ausdrückt.[51] Zwar akzeptieren auch im Aktionsbereich alle Spektren im Prinzip die Breite und Vielfalt der Handlungsmöglichkeiten und -formen, dennoch lassen sich Abstufungen und unterschiedliche Tendenzen in der Präferenz der Aktionswahl erkennen. Während die Unabhängigen und die GRÜNEN deutlich auf eine Zuspitzung des Protests drängen und dazu direkte Aktionen befürworten, sich allerdings in der Gewaltfrage unterscheiden – letztere weisen ein höheres Maß an Geschlossenheit für die prinzipielle Gewaltfreiheit aus, erstere schließen auch gewaltbereite und -praktizierende BefürworterInnen direkter Aktionen ein –, zielen das sozialdemokratische und KOFAZ-Spektrum auf eine Verbreiterung des Protests und bevorzugen demonstrative (Massen-)

Aktionen, wobei sich erstere tendenziell eher für direkte und umfassender für prinzipiell gewaltfreie Aktionen aussprechen als letztere. Dazwischen steht das christliche Spektrum, das für beide grundlegenden Proteststrategien und Aktionsformen unter der Bedingung strikter Gewaltfreiheit offen ist.

Strömungen der Frauenfriedensbewegung

Frauke Rubart hat 1988 in einem Aufsatz über die Frauenfriedensbewegung[52] vier Strömungen unterschieden – die radikalen, die christlichen, die spirituellen und die kulturellen Feministinnen –, die sich „mit Hinsicht auf verschiedene Ereignisse konstituieren" und durch verschiedene Diskurse, Schlüsselsymbole und Aktionsformen charakterisiert sind.

Die Radikalfeministinnen orientieren sich an Max Webers Vernunftbegriff. Ihre Strategien und Ziele sind progressiv, aber antiutopisch. Utopie gilt ihnen in der modernen Gesellschaft als naive bis infantile, unpassende bis gefährliche Illusion. Ihre Zielvorstellung richtet sich auf ein egalitäres Geschlechterverhältnis, dessen Realisierung sie mit der Abschaffung der geschlechtsspezifischen Arbeitsteilung verknüpft sehen, und auf eine „Geschwisterlichkeit in einer geschlechterintegrierten Gesellschaft".[53] Frieden erscheint ihnen nur auf der Basis dieser „Gleichheit ohne Anpassung" zwischen Frauen und Männern möglich. Schlüsselsymbole dieses radikal-feministischen Diskurses sind das Venuszeichen und die Farbe Lila, als Symbolfigur dieser ältesten Richtung wird Alice Schwarzer betrachtet. Wie z.B. in Bonn 1982, „konzentrierten sich die Radikalen bei ihrem Protest gegen die Stationierung von Mittelstreckenraketen auf die Teilnahme an Demonstrationen. Sie bildeten 'lila Blöcke', um die Präsenz von (feministischen) Frauen deutlich und medienwirksam sichtbar zu machen. Bei ihren Friedensaktionen bevorzugen sie Großkundgebungen und fordern das Rederecht für eine feministische Symbolfigur, die ihre radikale Sichtweise der Friedensproblematik artikulieren soll".[54] Ihnnen geht es um eine effektive Einmischung in die offizielle Politik, um eine „qualitative Mehrheit" und um Macht, mit der die gesellschaftlichen Strukturen verändert und die soziale Stellung der Frau verbessert werden sollen.

Im Diskurs der spirituellen Feministinnen wird eine „sinnliche Vernunft", der Bilder, Mythen und archaisches Denken nicht als irrational gelten, und die „Macht der Gefühle" der männlichen Rationalität gegenübergestellt. Macht bedeutet hier erotisches und kreatives Veränderungspotential, Machtgewinnung zielt auf die „Selbstaneignung der unterdrückten Erotik", der „von Männern entkörperten Spiritualität". Obwohl sich diese Strömung an Mythen

(Amazonenstaat) orientiert, archaische Symbole (die Doppelaxt als Symbol weiblicher Kampfkraft und die tanzende Göttin als Hinweis auf matriarchalische Rituale, bei denen alles Männliche unerwünscht und ausgeschlossen ist) verwendet und vormoderne Leitbilder („Matriarchat ohne Herrschaft") hat, ist ihre Modernitätskritik, so Frauke Rubart, „nicht antiemanzipatorisch", sondern „neuzeitlich-antimodern". „Durch Magie und Rituale, in denen die zyklische Wiederkehr des Lebens beschworen wird, rüsten sie sich psychisch für ihren Kampf gegen das materialistische Technopatriarchat. Sie verstehen ihn als Flucht nach vorn. Sie wollen nicht zurück in die Steinzeit, sondern vorwärts, zur matriarchalischen Subsistenzwirtschaft."[55] Eine bevorzugte Aktionsform der spirituellen Feministinnen stellen Frauenwiderstandscamps dar, aus denen heraus, wie z.B. im Hunsrück seit 1983, immer wieder gewaltfreie direkte Aktionen gegen militärische Einrichtungen der Region organisiert werden.

Auch den christlichen Feministinnen ist ein Leben in der Gegenwart zu wenig, sie sind „nicht profan-vernünftig". Ihre radikale Utopie ist das „Paradies ohne Patriarch", „ein feministischer Garten Eden ohne autoritären Gott". In diesem Bild einer herrschaftslosen und gewaltfreien Gesellschaft leben Frauen und Männer frei und gleich, „nackt und anarchisch" miteinander, Frieden herrscht nicht nur unter den Menschen, sondern auch zwischen Mensch und Natur. „Das Paradies ist der Garten, in dem die Menschen waffenlos sind und einander lieben. Beides gehört zusammen."[56] Schlüsselsymbol der christlichen Feministinnen ist Pablo Picassos Gemälde „Kind mit Taube" – es wird oftmals als Plakette getragen – bei dem das Kind, das als Hoffnungsträger für eine bessere Welt fungiert, den „Seelenvogel" behutsam und schützend in den Händen hält und sich so um den Frieden bemüht. Ihr Hauptanliegen besteht darin, zu warnen und zu mahnen, insbesondere leisten sie Aufklärungs- und Informationsarbeit (Friedenserziehung) – eine moralische Argumentation verbindet sich so mit Verstand und Wissen. Bei den christlichen Feministinnen zeigt sich eine Präferenz für Mahnwachen, Schweigekreise u.ä., wie z.B. auf dem evangelischen Kirchentag in Hamburg 1981.

Dagegen haben die kulturellen Feministinnen keine Utopie. Sie verweisen auf die Schwierigkeiten von Frauen/Müttern in der patriarchalen Gesellschaft, sich und im Leben mit ihren Kindern zu behaupten. Es geht ihnen nicht um ein egalitäres Geschlechterverhältnis, vielmehr betonen sie die Differenz. Gefordert wird nicht die Aufhebung der geschlechtsspezifischen Arbeitsteilung, sondern die Aufwertung des weiblichen Prinzips. Angestrebt wird eine „Mütterlichkeit ohne Bemutterung". „Sie sind (klein-)familienorientiert und ziehen aus der kommunikativ-emotionalen Er- und Beziehungsarbeit, für die sie sich ausdrücklich zuständig erklären, subjektive Befriedigung, Selbstwertgefühl und persönliche Identität."[57] Ihr Schlüsselsymbol stellt die durch Verantwortungsbewußtsein, Lebensorientierung und weibliche Alltagskompetenz ausgezeichnete Frau/Mutter dar, die – wie im Bild „Saatfrüchte sollen nicht vermahlen werden" von Käthe Kollwitz – ihre Kinder beschützt und verteidigt und entschlossen ist, sie für nichts und niemanden zu opfern. So wird auch in der Friedensbewegung die Betroffenheit als Mutter thematisiert. Bei ihrer Aktionswahl folgen sie insbesondere einer Linie der Verständigung. „Mit ihren grenz- und blocküberschreitenden Frauenfriedensmärschen, bei denen auch Männer mitlaufen dürfen, wollen die kulturellen Feministinnen zwischen Ost und West vermitteln. Mit ihren Aktionen, denen jegliche Agressivität fehlt, wollen sie Verbindungen herstellen. Mit Zeichen-Sprache wollen sie zur Völkerverständigung beitragen und (zum) Frieden (an)stiften. Dabei wollen sie nicht protestieren, sondern an politische Entscheidungsträger appellieren."[58]

Besteht das Gemeinsame der engagierten Friedensfrauen in einem „speziellen weiblichen Zeichensystem des Lebens und der Gewaltfreiheit", so entwickeln die verschiedenen Strömungen doch unterschiedliche Handlungsperspektiven und symbolische Formen. Deutlich wird, wie die partikulare Identität zur Betonung eines bestimmten Aktionsverständnisses führt – Demonstration, Widerstand, Aufklärung, Verständigung und eine Präferenz in der Aktionswahl, wie Großkundgebung, Friedenscamp, Mahnwache, Friedensmarsch. Beides trägt als Protestangebot und insbesondere in der Durchführung der kollektiven Handlung wiederum zur Formierung und Stabilisierung der partikularen Identität bei.

Während die christlichen und die kulturellen Feministinnen überwiegend eine kulturorientierte Handlungsoption verfolgen, sind die Aktionen der radikalen und spirituellen Strömung eher machtorientiert. Ihr Machtdiskurs unterscheidet sich jedoch insofern, als die einen damit unmittelbar auf die politische Effizienz gesellschaftlicher Einmischung und Veränderung, die anderen aber zunächst auf die Selbstaneignung und Entfaltung eines inneren erotischen Potentials abzielen; es zeigen sich unterschiedliche Vorstellungen von Frauen-Power.

Auf der Aktionsebene konzentrieren sich insbesondere die Spirituellen auf gewaltfreie direkte Aktionen. Nur in ihrer Symbolsprache artikuliert sich teilweise eine Militanz, die dann allerdings nicht gegen Menschen, sondern gegen Sachen gerichtet ist, so z.B. wenn Frauen mit der Doppelaxt Bomben und Raketen zerstören. „Die Doppelaxt der Amazonen ist mehr Werkzeug als Waffe. Deshalb steht auch die Symbolwelt der spirituellen Feministinnen

nicht außerhalb des durch Gewaltfreiheit in bezug auf Ziele und Strategien charakterisierten weiblichen Zeichensystems."[59] Aber: „Je mehr sich Friedensfrauen mit den ursprünglichen Zielen der neuen Frauenbewegung identifizieren, desto militanter sind ihre Zeichen."[60]
Alle anderen Strömungen bevorzugen demonstrative Aktionsformen. Dabei finden gerade symbolisch-expressive Aktionen großen Anklang, deren szenische Formen mit der Lebensorientierung des weiblichen Zeichensystems kompatibel sind, z.b. Menschenketten und -netze. Ob dies im Umkehrschluß dazu führt, daß, wie Frauke Rubart schreibt, „'Die-Ins' abgelehnt werden", mag angesichts doch einiger Beispiele bezweifelt werden. Wahrscheinlicher ist, daß dies allerdings für solche Aktionen zutrifft, die sich in ihrer Inszenierung auf „das Sterben" beschränken und keine „Lebensalternative" anbieten. Symbolisch-expressive Aktionen, deren szenische Formen sich an Märchen und Mythen orientieren, wie z.B. das „Einspinnen" von militärischen Einrichtungen mit symbolischen Lebensfäden – handwerkliches Spinnen kann als „das Paradigma weiblicher Produktivität", die Spinnerin als „Märchenfigur par excellence" betrachtet werden[61] –, werden vornehmlich von Spirituellen praktiziert, von Radikalen kritisiert (und oftmals von Männern ironisiert).

Gruppierungen der Anti-WAA-Bewegung

Die Protestbewegung gegen die Wiederaufarbeitungsanlage in Wackersdorf verfügte über eine „äußerst komplexe Struktur", bei der sich die Formen der beteiligten Organisationen (Zirkel, Gruppen, Verbände, Parteien, Aktionsbündnisse und Netzwerke) und deren soziale Basis, Zielsetzung und Strategie, Aktionsradius und Handlungsrepertoire „eklatant" unterschieden.[62] Winfried Kretschmer und Dieter Rucht haben die Komplexität dieses Handlungssystems dargestellt und in ihrer Analyse zwischen dem Spezialisierungsgrad der Zielvorstellungen[63], räumlichen Komponenten (lokal, regional, landes- und bundesweit), zentraler und peripherer Stellung im Konflikt sowie formeller und informeller Organisation differenziert. Dem unterschiedlichen Aktionsverständnis der allein in Bayern weit über 60 Protestgruppen, das sich im Laufe der mehrjährigen Auseinandersetzung zudem zum Teil erheblich verändert hat, kann nun nicht im einzelnen nachgegangen werden, aber es zeichnen sich doch Hauptgruppierungen ab, deren Präferenz für bestimmte Aktionsformen und -modi beschreibbar ist.
Zunächst sind da die in Bürgerinitiativen organisierten Protestakteure der Region zu nennen. Die auf Landkreisebene organisierte und aus 14 Ortsgrup-

pen bestehende Bürgerinitiative Schwandorf war dabei der Kern der insgesamt 10 Initiativen im Regierungsbezirk Oberpfalz.[64] Sie galt seit ihrer Gründung im Oktober 1981 lange Zeit als „gemäßigt und in ihrer Grundorientierung konservativ".[65] In ihrer Vorstellung vom Kampf gegen das Nuklearprojekt nahmen verfahrensrechtliche und juristische Einsprüche den zentralen Platz ein, die WAA sollte gerichtlich verhindert bzw. solange verzögert werden, bis ihre Betreiber das Interesse verlieren. Für diese Form des Widerstandes stand auf der Ebene der Koordinationsgremien der „Dachverband der Oberpfälzer Bürgerinitiativen". Wenn hier der Gedanke an Straßenprotest aufkam – anfangs wurden bereits Demonstrationen skeptisch betrachtet und direkte Aktionen aus Angst „vor den Chaoten aus dem Norden" abgelehnt –, so ausschließlich in seinen legalen und absolut gewaltfreien Formen.

„Jedoch war die Ablehnung direkter Aktionen, wie Blockaden und Geländebesetzungen, auch intern nicht unumstritten. Innerhalb der BI existierte eine starke Minderheit, die mit einem offensiveren, aktionsbetonteren Vorgehen sympathisierte (...). Die Errichtung des als 'Jagdsitz' deklarierten Holzturmes an Pfingsten 1983 bildete ein erstes, deutliches Zeichen der zu offensiveren Aktionen bereiten Gruppierungen. Dieser Flügel der Schwandorfer BI setzte auf einen Lernprozeß der konservativen BI-Mitglieder. Jedoch schien ein Konflikt zwischen den zu direkten Aktionen tendierenden Mitgliedern und den 'sehr, sehr, sehr vorsichtigen Bürgern' lange Zeit vorgezeichnet, zumal die Aktivisten der städtischen Bürgerinitiativen gerade nach der Standortentscheidung unter dem Eindruck des bevorstehenden Baubeginns auf direkte Aktionen drängten. In dieser Situation öffnete sich die BI Schwandorf gegenüber den auswärtigen Gruppen und dem von ihnen vertretenen Konzept einer Platzbesetzung. Während die Initiative zur probeweisen Besetzung im Sommer 1985 von den Autonomen Gruppen ausging, wurde die eigentliche Platzbesetzung im Winter 1985/86 gemeinsam von auswärtigen und örtlichen Gruppen vorbereitet und getragen. Gerade die beiden Hüttendörfer im Winter 1985/86 aktivierten neue Protestenergien und führten zu einer Neuorientierung der BI", zu ihrem „Wandel von einem konservativen, auf konventionelle Formen des Widerstandes verpflichteten Verein zu einer informell strukturierten und aktionsorientierten Bürgerinitative."[66]

Dieser grundlegende Wandel stand in engem Zusammenhang mit dem verstärkten Engagement von Frauen der Bürgerinitiative. Insbesondere Mütter aus den verschiedenen Ortsgruppen gründeten im Mai 1985 die „Frauen gegen die WAA". U.a. der „Wunsch nach anderen Aktionsformen" und eine „Bereitschaft zu unkonventionellen Aktionsformen" führten zu diesem Schritt.[67] Die besondere Option galt dabei symbolisch-expressiven, zum Teil aber auch direkten Aktionen. Beispielsweise besuchten als Hexen verkleidete Frauen in der Walpurgisnacht das Informationsbüro der bayerischen Staatsregierung in Schwandorf, ließen das gesamte Informationsmaterial mitgehen und verbrannten es anschließend auf dem Marktplatz.

Der christlich motivierte Protest gegen die Wiederaufarbeitungsanlage stellt eine dritte Gruppierung dar. Lokale Gliederungen der Katholischen Landjugend, von Pax Christi und insbesondere der 1983 gegründete „Arbeitskreis Theologie und Kernenergie" arbeiteten vor Ort und in den Koordinationsgremien der Bewegung. Im Herbst 1984 bauten engagierte Christen und Mitglieder der Bürgerinitiative Schwandorf in der Nähe des geplanten Bauplatzes das sogenannte „Franziskus-Marterl", eine kleine Kapelle, neben der später noch ein großes Holzkreuz aufgestellt wurde. Dieser Ort entwickelte sich zu „einem Anziehungspunkt des christlichen Widerstandes".[68] Hier wurden seit Beginn der Bauarbeiten jeden Sonntag und an kirchlichen Feiertagen Andachten und Gottesdienste abgehalten, deren zumeist nach Hunderten zählende TeilnehmerInnen anschließend einen Waldspaziergang zum Bauzaun machten.

Seit der Standortentscheidung für Wackersdorf und insbesondere mit dem Beginn der Bauarbeiten spielten autonome Gruppen in der Auseinandersetzung eine zentrale Rolle. Sie organisierten sich in sogenanten „Anti-WAA-Plenen" in verschiedenen (Groß-)Städten, u.a. in Berlin, Erlangen, Freiburg, Tübingen und Würzburg, die über Städtepartnerschaften und durch informelle Kontakte mit den regionalen Bürgerinitiativen vernetzt waren. Das Spektrum der „Landeskonferenz der bayerischen Bürgerinitiativen (LAKO)" – neben der „Bundeskonferenz der Anti-AKW-Bewegung (BUKO)" und der „Atommüllkonferenz" eine der in den Konflikt involvierten überregionalen Organe der Antiatomkraftbewegung – „tendierte insgesamt zu autonomen Positionen und entsprechenden Aktionsformen".[69] Die Autonomen bildeten innerhalb der Protestbewegung „eine höchst schillernde und schwer berechenbare Gruppierung". Ihre situationsspezifischen Handlungsmuster reichten „von den üblichen Formen des Protests über taktische Gewaltfreiheit im Rahmen einer Aktionseinheit mit anderen Gruppen bis hin zur militanten Aktion und schließlich der Sabotage (...). So wurden die strikt gewaltfreien Platzbesetzungen von ihnen zwar mitgetragen, aber bei anderen Anlässen die Auseinandersetzung am Bauzaun forciert. Die Autonomen – mit ihrer Neigung zu Gewaltaktionen die auffälligsten im Protestspektrum – prägten vor allem bei einzelnen Aktionen während der dritten Mobilisierungswelle (von Anfang 1985 bis Sommer 1986, d. Verf.) das Bild des Protests".[70] Das waren insbesondere Zerstörungsaktionen gegen den seit Ostern 1986 geschlossenen Bauzaun. Bei diesen „Zaunkämpfen" überraschte allerdings weniger der nicht nur von Autonomen vollzogene Schritt zur gewaltsamen direkten Aktion, sondern das Verhalten vieler Oberpfälzer BürgerInnen, die dieses Vorgehen zunehmend duldeten, damit sympathisierten und teilweise sogar aktiv unterstützten. Der zwischen örtlichen Bürgerinitiativen und auswärtigen Gruppen ausgehandelte Minimalkonsens über ein gewaltfreies Vorgehen bei direkten Aktionen hatte bis zum Ostermarsch 1986 gehalten. Dort eskalierte der Konflikt jedoch – erstmals kam in der Bundesrepublik CS-Gas zum Einsatz –, in dessen Folge sich auch die einheimischen BürgerInnen, zudem enttäuscht über den zum damaligen Zeitpunkt erfolglosen gerichtlichen Klageweg, radikalisierten.

Diese Kerngruppierungen der Anti-WAA-Bewegung – lokale/regionale Bürgerinitiativen, Frauengruppe, christliche und autonome Gruppen – berieten, planten und organisierten ihre Aktionen, insbesondere die Platzbesetzung Ende 1985, in dem im Frühsommer des gleichen Jahres gegründeten „Koordinationsausschuß für die Aktionen bei Rodungsbeginn"; dort waren auch andere Organisationen, wie z.B. „Robin Wood" oder DIE GRÜNEN, vertreten. Dieser Zusammenschluß wurde nach der Platzbesetzung durch das „Strategietreffen der Oberpfälzer Bürgerinitiativen" als zentrales Koordinationsgremium für die wichtigsten Aktionen abgelöst, an dem nun auch die örtlichen Gliederungen von BUND Naturschutz, SPD und DKP teilnahmen. Auf Grund des Übergewichts der lokalen Organisationen lag dort „die Präferenz auf gewaltfreien Aktionsformen"[71], was, neben der organisatorischen Beschränkung auf die Region, von den Autonomen heftig kritisiert wurde. Mit seiner Etablierung hatte sich auf der Ebene der regionalen Protestgruppierungen „eine informelle Arbeitsteilung zwischen dem auf legale Formen des Widerstandes beschränkten Dachverband und dem auch mit disruptiven Aktionsformen befaßten Strategietreffen herausgebildet".[72]

Trotz der Unterschiedlichkeit der Protestakteure – von der konservativen älteren Bürgerin aus der Region bis zum jüngeren autonomen Antiimperialisten aus der Stadt –, die sich auch in ihrem differenzierten und zum Teil unüberwindbar gegensätzlich erscheinenden Aktionsverständnis Ausdruck verschafften, gelang es der Anti-WAA-Bewegung dennoch, ihre Aktionen gemeinsam zu planen und zu veranstalten. Daß die prinzipielle Übereinstimmung hinsichtlich einer bestimmten Aktionsform durchaus mit abweichenden Auffassungen über die Art und Weise ihrer Vorbereitung und Durchführung korrespondieren kann, auch das zeigte sich in Wackersdorf. Zwar waren alle Gruppierungen für die Platzbesetzung Ende 1985, aber während die einen als Vorbereitung dazu Mahnwachen am Baugelände abhielten, vergruben die anderen dort Werkzeuge, während die einen unter allen Umständen strikt gewaltfrei vorgehen wollten, hatten die anderen nichts gegen den Einsatz von Bolzenschneidern einzuwenden, um eventuelle Absperrungen zu überwinden. •

Bemerkenswert ist neben den unterschiedlichen Optionen und Präferenzen der verschiedenen Gruppierungen für bestimmte Aktionsformen und -modi aber auch die Nutzung des gesamten, den neuen Bewegungen zur Verfügung stehenden Aktionsrepertoires, und vor allem die Radikalisierung der BürgerInnen, die sich zum einen in der Zunahme der Aktionsbereitschaft oder zumindest in einer großen Sympathie für gewaltfreie direkte Aktionen, insbesondere Blockaden und Platzbesetzungen und zum anderen in der Tolerierung oder sogar Unterstützung selbst gewaltsamer Protesthandlungen niederschlug.

Protestkollektiv und generelle Identität

Der kollektive Widerspruch besteht, wie die Beispiele gezeigt haben, aus einer Vielzahl von in sich variantenreichen Spektren, Strömungen und Gruppierungen mit jeweils spezifischer Identität und eigenen symbolischen Integrationsmechanismen. Ob diese Teil-Wirs als Ganzes zusammenfinden, hängt u.a. davon ab, inwieweit die Fähigkeit und der Wille zum Konsens vorhanden sind, die Differenzen auf eine Art und Weise zu integrieren, die allen Beteiligten genügend Möglichkeiten belassen, sich ausreichend wiederzufinden und auszudrücken. In der Aktionsplanung wurde dies z.B. oftmals durch kombinierte Aktionsprogramme und/oder -tage gelöst, um so die unterschiedlichen Haltungen und Optionen zufriedenzustellen. Dabei bieten einerseits die unterschiedlichen Handlungsangebote der verschiedenen Teil-Wirs den Außenstehenden spezifische Zugangsmöglichkeiten zum Protest, wie andererseits der Konsens oder der Kompromiß des Gesamt-Wir manchen überhaupt erst ein Engagement ermöglicht, weil der angestrebte Erfolg für sie nur als kollektive Anstrengung aller Akteure denkbar ist.

Die Vorstellung von einer generellen Identität des kollektiven Widerspruchs, die auf der Annahme basiert, daß eine einheitliche soziale Basis, übereinstimmende Auffassungen und gleiche Ziele oder eine immer gleiche und eindeutige Aktionswahl der Akteure bestehe, ist gegenüber der Wirklichkeit entweder naiv-hilflos oder autoritär-zwanghaft. Das bedeutet nicht, daß es keine generelle Identität gibt. Damit soll nur gesagt werden, daß sie nicht auf Einheit und Geschlossenheit, sondern auf Heterogenität und Offenheit beruht und Freiwilligkeit nicht Zwang, zur Voraussetzung und zum Ergebnis hat. Der gemeinsame Horizont, der hinter der Vielfältigkeit der Protestakteure aufscheint, ist objektiv in der materiellen Widersprüchlichkeit des Konflikts und subjektiv in den Fremd- und Eigenbildern der daran Beteiligten begründet. Er ist Wirklichkeit und Vorstellung zugleich. Gerade während der gemeinsamen Aktion wird die Idee eines oppositionellen Gesamt-Wir zur praktischen Realität. Einige wichtige Bedeutungen dieser generellen Identität des Protests lassen sich an Hand der Begriffe AktivbürgerIn, Bewegung und Volk erläutern.

AktivbürgerIn

Die individuelle Entscheidung, an einer Protestaktion teilzunehmen, stellt eine grundlegende Veränderung des gesellschaftlichen Status' der handelnden Person dar. Indem die Menschen sich weigern, weiterhin Objekt einer herrschenden Politik zu sein, die vorgibt nur das Beste für sie zu wollen, und sich statt dessen als oppositionelle Subjekte verhalten, die ihre Interessen von nun an selbst vertreten, verändern sie sich und die Welt. Nicht, daß allein schon dadurch die jeweiligen Vorstellungen und alternativen Ziele näherrücken, geschweige denn sicher erreicht würden, aber der Entschluß, für sie aktiv handelnd einzutreten, verwandelt das eingefahrene politische Procedere. Es geht erstmal nicht mehr alles seinen „normalen" Gang. Und obwohl es Ende der 80er Jahre, nach zwanzigjähriger Protesterfahrung, auf allen Seiten selbstverständlich auch Normalität und Routine im Umgang mit den Protestbewegungen und deren erweitertem Aktionsrepertoire gab, waren es doch immer wieder die AktivbürgerInnen, die sich in den Weg gestellt, interveniert und mit wechselndem Erfolg als Sand im politischen Alltagsgetriebe gewirkt haben. Darin bestand ein wesentliches Merkmal der politischen Kultur der alten Bundesrepublik. Sowohl das Bedürfnis der Menschen nach gesellschaftlicher Partizipation als auch die dazu notwendigen Fähigkeiten waren deutlich gewachsen. Und beides artikulierte sich nicht zuletzt in Form des öffentlichen Straßenprotests.

In dem Maße, wie auch in der gesellschaftlichen Mitte die Bereitschaft wuchs, sich außerhalb des institutionalisierten Weges politischer Einflußnahme (Parteien, Parlamente usw.) zu engagieren, entwickelte sich im Laufe der 70er und insbesondere der 80er Jahre ein neues Verständnis für die oppositionelle Politik der Straße. Demonstrative und zum Teil direkte Aktionsformen verloren den Geruch gesellschaftlicher Randständigkeit. Zwar wirken manche Akteure des Protestspektrums nach wie vor nur in anderer Form als 1968 als provokativer Bürgerschreck, entscheidend ist aber, daß die BürgerInnen nun selber demonstrieren, Menschenketten bilden, Kasernen blockieren oder eine Bauplatzbesetzung aktiv unterstützen u.v.m. So unterschiedlich das Engagement auch ausfallen mag, so heterogen die Auffassungen und

Haltungen, die Werte und Ziele der Akteure dabei auch sein mögen, gemeinsam ist ihnen der Wechsel vom Objekt zum Subjekt der Politik. Dieser Statuswandel ist gleichsam der kleinste gemeinsame Nenner des kollektiven Widerspruchs. Das Selbstverständnis vieler Menschen ist nicht mehr durch das obrigkeitsstaatliche Verdikt von Ruhe und Ordnung als erster und vornehmster Bürgerpflicht, sondern durch ein Bild kreativer Unruhe und aktiver Teilnahme an der gesellschaftlichen Konfliktaustragung geprägt.

Als in Schwandorf im Februar 1985 die bis dahin größte Demonstration gegen Atomanlagen in Bayern stattfand, bestand die überwiegende Mehrheit der 30.000 TeilnehmerInnen aus „g'schtond'ne Leit" der Region. Ihre Empörung richtete sich insbesondere gegen die von der bayerischen Staatsregierung versprochene politische Stabilität in der Oberpfalz, mit der Franz-Josef Strauß bei den Managern der Atomindustrie für den WAA-Standort Wackersdorf geworben hatte. „Wenn man uns Oberpfälzer für duldsamer, industriegewohnter – sprich dümmer hält", so der SPD-Landrat Hans Schuierer in seiner Kundgebungsrede, „dann ist das Maß voll. Wir werden mit allen legalen Mitteln dafür sorgen, daß diese Entscheidung zu Fall kommt."[73] Die Menschen sind nicht mehr gewillt, alle Entscheidungen der herrschenden Politik hinzunehmen und betrachten es als ihr legitimes Recht, die ihnen zustehenden Protestmöglichkeiten auch wirklich in Anspruch zu nehmen. Die Initiative zu ergreifen, selber etwas zu tun und sich einzumischen, dafür stehen die AktivbürgerInnen.

Mit den neuen sozialen Bewegungen der späten 70er und insbesondere der 80er Jahre verliert eine oppositionelle Politik der Straße nicht nur erstmals das Odium der Antibürgerlichkeit, sondern erscheint nunmehr als eine positiv gewertete Möglichkeit des politischen Engagements, mit der sich die schweigenden und passiven „NormalbürgerInnen" zu partizipierenden AktivbürgerInnen weiterentwickeln. Dieses neugewonnene Selbstverständnis als Bürger und Bürgerin im demokratischen Rechtsstaat orientiert sich zwar an den legalen Möglichkeiten, erschöpft sich aber gerade nicht mehr in institutionell vorgesehenen Einspruchsverfahren, wie z.B. der Gang vor Gericht. Der Staat wird nicht mehr umstandslos als neutrale, über den gesellschaftlichen Konflikten stehende Instanz betrachtet, dessen Entscheidungen von den BürgerInnen stets akzeptiert oder sogar mitgetragen werden müssen; das politische Handeln der AktivbürgerInnen richtet sich oftmals gegen staatliche Stellen und fordert sie heraus. Ihre selbstbewußte Haltung beruht dabei nicht auf einem avantgardistischen oder revolutionären Selbstbild, das sich am Rande oder außerhalb der bürgerlichen Gesellschaft verortet, um von dort seine Kraft im Kampf gegen den Konflikt- bzw. Klassengegner und den bürgerlichen Staatsapparat zu beziehen, sondern auf veränderten Vorstellungen vom bürgerlichen Mitgestalten und Partizipieren an Gesellschaft und Staat im Rahmen der demokratischen Verfassung. Eine grundlegende Facette ihrer Identität als AktivbürgerInnen besteht darin, politische Widersprüche öffentlich zu artikulieren und dabei die Straße als legitimen, ihnen zustehenden Ort zu erobern und sie als geeignetes Medium für ihr oppositionelles Anliegen zu nutzen. Die Präsenz auf der Straße dient sowohl der Produktion als auch der Präsentation dieses neuen BürgerInnenbewußtseins. Straßenprotest wird zu einer politischen Handlungsform der gesellschaftlichen Mitte.

Der Versuch mancher Politiker, den kollektiven Widerspruch in der Öffentlichkeit dadurch zu diskreditieren, indem sie seinen Akteuren den Status als Bürger und Bürgerin wegdiffamieren, verletzt die politische Identität letzterer und stößt auf entsprechend große Empörung. So wandte sich z.B. der Landrat Schuierer auf der erwähnten Schwandorfer Demonstration vor allem gegen „Strauß, Tandler und Stoiber und ihre CSU-Gefolgsleute, die unbescholtene Bürger als Saboteure und Volksverhetzer bezeichnen".[74] Das Selbstbild vom Aktivbürger bzw. der Aktivbürgerin und seines/ihres legitimen Engagements wird zum Teil auch dann aufrechterhalten, wenn in Eskalationsphasen das staatliche Gewaltmonopol von Teilen der Akteure in Frage gestellt und illegale Aktionsformen praktiziert werden. Thea Bauriedl hat in ihren „Frontberichten" aus Wackersdorf dargestellt, daß in Diskussionen des „Bürgerforums" Gesetzesübertretungen von DemonstrantInnen als „Bürgermut" bezeichnet wurden.[75]

Daß sich die Straße als Ort und die öffentliche Protestaktion als Form aktiv und legitim handelnder BürgerInnen sogar in einem konservativen Politikverständnis wenn schon nicht etablieren, so doch ein ganz erhebliches Stück normalisieren konnte, dokumentieren schließlich auch einige Aktivitäten solcher Organisationen, die – inhaltlich ganz andere, den einzelnen Bewegungen geradezu entgegengesetzte Ziele anvisierend – nunmehr ihre Anhänger und Mitglieder zu Kundgebungen und Demonstrationen mobilisieren. Erinnert sei z.B. an die von der CDU am 5. Juni 1982 anläßlich des Besuchs von US-Präsident Reagan und des NATO-Gipfels veranstaltete „Friedens-und-Freiheits"-Demonstration in Bonn. Im Vorfeld dieses Ereignisses äußerte die CDU die hoffnungsvolle Erwartung, die Bundeshauptstadt werde die größte Demonstration in der Geschichte der Bundesrepublik sehen, zu der eine demokratische Partei alleine aufgerufen habe. Zumindest punktuell überwiegt hier nicht mehr bloße Ablehnung und Diffamierung einer Politik der Straße, sondern Wettstreit und der Versuch ihrer Vereinnahmung für die angeblich bessere Sache: eine „freundliche Demonstration" als „Ja zur Bundesrepublik".[76]

Die Chiffre „AktivbürgerIn" steht aber nicht nur für selbstbewußtes Engagement, legitime Inanspruchnahme demokratischer Rechte und gesellschaftliche Partizipation als Merkmal einer generellen Identität des Protestkollektivs, sondern sie verweist auch auf Formen engagierter Selbstbeschränkung und disziplinierten Maßhaltens sowie auf Grenzen des politischen Handelns.
Dies betrifft zunächst die politische Einstellung und Haltung, die räumlich, zeitlich und inhaltlich limitiert sein kann. Ein Engagement für die Forderung „Kein AKW in XY!" soll dabei keineswegs dem Verdikt der Borniertheit unterworfen werden – obwohl sich so mancher Protest zu Recht mit dem Vorwurf auf einer Vogel-Strauß-Perspektive zu basieren auseinandersetzen mußte –, aber zu umfassenderen Vorstellungen, z.B. von einem alternativen Energieprogramm, bestehen deutliche Unterschiede in der politischen Reichweite und Zielorientierung. Dann bezieht sich die engagierte Selbstbeschränkung auch auf den Umgang mit den eigenen Ressourcen. Die Protestbereitschaft der AktivbürgerInnen ist auf eine begrenzte Zeitdauer gestellt; sie orientiert sich an situativen Bedarfsfällen und bezieht ihre Kraft nicht aus dem existentiellen Einsatz der beteiligten Menschen. Schließlich stellt sich ein diszipliniertes Maßhalten auch in der Form des Protests selbst dar; es äußert sich im Normalfall überwiegend in der Ausübung von demonstrativen Aktionen und in Eskalations- und Ausnahmesituationen auch in direkten, aber fast ausschließlich gewaltfreien Aktionen. Die hier aktivierte Zivilcourage mißt sich in der Regel, ohne sich allerdings immer darauf zu beschränken, an der Wahrnehmung und Ausschöpfung des allen Bürgern und Bürgerinnen gleichermaßen zustehenden Rechts auf Protest. Insbesondere darin will sie Vorbild sein. Diese Intention der engagierten Selbstbegrenzung zeigt sich manchmal auch noch in der Planung von direkten Aktionen. So vermied z.B. die Schwandorfer Bürgerinitiative in ihrer Resolution zum Rodungsbeginn in Wackersdorf die Formulierung „Bauplatzbesetzung" und rief statt dessen dazu auf, „vom verfassungsmäßigen Recht, den Wald zu betreten, Gebrauch zu machen".[77]

Bewegung

Indem die heterogenen Protestgruppierungen ihren gemeinsamen Konfliktgegner identifizieren und sich als oppositionelle Koalition gegenüber der Kontrahentsphäre abgrenzen, die zwischen ihnen bestehenden Unterschiede benennen, beraten und koordinieren sowie von Fall zu Fall gemeinsame Aktionen planen und durchführen, konstruieren und produzieren sie ihre generelle Identität als Frauen-, Friedens- und Ökologiebewegung und damit ein

Stück gesellschaftlicher Realität. In der gemeinsamen Handlung, sei es bei einer Kundgebung oder bei einer Menschenkette, bei einer Blockade oder bei einer Besetzung, werden neue und zusätzliche Erfahrungen gewonnen, die entscheidend mit dazu beitragen können, die kollektive, partikulare wie generelle Identitätsbildung zu fördern. Erst in der Aktion zeigt sich, wer wirklich mitmacht; erst dadurch können sich die Akteure über den Kreis weniger AktivistInnen und OrganisatorInnen hinaus sowie über die Grenzen der Spektren und Strömungen hinweg ein Bild von sich machen. Aktionen sind immer auch Selbstvergewisserungen, durch die sich die einzelnen Individuen, die unterschiedlichen Milieus und die verschiedenen Gruppierungen nun als Kollektiv erleben und ihren Zusammenhalt spüren.

Der kollektive Widerspruch formiert sich als Ganzes, dessen Heterogenität sich als Buntheit und Vielfalt präsentiert. Zwar führt dieser heterogene Charakter nicht gerade selten zu Streit und Dissens, und manchmal auch zu Ausschluß und Spaltung, andererseits aber ermöglicht (erst) seine Anerkennung eine generelle Identitätsbildung, die die verschiedenen Teil-Wirs nicht von vornherein dazu nötigt, ihre partikulare Identität aufzugeben. Ja mehr noch: sie wird von diesen überwiegend begrüßt und als kreative Vielfalt statt simpler Einfalt positiv gewertet, die dazu beiträgt, die Handlungsoptionen der Bewegung zu erweitern und damit den Protest insgesamt zu stärken. Umgekehrt kann davon ausgegangen werden, daß jeder Versuch, die Bewegung zu vereinheitlichen und damit ihre Offenheit auch und gerade für eine breite Palette von Aktionsformen auf nur wenige oder nur eine einzige Möglichkeit(en) einzuschränken, der Anfang vom Ende wäre.

Die Chiffre „Bewegung" entfaltet darüber hinaus eine Bedeutung, die zur Bildung einer generellen Identität der Akteure beiträgt und sich in ihrem Handeln Ausdruck verschafft. Fünf Jahre nach der Räumung der „Freien Republik Wendland" schrieb die „taz" in einem Bericht über die Geschichte des Protests in Gorleben folgendes:

„Seitdem die Atomindustrie mit Glanzbroschüren und Polizeimethoden ihren Feldzug im Wendland begann, hat der Landkreis sein Gesicht verwandelt. Nach Bekanntwerden von Albrechts Plänen, eine gigantische Atommüllfabrik auf der durch mysteriöse Umstände niedergebrannten Waldfläche zwischen Trebel und Gorleben zu errichten, war Lüchow-Dannenberg auf einen Schlag berühmt. Hunderte kamen, um durch die Mitwirkung an Wiederaufforstung, Sommercamps und Erntehilfe ihre Solidarität zu bekunden. (...) Das soziale Gefüge der mehr oder weniger alteingesessenen Wendländer geriet in Bewegung. Pro und contra Atomindustrie spaltete ganze Familien und Dorfgemeinschaften. Mitgerissen vom Strudel der Begeisterung für die gemeinsame Sache, schwoll der Strom der Gorlebengegner rasch an. (...) Plötzlich gab es Treffpunkte für Menschen, die sich nahe fühlten, bisher aber nie begegnet waren. Dort, wo sonst Schützenfeste, Hochzeiten und Schloßkonzerte die Höhepunkte des Alltags markierten, knüpfte der Widerstand als Kristallisationspunkt aller kritischen Geister, der Unangepaßten und Aufmüpfigen ein neues Beziehungsgeflecht. Die Landkreisszene entstand: Eine bunte, faszinierende Mischung aus Jung und Alt, Bauern und Intellektuellen, Krämern und Künstlern, Hausfrauen und Freaks. Das Wendland als eine riesige Bürgerinitiative, die in kurzer Zeit so etwas wie eine eigene Infrastruktur besaß: Kneipen, Buchläden und sogar ein Kommunikationszentrum. Die örtliche 'Elbe-Jeetzel-Zeitung'(EJZ) fast wie ein Nachrichtenorgan des Widerstandes, das seit Jahren besser funktioniert als jedes andere mögliche Infosystem. Ladeninhaber bekannten sich zur Gorleben-Gegnerschaft, Autobesitzer kennzeichneten sich durch Plaketten, Gorleben-Baum oder Anti-Atomsonne schmückten die eine oder andere Hausfassade. Eine Gegenkultur wurde geschaffen."

Und an anderer Stelle hieß es:

„Wie packte uns die Lust am Widerstand und die Erotik der Revolution, ob nun im Selbstversorgergarten oder auf der Straße bei Blockaden, Demonstrationen, Menschenketten etc. – und dann die Apotheose unserer Entwicklung: die freie Republik Wendland. (...) Im Taumel gemeinsamer Aktionen und erster überwältigender Erfolge entbrannten Lieb- und Leidenschaften, wurde so manche bis dahin brav geführte Ehe durcheinandergeschüttelt und neu gefügt."[78]

In dieser Beschreibung des Gorlebener Protests schwingt noch viel von der Aufbruchstimmung der Ökologiebewegung Ende der 70er und Anfang der 80er Jahre mit. Mit einem zum Teil euphorischen Pathos ist das Selbstbild der Bewegungsakteure deutlich anders ausgeprägt als in dem eher nüchternen Tenor des Anti-WAA-Protests in Wackersdorf zehn Jahre später. Dennoch, oder vielleicht gerade deshalb kann an ihr plastisch verdeutlicht werden, welche Bedeutungselemente der Chiffre Bewegung für die Entwicklung einer generellen Protestidentität zukommen.

Steht der Begriff „AktivbürgerIn" auch für die Selbstbeschränkung der Akteure, zielt der Begriff „Bewegung" darauf, Grenzen aufzuheben und zu überschreiten. Beginnt eine Bewegung, gerät vieles in Bewegung. Die Rebellion gegen den Status quo und seine Krise ist grundlegender und weitreichender als das engagierte Pochen der AktivbürgerInnen auf ihre legitimen Rechte. Bewegung weist über den vorhandenen Rahmen hinaus, indem sie das Gegebene nicht akzeptiert, Altes tendenziell zerstört und gleichzeitig Neues ausprobiert. Die bisherige Ordnung der Dinge, des Alltags, der Gefühle, gerät durcheinander, und alles scheint (zunächst) möglich; die dabei auftretende Unordnung erweist sich als das latente System der potentiellen Alternativen. Bewegung ist Experimentierfeld und Lernprozeß zugleich, womit man sich und die Gesellschaft (lustvoll) verändern kann. Es kann eine Vielzahl von alternativen Lebensmodellen hervorgebracht, ausprobiert, verworfen und aufbewahrt werden. Dazu gehört Kreativität sowie Spaß und Spiel. Dieses ludische Bedeutungselement von Bewegung korrespondiert mit Vorstellungen von Ernst und

Arbeit, die jedoch eher auf der Ebene ihrer Organisation und Koordination Bedeutung erlangen. Bewegung zielt auf einen potentiellen Transformationsprozeß, sie setzt freiwillige Aktivität voraus, reißt aber auch mit. Sie erfaßt Teile der Gesellschaft, ohne in ihrer Mitte zu verharren, sie will vorangehen und Vorbild sein. Sie verweist auf eine fortschreitende Dynamik, die zwar zu behindern, aber letztlich nicht aufzuhalten, nicht zu besiegen ist.

Diese Bedeutungsaspekte der Chiffre „Bewegung" beziehen sich auch auf das Aktionsgeschehen selbst. Hier stehen sie für Ausweitung, Veränderung, Dynamisierung und Eskalation des Protesthandelns. Die Lust am Experimentieren, der Impuls einen Schritt weiterzugehen, um gemeinsam voranzukommen und das Ziel zu erreichen, äußert sich z.b. auch darin, bekannte Aktionsformen zu modifizieren und/oder neue auszuprobieren, schneller zu reagieren und/oder häufiger zu protestieren, die Zahl der Akteure zu erhöhen und/oder die Schadensandrohung zu vergrößern. Die generelle Identitätsbildung der Nachrüstungs- und AtomkraftgegnerInnen verdankt sich nicht zuletzt diesem Such- und Lernprozeß der Bewegung, der zur Herausbildung eines gemeinsamen Aktionsrepertoires führt, dessen verschiedenartige Präferenzen und vielfältige Variationen zwar nicht von allen praktiziert, aber doch als der gemeinsamen Sache dienlich akzeptiert werden. Ist dies nicht mehr der Fall, wie z.B. bei manchen gewaltsamen Handlungen, bricht die generelle Identität zusammen. Das Gesamt-Wir, das sich gerade in der Aktion herausgebildet und dem Konfliktgegner und dem Publikum präsentiert hat, zerfällt, und die verschiedenen Teil-Wirs treten erneut in den Vordergrund, indem sie öffentlich darüber debattieren, wer und warum zur Bewegung gehört oder nicht. Die Akteure begegnen sich entsprechend ihrer Protestauffassung und -haltung mit Distanz und Solidarität, Kritik und Gegenkritik sowie Spaltung und neuen Bündnissen.

Volk

Um auf die Bedeutungsaspekte der Chiffre „Volk" einzugehen, soll der Blick zunächst kurz auf die Vorgänge in der DDR im Herbst 1989 gerichtet werden. Nachdem die „Leipziger Volkszeitung" der Demonstration vom 7. Oktober 1989 „Rowdytum" nachgesagt hatte, skandierten DemonstrantInnen am 9. Oktober „Wir sind keine Rowdys! Wir sind das Volk!", um damit ihrer Diffamierung als gewaltsame oder doch zumindest gewaltbereite Minderheit entgegenzutreten.[79] In dem im weiteren Verlauf der friedlichen Revolution zur weitaus bekanntesten Parole avancierten Ausruf „Wir sind das Volk!" artikulierte sich darüber hinaus ein Selbstverständnis der Akteure, in dem sich die eigene demokratische Glaubwürdigkeit und Legitimation mit dem Anspruch, auch die bessere Ordnung als das SED-Regime und seine „Volkspolizei" zu repräsentieren, zu der stolzen Hoffnung und Erwartung verband, nun bereit für die Übernahme der Macht und fähig zur Ausübung der Regierung zu sein. Dem in der DDR-Öffentlichkeit gepflegten Ideologem der „Einheit von Staat und Partei" entsprach die Vorstellung, diesem Machtblock die Einheit von Bewegung und Gesellschaft entgegenzusetzen: Das einheitliche Volk gegen das Einheitsregime. Daß sich auf beiden Seiten auch ganz unterschiedliche Einstellungen und Handlungsperspektiven versammelt hatten – ohne diese Differenzen auf der Herrschaftsseite wäre die friedliche Revolution wahrscheinlich nicht so erfolgreich, zumindest nicht so friedlich verlaufen –, veränderte nichts an der suggestiven Kraft und Wirkung der Parole, da die Akteure auf der Straße durch sie zugleich ihre Vorstellung und ihre Wirklichkeit artikulierten. In der zugespitzten gesellschaftlichen Auseinandersetzung stand die Chiffre „Volk" für die real-imaginäre Einheit der bislang unterdrückten, jetzt aber revoltierenden Gesellschaft; damit diente sie einer generellen Identitätsbildung des Protests.

Soweit haben es die westdeutschen Protestbewegungen in ihrer Geschichte bekanntlich nicht gebracht. Das Wort „Volk" spielt in der oppositionellen Praxis kaum eine Rolle. Lediglich im Agitations- und Propagandajargon linkstraditioneller Organisationen, insbesondere der verschiedenen K-Gruppen der 70er Jahre, taucht es in Organisationsbezeichnungen („Gesellschaft zur Unterstützung der Volkskämpfe", „Volksfront") und Zeitungsnamen („Kommunistische Volkszeitung") auf, es erscheint in knappen Rufparolen („Sieg im Volkskrieg!") ebenso wie in eher langatmigen Strategielosungen („Vorwärts im Kampf für die Rechte der Arbeiterklasse und des Volkes!"), und es findet sich, zum Teil in einem geradezu inflationären Ausmaß, in Flugblättern und Broschüren sowie auf Transparenten und Sandwichtafeln. Im Protestgeschehen der Frauen-, Friedens- und Ökologiebewegung ist das Wort „Volk" dagegen so gut wie nicht präsent. Am ehesten erscheint es noch in der Friedensbewegung, wo z.B. die Großkundgebungen auf dem Höhepunkt des Massenprotests gegen die NATO-Nachrüstung im Herbst 1983 plötzlich als Volksversammlung bezeichnet werden. Dennoch, und das Beispiel verweist bereits darauf, steht „Volk" als Chiffre für einige Bedeutungsaspekte, die – auch im Westen – etwas zur generellen Identität der Akteure beitragen und ihr gleichzeitig Ausdruck verschaffen.

„Volk" zielt zunächst einmal auf eine besondere Vorstellung von der Einheit der Akteure. Gerade die Massenkundgebung oder die Großdemonstration visualisiert ja die Idee von einem kompakten Ganzen. Einheit meint hier aber nicht eine soziale, kulturelle odere politische Monostruktur, sondern eine strukturierte Heterogenität; nicht Einheitlichkeit z.B. der Kleidung (Uniform) oder Gleichschaltung der Körpersprache, Gestik und Mimik (Gleichschritt, gestreckter Arm, geballte Faust), sondern buntes Patchwork, nicht Geschlossenheit nach außen und Herrschaftsverhältnis im Inneren, sondern Offenheit und Pluralität. Kurzum, die Chiffre „Volk" steht hier für die vielbeschworene „Einheit in der Vielfalt".

Zum zweiten verweist sie auf die Mehrheitsverhältnisse in der Gesellschaft. „Volk" bedeutet hier, den überwiegenden Teil der Bevölkerung (der Region, des Landes oder im Bund) hinter sich zu glauben bzw. zu wissen und zu organisieren. Die Protestakteure erheben den Anspruch stellvertretend für die Mehrheit, bzw. für eine qualifizierte Minderheit, die bald zur Mehrheit wird, auf der Straße zu stehen. Ob durch ein in der Landesverfassung institutionalisiertes Volksbegehren, wie im Kampf gegen die Startbahn West in Hessen, oder durch eine autonome Volksbefragung, wie in der Friedensbewegung 1984, entscheidend ist – so ein Atomkraftgegner in einem Interview 1980 mit der „taz" während der Platzbesetzung in Gorleben – „daß man klar macht, daß die Mehrheit der Bevölkerung dagegen ist".[80]

Während für die Protestakteure in der Chiffre „Volk" auch die Vorstellung von einer erweiterten plebiszitären Demokratie mitschwingt, deren Souverän und Modus sie als kollektiver Widerspruch im Moment des Protests in der Öffentlichkeit repräsentieren, zeigt sich in der Rede ihrer Konfliktgegner vom „Volk" ein von anderen Interessen geleitetes Demokratieverständnis. „Wenn im Herbst Landtagswahlen sind", so der damalige Polizeipräsident von Niederbayern/Oberpfalz und Verantwortliche für die Hüttendorfräumung in Wackersdorf Hermann Friker, „und diese zum Ergebnis haben, daß in der Oberpfalz eine überwiegende Mehrheit für die jetzigen Machtverhältnisse stimmt, dann ist für mich auch entschieden, daß das Volk im Grunde nichts gegen die WAA hat. So gesehen muß man das als Minderheit auch akzeptieren."[81] „Volk" repräsentiert hier die Idee von einer schweigenden Mehrheit, die dem Protest als aktive Minderheit gegenübertritt und so die herrschende Politik bestätigt. „Volk" bedeutet hier vor allem „Wahlvolk", das seine demokratischen Rechte mit der Stimmabgabe ausgeschöpft, die Vertretung seiner Interessen an die politische Klasse delegiert und die Macht an die Regierung abgetreten hat: Die (Wahl-)Bestätigung der bestehenden Herrschaftsverhältnisse soll mit der Befürwortung der Wiederaufarbeitungsanlage identisch sein; letzteres sei gleichsam in ersterem enthalten. Demgegenüber verweist die Chiffre „Volk" auf seiten der Protestakteure auf die Fähigkeit und politische Reife der Bevölkerung, auch zwischen den Wahlterminen Verantwortung übernehmen und Entscheidungen treffen zu können, wie beispielsweise die, auch der gewählten Regierung entgegenzutreten und eines ihrer Vorhaben zu stoppen.

Hier zeichnet sich ein weiterer Aspekt für die generelle Identitätsbildung der Protestierenden ab. Der Begriff „Volk" verweist auf Bodenständigkeit und Verwurzelung in der Region. Er zielt darüber hinaus auf eine Vorstellung von Heimat, für die Verantwortung übernommen und für deren Bewahrung gekämpft wird. Es geht dabei nicht um eine folkloristische Verbrämung des Protests, sondern um die Verteidigung des eigenen bedrohten Lebensraums gegen die zerstörerischen Übergriffe von Industrie, Militär und herrschender Politik. In Wackersdorf brachte sich dieser Kampf für die natürlichen Grundlagen der eigenen Lebenswelt und damit auch für die Zukunftschancen späterer Generationen in Transparentaufschriften wie „Strauss + Co – Totengräber der Oberpfälzer Heimat" oder Parolen wie „Für die Heimat – Gegen die WAA!" zum Ausdruck. Nicht, daß sich nun jeder Protestakteur als OberpfälzerIn fühlt, aber für die generelle Identität des kollektiven Widerspruchs spielt die Verbundenheit mit und die Verankerung in der Region eine bedeutsame Rolle.

Um beides wird zwischen den Kontrahenten des Konflikts heftig gerungen. Nicht nur in Wackersdorf versuchte deshalb u.a. die Landesregierung, genau an diesem Punkt die Protestakteure zu spalten und die Widersprüche zwischen einheimischen und auswärtigen AtomkraftgegnerInnen zu schüren. Nach der Räumung des Hüttendorfs auf dem WAA-Gelände im Januar 1986 beispielsweise rügte es der inzwischen als „Volksheld der Region"[82] titulierte Landrat Schuierer als „Verstoß gegen den Gleichheitsgrundsatz, daß Oberpfälzer Bürger die polizeilichen Absperrungsketten ohne erkennungsdienstliche Behandlung verlassen durften, während hauptsächlich auswärtige Besetzer festgenommen wurden". Wolfgang Daniels von den GRÜNEN äußerte vor der Presse den Verdacht, „daß speziell die Oberpfälzer gar nicht erfaßt werden sollten, um damit die Behauptung von der 'Akzeptanz' der WAA in der Bevölkerung aufrecht erhalten zu können."[83]

Grundlegender Ansatzpunkt, um an diesem Bedeutungsaspekt der Chiffre „Volk" die generelle Identitätsbildung zu verhindern bzw. wieder zu zerstören, ist, die Vorurteile und Ressentiments (Langhaarige, Studenten, Faulenzer, Norddeutsche, Chaoten, Terroristen u.v.m.), die aus dem schwierigen Umgang mit dem Fremden erwachsen können, zu mobilisieren. Dort, wo es den Protestakteuren gelang, diesen Umgang offen, lernbereit und solidarisch zu gestalten, konnte die Spaltung zwischen Einheimischen und Auswärtigen verhindert werden. Die kollektive Identität einer „regionalen Volksbewegung" kann sich dann, wie z.B. während der Großdemonstration gegen die Startbahn West am 7. November 1981, in der selbstbewußten Sprechparole gegen die aus der ganzen Bundesrepublik zusammengezogenen „fremden" Polizeikräfte äußern: „Was machet ihr denn do, ganget doch hoim!"[84] Diese Bedeutungen, für die die Chiffren „AktivbürgerIn", „Bewegung" und „Volk" stehen, vermischen sich in der Praxis des Protests. Die verschiedenen Vorstellungswelten speisen gleichzeitig die generelle Identitätsbildung des kollektiven Widerspruchs und verschmelzen in dem Bewußtsein des Gesamt-Wir. Dieses Gesamt-Wir ist allerdings weder ein originäres, quasi natürliches Charakteristikum des Protests noch ist es auf Dauer gesichert. Jedoch: die Option besteht, und vieles spricht für ihre Realisierung, aber manchmal überwiegen die Differenzen. Um den Konsens muß in der Auseinandersetzung zwischen den verschiedenen Teil-Wirs immer wieder aufs neue gerungen werden. Erst in der konkreten Überwindung des Dissenspotentials können diese Bedeutungsketten sich Bahn brechen, und nur dann führen sie eventuell neben dem unmittelbaren auch zum mittelbaren Erfolg, der in der Öffentlichkeit nicht leicht wahrgenommen wird: die Herausbildung einer zivilen Konfliktaustragung in Gesellschaft und Staat, die langsame und mühsame Entstehung der „civil society".

Resümee

I.

In der Protestgeschichte der Bundesrepublik Deutschland nach dem Zweiten Weltkrieg stellen die 80er Jahre einen herausragenden Zeitraum dar, in dem sich nochmals ein Schub an oppositionellem Engagement und zivilgesellschaftlicher Entwicklung ausdrücken konnte. Darauf verweisen die Breite des Aktionsrepertoires und die heterogene symbolische Formensprache des Straßenprotests, eine neue Dimension gesellschaftlicher Mobilisierung, ein zum Teil innovativer Umgang mit Raum und Zeit sowie insbesondere die ausdifferenzierte und gewachsene symbolisch-expressive Artikulations- und Inszenierungskompetenz der Akteure. In der Rücknahme von Gewalt zugunsten ziviler Konfliktaustragungsmodi zeigt sich nicht zuletzt ihr verändertes Selbstverständnis als partizipierende *AktivbürgerInnen* im demokratischen Rechtsstaat.

II.

Die neuen sozialen Bewegungen bilden in den 80er Jahren ein Aktionsrepertoire aus, das durch seine enorme Vielfalt und Pluralität gekennzeichnet ist. Im Bereich der demonstrativen Aktionen werden zum einen die bekannten und im Rahmen der traditionellen Arbeiter- und Gewerkschaftsbewegung oftmals ritualisierten Formen Kundgebung und Demonstration organisatorisch und sozial pluralisiert, neu belebt, räumlich und zeitlich modifiziert sowie vielfältig variiert. Insbesondere entfalten sich aber neue Formen von symbolisch-expressiven Aktionen, mit denen die Akteure ihre Weltinterpretation und ihr politisches Anliegen szenisch darstellen. Bekanntestes Beispiel für diesen sich im breiten Umfang neu entwickelnden Aktionstypus ist die Menschenkette, die in der Bundesrepublik erstmals 1982 praktiziert und in den folgenden Jahren habitualisiert wird.

Für die direkten Aktionen ist sowohl ihre Ausdifferenzierung in Formen der Verweigerung, der Behinderung und Besetzung sowie der Zerstörung als auch deren Aufnahme in die kontinuierliche Bewegungspraxis von herausragender Bedeutung. Vor allem mit der Ausbildung der gewaltfreien direkten Aktion, mit der Etablierung des zivilen Ungehorsams und seiner schrittweisen gesellschaftlichen Anerkennung ab Mitte der 80er eignen sich die Akteure eine Handlungskompetenz an, die über den Rahmen des bloßen Appellierens hinausgeht.

Obwohl der gewaltsame Protest in diesem Jahrzehnt deutlich abnimmt, begleitet die neuen Bewegungen auch in diesem Zeitraum ein interner und externer Gewaltdiskurs, und einzelne gewaltsame Ereignisse erreichen eine große Aufmerksamkeit und Bedeutung, weil an ihnen beispielhaft die Auseinandersetzung über Gewalt ausgefochten wird.

Bemerkenswert ist aber nicht nur die Aktionsvielfalt des Protests, sondern auch die Kombination seiner unterschiedlichen Strategien und Formen. Die Akteure haben es gelernt, die verschiedenen Möglichkeiten der demonstrativen und direkten Aktion zu verbinden, sowohl ihre Gleichzeitigkeit als auch ihre wechselseitige Überführung von einer Form zur anderen zu organisieren. Nicht zuletzt eignen sie sich eine zunehmende Kompetenz im Umgang mit den Medien an, die sich sowohl in der formalen Durchführung als auch in der organisatorischen Planung und Nachbereitung des Protestgeschehens zeigt.

III.

In der Protestgeschichte der Bundesrepublik Deutschland kommt es in den 80er Jahren zu einer neuen Dimension der gesellschaftlichen Massenmobilisierung.

Bereits 1979 versammeln sich erstmals über 100.000 Menschen zu einer Demonstration in Hannover. In den Auseinandersetzungen um das westdeutsche Atomprogramm und insbesondere im Konflikt um die NATO-Nachrüstung, beteiligen sich gesellschaftliche Milieus und Gruppierungen, die zuvor einer 'Politik der Straße' eher reserviert bis distanziert gegenüberstanden. Sowohl in ländlichen Regionen als auch in den urbanen Zentren werden die Bürger und Bürgerinnen aktiv.

Dies zeigt sich nicht nur in der Mobilisierungsfähigkeit der verschiedenen Bewegungen, sondern auch an der Teilnahme an den unterschiedlichen Aktionsformen: Die Zahl der Akteure erreicht in diesem Jahrzehnt – allerdings auf unterschiedlichem Niveau – sowohl bei den demonstrativen als auch bei den direkten Aktionen neue Obergrenzen.

Dieser qualitativ neue Mobilisierungsgrad ist in allen Auseinandersetzungen ein zentrales Moment der Konfliktaustragung. Die bedeutsame Botschaft, die über die 'Große Zahl' transportiert wird, besteht darin, daß nun nicht mehr nur eine 'kleine radikale Minderheit' wie noch in der 68er-Revolte, sondern auch erhebliche Teile der bürgerlichen Mitte dazu bereit und fähig sind, die Straße als Forum oppositioneller Politik zu benutzen.

Das Ausmaß, die Erfolge, aber auch die Niederlagen dieser 'Demonstrationsdemokratie' führen u.a. zu einer gesellschaftlichen Debatte über die Legitimation der Macht in der repräsentativen Demokratie und der Einforderung von plebiszitären Elementen in die Gesetzgebung und Verfassung des demkratischen Rechtsstaates.

IV.

Die neuen sozialen Bewegungen haben in den 80er Jahren mit ihren Aktionen die Handlungsmöglichkeiten räumlicher und zeitlicher Präsenz erweitert und vielfältig variiert sowie kombiniert. Der Umgang der Akteure mit Raum und Zeit dient dabei als ein (selbst-)bewußtes Medium, ihre Botschaften zu transportieren.
Dies zeigt sich insbesondere in der Aneignung großer und weiter Räume sowie in der räumlichen Selbst-Anordnung der Protestierenden. Während es so einerseits gelingt neue Formen zentral ausgerichteter Aktionen durchzuführen, kommt es andererseits sowohl in der Stadt als auch auf dem Land zu einer ausgeprägten Tendenz der Dezentralisierung des Protests.
Damit verbunden ist die Produktion unterschiedlicher Formen von Öffentlichkeit: Während sich eine Aufklärungsöffentlichkeit mittels der Medien dem Massenpublikum zuwendet, thematisiert eine Erfahrungsöffentlichkeit den Alltag und die Lebenswelt der Betroffenen.
Vor allem die überwiegend kulturorientierte Frauenbewegung organisiert ihre Aktionen meist dezentral und orientiert sie an alltäglichen Lebenszusammenhängen. Der öffentliche Raum als männliches Herrschaftsgebiet wird hierbei ästhetisch okkupiert, kurzfristig (zurück-)erobert oder dauerhaft symbolisch feminisiert.
Die unterschiedlichen Modi der Verlängerung des Protests – kombiniertes Aktionsprogramm, rhythmische Wiederholung, lineare Ausdehnung – dienen seiner Intensivierung. Während damit bei der demonstrativen Aktion die symbolische Botschaft verdichtet inszeniert wird, stellt dies bei der direkten Aktion ein Mittel der Eskalation dar.
Der neuen Friedens- und Ökologiebewegung gelingt es in den 80er Jahren nicht, Gedenk- und Jahrestage der eigenen Protestgeschichte auf Dauer zu institutionalisieren. Lediglich die Frauen- und die Lesben-/Schwulenbewegung verfügt mit der Walpurgisnacht bzw. dem „Christopher-Street-Day" über einen durch die Bewegung selbst institutionalisierten Aktionstag. Allerdings zeigt das Beispiel der Ostermärsche, daß die Möglichkeit einer erfolgreichen Revitalisierung solch feststehender Protestmanifestationen früherer Bewegungen bzw. Bewegungsphasen gegeben ist.
Mit der Zeit und durch häufige Wiederholung droht auch der neuen und spektakulären Aktion ein Gewöhnungseffekt und der dramatische Fall unter die Aufmerksamkeitsschwelle der Medien und des Publikums. Während Protestroutine oftmals aber auch zur Etablierung von Aktionsformen führt, stellt das Protestritual meistens nicht mehr als eine autistische Veranstaltung dar, mit der die verbliebenen Akteure gesellschaftliche Veränderungen abwehren und an der Vergangenheit festhalten (wollen).

V.

Mit der Entwicklung der neuen sozialen Bewegungen in den 70er und 80er Jahren entfaltet sich auch eine neue Form der politischen Symbolik. Zum einen entstehen mangels einer einheitlichen und geschlossenen Ideologie auch keine für alle Akteure verbindlichen Weltanschauungssymbole; zweitens führen thematische Vielfalt und ein rascher Issue-Wechsel zu einer breiten Palette kurzlebiger Embleme, Zeichen und symbolischer Handlungen; schließlich werden in der Frauen-, Friedens- und Ökologiebewegung neue Symbole gebildet, phantasievoll gestaltet und kreativ genutzt, deren geographische und soziale Verbreitung ebenso Indiz für ihre politische Etablierung ist, wie ihre bis heute andauernde Verständlichkeit und Verwendung.

Die intensive expressive Nutzung dieses alternativen Symbolrepertoires durch die neuen Bewegungen verweist auf ihre junge Geschichte, auf ihre thematischen Zielvorstellungen sowie ihre relative Machtlosigkeit und ambivalente Haltung zwischen Macht- und Kulturorientierung.

Straßenprotest ist von der Selbstkonstitution der Akteure bis zur Interaktion mit dem Kontrahenten und dem Publikum ein symbolisch vermittelter Prozeß. Mit der Ausdifferenzierung des Aktionsrepertoires in den 80er Jahren sind auch die symbolisch-expressiven Artikulations- und Inszenierungsfähigkeiten der Akteure gewachsen.

Während es bei demonstrativen Aktionen in erster Linie um die Inszenierung oppositioneller Weltinterpretationen und ihrer Alternativen geht, handelt es sich bei direkten Aktionen zu allererst um die Inszenierung gesellschaftlicher Gegenmacht. Die szenischen Formen des Überzeugens handeln dabei auf drei Bedeutungsfeldern – Bedrohung, Kontrahentensphäre, Alternativen –, die den Akteure sinnvolle Handlungsoptionen für ihre symbolische Inszenierung, mit der die Überzeugungsarbeit geleistet werden soll, eröffnen. Dagegen beruhen die szenischen Formen des Bedrohens auf der materiellen Intervention über das Medium Macht und der symbolischen Inszenierung von Entschlossenheit, mit der die Akteure einerseits Kosten und Opfer auf sich nehmen und andererseits dem Konfliktgegner Schaden androhen bzw. zufügen. Diese Fremdkosten müssen, um gesellschaftlich vermittelbar zu sein, nach Ausmaß, Form und Inhalt angemessen sein. Die Glaubwürdigkeit der direkten Aktion ist um so größer, je besser es gelingt, die materielle Intervention mit einem antizipatorischen Symbolgehalt zu verbinden.

Die Anwendung von Gewalt ist dabei allermeistens kontraproduktiv, weil die eingesetzten Gewaltmittel überwiegend nicht nur ihre unmittelbare Unwirksamkeit angesichts eines hochgerüsteten Staatsapparates demonstrieren, sondern vor allem auch ihre politische Insuffizienz zur Erreichung der inhaltlichen Zielvorstellungen.

Die Rücknahme von Gewalt zugunsten ziviler Konfliktaustragungsmodi ist ein wesentliches Charakteristikum der Protestgeschichte seit 1968 und insbesondere der 80er Jahre. Gewalt ist zwar nicht verschwunden, aber Ausmaß, Funktion und Erscheinungsformen haben sich deutlich verändert. Dort, wo militante Aktionen eine relativ große Rolle und ein relativ breite Akzeptanz finden, ist dies überwiegend einer repressiven staatlichen Gewaltpolitik geschuldet, der gegenüber die Bewegungsgewalt dann als legitime Notwehr erscheinen kann.

VI.

Die Akteure des Straßenprotests rekrutieren sich überwiegend aus dem ideologischer Lager der „Kritisch-Engagierten" und den Reformpotentialen anderer Lager.

Sie sind überdurchschnittlich in den modernisierten, zum Teil aber auch in den teilmodernisierten SINUS-Lebensstil-Milieus anzutreffen. Sie gehören überdurchschnittlich zu den jüngeren Generationen bis 39 Jahren. Besonders erwähnenswert ist die Tatsache, daß sie über ein relativ hohes Potential an kulturellem Kapital verfügen; das Maß ihres ökonomischen Kapitals reicht von privilegierten bis prekären Lagen. Im Vergleich mit ihrer Elterngeneration sind sie oftmals nach „oben" und „links" gewandert, d.h. sie befinden sich auf der Modernisierungsseite der Wertewandel-Skala und orientieren sich am Oberklassenhabitus. Ihre sozialen Lagen, ihre Lebensstile, die Formen ihres gesellschaftlich-politischen Engagements und ihre Mentalitätstypen sind durch eine strukturierte Heterogenität charakterisiert.

Die neuen sozialen Bewegungsmilieus werden trotz ihrer Differenzen insbesondere durch ein gemeinsames Streben nach Autonomie und Selbstverwirklichung zusammengehalten. Sie stellen ca. 5 % der Wohnbevölkerung und bilden den politisch mehr oder minder aktiven oder zumindest mobilisierbaren Kern eines sie umgebenden und ihnen als Reservoir potentieller Bündnispartner dienenden Feldes der neuen gesellschaftlich-politischen Milieus. Die neuen sozialen Bewegungsmilieus können jedoch nicht eindeutig den verschiedenen politischen Bewegungsspektren, -strömungen und -gruppierungen zugeordnet werden.

Allerdings lassen sich entlang dieser Teil-Wirs der Friedens- und Frauenfriedensbewegung sowie der Bewegung gegen die Wiederaufarbeitungsanlage in Wackersdorf unterschiedliche Proteststile bzw. bevorzugte Optionen und Präferenzen für bestimmte Aktionsformen ausmachen, die ein bedeutsames Moment im Kampf dieser Spektren, Strömungen und Gruppierungen im Kampf um die Sicherung ihrer partikularen politischen Identität darstellen.

Die generelle Identität der Protestakteure beruht nicht auf Homogenität und Geschlossenheit, sondern auf Heterogenität und Offenheit. In der gemeinsamen Aktion kann die Idee eines oppositionellen Gesamt-Wir zur praktischen Realität werden. Die Chiffren „AktivbürgerIn", „Bewegung" und „Volk" stehen für einige wichtige Bedeutungsaspekte dieser generellen Identität des Protests.

Während die Chiffre „AktivbürgerIn" insbesondere auf ein neugewonnenes Selbstverständnis der Bürger und Bürgerinnen im demokratischen Rechtsstaat verweist, in dem sich selbstbewußtes Engagement, legitime Inanspruchnahme demokratischer Rechte und gesellschaftliche Partizipation mit Formen engagierter Selbstbeschränkung, disziplinierten Maßhaltens und Grenzen des politischen Handelns verbinden, steht die Chiffre „Bewegung" dafür, Grenzen aufzuheben und zu überschreiten, zu experimentieren und zu transformieren sowie in der neuen Unordnung, die an die Stelle der alten Ordnung getreten ist, das latente System der potentiellen Alternativen zu betrachten. Schließlich zielt die Chiffre „Volk" auf die „Einheit in der Vielfalt", auf die Verwurzelung in der Region und die Verantwortung für den bedrohten Lebensraum sowie auf die Fähigkeit und die politische Reife großer Teile der Bevölkerung gesellschaftliche Entscheidungen verantwortungsbewußt treffen zu können und damit auf die Vorstellung einer um plebiszitäre Elemente erweiterten Demokratie.

VII.

Eine Aussage darüber zu treffen, inwieweit die vorliegenden Befunde über die Entwicklung des Straßenprotests in den 80er Jahren für die Zeit nach 1989 prinzipiell fortgeschrieben, relativiert oder (zum Teil) zurückgenommen werden müssen, ist ohne eine genauere Untersuchung des Aktionsgeschehens der 90er Jahre nicht sinnvoll. Mag der spontane Augenschein oftmals auch ein Abflauen von Bewegungskonjunkturen der Frauen-, Friedens- und Ökologiebewegung registrieren, mangelt es andererseits dennoch nicht an vielfältigem Engagement der Akteure und auch spektakulären Mobilisierungs- und Aktionshöhepunkten. Erinnert sei beispielsweise an die Proteste gegen den Golfkrieg, gegen rechtsextremistische Gewalttaten und gegen die Castor-Transporte. Festzuhalten bleibt, daß der Selbstverständigungsprozeß der Bürger und Bürgerinnen und ihr kritischer Dialog mit der politischen Klasse auch im wiedervereinigten Deutschland weitergeht. Ob es dabei in den vielfältigen thematischen Auseinandersetzungen gelingt, gerade auch durch Protest und seine öffentlichen Manifestationen, eine neue gesellschaftliche Übereinstimmung über Normen, Werte und Tugenden der civil society auszubilden, um das, was Dolf Sternberger Verfassungspatriotismus genannt hatte, „von einem intellektuellen Konstrukt zu tatsächlich gelebter Erfahrung"[1] werden zu lassen, ist heute allerdings noch nicht entschieden.

Nachrede

Am 5. März 1995 verkündete der Erste Senat des Bundesverfassungsgerichts seinen mit der Mehrheit von fünf gegen drei Stimmen gefaßten Beschluß, daß Sitzblockaden nicht mehr als Nötigung strafbar sind.[1] Allerdings bleibt ihre Rechtswidrigkeit, so die VerfassungsrichterInnen, nach anderen Vorschriften als nach Paragraph 240 Strafgesetzbuch wie z.b. das Versammlungsgesetz durch diese Entscheidung unberührt, so daß solche Protestaktionen auch weiterhin als Ordnungswidrigkeit verfolgt und mit Bußgeld belegt werden können.[2]
Den Anstoß zu dieser Entscheidung gaben vier Verfassungsbeschwerden, die sich gegen Urteile des Amtsgerichts Münsingen, des Landgerichts Tübingen sowie des Oberlandesgerichts Stuttgart und gegen einen Beschluß des Bundesgerichtshofs richteten. Die Beschwerdeführer waren wegen gemeinschaftlicher Nötigung zu Geldstrafen von 75 und 250 Mark verurteilt worden, weil sie am 9. Mai 1983 mit einer Sitzblockade auf der Zufahrtsstraße zum Sondermunitionslager der Bundeswehr in Großengstingen, wo atomare Kurzstreckenraketen des Typs Lance eingelagert waren, einen Postwagen und ein Verpflegungsfahrzeug an der Weiterfahrt in die Militäreinrichtung gehindert hatten. Mit dieser Entscheidung wurden die bisher ergangenen Gerichtsurteile für rechtswidrig erklärt und anderen verurteilten TeilnehmerInnen von Sitzblockaden – Schätzungen gehen von bis zu 10.000 aus – die Möglichkeit eingeräumt, die Wiederaufnahme ihres Verfahrens zu beantragen.
Gleichzeitig korrigierte der Erste Senat damit seine zuletzt im November 1986 und im Juli 1987 bekräftigte Rechtsauffassung, daß Sitzblockaden als Gewalt entsprechend dem Gewaltbegriff im Nötigungsparagraphen 240 StGB betrachtet werden können. Allerdings gab es in beiden Fällen nur eine Patt-Entscheidung – vier Richter hielten eine Bestrafung wegen Nötigung für verfassungsgemäß, vier für verfassungswidrig. Da aber die Verfassungswidrigkeit eines staatlichen Aktes, wie z.B. die Verurteilung für die Teilnahme an einer Sitzblockade wegen Nötigung, nur bei Stimmenmehrheit festgestellt werden kann, wurden die damaligen Verfassungsbeschwerden abgelehnt.
Mit der neuen Mehrheit im Senat veränderte sich nun auch die Auslegung des Gewaltbegriffs; als Tatbestand der Nötigung sei er zu weit ausgedehnt worden. Hatte der Gesetzgeber unter Gewalt zunächst nur physische Krafteinwirkung verstanden, gingen RichterInnen in späteren Entscheidungen wesentlich weiter. Im sogenannten Laepple-Urteil des Bundesgerichtshofs von 1969 gegen einen Studenten, der mit einer Sitzblockade gegen die Fahrpreis-

erhöhung der Straßenbahn protestiert hatte, sprachen die Richter von „vergeistigter Gewalt", wobei der Täter mit minimaler Kraftanstrengung „einen psychisch determinierten Prozeß beim Opfer in Lauf setzt, der dieses veranlaßt, von der Durchsetzung seines Willens Abstand zu nehmen".[3]
Damit, so die Karlsruher RichterInnen, habe sich das Maß der „körperlichen Kraft, die für nötig gehalten wird, damit von Gewalt gesprochen werden kann", soweit verringert, daß „das Erfordernis einer körperlichen Zwangswirkung beim Nötigungsopfer gänzlich aufgegeben worden" sei. So habe bei Sitzblockaden schon die bloße, andere behindernde Anwesenheit ausgereicht, um den Akteuren „Gewalt" vorzuwerfen. Damit werde aber dieses Tatbestandsmerkmal „in einer Weise entgrenzt, daß es die ihm vom Gesetzgeber zugedachte Funktion, unter den notwendigen, unvermeidlichen oder alltäglichen Zwangseinwirkungen auf die Willensfreiheit Dritter die Strafwürdigen zu bestimmen, weitergehend verliert." Stefan Geiger nannte in einem Kommentar der „Stuttgarter Zeitung" andere vergleichbare Verhaltensweisen, die, wie die RichterInnen festellten, „als sozialadäquat" betrachtet und nicht bestraft würden: Großdemonstrationen, Straßenfeste, Faschingsumzüge oder Fronleichnamsprozessionen.[4] Damit genügt dieser Gewaltbegriff nicht mehr der verfassungsrechtlich gebotenen Bestimmtheit: „Es läßt sich nicht mehr mit ausreichender Sicherheit vorhersehen, welches körperliche Verhalten, das andere psychisch an der Durchsetzung ihres Willens hindert, verboten sein soll und welches nicht."
Diese Unsicherheit habe auch nicht durch den im Nötigungsparagraphen als Korrektiv vorgesehenen Begriff der „Verwerflichkeit" beseitigt werden können. „Die Strafbarkeit wird nicht mehr vor der Tat generell und abstrakt vom Gesetzgeber, sondern nach der Tat im konkreten Fall vom Richter aufgrund seiner Überzeugung von der Strafwürdigkeit eines Tuns bestimmt." Dies werde durch die unterschiedliche Behandlung von Blockadeaktionen der Friedensbewegung gegen die Nachrüstung einerseits und Blockadeaktionen von Stahlarbeitern gegen Werksstillegungen und Subventionskürzungen oder von Fernfahrern gegen Gebührenerhöhungen und Verkehrsplanung andererseits belegt: Wegen Nötigung verurteilt wurden in der Regel nur NachrüstungsgegnerInnen.
Das Echo auf die Karlsruher Entscheidung war erwartungsgemäß geteilt. „Hier Jubel, Trubel und Triumph, dort Wut, Trauer und Chaosangst", so die zugespitzte Wahrnehmung in der „Süddeutschen Zeitung"; das Gericht habe mit seinem Urteil „wieder ein lupenreines Links-Rechts-Thema geliefert".[5]
Während die Unionsparteien grundsätzlich in Kritik und Ablehnung des Richterspruchs übereinstimmten – Bayerns Justizminister Hermann Leeb

(CSU) sah einen „Schaden für die Streitkultur"[6], CDU-Generalsekretär Peter Hintze bezeichnete die Entscheidung als „schwer verständlich" und erklärte, seine Partei werde sich entschieden einer „Verwässerung des Gewaltbegriffs" widersetzen; die Freiheit demonstrierender Minderheiten dürfe nicht über die Freiheit aller Bürger gesetzt werden[7] –, gab es in der FDP eher gemischte Töne. Zwar überwog die Zustimmung innerhalb der Bundestagsfraktion, allen voran der innenpolitische Sprecher der FDP und Bundestagsvizepräsident Burkhardt Hirsch, der das Urteil „ausdrücklich" begrüßte und dafür von der „Frankfurter Allgemeinen Zeitung" gescholten wurde, er gebärde sich so, „als sei ein Unrecht, unter dem er schwer gelitten habe, endlich aus der Welt geschafft"[8]. Gleichzeitig sprach jedoch der baden-württembergische Landesvorsitzende Walter Döring von einem „Zeitgeist-Urteil"[9], und der FDP-Rechtsexperte Heinz Lanfermann forderte sogar, Blockaden weiterhin per Gesetz unter Strafe zu stellen; die Entscheidung der VerfassungsrichterInnen habe eine Rechtslücke aufgerissen, die der Bundestag jetzt schließen müsse.[10]

SPD, BÜNDNISGRÜNE und Juristenverbände begrüßten den Richterspruch einhellig. Die Rechtspolitikerin und stellvertretende Parteivorsitzende Hertha Däubler-Gmelin forderte eine Amnestie, um die zu Unrecht Verurteilten vom Makel der Strafe zu befreien.[11] Und der grüne Bundestagsabgeordnete Rezzo Schlauch, der 1983 in Mutlangen selbst bei einer Sitzblockade dabei war, nannte das Urteil eine „schallende Ohrfeige für die Richter", die damals Urteile wie am Fließband sprachen.[12]

Auch betroffene und zum Teil prominente BlockiererInnen meldeten sich zu Wort. Volker Nick, ein Aktivist aus Mutlangen, sprach von einem „Gewinn für die politische Kultur"; es sei nun wieder klar, was wirklich Gewalt und was Gewaltfreiheit sei.[13] Der Tübinger Theologe Norbert Greinacher sagte: „Das Urteil hat mich mit unglaublicher Genugtuung und Freude erfüllt. Daß ein Gericht in dieser Gesellschaft sagt, Sitzblockaden sind keine Gewalt, das finde ich großartig. Nach elf Jahren haben wir recht bekommen von einem deutschen Gericht. Ich habe an den Ausspruch gedacht: Es gibt noch Richter in Preußen."[14] Inge Aicher-Scholl erklärte: „Ich freue mich. Damit habe ich nicht mehr gerechnet. Es hat ein bißchen lang gedauert. Das Urteil ist ermutigend. Unser berechtigter Protest war nicht vergebens."[15] Evi Moch, ehemalige Großengstingen-Blockiererin, befiel bei aller Freude und Erleichterung über die Karlsruher Entscheidung jedoch auch ein „schales Gefühl". Die Blockade sei nun als Protestmittel „erlaubt und etabliert", und somit werde ihr auch „der Biß genommen".[16] „Adieu, ziviler Ungehorsam?", fragte sich auch Christian Semler in einem „taz"-Kommentar und antwortete zugleich darauf: „Gelackmeiert sind die künftigen Blockierer, die Liebhaber des zivilen Ungehorsams, die bei Straßenblockaden bei bestem Willen nur die Vorschriften des Verkehrs- und des Versammlungsrechts mißachten dürfen. Kalkulierte Regelverletzungen, dazu bestimmt, die Öffentlichkeit aufzurühren, feurige Plädoyers bei den anschließenden Gerichtsverfahren, all dies droht in aschgraue Bedeutungslosigkeit zu versinken. Aber gemach! Ein Blick (nicht nur) ins Strafgesetzbuch weist der Politik mittels symbolischer Formen neue, reiche Anwendungsgebiete!"[17]

Mit dem Urteil vom 15. März 1995 muß die Geschichte der Aktionsform Sitzblockade nicht neu oder umgeschrieben werden, aber ihre Bewertung erscheint in einem anderen, einem liberaleren Licht und ermöglicht neue, bisher nicht erwartete Fortsetzungskapitel, deren Themen und Inhalte sich zur Zeit jedoch nur andeuten. Mit Sicherheit, und das ist zunächst einmal das wichtige, bedeutet der Richterspruch aus Karlsruhe die moralische Rehabilitation der Protestakteure. „Die Orwellsche Umdefinierung der Gewaltfreiheit in Gewalt", so die christliche Friedensorganisation „Ohne Rüstung leben", sei nun korrigiert und „der gewaltfreie Charakter unserer Aktionen" anerkannt.[18] Diese Anerkennung verunmöglicht auch die zumeist von konservativen Politikern, wie z.B. der baden-württembergische CDU-Fraktionsvorsitzende Günter Oettinger, geäußerte und ideologisch motivierte moralische Gleichsetzung der gewaltfreien direkten Protestaktion, z.B. der Friedensbewegung, mit der fremdenfeindlichen Gewalttat rechtsextremistischer Gruppen.

Auch auf der juristischen Ebene zeichnen sich einschneidende Konsequenzen ab. Dies betrifft zunächst die Auslegung des in der Urteilsbegründung dargelegten Gewaltbegriffs. Da die VerfassungsrichterInnen bewußt darauf verzichtet haben, „die genaue Grenze zwischen nötigender Gewalt und lästiger Ausübung der Versammlungsfreiheit zu markieren"[19], kommt diese Aufgabe nun den Strafgerichten zu. Dabei kann der Gesetzgeber allerdings neue Vorgaben bzw. alte Maßstäbe (re-)konstruieren – die „aufgerissene Rechtslücke" per Gesetz wieder schließen –, falls er der Meinung sein sollte, Sitzblockaden müßten auf jeden Fall als Nötigung unter Strafe gestellt werden. Noch laufende Blockadeverfahren werden jedoch voraussichtlich mit Freispruch enden. Dazu kommt die juristische Rehabilitation der bisher aufgrund des Paragraphen 240 Verurteilten, die mit der Wiederaufnahme ihrer Verfahren nicht nur einen Freispruch resp. die Streichung ihrer Vorstrafe, sondern auch eine materielle Entschädigung für Geldstrafen, Gefängnisaufenthalte und Prozeßkosten anstreben.

Schließlich wird die Einengung des Gewaltbegriffs die Versammlungsfreiheit der BürgerInnen stärken, und das nicht nur, weil sie ein Stück Rechtssicherheit zurückgebracht hat. Die Selbstbeschränkung der Justiz stellt sich als ein Gewinn für die demokratischen Rechte der gesellschaftlichen Akteure dar, da ihnen damit ein Mehr an Legitimation, Kompetenz und Verantwortung für die Auseinandersetzungen in und zwischen Gesellschaft und Staat zugebilligt wird. Nicht Mißtrauen gegenüber den BürgerInnen und Angst vor der „Dominanz der körperlichen Gewalt beim Austausch unterschiedlicher Meinungen"[20], wie in manchem Kommentar offensichtlich, zeichnet sich im Urteil des Bundesverfassungsgerichts ab, sondern eher Vertrauen zu den AktivbürgerInnen und Respekt vor ihren demokratischen und zivilgesellschaftlichen Fähigkeiten sowie ihrer politischen Reife zur Konfliktaustragung.

Anhang

Anmerkungen

Einleitung

1 Lothar Rolke: Protestbewegungen in der Bundesrepublik. Eine analytische Sozialgeschichte des politischen Widerspruchs. Opladen 1987, S. 111. (Beiträge zur sozialwissenschaftlichen Forschung Bd. 97)
2 Joachim Raschke: Soziale Bewegungen. Ein historisch-systematischer Grundriß. Frankfurt a.M./New York 1988, S. 119.
3 In diesem Punkt stimmen differierende theoretische Arbeiten über die Entwicklung sozialer Bewegungen überein. Vgl. z.B. das Phasenablaufmodell von Otthein Rammstedt und den analytischen Deskriptionsrahmen von U. C. Wasmuht. In: Dies. (Hrsg.): Alternativen zur alten Politik? Neue soziale Bewegungen in der Diskussion. Darmstadt 1989, S. 148 und S. 173.
4 Vgl. u.a.: Alain Touraine: Klassen, soziale Bewegungen und soziale Schichtung in einer nachindustriellen Gesellschaft. In: Hermann Strasser/John H. Goldthorpe (Hrsg.): Die Analyse sozialer Ungleichheit. Kontinuität, Erneuerung, Innovation. Opladen 1985; Jürgen Habermas: Theorie des kommunikativen Handelns. Frankfurt a.M. 1981, Bd. 2; ders.: Strukturwandel der Öffentlichkeit. Mit einem Vorwort zur Neuauflage 1990, Frankfurt a.M. 1990; Joachim Hirsch/ Roland Roth: Das neue Gesicht des Kapitalismus. Vom Fordismus zum Post-Fordismus. Hamburg 1986.
5 Bernd Jürgen Warneken: „Die friedliche Gewalt des Volkswillens". Muster und Deutungsmuster von Demonstrationen im deutschen Kaiserreich. In: Ders. (Hg.): Massenmedium Straße. Zur Kulturgeschichte der Demonstration. Frankfurt a.M./New York/Paris 1991, S. 97-119, hier S. 97.
6 U.a. veröffentlicht in: Bürgerrechte und Polizei. CILIP 34, Nr. 3/1989, S. 49.
7 Frankfurter Allgemeine Zeitung vom 7. September 1973.
8 Dies ist nur zum Teil aus den aktuellen Problemen und Konflikten dieser Jahre zu erklären. Wichtiger sind wohl die kumulierten Erfahrungen und Lernprozesse der unterschiedlichen Protestgenerationen seit dem 2. Weltkrieg, insbesondere seit 1968. Deshalb sind die hier skizzierten Phasen auch weniger geschlossene und scharf voneinander abgrenzbare Etappen, als vielmehr Markierungen in einer Kontinuität außerparlamentarischer politischer Partizipation.
9 Bernd Jürgen Warneken: „Die Straße ist die Tribüne des Volkes." Ein Vorwort. In: Warneken 1991, S. 7-16, hier S. 7.
10 Ebd.
11 Zweieinhalb Monate vor der ersten Lichterkette belagerten BewohnerInnen des Rostocker Stadtteils Lichtenhagen und Auswärtige, zum Teil organisierte Rechtsextremisten, vom 22. bis 28. August dort gelegene Ausländerwohnheime. Dabei kam es zu pogromartigen Ausschreitungen, in deren Verlauf Jugendliche u.a. mit Molotow-Cocktails die Häuser unter dem Beifall der Zu-

schauerInnen und vor den Augen einer hilflosen Polizei und internationaler Medien in Brand steckten. Diese Bilder aus dem neuen Deutschland gingen um die Welt, im Inneren der wiedervereinigten Republik waren sie Signal und Vorbild zugleich für eine Welle fremdenfeindlicher Gewalttaten, deren Zahl im darauffolgenden Monat dramatisch anstieg. Kurz darauf, am 23. November, kamen dann bei einem Brandanschlag auf das Haus einer türkischen Familie in Mölln fünf Menschen ums Leben.

12   Vgl. Christian Semmler in der taz Nr. 3885 vom 15. Dezember 1992.

13   Vgl. dazu: Carola Lipp: Protest und Gewalt. Fremdenfeindliche Gewalttaten und Aktionen gegen Ausländerhaß im Lichte der Protestforschung. In: Rolf W. Brednich/Walter Hartinger (Hg.): Vorträge des 29. Deutschen Volkskundekongresses Passau 1993, 2 Bde., Passau 1994, X, 1-402, VI, 403-479 S., (Passauer Studien zur Volkskunde, 8/9), S. 27-60; Thomas Balistier: Von der Menschenzur Lichterkette. Anmerkungen zu einer Form symbolisch-expressiven Protests. In: Puzzle. Zeitschrift für Friedenspädagogik. 2. Jg., Nr. 1, 1993, S. 2-7; ders.: Lichterketten – Bekenntnisse ohne Folgen? In: Jahrbuch Frieden 1994. Konflikte. Abrüstung. Friedensarbeit. Herausgegeben von Hanne-Margret Birckenbach, Uli Jäger und Christian Wellmann in Zusammenarbeit mit der Arbeitsgemeinschaft für Friedens- und Konfliktforschung. München 1993, S. 205-214; ders.: Lichterketten und spontane Demos – Eine Antwort auf Rechtsradikalismus? Kritische Überlegungen zum Mobilisationspotential in der Bundesrepublik Deutschland. In: Caroline Y. Robertson-Wensauer (Hg.): Protest im demokratischen Rechtsstaat. Baden Baden 1996. (Schriftenreihe des Instituts für Angewandte Kulturwissenschaft der Universität Karlsruhe (TH), Band 4)

14   Als 1989 die Bundesrepublik Deutschland ihren 40. Geburtstag feierte, konnte gleichzeitig auch auf eine 40jährige Protestgeschichte zurückgeblickt werden. Lothar Rolke hatte anläßlich dieses doppelten Jubiläums in einem Aufsatz den Versuch unternommen, das Protestgeschehen jedes Dezenniums mit einem charakteristischen Stichwort zu belegen. Danach hätten die 50er Jahre durch die „Patenschaften" der traditionellen Arbeiterorganisationen für den außerparlamentarischen Protest (Kampagne gegen die Wiederbewaffnung und „Kampf dem Atomtod"), die 60er Jahre durch die „Selbstorganisation" der Ostermarschierer- und NotstandsgegnerInnen, die Jahre 1967/68 durch die „Entfesselung der Gesellschaftskritik" der Studentenbewegung, die 70er Jahre durch den „Paradigmenwechsel" der Ökologie- und Alternativbewegung und schließlich die 80er Jahre durch die „Reparlamentarisierung des Protests" gekennzeichnet. Lothar Rolke: Erinnerungen an die Zukunft der Demokratie: 40 Jahre Bundesrepublik – 40 Jahre soziale Bewegungen. In: Forschungsjournal Neue Soziale Bewegungen, Jg. 2, Sonderheft 1989, 40 Jahre soziale Bewegungen: Von der verordneten zur erstrittenen Demokratie, S. 9-17.

15   Roland Roth: Neue soziale Bewegungen als politische Institution – Anregungen für einen theoretischen Perspektivenwechsel. Ebd., S. 33-51.

16   Z.B. Raschke 1988, Otthein Rammstedt: Soziale Bewegung. Frankfurt a.M. 1978.

17   Z.B. Karl-Werner Brand/Detlef Büsser/Dieter Rucht: Aufbruch in eine andere Gesellschaft. Neue soziale Bewegungen in der Bundesrepublik. Frankfurt a.M./ New York 1983 und 1986; Georg Haasken/Michael Wigbers: Protest in der Klemme. Soziale Bewegungen in der Bundesrepublik. Frankfurt a.M. 1986; Rolke 1987.

18 Z.B. Florence Herve (Hrsg.): Geschichte der deutschen Frauenbewegung. Köln 1982; Uta Gerhardt/Yvonne Schütze: Frauensituation. Veränderungen in den letzten 20 Jahren. Frankfurt a.M. 1988; Wolfgang Ehmke (Hrsg.): Zwischenschritte. Die Anti-Atomkraftbewegung zwischen Gorleben und Wackersdorf. Köln 1987; Winfried Kretschmer: Wackersdorf: Wiederaufarbeitung im Widerstreit. In: Ulrich Linse u.a.: Von der Bittschrift zur Platzbesetzung. Konflikte um technische Großprojekte. Berlin/Bonn 1988; Ulrich Linse: Ökopax und Anarchie. Eine Geschichte der ökologischen Bewegungen in Deutschland. München 1983; Dieter Rucht: Von Wyhl nach Gorleben. Bürger gegen Atomprogramm und nukleare Entsorgung. München 1980; ders.: Flughafenprojekte als Politikum. Die Konflikte in Stuttgart, München und Frankfurt. Frankfurt a.M. 1984; Wilfried v. Bredow/Rudolf H. Brocke: Krise und Protest. Ursprünge und Elemente der Friedensbewegung in Westeuropa. Opladen 1987; Josef Janning/Hans-Josef Legrand/Helmut Zander (Hrsg.): Friedensbewegungen. Entwicklungen und Wirkungen in der Bundesrepublik Deutschland, Europa und den USA. Köln 1987; Thomas Leif: Die strategische (Ohn-)Macht der Friedensbewegung. Kommunikations- und Entscheidungsstrukturen in den achtziger Jahren. Opladen 1990; Hans A. Pestalozzi/Ralf Schlegel/Adolf Bachmann (Hrsg.): Frieden in Deutschland. Die Friedensbewegung: wie sie wurde, was sie ist, was sie werden kann. München 1982; Reiner Steinweg. Die neue Friedensbewegung. Analysen aus der Friedensforschung. Frankfurt a.M. 1982 (Friedensanalysen 16.); Rüdiger Schmitt: Die Friedensbewegung in der Bundesrepublik Deutschland. Ursachen und Bedingungen der Mobilisierung einer neuen sozialen Bewegung. Opladen 1990. (Studien zur Sozialwissenschaft Bd. 90)

19 Johannes Berger (Hrsg.): Die Moderne – Kontinuitäten und Zäsuren. Göttingen 1986 (Soziale Welt. Sonderband 4); Karl-Werner Brand (Hrsg.): Neue soziale Bewegungen in Westeuropa und in den USA. Ein internationaler Vergleich. Frankfurt a.M./New York 1985; Peter Grottian/Wilfried Nelles (Hrsg.): Großstadt und neue soziale Bewegungen. Basel/Boston/Stuttgart 1983 (Stadtforschung aktuell Bd. 1); Jürgen W. Falter/Christian Fenner/Michael Th. Greven (Hrsg.): Politische Willensbildung und Interessenvermittlung. Opladen 1984; Roland Roth/Dieter Rucht (Hg.): Neue soziale Bewegungen in der Bundesrepublik Deutschland. Frankfurt a.M./New York 1987; Ulrike C. Wasmuht (Hrsg.): Alternativen zur alten Politik? Darmstadt 1989.

20 U.a.: Forschungsjournal Neue Soziale Bewegungen; Geschichte und Gesellschaft. Zeitschrift für Historische Sozialwissenschaft; Leviathan.

21 Oskar Negt. Gesellschaftliche Krise und Demonstrationsfreiheit. In: Sebastian Cobler/Reiner Geulen/Wolf-Dieter Narr (Hg.): Das Demonstrationsrecht. Reinbek 1983, S. 17-52, hier S. 37.

22 Ebd.

23 Z.B.: Ärzte gegen Atomkrieg. Rundbrief der IPPNW und der Ärzteinitiativen; Bürgerrechte und Polizei. CILIP 34.

24 Hier ist nicht der Platz Begriff, Methode und Kritik einer *dichten Beschreibung* zu erörtern. vgl. dazu Clifford Geertz: Dichte Beschreibung. Beiträge zum Verstehen kultureller Systeme. Frankfurt a.M. 1987. Mit der Verwendung dieses Begriffs soll nur angedeutet werden, daß der Versuch unternommen wird, eine

breit angelegte beschreibende Rekonstruktion von Straßenprotestkultur mit einer systematischen Interpretation zu verbinden.

1 Aktionsformen

1 Charles996, hier S. 74.
18 Raschke 1988, S. 292.
19 Vgl. dazu: Bernd Jürgen Warneken (Hg.): Als die Deutschen demonstrieren lernten. Das Kulturmuster „friedliche Straßendemonstration" im preußischen Wahlrechtskampf 1908-1910. Tübingen 1986.
20 Raschke 1988, S.304.
21 Vgl. u.a.: Gottfried Korff: Rote Fahnen und geballte Faust. Zur Symbolik der Arbeiterbewegung in der Weimarer Republik. In: Fahnen, Fäuste, Körper. Symbolik und Kultur der Arbeiterbewegung. Hrsg. für das Institut zur Geschichte der Arbeiterbewegung von Dietmar Petzina. Essen 1986, S. 27-60; Thomas Balistier: Gewalt und Ordnung. Kalkül und Faszination der SA. Münster 1989.
22 Raschke 1988, S. 315; koerziv = direkt.
23 Rolke 1987, S. 193.
24 Raschke 1988, S. 323.
25 Raschke 1988, S. 325.
26 Der „Koordinationsausschuß (KA)" war ein zentrales Planungs- und Entscheidungszentrum der Friedensbewegung, dem zunächst 26, später 30 Mitgliedsorganisationen angehörten. In ihm waren die fünf wichtigsten Bewegungsströmungen vertreten: Christen, Unabhängige, parteinahe Sozialdemokraten, das „Komitee für Frieden, Abrüstung und Zusammenarbeit (KOFAZ)" sowie die GRÜNEN. Vgl. Thomas Leif: Die Friedensbewegung zu Beginn der achtziger Jahre. Themen und Strategien. In: Politik und Zeitgeschichte. Beilage zur Wochenzeitung „Das Parlament", B 26/89, 23. Juni 1989, S. 28-40.
27 taz Nr. 1452 vom 29. Oktober 1984 und Nr. 1458 vom 5. November 1984.
28 taz Nr. 2231 vom 13. Juni 1987.
29 Stamm 1988, S. 203.
30 taz Nr. 1146 vom 24. Oktober 1983.
31 taz Nr. 796 vom 11. Juni 1982.
32 taz Nr. 10 vom 20. April 1979.
33 taz Nr. 856 vom 6. September 1982.
34 Raschke 1988, S. 325.
35 taz Nr. 266 vom 22. April 1980.
36 taz Nr. 751 vom 5. April 1982.
37 taz Nr. 1146 vom 24. Oktober 1983.
38 taz Nr. 633 vom 12. Oktober 1981.
39 Jürgen Habermas: Die neue Unübersichtlichkeit. Frankfurt a.M. 1985, S. 80.
40 Stamm 1988, S. 189.
41 taz Nr. 796 vom 11. Juni 1982.
42 taz Nr. 2232 vom 15. Juni 1987.

43 taz Nr. 1140 vom 17. Oktober 1983.
44 taz Nr. 856 vom 6. September 1982.
45 taz Nr. 2621 vom 27. September 1988.
46 taz Nr. 2638 vom 17. Oktober 1988.
47 Thomas Leithäuser: Individuum und Weltanschauung. Ein Beitrag zur psychoanalytischen Massenpsychologie. In: Jürgen Belgrad u.a. (Hrsg.): Zur Idee einer psychoanalytischen Sozialforschung. Dimensionen szenischen Verstehens. Frankfurt a.M. 1987, S. 163-179, hier S. 178.
48 Auf Massendemonstrationen und die Bedeutungen der 'Großen Zahl' soll hier nicht eingegangen werden, da die quantitative Seite des Protests im Kapitel Massen behandelt wird.
49 taz Nr. 781 vom 19. Mai 1982.
50 taz Nr. 2257 vom 15. Juli 1987.
51 taz Nr. 1096 vom 19. August 1983.
52 taz. Nr. 633 vom 12. Oktober 1982.
53 taz Nr. 138 vom 12. Oktober 1979.
54 taz Nr. 829 vom 29. Juli 1982; die tat vom 16. Juli 1982.
55 taz Nr. 1371 vom 26. Juli 1984.
56 taz Nr. 1698 vom 29. August 1985.
57 taz Nr. 859 vom 9. September 1982.
58 taz Nr. 45 vom 5. Juni 1979.
59 taz Nr. 1624 vom 3. Juni 1985.
60 taz Nr. 2818 vom 29. Mai 1989.
61 taz Nr. 586 vom 6. August 1981.
62 taz Nr. 1034 vom 24. Mai 1983.
63 taz Nr. 1608 vom 13. Mai 1985.
64 Vgl. Theodor Ebert: Konfliktformation im Wandel: Von den Bürgerinitiativen zur Ökologiebewegung. In: Volker Hauff (Hg.): Bürgerinitiativen in der Gesellschaft. Politische Dimensionen und Reaktionen. (Argumente in der Energiediskussion Bd. 9.) Villingen-Schwenningen 1980, S. 351-371, hier S. 354ff.
65 taz Nr. 8 vom 22. März 1979.
66 taz Nr. 1933 vom 14. Juni 1986.
67 taz Nr. 2619 vom 24. September 1988.
68 taz Nr. 9 vom 29. März und Nr. 10 vom 2. April 1979.
69 taz Nr. 531 vom 18. Mai 1981.
70 Klaus Jürgen Rattay kam auf der Flucht vor einem Schlagstockeinsatz der Polizei während einer Protestaktion vor dem Haus Bülowstr. 89 – eines von acht zuvor geräumten ehemals besetzten Häusern, in dem Innensenator Lummer (CDU) eine Pressekonferenz abhielt – unter einen BVG-Bus und erlag dabei seinen schweren Verletzungen. Der hier erwähnte Schweigemarsch eskalierte zu einem späteren Zeitpunkt zu stundenlangen Straßenschlachten zwischen der Polizei und Teilen der DemonstrantInnen. Vgl. taz Nr. 621 vom 24. September 1981.
71 taz Nr. 23 vom 2. Mai 1979.
72 taz Nr. 1172 vom 24. November 1983.

73 Der Name spielt auf Bibeltexte an, nach denen Gott Moses bei der Eroberung Jerichos den Rat gegeben hatte, sieben Tage lang Kriegsgeschrei und Posaunen gegen die Stadtmauer ertönen zu lassen, bis diese endlich umgefallen war.
74 taz Nr. 2183 vom 13. April 1987.
75 taz Nr. 831 vom 2. August 1982.
76 taz Nr. 717 vom 16. Februar 1982.
77 taz Nr. 567 vom 10. Juli 1981.
78 taz Nr. 570 vom 15. Juli 1981.
79 taz Nr. 569 vom 14. Juli 1981.
80 taz Nr. 1371 vom 26. Juli 1984.
81 taz Nr. 1689 vom 19. August 1985.
82 Raschke 1988, S. 325.
83 taz Nr. 1144 vom 21. Oktober 1983.
84 taz Nr. 1140 vom 17. Oktober 1983.
85 taz Nr. 1271 vom 26. März 1984.
86 taz Nr. 2442 vom 25. Februar 1988.
87 taz Nr. 1146 vom 24. Oktober 1983.
88 taz Nr. 925 vom 13. Dezember 1982. Das Quellenproblem liegt auf der Hand, nicht alle Aktionen sind dokumentiert. Immerhin ist diese Menschenkette die erste, die in der taz erwähnt wird.
89 taz Nr. 985 vom 10. März 1983.
90 taz Nr. 1227, 1243 und 1271 vom 3. und 22. Februar sowie 26. März 1984.
91 Die IG Metall befürchtete damals einen Abbau von insgesamt 30.000 Arbeitsplätze in der Stahlindustrie bis Ende 1988, davon alleine in Hattingen 2.900 und 500 Ausbildungsstellen.
92 taz Nr. 2191 vom 24. Oktober 1987.
93 taz Nr. 2264 vom 23. Juli 1987.
94 taz Nr. 2441 vom 24. Februar 1988.
95 Hirsch/Roth 1986, S. 176.
96 taz Nr. 8 vom 22. März 1979.
97 taz Nr. 632 vom 9. Oktober 1981.
98 taz Nr. 1134 vom 10. Oktober 1983. Diese Aktion wurde von Mitgliedern der „Berlin-AG" der Alternativen Liste (AL) durchgeführt. Weil die Akteure dabei die Alliierten in der Hauptseite als Besatzer einschätzten und Forderungen nach Paktfreiheit, einem Friedensvertrag und dem Abzug aller fremden Truppen und Atomwaffen aus beiden deutschen Staaten erhoben, wurde die Aktion als „deutschnational" kritisiert; vgl. auch den Kommentar von Klaus Wolschner ebd. Hier interessiert allerdings weniger der inhaltliche Disput, als vielmehr die Inszenierung eines Die-in.
99 Eva Quistorp: Frauen brechen aus, aus dem Rüstungswahnsinn. Frauenfriedensbewegung seit 1945. In: Dies. (Hrsg.): Frauen für den Frieden. Bensheim 1982, S. 167-183, hier S. 173.
100 taz Nr. 2194 vom 28. April 1987.
101 taz Nr. 2310 vom 15. September 1987.

102 Raschke 1988, S. 280.
103 Ebd., S. 278.
104 Der Paragraph 116 AFG sah bis dahin auch die Zahlung von Kurzarbeitergeld an mittelbar von Aussperrung Betroffene vor. Am 20. März 1986 beschloß der Deutsche Bundestag mit 265 Stimmen der Regierungskoalition gegen 210 Stimmen der Opposition eine Änderung des Gesetzes, wonach mittelbar vom Arbeitskampf Betroffene nur noch in Ausnahmefällen mit Leistungen der Bundesanstalt für Arbeit rechnen können.
105 taz Nr. 1850 vom 4. März 1986.
106 Vgl. Michael Kittner (Hrsg.): Gewerkschaftsjahrbuch 1984. Daten – Fakten – Analysen. Köln 1984, S. 335.
107 Der Kongreß wurde vom „Arbeitskreis Frauenpolitik" der GRÜNEN im Bundestag organisiert. Es beteiligten sich ca. 800 Frauen der GRÜNEN, der Friedens- und Ökologiebewegung sowie der autonomen Frauenbewegung. Vgl. taz Nr. 2029 vom 6. Oktober 1986.
108 DER SPIEGEL vom 11. Juli 1983.
109 Die „Parteiaktionsgemeinschaft" wurde im Dezember 1978 von den Stadträten der CDU, FDP, SPD und DKP in Mörfelden-Walldorf gegründet. Der Hungerstreik war die Reaktion auf die Entscheidung des hessischen Verwaltungsgerichtshof, der den sofortigen Vollzug für den Teil A des Planfeststellungsbeschlusses bestätigte und die Wiederherstellung der aufschiebenden Wirkung der Klagen gegen die Planfeststellung abgewiesen hatte. Er fand große Beachtung in den Medien und brachte der Anti-Startbahn-Bewegung eine überregionale Publizität. Vgl. dazu Rucht 1984, S. 216.
110 Theodor Ebert: Ziviler Widerstand gegen Raketenbasen. Die Lehren der 60er Jahre – Aktionsformen für 1983. In: Hans A. Pestalozzi/Ralf Schlegel/Adolf Bachmann (Hrsg.): Frieden in Deutschland. Die Friedensbewegung: wie sie wurde, was sie ist, was sie werden kann. München 1982, S. 187-196, hier S. 195f.
111 taz Nr. 1887 vom 18. April 1986.
112 taz Nr. 2053 vom 3. November 1986.
113 taz Nr. 2204 vom 11. Mai 1987.
114 taz Nr. 567 vom 10. Juli 1981.
115 taz Nr. 8 vom 22. März 1979.
116 Ein Aktionsbündnis von verschiedenen Gruppen aus dem ganzen Bundesgebiet, dessen organisatorisches Zentrum aus der Graswurzelgruppe, den „Strobos" und der Gewaltfreien Aktion Hamburgs bestand.
117 taz Nr. 570 vom 15. Juli 1981.
118 taz Nr. 2069 vom 22. November 1986.
119 taz Nr. 2653 vom 3. November 1988.
120 taz Nr. 1158 vom 7. November 1983.
121 Raschke 1988, S. 281.
122 taz Nr. 1140 vom 17. Oktober 1983.
123 taz Nr. 1138 vom 14. Oktober 1983.
124 Vgl.: Michael Schmid: Mutlangen? Mutlangen! In: Grüne Blätter, Juni 1990, S. 16-17.

125 Eine Ausnahme stellt dabei der kollektive Widerspruch in Gorleben dar, der u.a. durch die verschiedenen Projektplanungen der 80er Jahre – von der Wiederaufarbeitungsanlage über das Zwischen- und Endlager bis zur Pilotkonditionierungsanlage (PKA) – eine Konstanz mit konjunkturellen Phasen aufweist.
126 taz Nr. 1326 vom 2. Juni 1984.
127 taz Nr. 2413 und 2414 vom 22. und 23. Januar 1988.
128 taz Nr. 2578 vom 8. August 1988.
129 taz Nr. 1296 vom 26. April 1984.
130 taz Nr. 1298 vom 28. April 1984.
131 taz Nr. 1293 vom 21. April 1984.
132 taz Nr. 1300 vom 2. Mai 1984.
133 taz Nr. 8 vom 22. März 1979.
134 taz Nr. 1916 vom 26. Mai 1986.
135 taz Nr. 2053 vom 3. November 1986.
136 taz Nr. 1945 vom 30. Juni 1986.
137 taz Nr. 939 vom 5. Januar 1983.
138 taz Nr. 2239 vom 24. Juni 1987.
139 taz Nr. 2412 vom 21. Januar 1988.
140 taz Nr. 658 und 659 vom 16. und 17. November 1981.
141 taz Nr. 650 vom 4. November 1981.
142 taz Nr. 119 vom 17. September 1979.
143 taz Nr. 1358 vom 11. Juli 1984.
144 Ebd.
145 taz Nr. 1348 vom 29. Juni 1984.
146 taz Nr. 1650 vom 4. Juli 1985.
147 taz Nr. 1271 vom 26. März 1984.
148 taz Nr. 1436 vom 10. Oktober 1984.
149 taz Nr. 1437 vom 11. Oktober 1984.
150 Ebd.
151 taz Nr. 1545 vom 25. Februar 1985.
152 taz Nr. 1745 vom 23. Oktober 1985.
153 In Hildesheim richteten sich die Manöverbehinderungen vom 19. bis 22. September gegen das größte NATO-Manöver („Lion Heart 84") in der Region seit dem 2. Weltkrieg, im Fulda Gap gegen mehrer kleinere Standortmanöver vom 22. bis 29. September 1984.
154 taz Nr. 1304 vom 7. Mai 1984.
155 Ebd.
156 taz Nr. 1389 vom 16. August 1984.
157 taz Nr. 1390 vom 17. August 1984.
158 taz Nr. 1420 vom 21. September 1984.
159 taz Nr. 1408 vom 7. September 1984.
160 taz Nr. 1411 vom 11. September 1984.
161 taz Nr. 1422 vom 24. September 1984.

162 taz Nr. 1425 vom 27. September 1984.
163 taz Nr. 1445 vom 20. Oktober 1984.
164 taz Nr. 1437 vom 11. Oktober 1984.
165 In einer eigens von den Regierungsparteien zu den Manöverbehinderungen einberufenen Aktuellen Stunde des Deutschen Bundestages am 4. Oktober, sprachen die Christdemokraten von „kriminellen Handlungen" und „Millionenschäden" durch die Friedensbewegung; SPD-Politiker, wie Peter Glotz und Jürgen Schmude, distanzierten sich von den Aktionen und verurteilten sie, warnten die Regierung jedoch vor „Rundumschlägen" und „Hysterie". Entgegen anders lautenden Erklärungen der Bundesregierung gab der Fuldaer Oberstaatsanwalt Baumann bekannt, daß „der im Zusammenhang mit den Aktionen angerichtete Sachschaden mehrere 10.000 DM nicht überschreiten" werde. Insgesamt wurden im Fulda Gap 205 Personen vorläufig festgenommen, 36 erkennungsdienstlich behandelt sowie 288 Ermittlungsverfahren gegen „bekannte Personen" und weitere 61 gegen „unbekannte" eingeleitet.
166 taz Nr. 1437 vom 11. Oktober 1984.
167 taz Nr. 2034 vom 11. Oktober 1986.
168 taz Nr. 2039, 2040, 2041 vom 17., 18. und 20. Oktober 1986.
169 Georg Haasken/Michael Wigbers: Protest in der Klemme. Soziale Bewegungen in der Bundesrepublik. Frankfurt a.M. 1986, S. 65f; Rolke 1987, S. 332.
170 taz Nr. 2820 vom 31. Mai 1989; Rolke 1987, S. 333.
171 Rund 50.000 Ordnungshüter, etwa ein Drittel aller Polizei- und BGS-Einheiten, sollen an diesem Tag im Einsatz gewesen sein. Bundesweit kontrollierte die Polizei nach eigenen Angaben 147.000 Personen und 75.000 Fahrzeuge; dabei wurden 8.000 „Waffen" (überwiegend Helme, Tücher und Zitronen usw.) beschlagnahmt. Vgl. taz Nr. 874 vom 30. September 1982.
172 taz Nr. 216 vom 8. Februar 1980.
173 taz Nr. 295 vom 5. Juni 1980.
174 taz Nr. 284 vom 20. Mai 1980.
175 Ebd.
176 taz Nr. 295 vom 5. Juni 1980.
177 Ebd.
178 Ebd.
179 taz Nr. 295 vom 5. Juni 1980.
180 U.a. eine erste „Waldbegehung" (Februar), ein „Osterspaziergang" (April), erste Demonstrationen am Flughafengelände (Mai), in Walldorf (Juli), Mörfelden (Oktober 1979) und Wiesbaden (Februar 1980). Vgl. dazu Rucht 1984, S. 234.
181 Bürgerinitiative gegen die Flughafenerweiterung Rhein-Main (Hrsg.): Nur wer sich bewegt, spürt seine Fesseln. Erfahrungen aus der Bewegung gegen die Startbahn West. Offenbach 1982, S. 70. Zit.n. Rucht 1984, S. 234.
182 taz Nr. 1286 vom 12. April 1984.
183 taz Nr. 400 vom 30. Oktober 1980.
184 Horst Karasek: Das Dorf im Flörsheimer Wald. Eine Chronik vom alltäglichen Widerstand gegen die Startbahn West. Darmstadt/Neuwied 1981.

185 taz Nr. 1286 vom 12. April 1984.
186 taz Nr. 654 vom 10. November 1981.
187 Nachzulesen bei Karasek 1981, dessen Dorfchronik tatsächlich, wie es im Klappentext heißt, „kein Schönwetterbericht" ist.
188 Karasek 1981, S. 192.
189 Ebd.
190 taz Nr. 1286 vom 12. April 1984.
191 Karasek 1981, S. 195.
192 Ebd.
193 taz Nr. 1286 vom 12. April 1984.
194 Karasek 1981, S.204.
195 taz Nr. 650 vom 4. November 1981. Nachdem die Räumung über den Rundfunk bekanntgegeben worden war – in den umliegenden Gemeinden hatten die Kirchenglocken geläutet –, versammelten sich zwar bis 14 Uhr rund 15.000 Bürger und Bürgerinnen vor Ort, das Dorf wurde aber bereits unter Polizeischutz, mit Ausnahme der Kapelle, die demontiert und nach Mörfelden abtransportiert wurde, Hütte um Hütte völlig zerstört. Dabei kam es zu ohnmächtig-wütenden Gegenattaken von StartbahngegnerInnen – „Farbbeutel und Aststöcke gegen Wasserwerfer und Bagger" – und unverhältnismäßig harten Polizeieinsätzen mit Gas und Knüppel, durch die nach Angaben der Bürgerinitiative mehr als 100 Personen verletzt wurden, 27 davon schwer (Schädelfrakturen, Wirbelsäulenverletzungen, Knochenbrüche und Nierenquetschungen). Vgl. auch taz Nr. 1286 vom 12. April 1984.
196 Winfried Kretschmer 1988, S. 191. Kretschmer unterscheidet vier Phasen, die „voneinander durch Perioden abklingender Proteste getrennt sind": 1. Formierung der Protestgruppen und erste Mobilisierungswelle (1981-83), 2. verfahrensrechtlicher Widerspruch und erste direkte Aktionen (1983-84), 3. Massenmobilisierung und Eskalation des Konflikts (Anfang 1985 bis Sommer 1986) und 4. Widerstand im Ausnahmezustand ab Sommer 1986.
197 Auf Anregung der „Landeskonferenz der bayerischen Bürgerinitiativen (LAKO)" wurde im Frühsommer 1985 der „Koordinationsausschuß für die Aktionen bei Rodungsbeginn" gegründet, der sich neben den bayerischen und regionalen Bürgerinitiativen aus den GRÜNEN, Robin Wood und kirchlichen, auswärtigen sowie autonomen Gruppen zusammensetzte. Im Laufe des Sommers wurden in den verschiedenen Gremien und Gruppen die ersten Pläne für eine Bauplatzbesetzung beraten, und auch die Bürgerinitiative Schwandorf war dieser Idee, nachdem sie sich mit Aktiven aus Wyhl und Gorleben über deren Erfahrungen ausgetauscht hatte, nicht mehr abgeneigt. Am 10. August begann das Sommerlager der „Bürgerinitiative gegen die Wiederaufbereitung von Kernbrennstoffen (BIWAK)" auf einer Wiese direkt neben dem Baugelände, dessen Ziel u.a. darin bestand, ein gemeinsames Aktionskonzept zwischen einheimischen und auswärtigen WAA-GegnerInnen und dem „Koordinationsausschuß" zu erreichen.
198 taz Nr. 1781 vom 5. Dezember 1985.
199 Kretschmer 1988, S. 198f.

200 Die bayerischen GRÜNEN sprachen sogar von über 1.000 festgenommenen WAA-GegnerInnen. Vgl. dazu taz Nr. 1792 vom 18. Dezember 1985.
201 taz Nr. 1791 vom 17. Dezember 1985.
202 Kretschmer 1988, S. 200.
203 taz Nr. 1804 vom 9. Januar 1986.
204 taz Nr. 1814 vom 21. Januar 1986.
205 taz Nr. 1831 vom 10. Februar 1986.
206 So hieß es in einem Ostermarschaufruf der „Bundeskonferenz unabhängiger Friedensgruppen (BUF)" in Frankfurt a.M. am 21./22. Januar 1984. Vgl. taz Nr. 1218 vom 24. Januar 1984.
207 taz Nr. 1241 vom 20. Februar 1984.
208 taz Nr. 1420 vom 21. September 1984.
209 taz Nr. 1294 vom 24. April 1984.
210 taz Nr. 1789 vom 14. Dezember 1985.
211 Im Juli 1984 verurteilte das Oberlandesgericht Hamm Klaus Berger zu einer Schadenersatzzahlung von 24.000 DM an die Grohnde-Betreiberin „Preußen Elektra (PREAG)". U.a. deswegen soll er nach Informationen der taz zunehmend unter Depressionen gelitten haben. Klaus Berger beendete sein Leben im Sommer 1986. Vgl. dazu taz Nr. 2016 vom 20. September 1986.
212 taz Nr. 1908 vom 15. Mai 1986.
213 taz Nr. 2159 vom 16. März 1987.
214 taz Nr. 2194 vom 28. April 1987.
215 taz Nr. 296 und 297 vom 6. und 9. Juni 1980 sowie Beilage Dokumentation Gorleben taz Nr. 305 vom 20. Juni 1980.
216 taz Nr. 296 vom 6. Juni 1980.
217 taz Nr. 652 vom 6. November 1981.
218 Die Gemeinde Kaiserslautern hatte sich als einzige rheinland-pfälzische Großstadt mit rund 120 städtischen Bediensteten über eine Woche lang an dem Manöver beteiligt. Vgl. taz Nr. 979 vom 2. März 1983.
219 Michael Kittner (Hg.): Gewerkschaftsjahrbuch 1984. Daten – Fakten – Analysen. Köln 1984, S. 115.
220 Ebd., S. 117.
221 Ebd., S. 118.
222 Ebd.
223 taz Nr. 2383 vom 10. Dezember 1987.
224 Die beiden Atomkraftgegner wurden auf Grund eines im „Stern" veröffentlichten Fotos von der oben erwähnten Großdemonstration zunächst wegen Mordversuchs, später, im April 1981, wegen gefährlicher Körperverletzung an einem Polizisten angeklagt.
225 taz Nr. 726 vom 1. März 1982.
226 Rucht 1984, S. 338.
227 taz Nr. 1368 vom 23. Juli 1984.
228 taz Nr. 1293 vom 21. April 1984.

229 taz Nr. 1368 vom 23. Juli 1984.
230 Kretschmer 1988, S. 205.
231 taz Nr. 1940 vom 24. Juni 1986.
232 Ebd.
233 taz Nr. 686 vom 4. Januar 1982.
234 taz Nr. 510 vom 14. April 1981.
235 Ebd.
236 taz Nr. 558 vom 29. Juni 1981.
237 taz Nr. 2198 vom 4. Mai 1987.
238 taz-extra vom 2. Mai 1987.
239 Ebd.
240 taz Nr. 2198 vom 4. Mai 1987.
241 „Rein verbaler Widerstand, schreien, rufen und Proteste unterschreiben – das ist natürlich unzulänglich. Aber nicht weniger unzulänglich sind die nur symbolischen Handlungen. (...) In anderen Worten: Symbole mögen tief sein. Hören wir auf mit Tiefe, seien wir effektiv. (...) Sabotieren wir die Friedens-Sabotierer." In: Pflasterstrand Nr. 168, 1983, S. 42.
242 Vgl. Bernd Ulrich: Gewaltfreiheit. Das vorläufige Nicht-amtliche Endzeitergebnis einer Debatte. In: Kommune. Forum für Politik, Ökonomie und Kultur. 5. Jg., Nr. 9/1987, S. 6-11, hier S. 10.

2 Massen

1 Raschke 1988, S. 274.
2 U.a. veröffentlicht in: Bürgerrechte und Polizei. CILIP 34, Nr. 3/1989, S. 49. Zur Problematik dieser Demonstrationsstatistik, insbesondere bzgl. der Erhebungsmethoden und Erfassungskriterien der sogenannten „unfriedlichen" Aktionen, vgl. Kapitel Vier.
3 BT-Drucksache 11/5247 vom 27. September 1989: Antwort der Bundesregierung auf die Große Anfrage der Abgeordneten Häfner, Frau Dr. Vollmer, Dr. Lippelt (Hannover), Frau Oesterle-Schwerin und der Fraktion DIE GRÜNEN – Drucksache 11/4212 –, S. 4f.
4 Vgl. Einleitung.
5 Frank Deppe/Georg Fülberth/Jürgen Harrer (Hrsg.): Geschichte der deutschen Gewerkschaftsbewegung. Köln 1978, S. 295.
6 Ebd., S. 316.
7 Haasken/Wigbers 1986, S. 17.
8 Rolke 1987, S. 213.
9 Die Angaben der TeilnehmerInnenzahlen an dieser Demonstration schwanken: „mehr als 60.000" bei Haasken/Wigbers 1986, S. 49; 60 bis 80.000 bei Gerhard Bauß: Die Studentenbewegung der sechziger Jahre. Köln 1977, S. 152; ca. 100.000 bei Rolke 1987, S. 215.
10 Vgl. Rolke 1987, S. 332f.

11 Vgl. Thomas Leif: Die Friedensbewegung zu Beginn der achtziger Jahre. Themen und Strategien. In: Aus Politik und Zeitgeschichte. Beilage zur Wochenzeitung Das Parlament B 26/89 vom 23. Juni 1989, S. 30.
12 Die TeilnehmerInnenzahlen von Hannover und Bonn wurden in der Presseberichterstattung in dieser Bandbreite, also relativ ungenau angegeben. Erst in späteren Publikationen wird die Beteiligung für Hannover mit „mehr als 100.000" und für Bonn mit 120.000 festgeschrieben. Vgl. u.a. Wolfgang Ehmke (Hrsg.): Zwischenschritte. Die Anti-Atomkraft-Bewegung zwischen Gorleben und Wackersdorf. Köln 1987, S. 52 und 61.
13 taz Nr. 468 vom 13. Februar 1981.
14 40.000 im Februar, 50.000 im Oktober und wiederum 40.000 im Dezember 1985. Im darauffolgenden Jahr waren es im März 80.000, im Mai 50.000, im Juni 30.000, im Oktober 1987 schließlich 35.000 und im Oktober 1988 nochmal 50.000. Das WAA-hnsinnsfestival im Juli 1986 ist hierbei noch nicht mitgezählt; es war das größte der politischen Rockkonzerte mit über 100.000 BesucherInnen.
15 Vgl. taz Nr. 1911 vom 20. Mai 1986.
16 Vgl. taz Nr. 1916 vom 26. Mai 1986.
17 Vgl. Karl-Werner Brand/Detlef Büsser/Roland Rucht: Aufbruch in eine andere Gesellschaft. Neue soziale Bewegungen in der Bundesrepublik. Frankfurt a.M./ New York 1986, S. 215f. Die Autoren unterscheiden vier Phasen. Die 70er Jahre werden als Latenzphase bezeichnet, die „durch eine gewisse sicherheitspolitische Ruhe in den außerparlamentarischen Bewegungen" charakterisiert sei. Mit dem „Krefelder Appell", der am 15./16. November 1980 bei einem Treffen von 1.500 alten Friedenskämpfern, Wissenschaftlern, ehemaligen Militärs, Kirchenleuten, verschiedenen Vertretern politischer Gruppierungen und vieler jungen TeilnehmerInnen in Krefeld beschlossen wurde und unter den bereits nach einem halben Jahr 800.000 BürgerInnen ihre Unterschrift gesetzt hatten – insgesamt waren es dann wohl 2 Millionen – , beginnt die Appellationsphase, die dann mit dem Kirchentag 1981 in eine Demonstrationsphase und ab Mitte 1982 in eine Aktionsphase übergeht.
18 Vgl. Leif 1989, S. 29.
19 taz Nr. 633 vom 12. Oktober 1981.
20 taz Nr. 1446 vom 22. Oktober 1984.
21 taz Nr. 2035 vom 13. Oktober 1986.
22 Vgl. Deutsche Volkszeitung/Die Tat vom 7. Oktober 1983 und die taz Nr. 1127 vom 1. Oktober 1983.
23 taz Nr. 1854 vom 8. März 1986.
24 Im DGB wurden die Daten der Veranstaltungen zum 1. Mai bis 1983 über die Berichtsbögen der Kreise und Angaben der Landesbezirke zusammengefaßt und im einzelnen nach Art und Zahl der Veranstaltungen und ihrer bezirklichen und bundesweiten TeilnehmerInnen ausgewertet. Ab 1983 wurden diese Berichtsbögen abgeschafft, schriftliche Dokumente über Art und Umfang der Beteiligung existieren anscheinend seitdem auch nicht mehr im Archiv des Bundesvorstandes in Düsseldorf, so daß ab diesem Jahr nur noch die ungefähren Presseangaben des DGB zur Verfügung stehen.

25   So z.B. 20.000 in Duisburg 1981 und in Hannover 1982, 13.000 in Bremen 1983, 30.000 in Stuttgart 1984 und jeweils 10.000 in Frankfurt 1987 und München 1989.
26   Vgl. Florence Herve (Hrsg.): Geschichte der deutschen Frauenbewegung. Köln 1987, S. 260.
27   taz Nr. 977 vom 28. Februar 1983.
28   Das Bundesverfassungsgericht hatte am 25. Februar 1975 die vom Deutschen Bundestag am 26. April 1974 verabschiedete Fristenregelung für verfassungswidrig erklärt.
29   taz Nr. 1543 vom 22. Februar 1985.
30   taz Nr. 2608 vom 12. September 1988.
31   taz Nr. 1310 vom 14. Mai 1984.
32   taz Nr. 1613 vom 20. Mai 1985.
33   Ehmke 1987, S. 229.
34   taz Nr. 1911 vom 20. Mai 1986.
35   „Weil wir uns nicht an die radioaktive Gefahr gewöhnen wollen, demonstrieren wir heute hier (...) in Weiß", so eine Vertreterin der Bürgerinitiative aus Schwandorf; Weiß sei die Todesfarbe des Atomzeitalters. Anschließend wurde der WAA-Bauzaun – bis auf eine kleine Lücke – mit einem „Energiekreis" umzingelt, womit die Verbundenheit der Frauen mit der Natur dargestellt werden sollte. Vgl. taz Nr. 2193 vom 27. April 1987.
36   Hervè 1987, S. 283.
37   taz Nr. 485 vom 10. März 1981.
38   taz Nr. 1141 vom 18. Oktober 1983.
39   Raschke 1988, S. 281.
40   taz Nr. 1928 vom 9. Juni 1986.
41   taz Nr. 2334 vom 13. Oktober 1987.
42   taz Nr. 8 vom 22. März 1979.
43   taz Nr. 650 vom 4. November 1981.
44   taz Nr. 658 vom 16. November 1981 und Nr. 1286 vom 12. April 1984.
45   taz Nr. 1300 vom 2. Mai 1984.
46   taz Nr. 1437 vom 11. Oktober 1984.
47   taz Nr. 1904 vom 10. Mai 1986.
48   taz 1916 vom 26. Mai 1986.
49   taz Nr. 2159 vom 16. März 1987.
50   taz Nr. 829 vom 29. Juli 1982 und Nr. 925 vom 13. Dezember 1982.
51   taz Nr. 926 vom 14. Dezember 1982.
52   taz Nr. 1358 vom 11. Juli 1984.
53   taz Nr. 1650 vom 4. Juli 1985.
54   taz Nr. 1905 vom 12. Mai 1986.
55   taz Nr. 2069 vom 22. November 1986.
56   taz Nr. 2106 vom 13. Januar 1987.
57   taz Nr. 2150 vom 5. März 1987.

58 taz Nr. 2220 vom 30. Mai 1987.
59 taz Nr. 2653 vom 3. November 1988.
60 taz Nr. 1138 und 1140 vom 14. und 17. Oktober 1983.
61 taz Nr. 1140 vom 17. Oktober 1983.
62 taz Nr. 1141 vom 19. Oktober 1983.
63 taz Nr. 1145 vom 22. Oktober 1983.
64 taz Nr. 1146 vom 24. Oktober 1983.
65 taz Nr. 1170 vom 22. November 1983.
66 taz Nr. 1420 vom 21. September 1984.
67 taz Nr. 216 vom 8. Februar 1980.
68 taz Nr. 230 vom 28. Februar 1980.
69 taz Nr. 284 vom 20. Mai 1980.
70 taz Nr. 295 vom 5. Juni 1980; Ehmke 1987, S. 68.
71 taz Nr. 400 vom 30. Oktober 1980.
72 taz Nr. 631 vom 8. Oktober 1981 und Nr. 1286 vom 12. April 1984.
73 taz Nr. 650 vom 4. November 1981.
74 taz Nr. 1790 vom 16. Dezember 1985.
75 taz Nr. 1796 vom 23. Dezember 1985.
76 taz Nr. 1800 und 1802 vom 4. und 7. Januar 1986.
77 taz Nr. 1803, 1805, 1806 vom 8., 10., 11. Januar 1986.
78 taz Nr. 1814 vom 21. Januar 1986.
79 taz Nr. 1831 vom 10. Februar 1986.
80 taz Nr. 796 vom 11. Juni 1982.
81 taz Nr. 633 vom 12. Oktober 1981.
82 Ebd.
83 taz Nr. 940 vom 6. Januar 1983.
84 Leif 1989, S. 33.
85 taz Nr. 1286 vom 12. April 1984.
86 taz Nr. 797 vom 14. Juni 1982.
87 Raschke 1988, S. 231.
88 taz Nr. 10 vom 2. April 1979.
89 taz Nr. 1539a vom 18. Februar 1985.
90 Gerhard Spörl: Protest ohne Paukenschlag. In: DIE ZEIT Nr. 15/1986.
91 Die Ostermärsche sind dafür besonders prädestiniert, weil hier in derselben Bewegung, zum gleichen thematischen Anlaß, in der Gesamtheit ähnliche Aktionsformen, zum selben Datum und mit denselben Zählagenturen eine über mehrere Jahre vergleichbare Reihung entsteht.
92 Stamm 1988, S. 189.
93 taz Nr. 1008 vom 14. April 1983.
94 taz Nr. 1146 vom 24. Oktober 1983.
95 taz Nr. 797 vom 14. Juni 1982.
96 taz Nr. 1010 vom 18. April 1983.

97 taz Nr. 10 vom 2. April 1979.
98 taz Nr. 145 vom 23. Oktober 1979.
99 taz Nr. 1010 vom 18. April 1983.
100 Ebd.
101 Leif 1989, S. 37.

3 Präsenz

1   Dieter Rucht/Winfried Kretschmer: Symbole im Konflikt um die Wiederaufarbeitungsanlage in Wackersdorf. In: Forschungsjournal Neue Soziale Bewegungen, 1. Jg., Heft 1 1988, S. 2-19, hier S. 10.
2   taz Nr. 1146 vom 24. Oktober 1983.
3   taz Nr. 797 vom 14. Juni 1982.
4   In der Nacht zum 13. Februar 1910 hatte der Polizeipräsident von Berlin, Traugott von Jagow, seine legendäre „Bekanntmachung" gegen an diesem Tag geplante Wahlrechtsdemonstrationen an die Berliner Litfaßsäulen anschlagen lassen: „Es wird das 'Recht auf die Straße' verkündet. Die Straße dient lediglich dem Verkehr. Bei Widerstand gegen die Staatsgewalt erfolgt Waffengebrauch. Ich warne Neugierige." Vgl. Warneken 1986, S. 35.
5   taz Nr. 853 vom 1. September 1982.
6   taz Nr. 475 vom 24. Februar 1981.
7   taz Nr. 1456 vom 2. November 1984.
8   taz Nr. 1170 vom 22. November 1983.
9   Frankfurter Allgemeine Zeitung Nr. 246 vom 22. Oktober 1983.
10 taz Nr. 611 vom 10. September 1981.
11 Ebd.
12 Nach erneuten Diskussionen und Verhandlungen verlief der Weg vom Olivaerplatz über den Savignyplatz und die nördliche Schnalle an der Gedächtniskirche zum Winterfeldplatz. Vgl. taz Nr. 612 vom 11. September 1981.
13 taz Nr. 613 vom 14. September 1981.
14 taz Nr. 2607 vom 10. September 1988.
15 taz Nr. 1142 vom 19. Oktober 1983.
16 taz Nr. 2607 vom 10. September 1988.
17 taz Nr. 621 vom 24. September 1981.
18 taz Sondernummer vom 12. Juni 1982.
19 taz Nr. 1140 vom 17. Oktober 1983.
20 taz Nr. 1144 vom 21. Oktober 1983.
21 DIE NEUE vom 5. März 1982.
22 taz Nr. 1420 vom 21. September 1984.
23 taz Nr. 1397 vom 25. August 1984.
24 taz Nr. 1911 vom 20. Mai 1986.
25 taz Nr. 1422 vom 24. September 1984.

26 Rucht/ Kretschmer 1988, S. 14.
27 Karasek 1981, S. 10.
28 Rucht/ Kretschmer 1988, S. 14.
29 Kretschmer 1988, S. 197.
30 taz Nr. 295 vom 5. Juni 1980.
31 taz Nr. 1034 vom 24. Mai 1983.
32 Rucht/Kretschmer 1988, S. 14f.
33 taz Nr. 2371 vom 26. November 1987.
34 taz Nr. 706 vom 1. Februar 1982.
35 taz Nr. 717 vom 16. Februar 1982.
36 taz Nr. 750 vom 6. April 1982.
37 Kretschmer 1988, S. 206.
38 taz Nr. 2312 vom 17. September 1987.
39 taz Nr. 1428 vom 1. Oktober 1984.
40 Ebd.
41 taz Nr. 1421 vom 22. September 1984.
42 Warneken 1986, Kapitel: Die Frauen, S. 105-126.
43 Georg Simmel: Das Relative und das Absolute im Geschlechter-Problem. In: Ders.: Schriften zur Philosophie und Soziologie der Geschlechter. Herausgegeben von Heinz-Jürgen Dahme und Klaus Christian Köhnke, Frankfurt a.M. 1985, S. 200-223, hier S. 200.
44 taz Nr. 658 vom 16. November 1981.
45 taz Nr. 1081 vom 29. Juli 1983.
46 taz Nr. 1857 vom 12. März 1986.
47 taz Nr. 274 vom 2. Mai 1980.
48 taz Nr. 279 vom 12. Mai 1980.
49 taz Nr. 829 vom 29. Juli 1982.
50 taz Nr. 1258 vom 10. März 1984.
51 taz Nr. 506 vom 8.April 1981.
52 taz Nr. 485 vom 10. März 1981.
53 taz Nr. 829 vom 29. Juli 1982.
54 Katrin Felsenheimer u.a.: Frauenwiderstand im Hunsrück. Frauengeschichte(n) 1983-1985. Frankfurt a.M. 1985, S. 60.
55 Frauke Rubart: Die codierte Utopie der Frauenfriedensbewegung: Gewaltfreies (Liebes-)Leben in der postpatriarchalen Gesellschaft (Schlüsselsymbole als Wegweiser und Hoffnungsträger) – Teil II. In: Forschungsjournal Neue Soziale Bewegungen, 1. Jg., Heft 3, Juli 1988, S. 33-48, hier S. 45.
56 taz Nr. 1084 vom 3. August 1983.
57 taz Nr. 1392 vom 20. August 1984.
58 taz Nr. 1392 vom 20. August 1984.
59 taz Nr. 474 vom 23. Februar 1981.
60 taz Nr. 475 vom 24. Februar 1981.

61 taz Nr. 478 vom 27. Februar 1981.
62 Diese Erklärung wurde von Martin Baethge, Helmut Gollwitzer, Werner Holtfort, Horst Kern, Ulrich Klug, Wolf-Dieter Narr, Claus Offe, Ulrich-K. Preuß, Helmut Ridder, Karl-F. Schumann, Dieter Sterzel, Uwe Wesel und Gerhard Winter unterzeichnet. Vgl. taz Nr. 479 vom 2. März 1981.
63 Ebd.
64 taz Nr. 474 vom 23. Februar 1981.
65 taz Nr. 476 vom 25. Februar 1981.
66 taz Nr. 475 vom 24. Februar 1981.
67 Aus dem „Brokdorf-Bericht" des „Komitees für Grundrechte und Demokratie". Vgl. taz Nr. 495 vom 24. März 1981.
68 Raschke 1988, S. 331.
69 D.h. mit dem Verlust des alles dominierenden Hauptwiderspruchs, seinen Personifizierungen in den „Charaktermasken des Kapitals" und der eigenen, manchmal nur deklarierten, sozialen und politischen Klasseneinheit sowie der ausschließlichen Machtorientierung der zentral-bürokratischen Arbeiterorganisationen.
70 Leif 1990, S. 171.
71 Vgl. dazu Stamm 1988, S. 110 und S. 260ff.
72 taz Nr. 550 vom 16. Juni 1981.
73 taz Nr. 231 vom 29. Februar 1980.
74 taz Nr. 902 vom 9. November 1982.
75 taz Nr. 2607 vom 10. September 1988.
76 taz Nr. 1286 vom 12. April 1984.
77 taz Nr. 654 vom 10. November 1981.
78 taz Nr. 2578 vom 8. August 1988.
79 Aus einem Konsenspapier der Sprecherratssitzung vom 15. Mai 1980 für das gemeinsame Vorgehen der PlatzbesetzerInnen in Gorleben. Vgl. taz Nr. 284 vom 20. Mai 1980.
80 taz Nr. 1804 vom 9. Januar 1986.
81 taz Nr. 1176 vom 29. November 1983.
82 taz Nr. 1187 und 1188 vom 12. und 13. Dezember 1983.
83 taz Nr. 109 vom 3. September 1979.
84 taz Nr. 526 vom 11. Mai 1981.
85 taz Nr. 1608 vom 13. Mai 1985.
86 taz Nr. 1087 vom 8. August 1983.
87 taz Nr. 1679 vom 7. August 1985.
88 taz Nr. 1978 vom 7. August 1986.
89 taz Nr. 2794 vom 27. April 1989.
90 taz Nr. 899 vom 4. November 1982.
91 taz Nr. 2353 vom 4. November 1987.
92 taz Nr. 1854 vom 8. März 1986.
93 taz Nr. 981 vom 4. März 1983.

94 taz Nr. 2841 vom 26. Juni 1989.
95 taz Nr. 1142 vom 19. Oktober 1983.
96 taz Nr. 1172 vom 24. November 1983.
97 taz Nr. 116 vom 12. September 1979.
98 taz Nr. 1905 vom 12. Mai 1986.
99 taz Nr. 2431 vom 22. Januar 1988.
100 taz Nr. 118 vom 15. September 1979.
101 taz Nr. 221 vom 15. Februar 1980.
102 taz Nr. 2421 vom 1. Februar 1988.
103 So Olaf Metzel in einem Gespräch über seine Arbeit. Vgl. taz Nr. 2169 vom 27. März 1987.

4 Symbolische Expressivität

1 Rucht/Kretschmer 1989, S. 9.
2 Gottfried Korff: Symbolgeschichte als Sozialgeschichte? Zehn vorläufige Notizen zu den Bild- und Zeichensystemen sozialer Bewegungen in Deutschland. In: Bernd Jürgen Warneken 1991, S. 17-36.
3 Joseph Huber: Wer soll das alles ändern? Die Alternativen der Alternativbewegung. Berlin 1980, S. 31.
4 Vgl. Stamm 1988, S. 126.
5 Ebd., S. 127.
6 Ebd.
7 Vgl. Roland Vogt: Auf der Suche nach dem Salzkorn. Symbolnutzung bei der Friedensbewegung und bei den GRÜNEN. In: Forschungsjournal Neue Soziale Bewegungen, 1. Jg., Heft 1, Januar 1988, S. 36-42, hier S. 37.
8 Ebd., S. 38.
9 Rubart 1988, Teil II, S. 34.
10 Ebd., S. 35.
11 Kathrin Kramer/Annette Hillebrand: Die Hexe – kein passendes Symbol für die Bewegung. In: taz Nr. 1846 vom 30. April 1986.
12 Ingrid Winkler: Die Nacht zum 1. Mai gehört den Frauen. In: DIE NEUE vom 30. April 1982.
13 Rubart 1988, Teil II, S. 36.
14 Hanspeter Kriese: Neue soziale Bewegungen: Auf der Suche nach ihrem gemeinsamen Nenner. In: Politische Vierteljahresschrift, 28. Jg. 1987, Heft 3, S. 315-334, hier S. 326.
15 Claudia Honegger/Bettina Heintz (Hg.): Listen der Ohnmacht. Zur Sozialgeschichte weiblicher Widerstandsformen. Frankfurt a.M. 1981.
16 Rubart 1988, Teil II, S. 33.
17 Raschke 1988, S. 280.
18 taz Nr. 1735 vom 11. Oktober 1985.
19 In einem Aufsatz über Protestaktionen der Friedensbewegung findet Bernd Ulrich es „peinlich, wenn der Tod nur nachgeahmt wird, wie beim Die-In". Das

sei „nur noch Symbol eines Symbols, Abglanz eines Abglanzes – glanzlos". Es scheint, als ob sich der Autor mit seiner Auffassung, daß „es für den Tod aller Menschen nur ein leidlich angemessenes Symbol" gäbe, und zwar der „Tod einzelner Menschen – sei es durch Töten oder durch Selbst-Töten", wider seiner Absicht am Effektivitätspol symbolischer Handlungen verfangen hat. Vgl. Bernd Ulrich: Gut gemeint ist halb gewonnen? Annäherung an die Radikalität der Symbole und die Effizienz friedlicher Protestaktionen in der Friedensbewegung in 9 Schritten. In: Forschungsjournal Neue Soziale Bewegungen, 1. Jg. 1988, Heft 1, S. 20-27, hier S. 24.
20 taz Nr. 1001 vom 5. April 1983.
21 taz Nr. 1140 vom 17. Oktober 1983.
22 taz Nr. 202 vom 21. Januar 1980.
23 taz Nr. 795 vom 10. Juni 1982.
24 taz Sondernummer 23 vom 12. Juni 1982.
25 taz Nr. 2341 vom 21. Oktober 1987.
26 taz Nr. 1464 vom 12. November 1984.
27 taz Nr. 1338 vom 18. Juni 1984.
28 Vgl. dazu genauer Kretschmer 1988, S. 179ff.
29 taz Nr. 1464 vom 12. November 1984.
30 taz Nr. 1909 vom 16. Mai 1986.
31 taz Nr. 867 vom 21. September 1982.
32 taz. Nr. 2183 vom 13. April 1987.
33 taz Nr. 1545 vom 25. Februar 1985.
34 taz Nr. 10 vom 2. April 1979.
35 taz Nr. 549 vom 15. Juni 1981.
36 taz Nr. 1889 vom 21. April 1986.
37 Kriesi 1987, S. 323.
38 Habermas 1985, S. 95.
39 Der Stern Nr. 25, 1982.
40 taz Nr. 10 vom 2. April 1979.
41 taz Nr. 2193 vom 27. April 1987.
42 taz Nr. 986 vom 11. März 1983.
43 Kaschuba 1991, S. 92.
44 taz Nr. 1671 vom 29. Juli 1985.
45 taz Nr. 1140 vom 17. Oktober 1983.
46 Die „Arche Wendland" kam über ihre Grundsteinlegung nie hinaus, da das Hochbauamt Hannover das geplante Bauwerk zum Wohnhaus erklärte und dafür die Genehmigung verweigerte. Vgl. taz Nr. 940 und 947 vom 6. und 17. Januar 1983.
47 Jo Leinen: Ziviler Ungehorsam als fortgeschrittene Form der Demonstration. In: Ziviler Ungehorsam im Rechtsstaat. Hrsg. von Peter Glotz. Frankfurt a.M. 1983, S. 23-28, hier S. 24f.
48 Ebd., S. 26.

49 taz Nr. 481 vom 4. März 1981.
50 taz Nr. 2106 vom 13. Januar 1987.
51 taz Nr. 2107 vom 14. Januar 1987.
52 taz Nr. 1298 vom 28. April 1984.
53 Ebd.
54 Vgl. S. 75ff.
55 taz Nr. 1432 vom 5. Oktober 1984.
56 INNERE SICHERHEIT Nr. 3 vom 30. August 1988.
57 Es waren nicht mehr als 1.200 verletzte Polizisten, sondern, um genau zu sein, 1.111, und bei den an der Startbahn-West am 2. November 1987 insgesamt 14 abgegebenen Schüssen handelte es sich auch nicht um Mordanschläge, sondern um Totschlag und versuchten Totschlag.
58 DER SPIEGEL vom 11. Juli 1983.
59 INNERE SICHERHEIT Nr. 3 vom 30. August 1988.
60 Vgl. Kapitel Zwei, Fußnote 3.
61 Vgl. Balistier 1989, S. 157ff.
62 Raschke 1988, S. 329.
63 taz Nr. 495 vom 24. März 1981.
64 Dr. Wilhelm Vorndran (CSU) auf der 568. Sitzung des Bundesrates am 26. September 1986. Der Entwurf für ein „Gesetz zur Gewährleistung der rechtsstaatlichen Ordnung und der öffentlichen Sicherheit" sah u.a. die modifizierte Wiedereinführung des alten Landfriedensbruchparagraphen 125 vor, der 1970 von der SPD mit Hilfe der FDP abgeschafft worden war. Bis dato hatte sich jeder des „Landfriedensbruchs" schuldig gemacht, der an einer „Zusammenrottung" teilnahm, in der mit „vereinten Kräften" Gewalttätigkeiten begangen wurden, unabhängig davon, ob er oder sie selbst Gewalttaten verübte. In: DAS PARLAMENT Nr. 42 vom 18. Oktober 1986, S. 6.
65 Süddeutsche Zeitung Nr. 74 vom 1. April 1986.
66 taz Nr. 1872 vom 1. April 1986.
67 taz Nr. 1912 vom 21. Mai 1986.
68 DER SPIEGEL Nr. 30/1986.
69 Kretschmer 1988, S. 203.
70 taz Nr. 1914 vom 23. Mai 1986.
71 Ulrich 1988, S. 26.

5 Identität

1 Ulrich Beck: Risikogesellschaft. Auf dem Weg in eine andere Moderne. Frankfurt a.M. 1986.
2 Rucht/Kretschmer 1988, S. 10f.
3 Stefan Hradil: Alte Begriffe und neue Strukturen. Die Milieu-, Subkultur- und Lebensstilforschung der 80er Jahre. In: Ders. (Hrsg.): Zwischen Bewußtsein und Sein. Opladen 1992, S. 15-55.

4   U.a. : Pierre Bourdieu: Die feinen Unterschiede. Frankfurt a.M. 1982; Stefan Hradil: Sozialstrukturanalyse in einer fortgeschrittenen Gesellschaft. Opladen 1987.
5   U.a.: Hartmut Lüdtke: Lebensstile: Präferenzpalette der Sozialstruktur – Medium und Ausdruck biographischer Entwicklung. Hagen 1987; ders.: Expressive Ungleichheit. Opladen 1989; SPIEGEL-Verlag (Hrsg.): Outfit. Einstellungen/Stilpräferenzen/Marktorientierungen/Soziale Milieus. Hamburg 1986; Peter Gluckowski: Lebensstile und Wandel der Wählerschaft in der Bundesrepublik Deutschland. In: Aus Politik und Zeitgeschichte (Beilage zur Wochenzeitschrift Das Parlament), B 12, 21. März 1987, S. 18-32.
6   Zur Begriffsgeschichte vgl. Hradil 1992, S. 21 ff; Vester et. al. 1993, S. 124 ff.
7   Hradil 1992, S. 31.
8   Ders. 1987, S. 163.
9   Vester u.a. 1993, S. 15.
10 Die vorliegende Arbeit kann sich aus offensichtlichen Gründen – Zweck, Zeit und Geld – nur darauf beschränken, Ergebnisse der dazu notwendigen, von anderen, mit entsprechenden Ressourcen ausgestatteten Forschungsinstitutionen und -gruppen durchgeführten empirischen Untersuchungen exemplarisch darzustellen. Das sind im folgenden: SPIEGEL-Verlag (Hg.): Outfit. Kleidung, Accesoires, Duftwässer. Hamburg 1986; SINUS-Lebensweltforschung: SINUS-Lebensweltforschung – ein kreatives Konzept. Heidelberg o.J. (1986); und insbesondere Vester u.a. 1993. Dieses am Institut für Politische Wissenschaft der Universität Hannover angesiedelte Forschungsprojekt („Der Wandel der Sozialstruktur und die Entstehung neuer gesellschaftlich-politischer Milieus in der Bundesrepublik Deutschland") untersuchte von 1988 bis 1992 „die Entstehung neuer sozialer Milieus und Mentalitäten in Westdeutschland" (S. 9). Die aufwendige Feldforschung umfaßte u.a. 250 umfangreiche Zwei-Generationen-Interviews, 'Milieubiographien' zur Geschichte der alternativen Bewegungsmilieus in Reutlingen, Oberhausen und Hannover sowie standardisierte und repräsentative Befragungen. Zum Forschungsansatz und Methode siehe dort S. 69 ff, S. 109 ff, S. 184 ff und S. 305 ff.
11 Eine Kurzbeschreibung der SINUS-Milieus findet sich im Anhang, Abb. 2.
12 Das SINUS-Institut hat das später dazugekommene Neue Arbeitnehmermilieu (NEA) und die Prozesse seiner Herausbildung erst seit 1987 qualitativ untersucht und seit 1991 quantifiziert. Es umfaßt ca. 5% der Wohnbevölkerung und hat sich insbesondere aus dem aufstiegsorientierten und hedonistischen Milieu ausdifferenziert. Vgl. Vester u.a. 1993, S. 195, Fußnote 33.
13 Vester u.a. 1993, S. 45.
14 Ebd., S. 47.
15 Vester u.a. sprechen an anderer Stelle von traditionellen, modernen und postmodernen Milieus.
16 Ebd., S. 17.
17 Ebd. S. 43.
18 Ebd. S. 44.
19 Zur Anlage und Auswertung der Repräsentativbefragung vgl. ebd., S. 305ff.

20 Die Reihenfolge der politischen Einstellungstypen ergibt sich nach der „Universalismus-Dimension", d.h. nach dem „Ausmaß, in dem verschiedene benachteiligte soziale Gruppen gleichgestellt oder ausgegrenzt werden sollen, darunter insbesondere Frauen, Ausländer, Arbeitnehmer und sozial Schwache." Ebd., S. 48.
21 Ebd.
22 Ebd., S. 328.
23 Ebd., S. 50.
24 Ebd., S. 51.
25 Ebd., S. 52.
26 Ebd., S. 54.
27 Ebd., S. 55.
28 Ebd., S. 57.
29 Ebd., S. 59.
30 Ebd.
31 Ebd., S. 18.
32 Ebd., S.333f.
33 Ebd., S. 337.
34 Ebd., S. 329.
35 Ebd., S. 243.
36 Zu Methode und Auswertung vgl. ebd., S. 135 f und S. 207 ff.
37 Ebd., S. 209.
38 Ebd., S. 242.
39 Ebd.
40 Ebd., S. 244.
41 Ebd.
42 Leif 1990, S. 165.
43 Leif unterscheidet zwischen „Aufklärungsaktionen (mit Flugblättern, Plakaten, Diskussionen, Informationsständen, Appellen etc.), Massenaktionen (Demonstrationen, Märsche, Menschenketten, Umzingelungen, Stafetten etc.) sowie Aktionen des zivilen Ungehorsams (Blockaden, Besetzungen, Verweigerung, Boykott)." Ebd., S. 170.
44 Die folgenden Kurzbeschreibungen der verschiedenen Spektren beruhen auf 24 halbstandardisierten Intensivinterviews mit führenden Vertretern der Friedensbewegung, die Thomas Leif im Herbst 1983 und im Winter 1984 durchgeführt hat. Der dabei benutzte Fragebogen umfaßte insgesamt 18 Themenbereiche, von denen hier auf Grund der besonderen Fragestellung nur die Themen Strategie, Aktion und Gewalt berücksichtigt wurden. Vgl. Leif 1990, S. 174 ff; die Liste der Interviewpartner, der Fragebogen und die Antworten finden sich dort im Anhang.
45 Ebd., S. 175.
46 Ebd., S. 179.
47 Ebd., S. 183.
48 Ebd., S. 188.

49 Ebd., S. 190.
50 Ebd.
51 Ebd., S. 193.
52 Rubart analysiert die Frauenfriedensbewegung als „Teil der feministischen Bewegung". Obwohl im Protest gegen die Nachrüstung viele Frauen aktiv wurden, die zuvor noch nie etwas mit der neuen Frauenbewegung zu tun hatten, und sich auch nicht jede Akteurin als Feministin bezeichnen würde, wird doch von allen das Thema Frieden als Frauenfrage behandelt und „die Männerherrschaft als der Kern der militärischen Machtsysteme" verstanden. „Feminismus ist ihr gemeinsamer Bezugsrahmen", dessen drei Bestandteile Emanzipation/Selbstbestimmung, Frieden und Liebe „Komponenten der von ihnen allen angestrebten Lebensweise" darstellen. Dazu insbes. Rubart 1988, Teil I, S. 33 ff.
53 Ebd., Teil II, S. 41.
54 Ebd., S. 44.
55 Ebd., S. 42.
56 Dorothee Sölle: Im Paradies: nackt und anarchisch. In: Antje Vollmer (Hg.): Kein Wunderland für Alice? Frauenutopien. Hamburg 1986, S. 73. Zit.n. Rubart 1988, Teil II, S. 42.
57 Ebd., S. 43.
58 Ebd., S. 45.
59 Ebd.
60 Ebd., Teil I, S. 31.
61 Gerburg Treusch-Dieter: Die Spindel der Notwendigkeit. In: Ästhetik und Kommunikation, Heft 47, 1982, S. 57, zit.n.: Rubart 1988, Teil I, S. 30.
62 Kretschmer/Rucht 1987, S. 161.
63 „Initiativen und Gruppen, die als spezielle Protestgruppen gegen die WAA gegründet wurden, Gruppen und Organisationen, die im weiteren Bereich der zivilen Nutzung der Atomenergie aktiv sind, und Organisationen, die sich im Rahmen eines umfassenden Zielkataloges lediglich unter anderem gegen die WAA wenden und die Proteste unterstützen." Ebd., S. 146.
64 Weitere Bürgerinitiativen bestanden u.a. in Regensburg, Amberg, Sulzbach-Rosenberg, Weiden und Tirschenreuth.
65 Kretschmer/Rucht 1987, S. 147.
66 Ebd., S. 148f.
67 Ebd., S. 149.
68 Ebd.
69 Ebd., S. 155.
70 Ebd., S. 150.
71 Ebd., S. 159.
72 Kretschmer/Rucht 1987, S. 159.
73 taz Nr. 1539 vom 18. Februar 1985.
74 Ebd.
75 Thea Bauriedl: Frontberichte – Unbewußte Phantasien in und um Wackersdorf. 2. Teil. In: Anmerkungen. Beiträge zur Politischen Psychoanalyse. 2. Jg., Nr. 9, München 1988, S. 98-122, hier S. 103.

76 Schwäbisches Tagblatt vom 29. Mai 1982.
77 taz Nr. 1671 vom 29. Juli 1985.
78 taz Nr. 1625 vom 4. Juni 1985.
79 Vgl. Warneken 1991, S. 8.
80 taz Nr. 284 vom 20. Mai 1980.
81 taz Nr. 1804 vom 29. Januar 1986.
82 taz Nr. 1803 vom 8. Januar 1986.
83 Ebd.
84 taz Nr. 652 vom 6. November 1981.

Resümee

1 Uli Hausmann. Ausgänge einer Krise. In: taz Nr. 3886 vom 16. Dezember 1992.

Nachrede

1 Ungefähr zu dieser Zeit beendete ich die hier vorliegende Arbeit. Die politische Genugtuung über die Entscheidung des Bundesverfassungsgerichts und die Freude, zu Ende gekommen zu sein, veranlaßten mich, doch noch ein paar Seiten hinzuzufügen.
2 Gegen die Strafbarkeit als Nötigung votierten Vizepräsident Henschel, die Richterinnen Seibert und Jäger sowie die Richter Grimm und Kühling, das Minderheitenvotum erstellten die Richter Seidl und Söllner sowie die Richterin Haas. Az: 1 BvR 718/89, 719/89, 723/89 – Beschluß vom 10. Januar 1995.
3 Süddeutsche Zeitung Nr. 63 vom 16. März 1995.
4 Stefan Geiger: Von Gewalt und Verwerflichkeit. Das Bundesverfassungsgericht setzt der Interpretationen von Juristen engere Grenzen. In: Stuttgarter Zeitung Nr. 63 vom 16. März 1995.
5 Süddeutsche Zeitung Nr. 63 vom 16. März 1995.
6 Ebd.
7 Frankfurter Allgemeine Zeitung Nr. 65/11D vom 17. März 1995.
8 Ebd.
9 Schwäbisches Tagblatt Nr. 63 vom 16. März 1995.
10 Süddeutsche Zeitung Nr. 63 vom 16. März 1995.
11 Schwäbisches Tagblatt Nr. 63 vom 16. März 1995.
12 taz Nr. 4571 vom 16. März 1995.
13 Süddeutsche Zeitung Nr. 63 vom 16. März 1995.
14 Schwäbisches Tagblatt Nr. 63 vom 16. März 1995.
15 Ebd.
16 Ebd.
17 taz Nr. 4571 vom 16. März 1995.
18 Schwäbisches Tagblatt Nr. 63 vom 16. März 1995.
19 Ebd.
20 Ulrich Wildermuth: Zum Unfrieden. Ebd.

Abbildungen

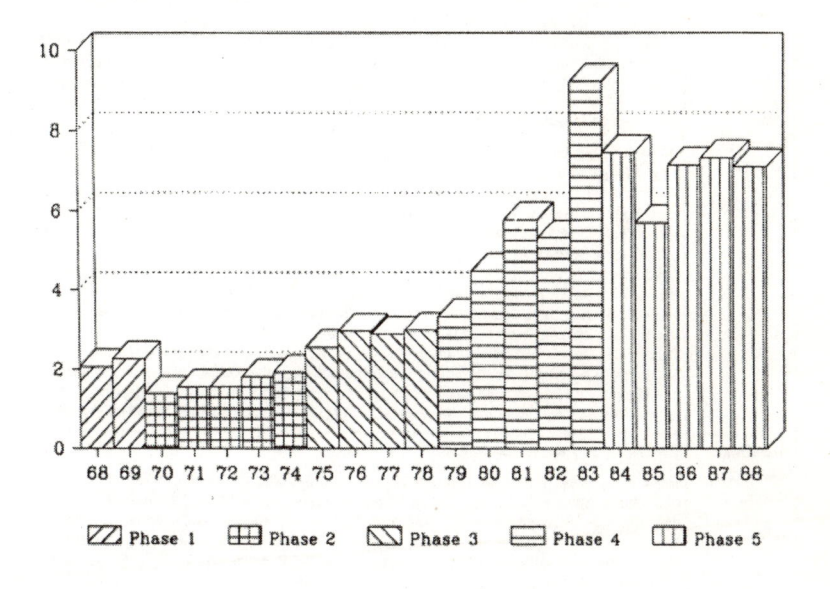

Schaubild 1: Anzahl der Demonstrationen in der BRD 1968 bis 1988 (in Tausend). Quelle: Balistier 1991, S. 258.

Habitus	modernisiert (14% → 20%)
Ober-klassen-Habitus 22% → 19%	**Das Alternative Milieu (4% → 2%)** **ALT** *Soziale Lage:* Deutlich überrepräsentiert sind Menschen der höchsten Bildungsstufen. Zu diesem Milieu gehören viele Schüler und Studenten, qualifizierte Angestellte, Beamte im höheren Dienst und Freiberufler. Überdurchschnittlich häufig werden sowohl geringe als auch hohe Einkommen erzielt. *Lebensziele:* Selbstverwirklichung, Entfaltung der Persönlichkeit gelten als wichtigste Lebensziele. Man möchte intensive zwischenmenschliche Beziehungen pflegen und am kulturellen und politischen Leben teilnehmen. Die Menschen dieses Milieus sind »post-materiell« orientiert, sie lehnen äußerliche Werte ab und möchten sich - privat und gesellschaftlich - für den Aufbau einer menschengerechten Welt engagieren. *Lebensstil:* Die Menschen des Alternativen Milieus leben umweltbewußt. Möbel, Kleidung und Nahrung fertigt man gern selbst an; vielfach zieht man sich in »alternative Idyllen« zurück. Größte Wertschätzung genießen Stilmerkmale wie Individualität und »Authentizität«.
Mittel-klassen-Habitus 58% → 59%	**Das Hedonistische Milieu (10% → 13%)** **HED** *Soziale Lage:* Bei einem Altersschwerpunkt zwischen 20 und 30 Jahren zählen die Angehörigen dieses Milieus zur jungen Generation. Menschen mit geringer Formalbildung - »Abbrecher« - sind überrepräsentiert. Entsprechend findet man, neben vielen Schülern und Auszubildenden, einen hohen Anteil an Arbeitslosen, un- und angelernten Arbeitern sowie ausführenden Angestellten (»Jobber«). Überwiegend verfügt man nur über kleine bis mittlere Einkommen. *Lebensziele:* Demonstrativ lehnen die Menschen des Hedonistischen Milieus Werte wie Sicherheit und Geborgenheit ab. Es sind radikale Individualisten, die Werte wie Freiheit, Ungebundenheit und Spontanität favorisieren. Man möchte das Leben genießen, intensiv leben und sich von den »Spießern« unterscheiden. *Lebensstil:* Da die Menschen diese Milieus bewußt im »Hier und Jetzt« leben, wird die Lebensplanung häufig vernachlässigt. Spontan ist auch der Konsumstil, eher unkontrolliert der Umgang mit Geld. Man hat Freude an einem »guten Leben«, an Luxus und Komfort, wobei Originalität, Unverwechselbarkeit und »Echtheit« als wichtige Stilkriterien gelten.
Arbeiter-klassen-Habitus 18% → 22%	**Das Neue Arbeitnehmermilieu (0% → 5%)** **NEA** *Soziale Lage:* Bei einem Altersschwerpunkt unterhalb von 25 Jahren zählen die Angehörigen dieses Milieus überwiegend zur jungen Generation. Durchweg haben sie zumindest den Realschulabschluß erreicht, und viele von ihnen sind Auszubildende, Schüler und Studenten. Als Facharbeiter sind sie häufig in Schrittmacherindustrien beschäftigt; vielfach arbeiten sie als qualifizierte Angestellte oder als Beschäftigte im Öffentlichen Dienst. *Lebensziele:* Die Grundhaltung der Menschen dieses Milieus ist zugleich hedonistisch und realitätsbezogen: Das Leben möchte man sich so angenehm wie möglich gestalten, und man möchte sich leisten können, was einem gefällt. Aber die »Neuen Arbeitnehmer« sind auch flexibel in ihren Ansprüchen, was sie davor bewahrt, über ihre Verhältnisse zu leben. Geistig und fachlich möchte man sich kontinuierlich weiterentwickeln, lebenslänglich lernen, um nicht irgendwann stehenzubleiben. Hochgeschätzt werden kreative, verantwortungsvolle Berufe, in denen man eigenständig handeln kann. *Lebensstil:* Die Angehörigen dieses Milieus verfügen über kein geschlossenes Weltbild und fühlen sich Traditionen nicht verpflichtet. Vielmehr sind sie aufgeschlossen für Neues, stiltolerant und mobil. Als Mainstreamer der jungen Freizeitkultur neigen sie zu »konventionellem Modernismus« im Konsum. High Tech gilt ihnen als selbstverständliche Komponente - in der Freizeit ebenso wie im Beruf.

[5] Becker/Becker/Ruhland 1992, S. 90 - 98. Die Prozentzahlen markieren die Veränderung von 1982 - 92.

Schaubild 2: Kurzbeschreibung der SINUS-Milieus. Quelle: Vester et.al. 1993, S. 22-24 (diese und die beiden folgenden Seiten)

Habitus	teilmodernisiert (38% → 45%)
Ober-klassen-Habitus 22% → 19%	**Das Technokratisch-liberale Milieu (9% → 9%)** **TEC** *Soziale Lage*: Die Menschen dieses Milieus verfügen über eine überdurchschnittlich hohe Formalbildung. Zumeist sind es Schüler und Studenten, qualifizierte und leitende Angestellte und Beamte sowie mittlere und größere Selbständige und Freiberufler. Hohe und höchste Einkommen sind im Technokratisch-liberalen Milieu überrepräsentiert. *Lebensziele*: Wer diesem Milieu angehört, ist von dem Wunsch nach neuen Erfahrungen, nach Wachstum und Entwicklung seiner Persönlichkeit erfüllt. Man strebt Erfolg, einen hohen Lebensstandard und - berufliche - Selbstverwirklichung an. Karriere und Leben werden zielbewußt geplant - Glück gilt als »machbar«. Aber man möchte sich auch Freiräume schaffen und bewahren, in denen man »die schönen Dinge des Lebens« genießen kann. *Lebensstil*: Die Menschen dieses Milieus empfinden ein starkes Bedürfnis nach individueller Selbstdarstellung. Als Konsumenten häufig Trendsetter, pflegen sie vielfach einen avantgardistischen Stil, den sie mit Souveränität und Kennerschaft kultivieren. Ihre Alltagsbewältigung ist nicht selten auch durch spielerische Momente geprägt: Man versucht, das Leben nicht allzu ernst zu nehmen, und möchte sich nicht »zu Tode schuften«.
Mittel-klassen-Habitus 58% → 59%	**Das Aufstiegsorientierte Milieu (20% → 24%)** **AUF** *Soziale Lage*: Wer diesem Milieu angehört, hat häufig einen mittleren Schulabschluß oder die Hauptschule mit abgeschlossener Berufsausbildung absolviert. Es sind zumeist Facharbeiter und qualifizierte Angestellte, auch - kleinere - Selbständige und Freiberufler, die in der Regel mittlere bis hohe Einkommen erzielen. *Lebensziele*: Der berufliche und soziale Aufstieg bildet den zentralen Lebensinhalt der Menschen dieses Milieus. Man will sich hocharbeiten, vorzeigbare Erfolge erzielen, den Durchschnitt übertrumpfen und soziales Ansehen genießen. Entsprechend kommt dem Prestigekonsum ein hoher Stellenwert zu (Auto, Urlaub, exklusive Freizeitaktivitäten). *Lebensstil*: Die Menschen dieses Milieus orientieren sich an den Standards gehobener Schichten. Man möchte berufliche und soziale Rollenerwartungen erfüllen und pflegt einen prestigeträchtigen Konsumstil, bei dem Statussymbolen besondere Bedeutung zukommt.
Arbeiter-klassen-Habitus 18% → 22%	**Das Traditionslose Arbeitermilieu (9% → 12%)** **TRA** *Soziale Lage*: Diesem Milieu gehören überwiegend Menschen mit geringer Formalbildung an. Ungelernte und angelernte Arbeiter sind überrepräsentiert, entsprechend auch die unteren Einkommensschichten, und es herrscht hohe Arbeitslosigkeit. *Lebensziele*: Nichts ist den Angehörigen dieses Milieus wichtiger, als den Anschluß an die breite Mittelschicht zu halten. Deren Konsumstandards (Video, Auto) werden daher hochgeschätzt; man möchte als »normal« und »bürgerlich« gelten, mithalten und als Angehöriger der »breiten Mitte« anerkannt werden. *Lebensstil*: Aufgrund ihrer begrenzten finanziellen Möglichkeiten leben die Angehörigen des Traditionslosen Arbeitermilieus meist »von der Hand in den Mund« und häufig über ihre Verhältnisse. Ihr Konsumstil ist spontan, impulsiv greifen sie neue Trends und Moden auf. Man konzentriert sich auf das Hier und Heute und vernachlässigt Daseins- und Altersvorsorge, da man die Zukunft aus seinen Gedanken verdrängt.

[6] Becker/Becker/Ruhland 1992, S. 90 - 98. Die Prozentzahlen markieren die Veränderung von 1982 - 92.

Habitus	traditionell (46% → 35%)	
Ober-klassen-Habitus 22% → 19%	**Das Konservative gehobene Milieu (9% → 8%)**	**KON**
	Soziale Lage: Die Menschen verfügen über eine überdurchschnittlich hohe Formalbildung, man findet häufig Akademiker, die vielfach als leitende Angestellte und Beamte, als Selbständige und Freiberufler den hohen und höchsten Einkommensklassen angehören. Deutlich unterrepräsentiert sind die jüngeren Generationen, überdurchschnittlich häufig vertreten sind Rentner und Pensionäre. *Lebensziele*: Charakteristisch ist die Bewahrung gewachsener Strukturen und »humanistischer Traditionen«. Aufgrund ihres ausgeprägten Elitebewußtseins legen sie großen Wert auf eine anerkannte gesellschaftliche Stellung. Materieller Erfolg gilt als selbstverständlich, wird aber nicht zur Schau gestellt. Vielmehr bevorzugt man einen distinguierten Lebensrahmen, der es ermöglicht, ein harmonisches Familienleben und ein auch individuell erfülltes Privatleben zu führen. *Lebensstil*: Das Milieu ist an Traditionen orientiert, die kenntnisreich und stilsicher gepflegt werden. In allen Lebensbereichen werden hohe Qualitätsansprüche angelegt. Was sich mit diesem Lebensstil nicht vereinbart, lehnt man als oberflächlich und übertrieben ab.	
Mittel-klassen-Habitus 58% → 59%	**Das Kleinbürgerliche Milieu (28% → 22%)**	**KLB**
	Soziale Lage: In diesem Milieu finden sich überwiegend Menschen, die nach der Hauptschule eine berufliche Ausbildung absolviert haben. Zumeist sind es kleine und mittlere Angestellte und Beamte sowie kleine Selbständige und Landwirte, die entsprechend geringe bis mittlere Einkommen erwirtschaften. Auch in diesem Milieu sind Rentner und Pensionäre deutlich überrepräsentiert. *Lebensziele*: Sie möchten vornehmlich an traditionellen Werten wie Disziplin und Ordnung, Pflichterfüllung und Verläßlichkeit festhalten. Auch in materieller Hinsicht werden »bleibende Werte« hochgeschätzt: Man möchte seinen Besitz mehren, wirtschaftliche Sicherheit erlangen und, falls möglich, den Lebensstandard erhöhen. Dies allerdings ohne Risiko und sozialen Ehrgeiz: Im Zweifelsfall, erst recht in Krisenzeiten, orientiert man sich am Status quo und versucht, den erreichten bescheidenen Wohlstand abzusichern und weiterhin in geordneten Verhältnissen zu leben. *Lebensstil*: Die Menschen des Kleinbürgerlichen Milieus sind an Selbstbeschränkung gewöhnt und notfalls zum Versicht bereit. Sicherheit, Ordnung und Sauberkeit werden hochgeschätzt. Man bevorzugt zeitlos-gediegene Produkte, lebt unauffällig und paßt sich soweit als möglich den Konventionen und Gegebenheiten an.	
Arbeiter-klassen-Habitus 18% → 22%	**Das Traditionelle Arbeitermilieu (9% → 5%)**	**TRA**
	Soziale Lage: Angehörige dieses Milieus haben mehrheitlich nach der Hauptschule eine Berufsausbildung erhalten. Sie sind hauptsächlich in industriellen Branchen als Facharbeiter, an- oder ungelernte Arbeiter beschäftigt. In der Regel erzielen sie kleine bis mittlere Einkommen. Das Milieu weist einen überdurchschnittlich hohen Anteil von Rentnern auf. *Lebensziele*: Sein gutes Auskommen zu haben und einen befriedigenden Lebensstandard zu erreichen, gilt als wesentliches Ziel. Man strebt einen sicheren und dauerhaften Arbeitsplatz an, nicht zuletzt auch mit Blick auf materielle Absicherung im Alter. Die Menschen dieses Milieus sind bescheiden und passen sich an Notwendigkeiten an. Traditionelle Arbeiterkultur wird hier noch hochgeschätzt und gelebt: Man möchte bei Freunden, Kollegen und Nachbarn anerkannt und in eine überschaubare Gemeinschaft integriert sein. *Lebensstil*: Die Angehörigen dieses Milieus sind an Sparsamkeit und einfache Lebensweise gewöhnt. Aufgrund ihrer pragmatischen Sicht der eigenen sozialen Lage erheben sie nur bescheidene Konsumansprüche. Sie lassen sich weder von Prestigedenken noch von Trends oder Moden leiten; vielmehr werden solide und haltbar Produkte bevorzugt.	

[7] Becker/Becker/Ruhland 1992, S. 90 - 98. Die Prozentzahlen markieren die Veränderung von 1982 - 92.

Habitus	modernisiert 14% → 20%	teilmodernisiert 38% → 45%	traditionell 46% → 35%
Oberklassen-Habitus 22% → 19%	ALT Alternatives Milieu 4% → 2%	TEC Technokratisch-liberales Milieu 9% → 9%	KON Konservatives gehobenes Milieu 9% → 8%
Mittelklassen-Habitus 58% → 59%	HED Hedonistisches Milieu 10% → 13%	AUF Aufstiegsorientiertes Milieu 20% → 24%	KLB Kleinbürgerliches Milieu 28% → 22%
Arbeiter-Habitus 18% → 22%	NEA Neues Arbeitnehmermilieu 0% → 5%	TLO Traditionsloses Arbeitermilieu 9% → 12%	TRA Traditionelles Arbeitermilieu 9% → 5%

Anordnung der SINUS-Lebensstil-Milieus für Westdeutschland nach Bourdieus Konzept des sozialen Raums und des Habitus der Klassenfraktionen. Die Prozent zahlen markieren die Veränderung von 1982 bis 1992.

Schaubild 3: Die lebensweltlichen Sozialmilieus der pluralisierten Klassengesellschaft. Quelle: Ebd., S. 16.

Ideologische Lager	Typus des 'Politikstils'	Soziale Biographie	Verhältnis zur 'großen Politik'	Häufiger Geselligungstypus	SINUS-Milieus
Kritisch-Engagierte 23,6 % reformorientiert, moderne und gehobene Lebensstile	SOZ (12,8 %) Sozial-integrative	vor allem jüngere Altersgruppen; Aufstieg in moderne mittlere Lagen	sehr enttäuscht, basisaktiv "politische Verdrossenheit"	Erlebnisorientierte rege offene Geselligkeit	HED NEA TEC ALT AUF
	RAD (10,8 %) Radikal-demokraten	vor allem jüngere Altersgruppen; moderne höhere Lagen	kritisch, basis- und parteiaktiv	Erlebnisorientierte rege offene Geselligkeit	TEC ALT NEA HED KON
Desillusionierte ca. 25 % reformorientiert, moderne Arbeitnehmermitte	SKED (17,7 %) Skeptisch-Distanzierte	vor allem jüngere und mittlere Altersgruppen; Aufstieg in mittlere Lagen (Facharbeiter, Angestellte)	in Teilgruppen enttäuscht, basisaktiv "politische Verdrossenheit"	Suchende rege Geselligkeit in vertrauten Kreisen	HED TLO TEC ALT
	GKO (17,6 %) Gemäßigt-Konservative	alle Altersgruppen; Facharbeiter, mittlere Angestellte und Beamte; teilweise aufgestiegen	eher zufrieden, politisch eher passiv	Suchende Unkomplizierte Erlebnisorientierte rege konventionelle Geselligkeit	AUF KLB TRA
Zufriedene ca. 24 % hierarchische Orientierungen, konservativ-mittelständische Lebensstile	TKO (13,8 %) Traditionell-Konservative	eher Ältere; höhere Angestellte, Beamte und Selbständige; teilweise mittelständische Herkunft	zufrieden, politisch interessiert	Zurückhaltende Resignierte Bodenständige konventionell-distanzierte Gesellungsformen	KON KLB
Deklassierte 27,2 % Ressentiments, traditionale und bescheidene Lebensstile	EAP (13,4 %) Enttäuscht-Apathische	viele Rentner, Alleinlebende; bescheidene Lagen, traditionelle Qualifikationen, Eltern oft Arbeiter	sehr enttäuscht, politisch fatalistisch "politische Verdrossenheit"	Resignierte reduzierte Geselligkeit	KLB TRA TLO
	EAG (13,8 %) Enttäuscht-Aggressive	viele Rentner, Alleinlebende; bescheidene Lagen, traditionelle Qualifikationen, Eltern oft Arbeiter und Bauern	sehr enttäuscht, Sympathie für aggress. Auseinandersetzungen "politische Verdrossenheit"	Unkomplizierte Zurückhaltende Erlebnisorientierte Resignierte alle Gesellungsformen	KLB AUF TRA TLO

Repräsentativbefragung "Gesellschaftlich-politische Milieus in Westdeutschland 1991": Basis: n = 2.684; deutschsprachige Wohnbevölkerung ab 14 Jahren in Privathaushalten der BRD (West) und Berlin (West); Forschungsgruppe Sozialstrukturwandel, Universität Hannover

Schaubild 4: Gesellschaftspolitische Grundeinstellungen in Westdeutschland I ('Politikstile'). Quelle: Ebd., S. 19.

Ideologische Lager	Kritisch-Engagierte 23,6%		Desillusionierte ca. 25%		Zufriedene ca. 24%	Deklassierte 27,2%	
Typen der 'Politikstile'	Sozial-integrative (12,8%)	Radikal-demokraten (10,8%)	Skeptisch-Distanzierte (17,7%)	Gemäßigt-Konservative (17,6%)	Traditionell-Konservative (13,8%)	Enttäuscht-Apathische (13,4%)	Enttäuscht-Aggressive (13,8%)
Integrations-radius	Frauen, Ausländer, Arbeitnehmer, sozial Schwache	Frauen, Ausländer; geringere Wahrnehmung über mehr Rechten für Frauen, Ausländer und sozial Schwachen	indifferent bis skeptisch gegenüber chauvinistisch; für mehr Rechten für Frauen, Ausländer und sozial Schwachen aber Sicherung von Arbeitnehmern und sozial Schwachen	für Ausländerrechte, aber wohlstandschauvinistisch; für Leistungshierarchie, Schwache, Arbeitnehmer u. Gewerkschaften; für arbeitnehmerorientiert	gegen ausgeprägte Rechte für Ausländer, Frauen und vor allem sozial Schwache; Ungleichheit als Schicksal; Leistungshierarchie	stark gegen vermehrte Rechte für Ausländer; für Ausländer; Ungleichheit als Schicksal; Ungleichheit als Schicksal	stark gegen vermehrte Rechte für Ausländer; für Ausländer; Ungleichheit als Schicksal
Parteipolitik und Engagement	sehr enttäuscht; aktiv in unkonventionellen Politikformen; viele Gewerkschaftsmitglieder	kritisch in Parteien und unkonventionellen Politikformen; gewerkschaftlich aktiv	in Teilgruppen enttäuscht; aktiv in unkonventionellen Formen; politisch eher passiv; relativ viele Gewerkschaftsmitglieder	Vertrauen zur Parteipolitik; gegen unkonventionelle Formen; politisch schaftsmitglieder interessiert	sehr enttäuscht; gegen unkonventionelle Politikformen; häufig Gewerkschaftsmitglieder, indifferent fatalistisch	sehr enttäuscht; Sympathie für unkonventionelle Politik- und aggressive Konfliktformen	
Soziale Lage und Gesellung	moderne Berufe in mittleren Lagen; häufig Herkunft aus dem Aufstieg aus Bildungsbürgertum; jung, gesellig	moderne Berufe in höheren Lagen; häufig Herkunft aus dem Aufstieg aus Bildungsbürgertum; jung, gesellig	Facharbeiter, mittlere Angestellte; Jüngeren mittlere Angestellte u. Beamte; Herkunft aus Arbeitermilieus; jung, begrenzt mittleren Milieus; Unsicherheit in der Konkurrenzgesellschaft	Facharbeiter, mittlere Angestellte; Jüngeren mittlere Angestellte u. Beamte; Herkunft aus Bauern-, Arbeiter-, mittleren Milieus; kein Alterssschwerpunkt; rege konventionelle Geselligkeit	höhere Angestellte und Beamte, Selbständige; v.a. mittelständische Herkunft; älter, konventionelle Geselligkeitsformen	einfache Arbeiter, einfache Angestellte; Arbeitslose u. Nichterwerbstätige; Herkunft aus Arbeitermilieus; häufig Rentner u. Alleinlebende; Geselligkeit konventionell, familienreduziert	einfache Selbständige, einfache Arbeiter, Angestellte, Arbeiter, Bauern; Herkunft: oft Arbeitermilieus; Rentner, oft alleinlebend; Geselligkeit konventionell, familien- und gruppenreduziert
überdurchschnittliche Parteisympathie	SPD, GRÜNE, Nichtwähler	SPD, GRÜNE, FDP	SPD, REP	CDU/CSU	CDU/CSU, FDP	SPD, REP, Nichtwähler	REP
unterdurchschnittliche Parteisympathie	CDU/CSU, REP	CDU/CSU, REP	GRÜNE	FDP, GRÜNE, REP	SPD, GRÜNE, Nichtwähler	CDU/CSU, FDP, GRÜNE	FDP, GRÜNE

Repräsentativbefragung 1991: n = 2.684; deutschsprachige Wohnbevölkerung ab 14 Jahren in Privathaushalten der BRD (West) und Berlin (West); Forschungsgruppe Sozialstrukturwandel, Universität Hannover; Parteisympathien: Die Werte liegen jeweils eine Standardabweichung über bzw. unter dem Wählerdurchschnitt.

Schaubild 5: Gesellschaftspolitische Grundeinstellungen in Westdeutschland II ('Politikstile'). Quelle: Ebd., S. 49.

Typen SINUS-Milieus	Sozialintegrative (12,8%)	Radikaldemokraten (10,8%)	Skeptisch-Distanzierte (17,7%)	Gemäßigt-Konservative (17,6%)	Traditionell-Konservative (13,8%)	Enttäuscht-Apathische (13,4%)	Enttäuscht-Aggressive (13,8%)
NEA 5,1%	7,4%	12,2%	2,3%	4,3%	4,0%	3,6%	4,4%
HED 12,3%	24,3%	15,7%	20,0%	8,5%	2,6%	10,4%	4,8%
ALT 2,2%	2,9%	6,6%	3,5%	0,9%	0,2%	1,3%	0,6%
TEC 8,2%	9,5%	19,3%	13,1%	7,5%	5,2%	2,5%	1,5%
AUF 23,2%	22,8%	17,0%	16,2%	33,2%	22,4%	19,4%	29,5%
TLO 12,3%	11,0%	2,5%	19,5%	11,2%	4,2%	16,5%	17,1%
KON 7,2%	5,7%	9,6%	3,3%	4,4%	24,9%	1,1%	3,4%
KLB 24,0%	13,1%	15,4%	18,9%	24,2%	34,1%	31,2%	30,0%
TRA 5,6%	3,3%	1,6%	3,2%	5,7%	2,4%	14,0%	8,7%

Repräsentativbefragung "Gesellschaftlich-politische Milieus in Westdeutschland 1991": n = 2.684; deutschsprachige Wohnbevölkerung ab 14 Jahre in Privathaushalten der BRD (West) und Berlin (West); Forschungsgruppe Sozialstrukturwandel, Universität Hannover

Lesebeispiel: Unter den Sozialintegrativen (12,8% der Befragten) ist das Neue Arbeitnehmermilieu (NEA; 5,1% von allen Befragten) mit 7,4% überdurchschnittlich vertreten.

Schaubild 6:   Typen gesellschaftspolitischer Grundeinstellungen nach SINUS-Lebensmilieus. Quelle: Ebd., S. 353.

	Humanistisch-Aktive	Ganzheitliche
Lebensziele	anspruchsvolle berufszentrierte Selbstentfaltung, Selbstbestätigung, Unabhängigkeit	Streben nach ganzheitlicher Persönlichkeitsentfaltung
Handlungsorientierungen	Askese; Distinktionsstreben; humanistisches Engagement	Balancieren zwischen Idealismus und Realismus
Arbeitsethos	Professionalität, Leistung, Identifikation	selbstbestimmt, sinnvoll, mit Körper u. Geist, hedonistischen u. asketischen Anteilen
Familie und Partnerschaft	dem Beruf nachgeordnet; Abwehr traditioneller Lebensformen	Suche nach sozialer und emotionaler Sicherheit; permanente "Beziehungsarbeit"
Gesellung	ausgewählt, verbindlich	ausgewählt, "neue Innerlichkeit"
Freizeit, Konsum und Geschmack	hohe Wertschätzung von Kultur; Reisen u. spontaner Konsum als Kompensation berufl. Zwänge; Bedürfnis nach Zeitsouveränität	Streben nach "niveauvoller" Unterhaltung, meditativ, kulturinteressiert
Wahrnehmung und Bewertung sozialer Ungleichheiten	theoriegeleitete Problematisierung sozialer Ungleichheiten; emotionale Distanz; humanistisches Dienstethos	weltanschaulich verarbeitete Problematisierung sozialer Ungleichheiten; emotionale "Betroffenheit"; moralische Verpflichtung zum Engagement
Politik und Partizipation	kritisch, professionell und institutionell für humanitäre und soziale Ziele engagiert	pädagogisch, persönlich, lebensweltlich für humanitäre und soziale Ziele engagiert; ganzheitliches Politikverständnis
Soziale Lage	überwiegend Frauen; hohe Formalbildung; gehobene und freie Berufe (Bildung, Kultur, Wissenschaft, Recht); höhere Einkommen	mittlere bis hohe Formalbildung; mittlere Berufspositionen, tw. selbständig (Bildung, Gesundheit, Handel); viele Teilzeiterwerbstätige; keine Einkommensschwerpunkte
Soziale Herkunft	teilweise bildungsbürgerliche Milieus, teilweise Bildungsaufstieg aus der Handwerker- und Arbeiterintelligenz	schrittweiser Aufstieg aus bildungsorientierten plebejischen und bäuerlichen Milieus

Schaubild 7: Typologie neuer sozialer Mentalitäten in den Bewegungsmilieus in Reutlingen, Oberhausen und Hannover 1990. Quelle: Ebd., S. 212/213 (linke und rechte Seite)

Erfolgsorientierte	Neue Arbeiterinnen und Arbeiter	Neue traditionslose Arbeiterinnen und Arbeiter
Entpflichtung, gehobener Lebensstandard	Zufriedenheit, auskömmlicher Lebensstandard, vielseitige Selbstverwirklichung	Lebensgenuß, Teilhabe an Stabilität und sozialer Anerkennung
individueller Nutzen und Statusgewinn	begrenzter Aufstieg, realitätsbezogener Hedonismus	situationsbezogen, keine methodische Lebensplanung
eher instrumentell, Arbeit als Mittel zum Zweck	intrinsische Leistungsmotivation, (Hand-)Werksstolz	Arbeit als Mittel zur Selbstdisziplinierung und Anerkennung
konventionelle Lebensformen, funktionelle, tolerante Partnerschaft	Suche nach sozialer u. emotionaler Sicherheit in vielfältigen Vergemeinschaftungen	Solidar- und Notgemeinschaft in kleinen Vergemeinschaftungskernen
Selbstdarstellung und -bestätigung, ichbezogene Erlebnisorientierung	gruppenbezogene Erlebnisorientierung	eingeschränkt auf kleine Gruppenkerne, Selbstschutz, Solidarbedürfnis
hoher Stellenwert von Freizeit; demonstrative Vielseitigkeit und Offenheit, Streben nach Originalität	hoher Stellenwert von Freizeit; 'bricolage' und Vielseitigkeit; Distanz zur 'legitimen' Kultur, realistischer Hedonismus	Entlastung, sich gehen lassen; gleichzeitig Sorge vor Stabilitätsverlust; populärer Notwendigkeitsgeschmack
Akzeptanz funktionell-kooperativ gemilderter sozialer Hierarchien; emotionale Indifferenz; Reformklima, liberale Grundsätze	erfahrungsgeleitete Problematisierung soz. Ungleichheiten; emotionale Nähe; soziale u. demokratische Grundwerte, pragmat. Reformorientierung	persönl. Erfahrung v. Ausgrenzung u. Stigmatisierung; soz. Ungleichheit, Hierarchie als Schicksal; kaum ausgrenzend; Selbsthilfebereitschaft
Delegation an Experten; technisch-rationales, dienstleistungsorientiertes Politikverständnis; spontanes und befristetes Engagement	politische Enttäuschung; Distanz zu Institutionen und Ideologien; lebensweltlich engagiert (Politik als Vergemeinschaftung)	politische Entfremdung; Gefühl der Überforderung und Inkompetenz; Anspruch auf staatliche Fürsorge
überwiegend Männer; mittlere bis hohe Formalbildung, teilweise in Ausbildung; leitende Beamte und Angestellte (Gesundheit, Verwaltung); mittlere bis höhere Einkommen	Altersschwerpunkt unter 30 Jahren; mittlere Formalbildung, teilweise in Ausbildung; Facharbeiter u. Angestellte (techn. Intelligenz, Büro, Sozialarbeit); mittleres Einkommen	Altersschwerpunkt unter 30 Jahre; geringe Formalbildung, Auszubildende, Arbeiter, Angestellte (Handwerk, Verwaltung, Gastronomie); mittlere bis untere Einkommen
häufig horizontale Mobilität aus dem neuen Mittelstand (mittlere und höhere Angestellte, freie Berufe, technische Intelligenz)	überwiegend Bildungsaufstieg aus Handwerker- und Facharbeitermilieus	traditionelle und traditionslose Arbeitermilieus

Fotonachweis/Ergänzung

Demonstrative Aktion

Abb.	1:	Menschenkette. Amstetten, 24.10.1983. Foto:Gööck.
Abb.	2:	Menschenkette. Amstetten, 24.10.1983. Foto: Gööck.
Abb.	3:	Fahrraddemonstration. Tübingen, 01.06.1981. Foto: Grohe.
Abb.	4:	Umzingelung. Großengstingen, 05.04.1983. Foto: Gööck.
Abb.	5:	Mahnwache. Tübingen, 26.11.1984. Foto: Gööck.
Abb.	6:	Atomwaffenfreie Zone. Tübingen, 05.07.1984. Foto: Gööck.
Abb.	7:	„Sirenenprobe". Tübingen, 23.09.1982. Foto: Franke.

Direkte Aktion

Abb.	8:	Aktion Volkszählungsboykott, Tübingen, 04.06.1987. Foto: Metz.
Abb.	9:	Straßenblockade. Tübingen, 22.11.1983. Foto: Gööck.
Abb.	10a,b:	Fastenaktion. Tübingen, 08.08.1983. Foto: Gööck.
Abb.	11:	Friedenscamp. Großengstingen, 13.07.1983. Foto: Gööck.
Abb.	12:	Gewaltfreie Blockade. Großengstingen, 01.08.1982. Foto: Gööck.
Abb.	13:	Gewaltfreie Blockade. Großengstingen, 02.08.1982. Foto: Gööck.
Abb.	14:	Gewaltfreie Blockade. Großengstingen, 02.08.1982. Foto: Gööck.
Abb.	15:	Vor militärischem Gelände. 16.09.1986. Foto: Grohe.
Abb.	16:	Vergeblicher Versuch auf militärisches Gelände vorzudringen. Großengstingen, 27.10.1983. Foto: Haas.
Abb.	17:	Auf militärischem Gelände. Großengstingen, 29.08.1983. Foto: Haas.
Abb.	18:	„Freie Republik Wendland". Gorleben Mai/Juni 1980. Foto: Schultze.
Abb.	19:	„Freie Republik Wendland". Gorleben Mai/Juni 1980. Foto: Schultze.
Abb.	20:	„Freie Republik Wendland". Gorleben Mai/Juni 1980. Foto: Zint.
Abb.	21:	„Freie Republik Wendland". Gorleben Mai/Juni 1980. Foto: Schultze.
Abb.	22:	„Freie Republik Wendland". Gorleben Mai/Juni 1980. Foto: Schultze.
Abb.	23:	„Freie Republik Wendland". Gorleben Mai/Juni 1980. Foto: Schultze.
Abb.	24:	Kirchenbesetzung. Tübingen, 06.06.1980. Foto: Grohe.
Abb.	25:	Brückenbesetzung. Tübingen, 11.03.1985. Foto: Gööck.
Abb.	26:	Strommastbesetzung. 25.04.1987. Foto: Grohe.
Abb.	27:	Anschlag auf Strommast. Rangendingen, 03.10.1986. Foto: Mozer.

Generationen

Abb.	28:	SeniorInnen. Mutlangen, 07.05.1987. Foto: Pfeil.
Abb.	29:	SchülerInnenaktion. Tübingen, 21.10.1983. Foto: Nill.

Symbolische-Expressivität

Abb.	30:	Gute Laune. Tübingen, 26.01.1989. Foto: Metz.
Abb.	31:	„Wie es auch werden könnte". Tübingen, 14.08.1982. Foto: Gööck.
Abb.	32:	„Bürger für den Wald". Tübingen, 07.07.1984. Foto: Gööck.
Abb.	33:	Transparentschlange. Tübingen, 18.11.1982. Foto: Gööck.
Abb.	34:	„Dreikönigs"-Aktion nach Gottesdienst. Tübingen, 25.12.1981. Foto: Schmid.
Abb.	35a,b:	Satire, BaFöG-Aktion. Tübingen, 18.11.1982. Foto: Gööck.
Abb.	36:	„Atommülltransport". Tübingen, 29.12.1978. Foto: Schmid.
Abb.	37:	„Atomtote". Tübingen, 27.03.1984. Foto: Gööck.
Abb.	38:	Straßentheater 1 Jahr nach Tschernobyl. Tübingen, 27.04.1987. Foto: Nill.
Abb.	39:	Straßentheater Antikriegstag. Tübingen, 01.09.1981. Foto: Schmid.

Frauenaktion

Abb.	40:	Frauendemonstration. Tübingen, 05.11.1982. Foto: Gööck.
Abb.	41:	Friedensfrauen. Tübingen, 18.10.1983. Foto: Gööck.
Abb.	42:	Symbolische Feminisierung. Tübingen, 15.11.1985. Foto: Nill.
Abb.	43:	Walpurgisnacht. Tübingen, 02.05.1985. Foto: Gööck.
Abb.	44:	Wir holen uns die Nacht zurück". Tübingen, 20.10.1989. Foto: Berardi.
Abb.	45:	Frauen gegen Krieg und Militär. Tübingen, 07.03.1981. Foto: Grohe.
Abb.	46:	Frauenaktion gegen IWF vor stark bewachter Deutschen Bank. Tübingen, 26.09.1988. Foto: Grohe.

Für die Unterstützung bei der Suche nach geeigneten Fotos möchte ich mich bei Ulrich Hägele, für die freundliche Hilfestellung im Bild-Archiv des „Schwäbischen Tagblatts" bei Frauke Mammel bedanken. Darüberhinaus gilt mei Dank allen FotographInnen für ihr verständnisvolles Entgegenkommen.

Literaturnachweis

Balistier, Thomas: Lichterketten und spontane Demos – Eine Antwort auf Rechtsradikalismus? Kritische Überlegungen zum Mobilisationspotential in der Bundesrepublik Deutschland. In: Caroline Y. Robertson-Wensauer (Hg.): Protest im demokratischen Rechtsstaat. Baden Baden 1996. (Schriftenreihe des Instituts für Angewandte Kulturwissenschaft der Universität Karlsruhe (TH), Band 4)

Ders.: Gewalt und Protest: Neue soziale Bewegungen zwischen Effektivität und Symbolik. In: Brednich, Rolf W./Hartinger, Walter (Hg.): Gewalt in der Kultur. Vorträge des 29. Deutschen Volkskundekongresses Passau 1993, 2 Bde., Passau 1994, S. 659-569. (Passauer Studien zur Volkskunde, 8/9)

Ders.: Lichterketten – Bekenntnisse ohne Folgen? In: Jahrbuch Frieden 1994. Konflikte. Abrüstung. Friedensarbeit. Herausgegeben von Hanne-Margret Birckenbach, Uli Jäger und Christian Wellmann in Zusammenarbeit mit der Arbeitsgemeinschaft für Friedens- und Konfliktforschung. München 1993, S. 205-214.

Ders.: Von der Menschen – zur Lichterkette. Anmerkungen zu einer Form symbolisch-expressiven Protests. In: Puzzle. Zeitschrift für Friedenspädagogik. 2. Jg. 1993, Nr. 1, S. 2-7.

Ders.: Straßenprotest in der Bundesrepublik Deutschland. Einige Entwicklungen, Besonderheiten und Novitäten in den Jahren 1979 bis 1983. In: Warneken 1991, S. 257-281.

Ders.: Gewalt und Ordnung. Kalkül und Faszination der SA. Münster 1989.

Barnes, S. H./Kaase, M.: Political Aktion. Mass Participation in Five Western Democracies. Beverly Hill/London 1979.

Bauriedl, Thea: Fontberichte – Unbewußte Phantasien in und um Wackersdorf. 1. und 2. Teil. In: Anmerkungen. Beiträge zur Politischen Psychoanalyse. 2. Jg., Heft 8 und 9, München 1988, S. 105-137 und S. 98-122.

Bauß, Gerhard: Die Studentenbewegung der sechziger Jahre. Köln 1977.

Beck, Ulrich. Risikogesellschaft. Auf dem Weg in eine andere Moderne. Frankfurt a.M. 1986.

Berger, Johannes (Hrsg.): Die Moderne – Kontinuitäten und Zäsuren. Göttingen 1986. (Soziale Welt Sonderband 4)

Berking, Helmut: Die neuen Protestbewegungen als zivilisatorische Instanz im Modernisierungsprozeß? In: Dreitzel, Hans Peter/Stenger, Horst (Hg.): Ungewollte Selbstzerstörung. Reflexionen über den Umgang mit katastrophalen Entwicklungen. Frankfurt a.M./New York 1990, S. 47-61.

Bourdieu, Pierre: Ökonomisches Kapital, kulturelles Kapital, soziales Kapital. In: Kreckel 1983, S. 183-198.

Ders.: Die feinen Unterschiede. Frankfurt a.M. 1982.

Ders.: Zur Soziologie der symbolischen Formen. Frankfurt a.M. 1974.

Bredow, Wilfried von/Brocke, Rudolf H.: Krise und Protest. Ursprünge und Elemente der Friedensbewegung in Westeuropa. Opladen 1987.

Brand, Karl-Werner: Zyklische Aspekte neuer sozialer Bewegungen. Kulturelle Krisenphasen und Mobilisierungswellen des „Middle Class Radicalism". In:

Bornschier, Volker (Hg.): Diskontinuität des sozialen Wandels. Entwicklung als Abfolge von Gesellschaftsmodellen und kulturellen Deutungsmustern. Frankfurt a.M./New York 1990, S. 139-164.

Ders.: Neue soziale Bewegungen – ein neoromantischer Protest? Thesen zur historischen Kontinuität und Diskontinuität der „neuen sozialen Bewegungen". In: Wasmuht 1989, S. 125-139.

Ders.: Kontinuität und Diskontinuität in den neuen sozialen Bewegungen. In: Roth/Rucht 1987, S. 30-44.

Ders.: Zur politischen Kultur der neuen sozialen Bewegungen. In: Berg-Schlosser, Dirk/Schissler, Jakob (Hrsg.): Politische Kultur in Deutschland. Bilanz und Perspektiven der Forschung. Opladen 1987, S. 331-343, (Politische Vierteljahresschrift, Sonderheft 18)

Ders. (Hg.): Neue soziale Bewegungen in Westeuropa und den USA. Ein internationaler Vergleich. Frankfurt a.M./New York 1985.

Brand, Karl-Werner/Büsser, Detlef/Rucht, Roland: Aufbruch in eine andere Gesellschaft. Neue soziale Bewegungen in der Bundesrepublik. Frankfurt a.M./New York 1986.

Busch, Heiner/Funk, Albrecht/Kauß, Udo/Narr, Wolf-Dieter/Werkentin, Falco: Die Polizei in der Bundesrepublik. Frankfurt a.M./New York 1985.

Clemens, Bärbel: Die Frauenbewegung, das Geschlechterverhältnis und die Theorien zu „Neuen Sozialen Bewegungen". In: Forschungsjournal Neue Soziale Bewegungen, 1988, Heft 3, S. 5-15.

Cobler, Sebastian/Geulen, Reiner/Narr, Wolf-Dieter (Hrsg.): Das Demonstrationsrecht. Reinbek 1983.

Conze, Werner/Lepsius M. Rainer (Hg.): Sozialgeschichte der Bundesrepublik Deutschland. Stuttgart 1983.

Dackweiler, Regina: Ausgegrenzt und eingemeindet. Die neue Frauenbewegung im Blick der Sozialwissenschaften. Münster 1995.

Demirovic, Alex: Öffentlichkeit und die alltägliche Sorge um die Demokratie. In: Forschungsjournal Neue Soziale Bewegungen, 1994, Heft 1, S. 46-59.

Deppe, Frank/Fülberth, Georg/Harrer, Jürgen (Hrsg.): Geschichte der deutschen Gewerkschaftsbewegung. Köln 1978.

Dreier, Ralf: Widerstand und ziviler Ungehorsam im Rechtsstaat. In: Glotz 1983, S. 54-75.

Ebert, Theodor: Ziviler Widerstand gegen Raketenbasen. Die Lehren der 60er Jahre – Aktionsformen für 1983. In: Pestalozzi/Schlegel/Bachmann 1982, S. 187-196.

Ders.: Konfliktformation im Wandel: Von den Bürgerinitiativen zur Ökologiebewegung. In: Volker Hauff (Hg.): Bürgerinitiativen in der Gesellschaft. Politische Dimensionen und Reaktionen. Villingen-Schwenningen 1980, S. 351-371. (Argumente in der Energiediskussion Bd. 9)

Ders.: Zur Strategie der gewaltfreien Revolution. Direkte Aktionen zur Demokratisierung der Industriegesellschaft. In: Junge Kirche. Eine Zeitschrift europäischer Christen. 1969, 2. Beiheft, S. 3-19.

Eder, Klaus:Die Institutionalisierung kollektiven Handelns. Eine neue theoretische Problematik in der Bewegungsforschung. In: Forschungsjournal Neue Soziale Bewegungen, 1994, Heft 2, S. 40-52.

Ders.: Die „Neuen Sozialen Bewegungen": Moralische Kreuzzüge, politische Pressure Groups oder Soziale Bewegung? In: Wasmuht 1989, S. 177-195.

Ders.: Soziale Bewegungen und kulturelle Evolution. In: Berger 1986, S. 335-357.

Ehmke, Wolfgang (Hrsg.): Zwischenschritte. Die Anti-Atomkraft-Bewegung zwischen Gorleben und Wackersdorf. Köln 1987.

Epple, Eva-Maria: Einige Stationen der neuen Frauenfriedensbewegung. In: Pestalozzi/Schlegel/Bachmann 1982, S. 32-37.

Falter, Jürgen W./Fenner, Christian/Greven Michael Th. (Hrsg.): Politische Willensbildung und Interessenvermittlung. Opladen 1984.

Felsenheimer, Katrin u.a.: Frauenwiderstand im Hunsrück. Frauengeschichte(n) 1983-1985. Frankfurt a.M. 1985, S. 60.

Geertz, Clifford: Dichte Beschreibung. Beiträge zum Verstehen kultureller Systeme. Frankfurt a.M. 1987.

Geiling, Heiko: Ob Provinz oder Provinzmetropole: „Die Wüste lebt" – Anmerkungen zu 'Bewegungsmilieus' in Reutlingen, Oberhausen und Hannover. In: Forschungsjournal Neue Soziale Bewegungen, 1990, Heft 3, S.46-56.

Geiling, Heiko/Hermann, Thomas: Die Spitze eines gesellschaftlichen Eisbergs. Sozialstrukturwandel und neue soziale Milieus. In: Roth/Rucht 1991, S. 237-260.

Gerhard, Ute: Alte und neue Frauenbewegung. Vergleich und Perspektiven. In: Wasmuht 1989, S. 64-81.

Glotz, Peter (Hg.): Ziviler Ungehorsam im Rechtsstaat. Frankfurt a.M. 1983.

Grottian, Peter/Nelles, Wilfried (Hrsg.): Großstadt und neue soziale Bewegungen. Basel/Boston/Stuttgart 1983. (Stadtforschung aktuell Bd. 1)

Grosser, Alfred: Das Deutschland im Westen. Eine Bilanz nach 40 Jahren. München/Wien 1985.

Guggenberger, Bernd: Die Grenzen des Gehorsams – Widerstandsrecht und atomares Zäsurbewußtsein. In: Roth/Rucht 1987, S. 327-343.

Haasken, Georg/Wigbers, Michael: Protest in der Klemme. Soziale Bewegungen in der Bundesrepublik. Frankfurt a.M. 1986.

Habermas, Jürgen: Strukturwandel der Öffentlichkeit. Untersuchungen zu einer Kategorie der bürgerlichen Gesellschaft. Frankfurt a.M. 1990.

Ders.: Die neue Unübersichtlichkeit. Frankfurt a.M. 1985.

Ders.: Ziviler Ungehorsam – Testfall für den demokratischen Rechtsstaat. Wider den autoritären Legalismus in der Bundesrepublik. In: Glotz 1983, S. 29-53.

Ders.: Theorie des kommunikativen Handelns. Frankfurt a.M. 1981.

Hagemann, Karen: Frauenprotest und Männerdemonstrationen. Zum geschlechtsspezifischen Aktionsverhalten im großstädtischen Arbeitermilieu der Weimarer Republik. In: Warneken 1991, S. 202-230.

Herve, Florence (Hrsg.): Geschichte der deutschen Frauenbewegung. Köln 1987.

Hirsch, Joachim/Roth, Roland: Das neue Gesicht des Kapitalismus. Vom Fordismus zum Post-Fordismus. Hamburg 1986.

Hösch, Andrea: 10 Jahre taz – Zeitungsexperiment zwischen Anpassungszwängen und Perspektiv(en)problemen. In: Forschungsjournal Neue Soziale Bewegungen, 1989, Heft 1, S. 17-26.

Honegger, Claudia/Heintz, Bettina (Hrsg.): Listen der Ohnmacht. Zur Sozialgeschichte weiblicher Widerstandsformen. Frankfurt a.M. 1981.

Hradil, Stefan (Hrsg.): Zwischen Bewußtsein und Sein. Die Vermittlung „objektiver" Lebensbedingungen und „subjektiver" Lebensweisen. Opladen 1992.

Ders.: Alte Begriffe und neue Strukturen. Die Milieu-, Subkultur- und Lebensstilforschung der 80er Jahre. In: Hradil 1992, S. 15-55.

Ders.: Sozialstrukturanalyse in einer fortgeschrittenen Gesellschaft. Von Klassen und Schichten zu Lagen und Milieus. Opladen 1987.

Huber, Joseph: Wer soll das alles ändern? Die Alternativen der Alternativbewegung. Berlin 1980.

Janning, Josef: Die neue Friedensbewegung 1980 – 1986. In: Janning/Legrand/Zander 1987, S. 36-53.

Janning, Josef/Legrand, Hans-Josef/Zander, Helmut (Hrsg.): Friedensbewegungen. Entwicklung und Folgen in der Bundesrepublik Deutschland, Europa und den USA. Köln 1987. (Bibliothek Wissenschaft und Politik Bd. 40)

Jungwirth, Nikolaus: Demo. Eine Bildgeschichte des Protests in der Bundesrepublik. Weinheim/Basel 1986.

Kallscheuer, Otto: Schwierigkeiten beim Aneignen von Demokratie: Zur Verfassung der bundesdeutschen Protestbewegung. In: Forschungsjournal Neue Soziale Bewegungen, Sonderheft 1989, S. 89-98.

Karasek, Horst: Das Dorf im Flörsheimer Wald. Eine Chronik vom alltäglichen Widerstand gegen die Startbahn West. Darmstadt/Neuwied 1981

Kaschuba, Wolfgang: Von der „Rotte" zum „Block". Zur kulturellen Ikonographie der Demonstration im 19. Jahrhundert. In: Warneken 1991, S. 68-96.

Ders.: Volkskultur zwischen feudaler und bürgerlicher Gesellschaft. Zur Geschichte eines Begriffs und seiner gesellschaftlichen Wirklichkeit. Frankfurt a.M./New York 1988.

Kittner, Michael (Hrsg.): Gewerkschaftsjahrbuch 1984. Daten – Fakten – Analysen. Köln 1984.

Kleger, Heinz: Ziviler Ungehorsam, Zivilitätsdefizite und Zivilitätspotentiale. Oder: Was heißt „Zivilgesellschaft"? In: Forschungsjournal Neue Soziale Bewegungen, 1994, Heft 1, S. 60-69.

Klepsch, Thomas: Ziviler Ungehorsam im demokratischen Rechtsstaat. In: Janning/Legrand/Zander Köln 1987, S. 64-77.

Knafla, Leonore/Kulke, Christine: 15 Jahre neue Frauenbewegung. Und sie bewegt sich noch! – Ein Rückblick nach vorn. In: Roth/Rucht 1987, S. 89-108.

Kontos, Silvia: „Von heute an gibt's mein Programm": Zum Verhältnis von Partizipation und Autonomie in der Politik der neuen Frauenbewegung. In: Forschungsjournal Neue Soziale Bewegungen, Sonderheft 1989, S. 52-65.

Korff, Gottfried: Symbolgeschichte als Sozialgeschichte? Zehn vorläufige Notizen zu den Bild- und Zeichensystemen sozialer Bewegungen in Deutschland. In: Warneken 1991, S. 17-36.

Ders.: Rote Fahnen und geballte Faust. Zur Symbolik der Arbeiterbewegung in der Weimarer Republik. In: Fahnen, Fäuste, Körper. Symbolik und Kultur der

Arbeiterbewegung. Herausgegeben für das Institut zur Geschichte der Arbeiterbewegung von Dietmar Petzina, Essen 1986, S. 27-60.

Krause, Hartfrid: Startbahn 18 West: Literatur zur und von der Bürgerbewegung. In: Das Argument 139/1983, S. 411-418.

Kreckel, Reinhard (Hg.): Soziale Ungleichheiten. Göttingen 1983. (Soziale Welt Sonderband 2)

Kretschmer, Winfried: Wackersdorf: Wiederaufarbeitung im Widerstreit. In: Linse/Falter/Rucht/Kretschmer 1988, S. 165-218.

Kretschmer, Winfried/Rucht, Dieter: Beispiel Wackersdorf: Die Protestbewegung gegen die Wiederaufbereitungsanlage. Gruppen, Organisationen, Netzwerke. In: Roth/Rucht 1987, S. 134-163.

Kriese, Hanspeter: Neue soziale Bewegungen: Auf der Suche nach ihrem gemeinsamen Nenner. In: Politische Vierteljahresschrift, 28. Jg. 1987, Heft 3, S. 315-334.

Krippendorff, Ekkehart. Zum Verhältnis zwischen Inhalt und Form von Demonstrationstechniken. In: Die Linke antwortet Jürgen Habermas. Frankfurt a.M. 1968, S. 162-175.

Kühle, Manfred: Gewaltfreiheit – Chance für die Friedensbewegung? In: Pestalozzi/Schlegel/Bachmann 1982, S. 162-173.

Legrand, Hans-Josef: Die bundesrepublikanische Friedensbewegung 1979-1988. Entstehung, Verlauf und Wirkungsaspekte einer neuen sozialen Bewegung. In: Wasmuht 1989, S. 209-235.

Leif, Thomas: Die strategische (Ohn-)Macht der Friedensbewegung. Kommunikations- und Entscheidungsstrukturen in den achtziger Jahren. Opladen 1990.

Ders.: Die Friedensbewegung zu Beginn der achtziger Jahre. Themen und Strategien. In: Politik und Zeitgeschichte. Beilage zur Wochenzeitung „Das Parlament" B 26/89 vom 23. Juni 1989.

Leinen, Jo: Ziviler Ungehorsam als fortgeschrittene Form der Demonstration. In: Glotz 1983, S. 23-28.

Leithäuser, Thomas: Individuum und Weltanschauung. Ein Beitrag zur psychoanalytischen Massenpsychologie. In: Jürgen Belgrad u.a. (Hrsg.): Zur Idee einer psychoanalytischen Sozialforschung. Dimensionen szenischen Verstehens. Frankfurt a.M. 1987, S. 163-179.

Linse, Ulrich: Ökopax und Anarchie. Eine Geschichte der ökologischen Bewegungen in Deutschland. München 1983.

Linse, Ulrich/Falter, Reinhard/Rucht, Dieter/Kretschmer, Winfried: Von der Bittschrift zur Platzbesetzung. Konflikte um technische Großprojekte. Berlin/Bonn 1988.

Lipp, Carola: Protest und Gewalt. Fremdenfeindliche Gewalttaten und Aktionen gegen Ausländerhaß im Lichte der Protestforschung. In: Brednich, Rolf W./Hartinger, Walter (Hg.): Gewalt in der Kultur. Vorträge des 29. Deutschen Volkskundekongresses Passau 1993, 2 Bde., Passau 1994, S. 27-60. (Passauer Studien zur Volkskunde, 8/9)

Lüdtke, Hartmut: Expressive Ungleichheit. Opladen 1989.

Mooser, Joseph: Abschied von der 'Proletarität'. Sozialstruktur und Lage der Arbeiterschaft in der Bundesrepublik in historischer Perspektive. In: Conze/Lepsius 1983, S. 143-186.

Müller, Dagmar: Zur Rekonstruktion von Habitus-'Stammbäumen' und Habitus-'Metamorphosen' der neuen sozialen Milieus. In: Forschungsjournal Neue Soziale Bewegungen, 1990, Heft 3, S. 57-60.

Münch, Richard: Von der Moderne zur Postmoderne? Soziale Bewegungen im Prozeß der Modernisierung. In: Forschungsjournal Neue Soziale Bewegungen, 1994, Heft 2, S. 27-39.

Narr, Wolf-Dieter: Demonstranten, Politiker (Polizei) und Journalisten. Zwölf Thesen zur Gewalt. In. Steinweg 1983, S. 30-59.

Ders.: Gewaltfreier Widerstand um der Demokratie und des Friedens willen. In: Cobler/Geulen/Narr 1983, S. 139-169.

Ders.: Soziale Merkmale von Demonstrationen. In.: Cobler/Geulen/Narr 1983, S. 103-126.

Negt, Oskar: Gesellschaftliche Krise und Demonstrationsfreiheit. In: Cobler/Geulen/Narr 1983, S. 17-51.

Parin, Paul: Ziviler Ungehorsam: der psychoanalytische Gesichtspunkt. In: Anmerkungen. Beiträge zur Politischen Psychoanalyse. 2. Jg., Heft 6, München 1988, S. 46-67.

Ders.: Die Angst der Mächtigen vor öffentlicher Trauer. In: Psyche. Zeitschrift für Psychoanalyse und ihre Anwendung. Jg. 37 (1983), Heft 1, S. 55- 72.

Pestalozzi, Hans A./Schlegel, Ralf/Bachmann, Adolf (Hrsg.): Frieden in Deutschland. Die Friedensbewegung: wie sie wurde, was sie ist, was sie werden kann. München 1982.

Poppenhusen, Margot: „Das Essen steht auf dem Herd, ich bin demonstrieren". Frauen in der Ökologiebewegung am Beispiel Wyhl. In: Forschungsjournal Neue Soziale Bewegungen, 1988, Heft 3, S. 16-24.

Pross, Harry: Protest. Versuch über das Verhältnis von Form und Prinzip. Neuwied 1971.

Quistorp, Eva (Hrsg.): Frauen für den Frieden. Analysen, Dokumente und Aktionen aus der Frauenfriedensbewegung. Bensheim 1982.

Dies.: Frauen für den Frieden – Ohne Vaterland, doch mit Muttersprache, ohne Macht, doch mit Zivilcourage, mit Ängsten voller Hoffnung. In: Pestalozzi/Schlegel/Bachmann 1982, S. 118-125.

Rammstedt, Otthein: Zur Theorie der Friedensbewegung als sozialer Bewegung. In: Wasmuht 1989, S. 140-158.

Ders.: Soziale Bewegung. Frankfurt a.M. 1978.

Raschke, Joachim: Soziale Bewegungen. Ein historisch-systematischer Grundriß. Frankfurt a.M./New York 1988.

Ders.: Zum Begriff der sozialen Bewegung. In: Roth/Rucht 1987, S. 19-29.

Reuband, Karl-Heinz: Symbolische Politik oder spezifischer Protest? Zur Struktur und Orientierung der neuen sozialen Bewegungen. In: Wasmuht 1989, S. 236-247.

Riedmüller, Barbara: Das Neue an der Frauenbewegung. Versuch einer Wirkungsanalyse der neuen Frauenbewegung. In: Gerhardt, Uta/Schütze, Yvonne (Hrsg.): Frauensituation. Veränderungen in den letzten 20 Jahren. Frankfurt a.M. 1988, S. 15-41.

Ritter, Claudia: Zum politischen Potential der Alltagspraxis – Einige Anmerkungen zur Analyse soziokultureller Voraussetzungen neuer sozialer Bewegungen. In: Forschungsjournal Neue Soziale Bewegungen, 1990, Heft 3, S. 12-21.

Rödel, Ulrich: Zivilgesellschaft und selbstorganisierte Öffentlichkeiten. In: Forschungsjournal Neue Soziale Bewegungen, 1994, Heft 1, S. 34-45.

Röhrich, Wilfried: Passivität und Partizipation: Die Bundesrepublik zwischen formaler Demokratie und Bürgerinitiativen. In: Forschungsjournal Neue Soziale Bewegungen, Sonderheft 1989, S. 114-123.

Rolke, Lothar: Erinnerungen an die Zukunft der Demokratie: 40 Jahre Bundesrepublik – 40 Jahre soziale Bewegungen. In: Forschungsjournal Neue Soziale Bewegungen, Sonderheft 1989, S. 9-17.

Ders.: Protestbewegungen in der Bundesrepublik. Eine analytische Sozialgeschichte des politischen Widerspruchs. Opladen 1987. (Beiträge zur sozialwissenschaftlichen Forschung Bd. 97)

Roth, Roland: Neue soziale Bewegungen als politische Institution – Anregungen für einen theoretischen Perspektivenwechsel. In: Forschungsjournal Neue Soziale Bewegungen, Sonderheft 1989, S. 33-51.

Ders.: Fordismus und neue soziale Bewegungen. Gesellschaftliche Entwicklungsphasen als theoretischer Bezugsrahmen für die Analyse sozialer Bewegungen. In: Wasmuht 1989, S. 13-37.

Ders.: Kommunikationsstrukturen und Vernetzungen in neuen sozialen Bewegungen. In: Roth/Rucht 1987, S. 68-88.

Ders.: Neue soziale Bewegungen in der politischen Kultur der Bundesrepublik – eine vorläufige Skizze. In: Brand 1985, S. 20-82.

Ders.: Friede den Hütten... Über die politische Kultur der neuen sozialen Bewegungen. In: Pestalozzi/Schlegel/Bachmann 1982, S. 244-250.

Roth, Roland/Rucht, Dieter (Hg.): Neue soziale Bewegungen in der Bundesrepublik Deutschland. Frankfurt a.M./New York 1987.

Dies. (Hg.): Neue soziale Bewegungen in der Bundesrepublik Deutschland. Bonn 1991. (Schriftenreihe der Bundeszentrale für Politische Bildung, Bd. 252)

Rubart, Frauke: Die codierte Utopie der Frauenfriedensbewegung: Gewaltfreies (Liebes-)Leben in der postpatriarchalen Gesellschaft (Schlüsselsymbole als Wegweiser undd Hoffnungsträger) – Teil I: Forschungsjournal Neue Soziale Bewegungen, 1988, Heft 1, S. 28-35; Teil II: Forschungsjournal Neue Soziale Bewegungen, 1988, Heft 3, S. 33-48.

Rucht, Dieter: Wyhl: Der Aufbruch der Anti-Atomkraftbewegung. In: Linse/Falter/Rucht/Kretschmer 1988, S. 128-164.

Ders.: Recht auf Widerstand? Aktualität, Legitimität und Grenzen „zivilen Ungehorsams". In: Bernd Guggenberger/Claus Offe (Hrsg.): An den Grenzen der Mehrheitsdemokratie. Opladen 1987, S. 254-279.

Ders.: Flughafenprojekte als Politikum. Die Konflikte in Stuttgart, München und Frankfurt. Frankfurt a.M./New York 1984.

Ders.: Von Wyhl nach Gorleben. Bürger gegen Atomprogramm und nukleare Entsorgung. München 1980.

Rucht, Dieter/Winfried Kretschmer: Symbole im Konflikt um die Wiederaufarbeitungsanlage in Wackersdorf. In: Forschungsjournal Neue Soziale Bewegungen, 1988, Heft 1, S. 2-19.

Schmalz-Bruns, Rainer: Zivile Gesellschaft und reflexive Demokratie. In: Forschungsjournal Neue Soziale Bewegungen, 1994, Heft 1, S. 18-33.

Schmid, Wolfgang: Mutlangen? Mutlangen! In: Grüne Blätter, Juni 1990, S. 16-17.

Schmitt, Rüdiger: Die Friedensbewegung in der Bundesrepublik Deutschland. Ursachen und Bedingungen der Mobilisierung einer neuen sozialen Bewegung. Opladen 1990. (Studien zur Sozialwissenschaft Bd. 90)

Simmel, Georg: Das Relative und das Absolute im Geschlechter-Problem. In: Ders.: Schriften zur Philosophie und Soziologie der Geschlechter. Hrsg. von Heinz-Jürgen Dahme und Klaus Christian Köhnke. Frankfurt a.M. 1985, S. 200-223.

SINUS-Lebensweltforschung: SINUS-Lebensweltforschung – ein kreatives Konzept. Heidelberg o. J. (1986).

Sontheimer, Kurt: Zeitenwende? Die Bundesrepublik Deutschland zwischen alter und alternativer Politik. Hamburg 1983.

Specht, Harry: Disruptive Taktiken in der Gemeinwesenarbeit. In: W. Müller/P. Nimmermann (Hrsg.): Stadtplanung und Gemeinwesenarbeit. Texte und Dokumente. München 1973, S. 208-227.

SPIEGEL-Verlag (Hrsg.): Outfit. Einstellungen/Stilpräferenzen/Marktorientierungen/Soziale Milieus. Hamburg 1986.

Spörl, Gerhard: Protest ohne Paukenschlag. Die Demonstranten sind nicht müde, aber schwächer geworden. In: DIE ZEIT Nr. 15/1986.

Stamm, Karl-Heinz: Die neuen sozialen Bewegungen und der Konstitutionsprozeß einer neuen Öffentlichkeit. In: Forschungsjournal Neue Soziale Bewegungen, 1989, Heft 1, S. 5-11.

Ders.: Alternative Öffentlichkeit. Die Erfahrungsproduktion neuer sozialer Bewegungen. Frankfurt a.M./New York 1988.

Steinbrecher, Ricarda Anette: Mögliche Aktionsformen für die Friedensarbeit. In: Pestalozzi/Schlegel/Bachmann 1982, S. 202-210.

Steinweg, Reiner (Red.): Faszination der Gewalt. Politische Strategie und Alltagserfahrung. Frankfurt a.M. 1983. (Friedensanalysen 17. Vierteljahresschrift für Erziehung, Politik und Wissenschaft)

Ders.: Die neue Friedensbewegung. Analysen aus der Friedensforschung. Frankfurt a.M. 1982, (Friedensanalysen 16. Vierteljahresschrift für Erziehung, Politik und Wissenschaft)

Sztompka, Piotr: Jenseits von Struktur und Handlung: Auf dem Weg zu einer integrativen Soziologie sozialer Bewegungen. In: Forschungsjournal Neue Soziale Bewegungen, 1994, Heft 2, S. 70-79.

Tilly, Charles: From Mobilization to Revolution, Reading 1978.

Ders.: Hauptformen kollektiver Aktionen in Westeuropa 1500 – 1975. In: R. H. Tilly 1977, S. 153-163.

Tilly, Charles/Tilly, Louise/Tilly, Richard H. : The Rebellious Century 1830 – 1930. Cambridge/Mass. 1975.

Tilly, Richard H. (Hg.): Sozialer Protest. Geschichte und Gesellschaft. Zeitschrift für Historische Sozialwissenschaft, Heft 2, 3. Jg. 1977.

Touraine, Alain: Klassen, soziale Bewegungen und soziale Schichtung in einer nachindustriellen Gesellschaft. In: Strasser, Hermann/Goldthorpe, John H. (Hrsg.): Die Analyse sozialer Ungleichheit. Kontinuität, Erneuerung, Innovation. Opladen 1985, S. 324-338.

Turner, Victor: Vom Ritual zum Theater. Der Ernst des menschlichen Spiels. Frankfurt a.M./New York 1989.

Uehlinger, Hans-Martin: Politische Partizipation in der Bundesrepublik. Strukturen und Erklärungsmodelle. Opladen 1988.

Ulrich, Bernd: Gut gemeint ist halb Gewonnen? Annäherung an die Radikalität der Symbole und die Effizienz friedlicher Protestaktionen in der Friedensbewegung in 9 Schritten. In: Forschungsjournal Neue Soziale Bewegungen, 1988, Heft 1, S. 20-27.

Vester, Michael: Neue soziale Bewegungen und soziale Schichten. In: Wasmuht 1989, S. 38-63.

Vester, Michael/von Oertzen, Peter/Geiling, Heiko/Hermann, Thomas/Müller, Dagmar: Soziale Milieus im gesellschaftlichen Strukturwandel. Zwischen Integration und Ausgrenzung. Köln 1993.

Vogt, Roland: Auf der Suche nach dem Salzkorn. Symbolnutzung bei der Friedensbewegung und bei den GRÜNEN. In: Forschungsjournal Neue Soziale Bewegungen, 1988, Heft 1, S. 36-42.

Volkmann, Heinrich: Kategorien des sozialen Protests im Vormärz. In: R. H. Tilly 1977, S. 164-189.

Vollmer, Antje: Die schöne Macht der Vernunft. Auskünfte über eine Generation. Berlin 1991.

Dies. (Hg.): Kein Wunderland für Alice? Frauenutopien. Hamburg 1986.

Warneken, Bernd Jürgen (Hg.): Massenmedium Straße. Zur Kulturgeschichte der Demonstration. Frankfurt a.M./New York/Paris 1991.

Ders.: Als die Deutschen demonstrieren lernten. Das Kulturmuster „friedliche Straßendemonstration" im preußischen Wahlrechtskampf 1908–1910. Tübingen 1986.

Wasmuht, Ulrike C. (Hrsg.): Alternativen zur alten Politik? Neue soziale Bewegungen in der Diskussion. Darmstadt 1989.

Dies.: Die Entstehung und Entwicklung der Friedensbewegungen der achtziger Jahre. Ihre geistigen Strömungen und ihre Beziehung zu den Ergebnissen der Friedensforschung. In: Roth/Rucht 1987, S. 109-133.

Elmar Altvater/ Birgit Mahnkopf
Grenzen der Globalisierung
Ökonomie, Ökologie und Politik in der Weltgesellschaft
1996 - 637 S. - DM 58,00
ÖS 429 - SFR 58,00 -ISBN 3-929586-75-4

Volker Wellhöner
„Wirtschaftswunder" - Weltmarkt - Westdeutscher Fordismus
Der Fall Volkswagen
(Theorie und Geschichte der bürgerlichen Gesellschaft Band 12)
1996 - geb. - 391 S. - DM 88,00 - ÖS 651 - SFR 88,00 - ISBN 3-929586-71-1

Josef Esser/ Boy Lüthje/ Ronald Noppe (Hrsg.)
Europäische Telekommunikation im Zeitalter der Deregulierung
Infrastruktur im Umbruch
1996 - ca. 260 S. - ca. DM 39,80 - ÖS 295 - SFR 39,80 - ISBN 3-929586-70-3

Alex Demirovic/ Hans-Peter Krebs/ Thomas Sablowski (Hrsg.)
Hegemonie und Staat
Kapitalistische Regulation als Projekt und Prozeß
Beiträge von: A.Lipietz, R.Boyer, B.Jessop, J.Hirsch, R.Keil u.a.
1992 - 320 S. - DM 39,80 - ÖS 295 - SFR 41,00 - ISBN 3-924550-66-2

WESTFÄLISCHES DAMPFBOOT
Dorotheenstr. 26a · 48145 Münster · Tel. 02 51 / 6 08 60 80
Fax. 02 51 / 6 08 60 20 · http://www.login1.com/dampfboot

„Die PROKLA ist eine der um Längen besseren Zeitschriften in dem ohnehin dünnen Marktsegment 'kritische Sozialwissenschaft' ..., viele ihrer Beiträge ersetzen so manches Buch."

(Ingwer Schwensen/ Mittelweg 36)

PROKLA 104
Universität
1996 - 170 S.- DM 18,00
ÖS 133 - SFR 18,00
ISBN 3-929586-14-2

PROKLA 103
Vom Gelde
1996 - 156 S. - DM 18,00
ÖS 133 - SFR 18,00
ISBN 3-929586-13-4

PROKLA 102
Von der politischen Ökonomie des Wassers
1996 - 160 S. - DM 18,00
ÖS 133 - SFR 18,00
ISBN 3-929586-12-6

Die PROKLA ist eine der wichtigsten theoretischen Zeitschriften der parteiunabhängigen Linken, deren Beiträge noch nach Jahren lesenswert sind. Keine Tageskommentare, kein Organ einer Partei, kein journalistisches Feuilleton: eher eine Anregung zum gründlichen Nachdenken über den eigenen Tellerrand hinaus.

Die PROKLA erscheint viermal im Jahr und kostet im Abo jährlich 58,- DM (Abopreis je Heft 14,50 DM plus Porto). Das Einzelheft kostet 18,- DM. Abo-Bestellformulare bitte beim Verlag anfordern.

PROKLA 101
Kapitalistische Kulturen
1995 - 171 S. - DM 18,00
ÖS 133 - SFR 19,00
ISBN 3-929586-11-8

PROKLA 100
Ortsbestimmung
1995 - 176 S. - DM 18,00
ÖS 133 - SFR 19,00
ISBN 3-929586-10-X

Abo-Bestellformulare und Gesamtverzeichnisse beim Verlag:

WESTFÄLISCHES DAMPFBOOT
Dorotheenstr. 26a · 48145 Münster · Tel. 0251 / 6 08 60 80
Fax. 0251 / 6 08 60 20 · http://www.login1.com/dampfboot